XUEYUAN ZHILI
LILUN YU SHIJIAN

学院治理
理论与实践

李友军 ◎著

科学出版社
北京

内 容 简 介

本书是河南科技大学农学院治理理论探索和工作实践的系统提炼和总结。加强学院治理理论研究与实践，对激活学院办学活力，促进学院快速发展，提高学院教学、科研和学科建设水平，不断增强学院声誉和社会竞争力具有十分重要的作用。本书共分 10 章，分别论述了大学、学院、学院治理、学院战略规划、学院形象塑造、学院学科建设、学院专业建设、学院人才培养、学院师资队伍建设和学院学风建设，体系完整，内容充实。既有理论的探索和论述，又有农学院的理念、做法和成效，做到了知识性和前沿性、理论性和实践性的有机统一。

本书对学院治理的理论探索和工作实践将丰富和完善大学治理的理论体系，为地方性大学学院治理和发展提供方法借鉴和实践佐证，可供广大高等教育管理者和研究者参考和阅读。

图书在版编目（CIP）数据

学院治理理论与实践 / 李友军著. -- 北京：科学出版社，2025.6.
ISBN 978-7-03-082081-5

Ⅰ. G647

中国国家版本馆 CIP 数据核字第 2025QD8895 号

责任编辑：崔文燕 / 责任校对：王晓茜
责任印制：徐晓晨 / 封面设计：润一文化

科学出版社 出版
北京东黄城根北街 16 号
邮政编码：100717
http://www.sciencep.com
北京建宏印刷有限公司印刷
科学出版社发行 各地新华书店经销

*

2025 年 6 月第 一 版 开本：720×1000 B5
2025 年 6 月第一次印刷 印张：29 3/4
字数：534 000
定价：158.00 元
（如有印装质量问题，我社负责调换）

◢ 序

学院是大学的基层组织，承担着教学、科研、学科建设等重要工作，是大学各项功能的最终承担者，其治理水平和运行情况与大学办学水平密切相关。加强学院治理，对激活学院办学活力，促进学院快速发展，提高学院教学、科研和学科建设水平，不断增强学院声誉和社会竞争力具有十分重要的作用。

长期以来，国内学者对大学治理进行了研究，发表了一系列研究论文，出版了不少专著，如黄达人的《大学的治理》（商务印书馆，2013）、李淮安和王世权的《大学治理》（机械工业出版社，2013）、李福华的《大学治理与大学管理》（人民出版社，2012）、刘献君的《院系研究论》（华中科技大学出版社，2021）、安宗林的《大学治理的法治框架构建研究》（北京大学出版社，2011）、刘恩允的《治理理论视域下的我国大学院系治理研究》（中国社会科学出版社，2017）等。不同的学者抓住当前社会各界关注高等教育改革的热点话题，从大学的治理结构入手，重点对大学章程、大学管理机构、校长选拔、人事管理、财务管理、大学特色的营造与维护、大学与政府的关系、教育教学与行政管理的关系等方面进行了深入的研究和探讨，对指导大学治理、促进大学健康快速发展起到了重要作用。然而，国内学者对学院治理的研究相对较少，加强学院治理研究与实践就显得更为重要和迫切。

河南科技大学是河南省重点建设的3所综合性大学之一，是一所位于千年帝都、牡丹花城洛阳的普通地方高校。农学院是河南科技大学31个教学院系之一，是在原洛阳农业高等专科学校农学系的基础上组建成立的。学院的底子较薄，基础较差。2002年学院成立时，教师人数较少，学历层次低，没有1个博士学位的教师；只有1个农学本科专业，谈不上有什么学科建设；科研水平较低，年科研经费不到 20 万元。学院在开展教育思想、教育观念大讨论的基础上，提出了"全面整合，重点突破，主动出击，迎接挑战"的理念，制定学院发展规划，即农学院"1441 振兴行动计划"：抓住 1 条主线，依托 4 大优势，实现 4 大突破，强化 10 大措施。全院上下团结一心，艰苦奋斗，开拓进取，经过 20 年的不懈努力，学院办学质量显著提高，社会声誉和竞争力不断提高，特别是用 15 年时间拿到了作物学一级学科博士学位授权点，农业科学、植物与动物科学 2 个学科进入 ESI 全球前 1%，完成了从专科到本科、硕士研究生、博士研究生教育教学的一系列转变，走出了一条综合性大学农科院系快速发展的新路，其成绩可喜可贺。学院治理的理念和实践为地方性大学学院发展提供了方法借鉴和实践佐证，值得在地方性大学的学院大力推广。

《学院治理理论与实践》是农学院治理理论探索和工作实践的系统提炼和总结。该书共十章，分别论述了大学、学院、学院治理、学院战略规划、学院形象塑造、学院学科建设、学院专业建设、学院人才培养、学院师资队伍建设和学院学风建设。编写体系完整，包含学院治理的各个方面，特别是学院战略规划、学院形象塑造的内容对完善学院治理理论具有重要指导作用。编写体现了知识性和前沿性、理论性与实践性的统一，既有理论的探索和论述，又有农学院的理念、做法和成效，是学院治理方面一部不可多得的专著。该专著的出版，将丰富和完善大学治理的理论体系，对激发地方高校学院办学活力、促进学院办出特色、提高教育教学水平起到重要的推动作用。

尹伟伦

北京林业大学原校长

中国工程院院士

2024 年 10 月 20 日

前 言

　　2022 年 10 月我从河南科技大学副校长岗位退下来之后，一直想把之前在农学院工作 10 余年所进行的理论探索和工作实践进行系统的总结，于是决定撰写《学院治理理论与实践》一书。

　　动因有两个：一是关于学院治理的研究较少。以"大学治理"为主题，在中国知网查询，共有论文 5755 篇，其中，学术期刊论文 4345 篇，学位论文 756 篇。以"学院治理"为主题，共有论文 921 篇，以"大学二级学院"为二级主题，共有论文 38 篇，其中，2020—2024 年，每年分别发表论文 2 篇、5 篇、6 篇、2 篇、2 篇。教育兴则国家兴，教育强则国家强。习近平总书记指出，"建设教育强国，龙头是高等教育"[①]。党的二十届三中全会通过的《中共中央关于进一步全面深化改革 推进中国式现代化的决定》提出"教育、科技、人才是中国式现代化的基础性、战略性支撑"，并把"优化高等教育布局，加快建设中国特色、世界一流的大学和优势学科"作为"深化教育综合改革"的重要内容。纵观世界，各国都将办好大学、培养人才作为推动国家发展和增强综合国力的战略举措，都高度重视以高等教育的引领带动作用形成科技创新和人才资源的比较优势，进而占据国际竞争先机。长期以来，国内学者对大学治理进行的众多研究，对加快大学特色发展、推进教育现代化、建设教育强国起到了巨大的推动作用。目前，我国高校正在推进"院办校"综合改革，激活学院的办学活力是"院办校"综合改革的关键，因此加强学院治理的研究和实践成为亟需开展的重大课题。

　　二是农学院的治理有点成效。农学院是河南科技大学 31 个教学院系之一，

---

　　① 习近平在中共中央政治局第五次集体学习时强调 加快建设教育强国 为中华民族伟大复兴提供有力支撑．(2023-05-30)．https://jhsjk.people.cn/article/40001818.

是在原洛阳农业高等专科学校农学系的基础上组建成立的。2002 年学院成立时，可以用三个字概括当时的情况：第一个字是"小"，指的是学院当时的规模很小。组建的时候，全院教职工仅 56 人。只有 1 个农学本科专业，招收新生只有 62 人。第二个字是"弱"，指实力弱。当时教师中没有一个博士学位的教师，学生教育也以专科教育为主。全院的仪器设备总值仅有 154 万元，当年的科研经费不到 20 万元。第三个字是"远"，指当时河南科技大学有 4 个校区，农学院在周山校区，离校本部比较远，所以办公、信息交流都非常不便。同时，学院的发展还面临着招生专业少、学生报到率低、实验设备投入不足、办公经费较少等诸多困难。学院领导班子在全院开展教育思想、教育观念大讨论的基础上，提出了"全面整合，重点突破，主动出击，迎接挑战"的理念，制定了学院发展规划，即农学院"1441 振兴行动计划"，开始了艰难的创业、创造过程。全院上下团结一心，一届一届不断调整工作思路，接续发力持续奋斗，使学院由小变大、由弱到强，进入学校 31 个教学院系前列，用 15 年时间拿到了作物学一级学科博士学位授权点，农业科学、植物与动物科学 2 个学科进入 ESI 全球前 1%，完成了从专科到本科、硕士研究生、博士研究生教育教学的一系列转变，走出了一条综合性大学农科院系快速发展的新路。学院治理的理论和实践具有一定的特色和典型性，对于今天地方性大学学院发展仍有一定的方法借鉴和实践佐证意义。

农学院的发展是学校党委、行政正确领导的结果，离不开兄弟院校的大力支持。农学院大发展是老一辈教师积淀的良好的基础，是学院历届领导班子成员集体智慧的结晶，是学院所有教职员工、学生不懈奋斗的汗水，正是他们的辛勤付出成就了农学院的辉煌。在此，向各级领导、各位专家、老一辈教师、历届领导班子成员、全院教职员工、学生表示衷心的感谢和致以崇高的敬意！

本书是农学院治理理论探索和工作实践的系统提炼和总结。本书共 10 章，第一章大学概述，主要论述了大学的概念与类型、大学的发展历史、大学的社会职能、大学章程；第二章学院概述，主要论述了学院与学院制、学院设置的历史沿革、学院设置、学院建设；第三章学院治理，主要论述了学院治理的内涵、学院治理的理论基础、学院治理模式、学院治理的现实困境与路径选择、学院治理实践；第四章学院战略规划，主要论述了学院战略规划的内涵、学院战略规划的要素、学院战略规划的制定、学院战略规划制定的实践；第五章学院形象，主要论述了学院形象的内涵、学院形象的要素、学院形象的塑造、学院形象的提升、学院形象塑造和提升的实践；第六章学院学科建设，主要论述了学科建设的概念、学院学科建设的内涵、学院学科建设的策略、学院学科建设规划的制定案例、作物学学科建设的实践案例；第七章学院专业建设，主要论述了专业建设的内涵、学院专业建设的原则与要素、学院专业建设的策略、学院传统农科专业改造的实践；第八章学院人才培养，主要论述了人才培养的内涵、人才培养模式、拔尖创新型人才培养、复合型人才培养、应用型人才培养、学院新农科多样化人才培养的实践；第九章学院教师队伍建设，主要论述了学院教师队伍建设概述、学院人才引进、学院青年教师培养、学院青年教师使用、学院教师队伍建设的实践；第十章学院学风建设，主要论述了学风与学风建设的内涵、学风建设的问题与成因、学风建设的机制与策略、学院学风建设的实践。

本书编写过程中，力求做到编写体系完整，在论述大学、学院、学院治理的基础上，对学院治理的各个方面，包括学院战略规划、形象塑造、学科建设、专业建设、人才培养、师资队伍建设和学风建设等分别进行了阐述；力求做到知识性和前沿性、理论性与实践性的统一，每一章先有理论的探索和论述，之后是农学院的理念、做法和成效，以期丰富和完善大学治理的理论体系，为地方性大学学院治理和发展提供借鉴和参考。此外，大学的发展历程对学院发展具有多维度借鉴意义，涵盖办学理念传承、学科建设路径、管理模式优化、文化精神塑造及资源整合策略等，因此书中列举了一些具有参考价值的大学案例。

由于学院治理研究范围较广，理论研究还在不断深化，实践探索也在不断丰富，加上本人水平有限，书中难免有疏漏之处，敬请广大读者、专家学者给予批评指正。

李友军

2024 年 9 月 25 日

目 录

第一章 大学概述

第一节 大学的概念与分类

一、大学的概念

什么是大学？自欧洲中世纪大学诞生以来，这一问题始终是持续讨论的焦点。"大学"这一概念具有历史性、动态性及不断发展的特性。1962 年，联合国教科文组织在非洲召开了一次有 44 个国家参与的国际高等教育会议，会上对高等教育的定义是：高等教育是指大学、文学院、理工学院和师范学院等各种机构所提供的各种类型的教育，其基本入学条件为完成中等教育。一般入学年龄为18 岁，学完课程后授予学位、文凭或证书，作为完成高等学业的证明。[1]因此，在当今时代，严格意义上的大学仅是实施高等教育机构的一种形式，而在历史上，大学的含义则更为多样。

戚业国认为，university 一词源于拉丁文 universities，是"行会"的意思。一群探讨学问的学者组成了"学者行会"（universities schlarium），等到他们有了固定的房舍，开始教学活动时，university 就成了大学[2]。因此，大学是学者在固定的房舍进行教学活动的组织。

英国学者纽曼在 1853 年出版的著作《大学的理想》中，明确指出大学（university）是一个传授普遍知识（universal knowledge）的地方。大学教育是一种自由教育，知识是自由的知识，培养的是绅士。[3]

在德国，与纽曼同时代的洪堡认为，大学是一个探索高深学问的学者社团，是高等学术机构，是"带有研究性质的学校"。大学是受国家保护但又享有完全

---

① 潘奇. 西方大学特色的形成及其嬗变. 浙江师范大学硕士学位论文，2009.
② 戚业国. 论大学学院制度的形成、发展与改革. 高等教育研究，1996（5）：17-22.
③ 纽曼. 大学的理想. 徐辉等译. 杭州：浙江教育出版社，2001：464.

自主地位的学术机构。大学的教学与科研是统一的。①

伯顿·克拉克认为，大学是专门从事高深学问的传播、储存、鉴别和探索的组织和场所②。日本《世界教育辞典》的定义是："大学是高等院校中以学术为媒介进行研究和教育，即培养人和进行高等专业教育的机构。"③

大学是实施高等教育的机构，大学的内涵主要包括大学的本质特性、核心内涵和物化成果三个方面。大学的本质特性，即大学的理念、精神、行为等在本质上的表现；大学的核心内涵，应当体现"高、大、学、真、创"五个字：高，即高阔境界、高尚品质、高雅格调、高端产品；大，即大师、大楼、大气；学，即高层次的学习型组织；真，即崇尚真理、追求真理、坚持真理、发展真理；创，即创优、创特、创新。大学的物化成果，应以高素质的育人成果、高水平的科研成果、高质量的服务成果为主要标志④。

因此，大学是实施高等教育的学校的一种，是一种功能独特的组织，是与社会的经济和政治机构既相互关联又鼎足而立的传承、研究、融合和创新高深学术的高等学府。

二、大学的分类

《国家中长期教育改革与发展规划纲要（2010—2020年）》提出，建立高校分类体系，实行分类管理，以此来促进高校办出特色。高校分类发展是高等教育体系不断成熟的必然，当前，世界上还没有一套被公认的科学的分类标准⑤。基于高校的多样化、个性化，人们对高校的意义、价值、职能有着不同的认识和看法。基于这些不同的认识和看法，便形成了不同的高校分类方法。

（一）美国卡内基高等教育机构分类法

2000年版美国《卡内基高等院校分类》将美国高等院校分为六大类八小类。根据所授学位层次，将高等院校分为六大类：博士/研究型大学、硕士学位授予院校、学士学位授予院校、副学士学位授予院校、专门院校和部落院校，其

① 转引自伯顿·R.克拉克. 高等教育系统：学术组织的跨国研究. 王承绪等译. 杭州：杭州大学出版社，1994：82.

② 转引自吴文君，席巧娟. 从高校内部组织结构特性谈高校学院制改革. 北京理工大学学报（社会科学版），2002（3）：3-5.

③ 平塚益德. 世界教育辞典. 黄德城等译. 长沙：湖南教育出版社，1989：126.

④ 罗盛举. 什么是大学：论大学的本质特性、核心内涵和物化成果. 重庆教育学院学报，2007（2）：94-97.

⑤ 刘凯亚. 我国高校分类发展的生成逻辑、现实困境与规范进路. 江苏高教，2024（10）：67-71.

中，专门院校和部落院校为特殊类型。根据所授学位的数量及其他因素，将高等院校分为八小类（表 1-1）：博士/研究型大学 E 类和 I 类，硕士学位授予院校 I 类和 II 类，学士学位授予院校文科类和普通学科类，学士/副学士学位授予院校类，副学士学位授予院校类[①]。

表 1-1　2000 年版美国《卡内基高等院校分类》标准

分类名称	分类标准
博士/研究型大学 （E 类）	提供大量的学士学位课程，并承担能颁发博士学位的研究生教育； 在调研的 3 个学年中，每年至少在 15 个学科领域授予至少 50 个或更多博士学位
博士/研究型大学 （I 类）	提供大量的学士学位课程，并承担能颁发博士学位的研究生教育； 在调研的 3 个学年中，每年至少在 3 个学科领域授予 10 个博士学位或在所有学科领域授予 20 个博士学位
硕士学位授予院校 （I 类）	提供大量的学士学位课程，并承担能颁发硕士学位的研究生教育； 在调研的 3 个学年中，每年至少在 3 个或更多的学科领域颁发 40 个或更多硕士学位
硕士学位授予院校 （II 类）	提供大量的学士学位课程，并承担能颁发硕士学位的研究生教育； 在调研的 3 个学年中，每年授予 20 个或更多硕士学位
学士学位授予院校 （文科类）	主要是提供学士学位课程的本科生教育院校； 在调研的 3 个学年中，在文科学科领域内所授予的学位至少 50% 是学士学位
学士学位授予院校 （普通学科类）	主要是提供学士学位课程的本科生教育院校； 在调研的 3 个学年中，所授予的所有学士学位中，文科学士学位数不足一半
学士/副学士学位 授予院校类	主要是本科生院校，所授予的绝大多数学位低于学士学位，即副学士学位与证书； 在调研的 3 个学年中，所授予的学士学位数至少占所有本科生学位数的 10%
副学士学位授予 院校类	只授予副学士学位或证书，几乎毫无例外地没有授予学士学位的权力； 在调研的 3 个学年中，所授予的学士学位数不足所有本科生学位数的 10%

（二）联合国教科文组织第三级教育（高等教育）分类

《国际教育标准分类法》将第三级教育（高等教育）分为两个阶段。第一阶段（即 5 级）：相当于我国高等教育的专科、本科及硕士研究生教育阶段。此阶段进一步细分为 5A 和 5B 两类。其中，5A 类侧重理论教育，5B 类则侧重实用技术教育。5A 类[②]又可细分为 5A1 和 5A2。具体而言，5A1 通常是为研究做准备的教育，学习期限较长，一般超过 4 年，学生完成学业后可获得第二学位（硕士学位）证书，其目标是培养学生进入高级研究项目或从事高技术要求的专业工作；5A2 则是针对高科技要求的专业教育，学习期限相对较短，通常为 2—3 年，但也可延长至 4 年或更长，课程内容注重实践应用，以适应具体职业需求，主要目的是使学生掌握从事某一职业或行业所需的实用技能和知识，即获得劳务

---

① 戴荣光. 美国《卡内基高等院校分类》：2000 年版简介. 世界教育信息，2002（10）：16-23.
② 潘懋元，吴玫. 高等学校分类与定位问题. 复旦教育论坛，2003（3）：5-9.

市场所需的能力与资格。

第二阶段（即6级）：相当于我国高等教育的博士研究生阶段。这一阶段"专指可获得高级研究文凭（博士学位）的""旨在进行高级研究和有创新意义的研究"①。第三级教育（高等教育）分类结果如图1-1所示。

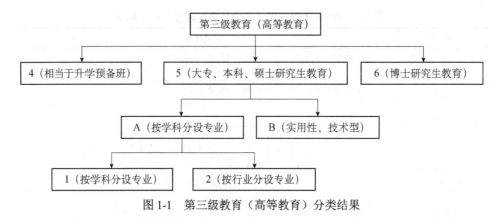

图1-1　第三级教育（高等教育）分类结果

（三）中国武书连课题组大学分类

在武书连课题组的大学分类中，大学的类型由类和型两部分组成：类反映大学的学科特点；型表现大学的科研规模。每个大学的类型由上述类和型两部分组成，类在前，型在后②。

1. 按照学科特点，将高校分为13类

（1）综合类：文理科发展均衡，文科和理科各有两个比较强的学科门类。

（2）文理类：文理科发展均衡，文科或理科比较强的学科门类不足两个。

（3）理科类：理科明显强于文科，理科的4个学科门类中至少有两个比较强。

（4）文科类：文科明显强于理科，文科的7个学科门类中至少有两个比较强。

（5）理学类：理科明显强于文科，且在理科的4个学科门类中，理学明显强于其他学科。

（6）工学类：理科明显强于文科，且在理科的4个学科门类中，工学明显强于其他学科。

（7）农学类：理科明显强于文科，且在理科的4个学科门类中，农学明显强于其他学科。

---

① 潘懋元，吴玫. 高等学校分类与定位问题. 复旦教育论坛，2003（3）：5-9.
② 武书连. 再探大学分类. 科学学与科学技术管理，2002（10）：26-30.

（8）医学类：理科明显强于文科，且在理科的 4 个学科门类中，医学明显强于其他学科。

（9）法学类：文科明显强于理科，且在文科的 7 个学科门类中，法学明显强于其他学科。

（10）文学类：文科明显强于理科，且在文科的 7 个学科门类中，文学明显强于其他学科。

（11）管理类：文科明显强于理科，且在文科的 7 个学科门类中，管理学明显强于其他学科。

（12）体育类：体育类专业明显强于其他各专业。

（13）艺术类：艺术类专业明显强于其他各专业。

2. 按照科研规模，将高校分为 4 型

（1）研究型：学术水平最高、科研成果最多、以研究生培养为主的大学。

（2）研究教学型：学术水平和科研成果仅次于研究型大学，研究生和本科生培养并重的大学。

（3）教学研究型：教学为主、科研为辅，教学科研协调发展的大学。

（4）教学型：本科教学为主的大学。

（四）湖南大学大学分类

（1）按照办学经费来源，将高校分为两类：公立高校和民办高校。

（2）按照办学导向，将民办高校分为两类：营利性民办高校和非营利性民办高校。

（3）按照高校三大社会职能，将高校纵向分为四型：研究型、教学科研型、教学型和应用型。

（4）按照学科（专业）覆盖面，将高校横向分为三类：综合类、多科类和单科类。[①]

（五）现行大学分类

综合各方面的分类标准，笔者认为，高校可划分为两种、三类、四型（图 1-2）：按照办学性质，可将高校分为两种，即公立高校和民办高校；按照学科（专业）覆盖面，可将高校分为三类，即综合类、多科类和单科类；按照高校

---

① 陈厚丰. 中国高等学校分类问题研究. 湖南大学硕士学位论文，2004.

三大社会职能，可将高校分为四型，即研究型、教学科研型、教学型和应用型。

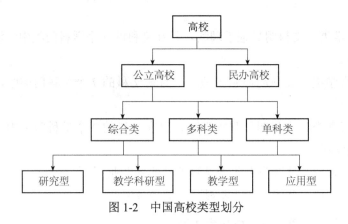

图 1-2　中国高校类型划分

第二节　大学的发展历程

尽管有人主张大学的起源能追溯至古希腊罗马时期及中国的先秦时代，但现代意义上的大学基本上直接源自欧洲中世纪大学。现代大学的一系列组织结构和制度体系与欧洲中世纪大学存在着直接的历史渊源。这些结构和制度在历经数百年的发展过程中得到了极大的发展与完善，并在人类文明的传承、延续与创新中扮演了举足轻重的角色。

一、国外大学的发展历程

（一）大学的起源（中世纪）

中世纪，指古典文化期（古希腊、古罗马）与古典文化"复兴期"之间的历史时期，对应公元 5—15 世纪。中世纪大学，特指十二三世纪出现于欧洲的大学，其中具有代表性的包括：意大利的萨莱诺大学（以医学著称，1231 年获得国王许可）、意大利的博洛尼亚大学（以法学闻名，成立于 1158 年）、法国的巴黎大学（位于巴黎圣母院附近，1150 年有记录，1180 年获得国王许可）、英国的牛津大学（1168 年建立）、英国的剑桥大学（1209 年建立）以及德国的布拉格大学（1348 年建立）。

进入 11 世纪，随着工商业经济的繁荣、城市的兴起、市民阶层的涌现以及行会组织的形成，加之十字军东征的影响和宗教与政治矛盾的加剧，意大利的萨莱诺大学和博洛尼亚大学应运而生。中世纪大学被视为现代大学的雏形，起初多为游学青年和年长学者自发组成的松散团体，后逐渐在城市中稳定下来，发展成为永久性的教育机构。当时的大学并不像今天的大学那样拥有完整的学科体系，而是由数量有限的单一学科构成的"单科性大学"。例如，萨莱诺大学仅设医学一科，博洛尼亚大学则因城市商贸地位和需求，仅开设法学一科。经过近一个世纪的发展，这两所大学才逐渐增设了法学、神学、医学与文学等多门学科。巴黎大学最初也只有神学一科，经过一个世纪的发展，才拓展为包括神学、文学、法学和医学在内的四大学科。教学内容在当时尚不稳定且不够成熟，教师多照本宣科，学生则负责记录笔记。中世纪大学存在两种类型：一种是"学生型大学"，如博洛尼亚大学；另一种是"教师型大学"，如巴黎大学。这一时期还初步形成了学士、硕士、博士学位制度，其中文科被称为艺科，作为基础学科授予学士学位，而法学科、医科、神科作为高级学科，则授予硕士学位或博士学位。中世纪大学具有行会性质，主要采用自主管理的方式运作。

（二）大学的变革时期（文艺复兴至 18 世纪）

经过文艺复兴和宗教改革的洗礼，政府逐渐取代了教会，成为大学的实际控制者。传统大学因日趋封闭保守，与自然科学的发展和工业革命的浪潮背道而驰，从而陷入了衰败的境地，不得不进行调整以适应社会的发展需求。

在这一时期，各国大学纷纷采取变革措施：英国引进了科学讲座制度，成立了皇家学会，进行了课程改革，并设立了研究中心；法国则设立了高等专科学校和科学研究机构；德国引进了现代课程，开始对世俗学生进行专业训练；美国则创立了殖民地学院，延续了英国的传统教育，并在此基础上逐步发展。

（三）大学的科研化时期（19 世纪）

19 世纪，随着民族危机的加剧以及大学发展困境的出现，德国高等教育率先迈出了改革的步伐。在这一时期，德国的主要大学包括海德堡大学（1386 年创立）、莱比锡大学（1409 年创立）、柯尼斯堡大学（1544 年创立）、耶拿大学（1577 年创立）、哈勒大学（1694 年创立）、哥廷根大学（1737 年创立）以及波恩大学（1784 年创立）。

1810 年，洪堡作为普鲁士内务部的官员，受命创办柏林大学。他提出的柏林大学办学原则包括学术自由、教学与科学研究相统一以及科学育人。通过聘请一流教授，柏林大学汇聚了当时普鲁士的众多杰出学者。该校高度重视学术研究，赋予教师科研自由，保障学生学习自由，包括选课、选择教师和转学的自由。高年级学生在教授的指导下，组成研究小组，开展科学研究，被誉为"科学研究的摇篮"。哲学在柏林大学中占据核心地位，哲学教师在各学部教师构成中占比最高，达到 57%。柏林大学的成立具有深远意义，它使科学研究成为大学的重要职能，从此德国成为世界科学的中心。据统计，在第一次世界大战前，42名诺贝尔奖得主中有 14 名是德国学者，且全部为大学教授，其中 8 名来自柏林大学。柏林大学成为世界各国大学效仿的典范，尤其对美国产生了巨大影响。1814—1914 年，有 1 万余名美国青年前往德国留学①，其中不少人后来成为美国著名大学的校长，直接推动了美国的大学改革。

1826 年，英国伦敦大学学院成立，该校完全世俗化，注重现代科学和技术教育。1874 年，剑桥大学成立了卡文迪什实验室。1876 年，吉尔曼创建了美国第一所研究型大学——约翰斯·霍普金斯大学。1869 年，哈佛大学在查尔斯·威廉·艾略特校长的领导下开始进行一系列改革，包括实行选修制、改造专业学院以及创立研究生院等。

（四）大学的实用化时期（19 世纪末至二战前）

随着产业革命的深入推进和西进运动的蓬勃开展，美国步入了经济社会快速发展的轨道。经济社会的发展日益凸显对高等教育的迫切需求，大学开始积极为工农业的发展提供助力，社会服务逐渐成为大学的另一项重要职能，并在全球范围内得到推广。

1862 年，美国颁布了《莫雷尔法案》，明确规定高等学校需开展农艺教育。这一法案推动了增地学院运动的发展，同时也促进了如康奈尔大学这样的高等教育机构多样化其课程设置。威斯康星思想则在稍后形成，强调大学应服务于社会的更广泛需求。19 世纪 70 年代，英国启动了大学推广运动，大学开始承担起为国家和社会服务的责任。到了 19 世纪末，技术学院和城市学院开始崭露头角。20 世纪初，独立大学运动也开始兴起。

（五）大学的现代化时期（二战以后）

二战后，伴随着各国经济的恢复和发展，各国的高等教育也进入了快速发展

---

① 辛彦怀，王岩. 借鉴国外先进经验，建设世界一流大学. 河北师范大学学报（教育科学版），2000（1）：76-79.

时期，高等教育开始向现代化方向发展，具有下列一些基本趋势和特点。[①]

1. 高等教育的民主化、大众化、普及化

20 世纪六七十年代，一方面，由于科学技术的发展推动了生产转型和发展，社会对掌握科学技术的人才产生了大量需求；另一方面，社会的民主运动在一定程度上促进了教育的民主化，使高等教育得以迅速发展，并在发达国家逐步实现了大众化。1965—1995 年，工业发达国家（如美国、英国、法国、德国、韩国等）的高等教育经历了从英才教育向大众教育乃至普及教育的转变。

高等教育的大众化首先体现在高等教育层次的多样化上。20 世纪 60 年代，欧洲国家出现了众多短期技术学院，美国则发展了社区学院，日本也设立了短期大学，这些都并非偶然现象，而是经济转型时期对技术人才需求的直接反映，同时也是高等教育能够迅速发展成为大众教育的重要原因。

2. 高等教育的终身化

终身教育的概念起源于 20 世纪 20 年代，主要由一些教育思想家，如保罗·朗格朗等提出。20 世纪 60 年代，终身教育的理念得到了更广泛的传播和认可。终身教育主张教育应当贯穿于人的整个生命周期。终身教育思想对高等教育的发展产生了深远的影响，它改变了人们对教育的传统认知，使得高等教育成为终身教育体系中的一个重要的组成部分。

3. 高等教育的国际化

高等教育国际化是教育全球化的核心表现形式之一。自 20 世纪 80 年代以来，高等教育国际化已成为全球高等教育发展的重要趋势，而信息技术的飞速进步更是进一步加速了这一进程。高等教育国际化的主要特征体现在其开放性上，这一过程主要通过人员的国际交流、信息的互通有无、国际技术援助及合作来实现，旨在吸收并借鉴世界各国高等教育的先进办学理念和模式，进而提升人才培养的质量，推动本国高等教育的现代化进程。

4. 高等教育的信息化

20 世纪 90 年代，以国际互联网为标志的信息革命席卷全球，标志着信息化时代的开始。信息技术的发展深刻地变革着人类社会的生产、生活以及思维方式。信息技术和互联网的蓬勃发展对教育领域产生了重大影响，促使教育观念、

---

① 顾明远. 世界高等教育发展的基本趋势和经验. 北京师范大学学报（社会科学版），2006（5）：26-34.

内容、方法和结构发生着革命性转变。同时，这一变革也为高等教育的发展注入了新的活力。远程教育的兴起，使得优质教育资源能够跨越地理界线，实现全球范围内的共享。

二、中国大学的发展历程

（一）中国大学的初创期

两次鸦片战争的惨痛教训迫使中国开展了洋务运动，并着手选派幼童前往西欧求学，然而这一举措仍远远无法满足国内对人才的迫切需求。1879 年，美国圣公会上海主教施约瑟（Samuel I. J. Schereschewsky）将原有的培雅书院和度恩书院合并，创立了圣约翰书院（其后更名为圣约翰大学，其在 1952 年的院校调整中与震旦大学、同济大学等校的部分系科合并，成为了新的复旦大学）；1900 年，东吴大学堂在苏州宣告成立（后在 1952 年的院校调整中，其法学院迁至上海，成为华东政法学院的一部分，其他系科并入苏州大学）。这些学校的建立是我国近代高等教育初步形态形成的重要标志。

天津是中国北方维新变法运动的重要基地，相当一部分官僚、地主和商人积极响应维新变法号召，并致力于将其付诸实践。1895 年，清政府在天津创建了我国第一所新式学堂——天津北洋西学学堂（天津大学的前身）；次年，又在上海创办了南洋公学（上海交通大学与西安交通大学的前身）；1898 年 7 月，清政府创办了京师大学堂（北京大学的前身），这不仅是我国近代史上第一所国立综合性大学，还是全国最高学府及国家最高教育行政机关，负责通管各省学堂。1902 年，中国近代高等教育史上第一所中西教学融为一体的学府——山西大学堂应运而生；1909 年，清政府成立了游美学务处，专门负责直接选派学生游美学习，同时着手筹设游美肄业馆。1911 年，游美肄业馆改名为"清华学堂"①。

现代大学的建立，是当时社会环境与教育因素交互作用的产物。以鸦片战争为分水岭，在西方列强武力的侵略下，中国逐渐沦为半殖民地半封建社会。传统的以科举选士为重心的高等教育体制，因其自身的缺陷，无法培养和选拔社会急需的专门人才，从而陷入深重的危机之中。因此，改革教育制度成为 19 世纪后半期中国社会的迫切需求。

---

① 谢辉. 基于学科的中国研究型大学院系设置研究. 华中科技大学博士学位论文，2012.

（二）中国大学的定型期

在民国初期，尽管存在保守势力对旧式教育的回潮，但高等教育仍然取得了发展，高等教育机构的数量和质量都有所提高。当时的教育部部长蔡元培先生亲自起草了我国历史上第一个《大学令》，对大学的学科进行了规定：大学的教学内容总共分文、理、法、商、医、农、工七科，以文、理科为主，并且必须是文理两科并设，或文科兼法商二科，或理科兼医农二科，这样的大学方能被誉为"大学"。这是我国第一次从学科设置的角度对大学的建立标准进行硬性规定。1917 年，蔡元培担任北京大学校长后，强调"大学者，研究高深学问者也……循思想自由原则"，将中国大学推到前所未有的高度。20 世纪 30 年代，虽然中国大学教育取得了重大发展，但是国民政府加强了对大学的国家控制，包括通过收回教育权运动迫使教会学校进行登记、加强或建立国立大学，以及直接或间接任免大学校长，这使当时的"中国高等院校变成了民族主义学者的天下"[1]。

（三）中国大学的奠定摸索期

新中国成立初期，我国高等教育面临百废待兴的局面，国家亟需大量专业技术人才，同时面临着重建和发展高等教育的艰巨任务，包括培养专业技术人才、改造知识分子思想、调整政治局势等。在对旧中国的高等学校进行接管的基础上，国家试图通过借鉴苏联高等教育模式来构建新中国社会主义高等教育体系。1952 年起，经过小范围试点，全国高等学校实施了以"工科先行"为导向的有计划、分步骤的院系调整。这一调整由京津地区逐步扩展至全国，其间全国约 3/4 的学校经历了院系调整。此次院系调整的成效体现在：①增设了实用学科，如石油、水利水电等，工科院校的数量及比例大幅度增加，满足了当时国家经济建设的需要。②逐步确立了工科教育体系，基本适应了当时对人才的需求，推动了国家工业化进程。③初步构建了高等教育体系框架，通过细化院系专业，在改善原有不合理布局的同时，奠定了中国特色社会主义高等教育体系的基础。此后，在陆陆续续的调整变革中又历经了数次院系调整。院校调整在取得巨大成效的同时，也暴露出一些问题：①偏离了大学教育目标。院系调整受制于特定时期经济政治发展需求，人才培养方向偏向"专才"教育，导致专业领域过于"窄"和"专"。②造成了学科间的割裂。严重的"重理轻文"现象削弱了人文社科的学术地位，部分高校的学科发展受到不同程度的抑制，"学好数理化，走遍天下

---

① 雷承波，阙海宝. 中国大学百年发展历史的观念形态变迁. 金田，2014（7）：178.

都不怕"的观念广泛流传。与此同时，我国高等教育行政管理体制也经历了"下放"与"收归"两个过程，1958—1962 年，中央强调对高等学校放权，主要由各省（区、市）直接领导和管理；1963—1966 年，中央在总结经验的基础上，又逐步将高等教育的管理权力收回，实行党中央集中统一领导，中央和省（区、市）两级管理的体制。

1966—1968 年，全国高等学校在"文化大革命"的混乱中被迫停止正常教学和招生。1970 年开始招收的第一届工农兵大学生，是按照"群众推荐、领导批准、学校复审"的方式选拔的，这与传统的通过高考选拔学生的方式有很大不同。直至 1977 年恢复高考制度，这十一年间，我国高等教育质量严重下降，国家教育事业和国家建设遭受了巨大损失①。

（四）中国大学的调整恢复期

改革开放后，随着我国经济的蓬勃发展，高等教育的面貌焕然一新，高校合并和更名的浪潮掀起。

高校合并旨在解决院系调整后出现的"教育资源失衡、专业划分过细、条块分割、办学效益低下"等问题，推动高校发展的方向从单一的工科向综合型转变。这一合并与重组的趋势始于 1992 年，并一直持续到 21 世纪初，其中 2000 年达到了合并的高峰。高校合并的成效显著包括：一方面，优化了大学的组织结构，通过强强联合、强弱联合以及国家政策的扶持，合并后的大学普遍增强了实力；另一方面，完善了高等教育体系，促使我国高等教育体系朝着更加完善和综合的方向发展，为高校格局的调整提供了宝贵经验。同时，这一时期重申了"必须坚持党对教育工作的领导"原则，确立了党委领导下的校长负责制这一根本领导制度，进一步加强了高校的党建、思想政治工作和干部工作②。然而，合并后的高校也面临一些突出问题，主要包括专业和学科的僵化重组、人员分配众口难调以及校园文化之间的冲突。

高校更名现象始于 20 世纪末。尽管在中国高等教育的历史上，高校更名屡次出现，但 20 世纪末的第四次更名运动尤为特殊，旨在追求升格与变迁。高校更名的类型大致有如下几种：专科院校升格为本科院校，并由"学校"更名为"学院"；本科院校则由"学院"晋升为"大学"；去除校名中的地域或行业特

---

① 安心，熊芯，李月娥. 70 年来我国高等教育的发展历程与特点. 当代教育与文化，2020（6）：75-80.

② 刘星. 中国共产党领导高校发展的百年历程和基本经验研究. 中央财经大学博士学位论文，2023.

征，转而采用"工商""科技"等更为通用的词语。此次高校更名浪潮，不仅有助于高校适应时代的发展需求，还为高校开拓了新的发展空间。然而，高校更名所伴随的消极影响也不容忽视：首先，更名可能导致高校自身定位变得模糊；其次，部分高校在追求更名的过程中忽视了质量与效益的提升；最后，新校名往往趋于普遍化、大众化，以至于原有的特色被淡化甚至被湮没①。

（五）中国大学的追赶超越期

这一时期，我国高等教育管理体制改革和布局结构调整迈出关键步伐，民办高校兴起，各高校纷纷新建校区与异地办学，实现规模扩张，中国高等教育进入追赶超越的新时期。

在经济体制转变下的教育体制的调整中，最大的"亮点"是民办高等教育，民办高等教育兴起，迅速从作为高等教育"有益补充"变成了高等教育的重要组成部分。民办高校面向中小企业的需求，开设较为实用的专业和课程，有效地为中小企业培养和输送了大批的专业人才，推动了社会经济的发展。民办高校提供了更多的教育选择，填补了公立教育的某些空白，为中间批次的考生提供了更多选择的余地，有力地推动了我国高等教育的发展。但是，作为自主办学的民办高校，其自身缺陷也是显而易见的：一方面，部分院校师资普遍呈现年轻化，缺少深厚底蕴的学者引领，教学水平有待提高；另一方面，相较于公办高校，其管理水平有待提升，校园环境氛围有待完善，管理机制尚不健全，学风尚须持续改进。此外，民办高校的财政收支体系有别于公办高校，学生需要支付的学费成本相对较高。

1999 年亚洲金融危机后，在"拉动内需、刺激消费、促进经济增长、缓解就业压力"的高等教育扩招的背景下，各高校纷纷投入资源新建、扩建校区或异地办学。新建校区与异地办学，不仅拓展了高校的办学空间，改善了办学条件，还在一定程度上缓解了"上大学难"带来的困境，为更多人提供了上大学的环境与条件。对地方而言，这样的做法也弥补了本地区经济发展中日益扩大的人才缺口，推动了本地区产业结构的优化升级，促进了当地经济社会可持续健康的发展。当然，新建校区、高校异地办学存在的大学精神缺失、校园文化苍白，以及师资力量与学校设施的供求不平衡等问题，也是需要各高校密切关注和持续改进的①。

---

① 安心，熊芯，李月娥. 70 年来我国高等教育的发展历程与特点. 当代教育与文化，2020（6）：75-80.

第三节　大学的社会职能

大学的社会职能演变属于内发型，各种社会因素的变革和影响仅是大学社会职能演变不可或缺的外部条件，其终归是由大学在本能和本质的驱使下，自身条件逐渐成熟而发展起来的自发的、渐进的发展过程。

迄今为止，大学经历了欧洲中世纪大学、近代大学和现代大学三个不同历史阶段，其职能也由最初单一的教学职能演进到近代大学教学、科研两项职能，再发展到现代大学教学、科研、服务三项职能，历经了农业经济、工业经济不同的社会经济形态。随着知识经济时代的到来，大学在社会中的角色日益重要，从知识和文化的传播者递进成为推动社会发展和创新的核心组织和核心机构。

一、大学社会职能的概念

（一）职能与功能

在英文中，功能和职能是同一个词"function"。牛津大学出版社出版的《现代高阶英汉双解词典》对 function 的解释为：Special activity or a person or thing，其中文解释为职责，作用，功能，机能[1]。在《汉语大词典》中，职能指人、事物、机构应有的作用、功能[2]。在《辞海》中，功能指功效、作用，多指器官或构件，在一个系统中经常与结构构成一对范畴；职能多指人、社会机构应有的作用、职责[3]。

（二）大学的社会功能与社会职能

大学的社会功能是指大学教育活动对社会进步和发展各个方面所发挥的作用，主要有政治功能、经济功能和文化功能等。

大学的社会职能是大学根据社会分工所应承担的职责和能力。大学的社会职能是由大学的社会功能决定的，大学的使命就是把大学的社会功能付诸实施。

---

[1] 霍恩比. 牛津高阶英汉双解词典. 4 版. 北京：商务印书馆，Oxford University Press，1999：598.

[2] 徐中舒. 汉语大词典. 北京：汉语大词典出版社，1991：4160.

[3] 辞海编辑委员会. 辞海. 上海：上海辞书出版社，1979：708.

二、大学职能的历史演变

大学的教学、科研和社会服务职能在高等教育发展史上呈现梯次而进的顺序，其脉络走向是清晰可循的①，大体可划分为 4 个阶段。

（一）纽曼式单项职能：培养人才（18 世纪以前确立）

具有现代意义的大学起源于欧洲的中世纪，由于中世纪大学办学形式的开放性，到 14 世纪末西欧已建起 40 多所大学，到了 16 世纪整个欧洲都有了大学。中世纪大学的出现是当时社会政治经济文化发展的集中体现，体现了当时欧洲社会的新需求，特别是到了中世纪后期，社会需要大量受过培训的专职人员，例如：国家机构的完备需要配备一定训练有素的官吏；教会势力日渐增长，需要更多通晓教义、能说会道的神职人员去不断扩大它的影响；日益复杂的法律诉讼需要懂得法理和能言善辩的律师、法官；人们的健康需要专门的医生等等。在这些需求下高等教育机构——大学便应运而生。尽管这些大学的产生途径和基本类型有所不同，但都是由研究高深学问的教师或学生组成的具有行会性质的组织，是纯粹的教与学的机构，带有较强的专业性，即培养社会所需要的专门人才。在 19 世纪中叶的英国教育家纽曼的眼中，大学的目的在于"传授"学问，但他也认识到大学在"发展"知识方面的作用，即大学是一个"教学机构"，教学、培养人才是其核心职能，为社会培养训练有素的官吏、通晓教义的牧师、懂得法理的法官和律师以及精通医术的医生是其根本目的之一。所以，培养人才是大学最早也是最基本的社会职能。

中世纪大学虽然受制于基督教神学的控制，弥漫着经院哲学的传统思想，教学内容僵化、单一，存在"述而不作""信而好古"等方面的不足，但中世纪大学问世的意义弥足珍贵，它所蕴含的精神和理想驱使大学朝着一个更加理性和符合社会需求的方向发展，它的许多特征被近现代大学所继承。

（二）洪堡式双项职能：培养人才、发展科学（19 世纪初确立）

在第一次科技革命浪潮的推动下，在欧洲各国社会政治制度变革因素的影响下，社会变革和大学发展产生互动，要求大学走出"象牙塔"，通过不断完善和塑造自己以更好地适应和满足社会发展的需求，更好地肩负起引领和推动社会变革的重任，这是大学发展的必然选择。

---

① 王爱民. 大学社会职能的历史演变及启示. 现代教育管理，2014（4）：29-32.

1810 年，举世闻名的柏林大学成立。柏林大学的成立不在于增设了一所大学，其意义在于创立和全面实践了一种新的大学观，是 19 世纪初大学的一场里程碑式的变革，其标志是柏林大学明确地把科学研究作为大学的重要使命。洪堡倡导的"学术自由"和"研究与教学相统一"原则，柏林大学实施的"习明纳"教学、自由选课、自由研究等方法，都集中反映了时代的先进教育观，实践了崭新的大学理念。洪堡认为：古希腊精神的核心是独立思考能力和创造性精神，这些唯有在大学尤其是在大学的科学和学术研究中才能被唤醒和形成。自由的学术研究是促进人的全面发展的唯一途径。因此，他把研究自由作为新大学的最高思想和中心任务，并据此改造大学的教与学。他指出："大学教授的主要任务并不是'教'，大学生的任务也不是'学'，大学学生需要独立地自己去从事'研究'，至于大学教授的工作，则在于诱导学生'研究'的兴趣，再进一步去指导帮助学生去做'研究'工作。"[①]为此，柏林大学成立了研究所，该研究所在教学与研究相统一的原则下从事科学研究。科学研究逐渐进入大学的课堂，由业余活动转变为专业活动，大学活动的范围不断扩大，大学的职能也随之发生变化，大学开始具有第二种职能——发展知识。

洪堡提倡大学"教学与科研相结合"的思想通常被人们称为"洪堡精神"。以"洪堡精神"为办学理念的柏林大学所代表的新型大学模式，首先影响到其他欧洲国家，进而为美国所效仿，甚至在世界更广的范围传播，推动了欧洲高等教育乃至世界高等教育的近代化。

（三）范海斯"三位一体"职能：培养人才、发展科学、社会服务（20 世纪初确立）

1862 年，美国总统林肯签署了《莫雷尔土地赠予法》，赋予美国高等教育一项新的职能——服务。该法案规定：向各州每位议员赠拨 3 万英亩[②]土地，并将之售出，用所得经费建立永久性基金，以资助、供给和维持至少一所专门的学院，这所学院主要讲授农业和机械制造工艺方面的知识，旨在培养为当地工农业生产服务的各种技术人才。赠地学院一改美国传统学院的办学思想，更多地关心农业、实用知识和推广技术，有力地推动了美国农业的发展。至 20 世纪初，美国威斯康星大学校长范海斯提出了"威斯康星计划"，开始"重视大学与州政府

---

① 张国祥. 大学职能的历史演变及启示. 黑龙江高教研究，2000（6）：107-110.
② 1 英亩≈4046.86 平方米。

密切合作，以及大学在地方文化和经济发展中的地位和作用"，"在这观念的支配下，威斯康星大学通过传播知识和专家服务等手段，使教学、科研和服务都面向本州的文化和经济发展的需要，并促成教学、科研和服务一体化，形成了著名的'威斯康星思想'"。①同时，随着 1920 年威斯康星大学推广部的推广活动和组织结构在美国高等教育领域地位的确立，大学服务职能在美国高等教育领域正式确立下来，从而使服务职能成为继美国大学协会（Association of American Universities）承认的教学、科研职能后大学的第三重职能②。随着威斯康星大学不断完善其为本州服务的职能，它在诸如畜牧科学、生命科学和细菌科学等学科方面迅速处于全美领先地位。

1914 年，美国国会又通过了《史密斯-来沃法》，拨款支持高等学校在人民中传播有关农业和家庭实用信息，并鼓励对这些信息的应用。此后，各国高等学校的服务逐渐延伸到其他方面，从制造业到服务业，几乎涵盖社会生活的各行各业。

服务职能的增加，使美国的大学和社会之间建立了有机的联系，进而使得为社会服务和国家发展服务成为高等教育的主要职能，大学也因此开始从社会的边缘走向社会的中心。

（四）克尔式多元职能：生产功能、消费功能和公民素质培养功能（20 世纪）

克拉克·克尔（Clark Kerr）是 20 世纪美国著名的教育改革家，被誉为当代高等教育的设计师，他的"多元巨型大学"观在世界上影响深远。克尔认为："巨型大学是一个不一致的机构。它并不是一个群体，而是若干个群体——本科生群体与研究生群体，人文学者群体、社会科学家群体、科学家群体，各专业学院群体，所有非学术人员群体，行政管理者群体。它的界限是模糊的——它延伸到校友、立法议员、农民、商人，他们都关联到一个或几个这些校内群体。"③克尔将大学描述为一个庞大的社会组织，但并不仅指数量、规模庞大，还涉及多种功能、多元的结构体系，拥有多个目标，不再只关注教学、科研，而是致力于满足社会的多种需求。

---

① 黄福涛. 外国高等教育史. 2 版. 上海：上海教育出版社，2008：148.
② 崔高鹏，李慧. 查尔斯·范·海斯的大学服务观及其影响. 河北师范大学学报（教育科学版），2024（3）：69-78.
③ 克拉克·克尔. 大学之用. 高铦，高戈，汐汐译. 北京：北京大学出版社，2008：10.

克尔认为巨型大学的功能比传统大学功能更复杂。巨型大学的功能包括生产、消费及公民素质三个方面。

大学的生产功能主要表现在教学、训练、研究及服务四个方面。教学的重点在于人才的培养与选拔；训练涉及社会所需人才的生产；研究促进科技进步；服务即通过各种手段为社会提供服务。生产功能致力于增加社会的物质产品和服务。

大学的消费功能具体表现在普通教育、校园社会生活的规范及管理三个方面，指大学内各群体当前消费的物质产品和服务相关的功能，以及改变个人的情感、机遇等，从而使生活更加充实、完美的耐用消费相关的功能。

大学的公民素质培养功能包括社会化功能、评价及矫正补救三个方面。大学需教授学生管理政治经济生活有关事务的基本能力，在分析社会行为、目的的基础上，拥有制订计划、解决问题的能力。由于生活背景不同，对于缺失这些能力的大学生，高校应给予补偿教育。大学的公民素质培养功能关注学生、教授和校友的公民责任。

此外，克尔认为，大学的功能并非一成不变，而是像其他社会机构一样，随着社会的变化而变化，在变化中求生存[①]。

三、中国大学的社会职能

我国大学职能的发展具有自身独特的脉络与线索。自中华人民共和国成立至今，我国大学职能与重要使命实现了从一到五的交叠演变与共荣升华。1999年《中华人民共和国高等教育法》（简称《高等教育法》）规定高等学校应以人才培养为中心，同时开展教学、科学研究和社会服务等多项活动。2017年2月，中共中央、国务院印发的《关于加强和改进新形势下高校思想政治工作的意见》中强调，高校肩负着人才培养、科学研究、社会服务、文化传承创新、国际交流合作的重要使命。

（一）人才培养职能

从新中国成立初期至改革开放前，我国大学职能基本以教学与人才培养为主，但具体内涵与培养方向则随着外部社会经济的变化发展呈现出动态变

---

① 转引自尚倩倩，李晓虹. 克拉克·克尔"多元巨型大学"观对我国一流大学建设的启示. 未来与发展，2022（5）：60-62.

化趋势。

新中国成立初期，我国的大学效仿苏联办学模式，大学具有教学并以之培养人才的单一职能。1950 年，第一次全国高等教育会议在北京召开。会议提出高校应以《中国人民政治协商会议共同纲领》第四十一条至第四十七条为出发点，以理论与实际一致的教育方法，培养具有文化水平、掌握现代科学技术并全身心为人民服务的高级建设人才。1961 年，中共中央印发《教育部直属高等学校暂行工作条例（草案）》（简称《高教六十条》），提出高等学校必须以教学为中心，追求教学质量。同时，生产劳动、科学研究与社会服务应以利于教学为出发点进行合理安排。1983 年政府工作报告中明确提出"加速培养各方面的建设人才"，再次确立了大学人才培养的中心任务地位。

自新中国成立初期起，我国大学便有教学这一最基本职能并以之完成人才培养中心任务，其具体培养内涵则随着社会发展不断丰富与扩展。起初教学式人才培养主要是专门人才的培养。1995 年，以教育部召开的"加强高校文化素质教育试点工作研讨会"为起点，我国高校素质教育正式启动。1999 年印发的《中共中央、国务院关于深化教育改革全面推进素质教育的决定》，明确提出我国应全面推进素质教育，并将其贯穿于各级各类的教育之中。大学人才培养中心任务内涵的重大转变，完成了从专一授课式人才培养到均衡式素质教育人才培养的过渡。2010 年，国务院常务会议通过《国家中长期教育改革和发展规划纲要（2010—2020 年）》，明确人才培养是大学工作的中心任务，但大学人才培养的内涵已发生转变，具体体现在培养人才数量增长上，同时也体现在培养人才的类型、层次和规格的多样化发展。2012 年印发的《教育部关于全面提高高等教育质量的若干意见》，进一步牢固确立了人才培养的中心地位。党的二十大报告中强调："要办好人民满意的教育，全面贯彻党的教育方针，落实立德树人根本任务，培养德智体美劳全面发展的社会主义建设者和接班人。"高校是培养人、造就人的主体，大学的首要职能是人才培养。"培养什么样的人、如何培养人、为谁培养人"，是高校必须回答的根本问题。高校要始终牢记立德树人是办学治校的根本任务，是新时代高等教育现代化发展的生命和灵魂。

（二）科学研究职能

科学研究职能从新中国成立初期就受到重视，1962 年正式归为大学的职能，并于改革开放后日益得到加强，对我国经济社会发展起到了重要作用。

在新中国成立初期的学习苏联办学阶段，大学主要承担教学的职能，科学研究活动主要集中于科研机构，科学研究职能还并未归入大学职能之中。1956年，国务院科学规划委员会编制的《1956—1967年科学技术远景规划（草案）》指出：高等学校在必要情况下可以成立独立的研究室，并鼓励产业部门及科学院把规模较小的研究机构归入大学之中。1961年，中共中央印发的《高教六十条》明确提出，高等学校应积极开展科学研究工作。1962年中央财经小组和科学小组批准从次年起拨给大学部分款项作为科技事业经费，将大学的科学研究纳入国家发展计划之中，这标志着我国大学的科学研究职能正式确立。1977年，邓小平在《关于科学和教育工作的几点意见》中强调："高等院校，特别是重点高等院校，应当是科研的一个重要方面军，这一点要定下来。它们有这个能力，有这方面的人才。事实上，高等院校过去也承担了不少科研任务。随着高等院校的整顿，学生质量的提高，学校的科研能力会逐步增强，科研的任务还要加重。朝这个方向走，我们的科学事业的发展就可以快一些。"[①]之后，政府推出一系列有利于大学进行科学研究活动的政策，我国大学在此时期真正拥有了科学研究职能。1985年相继发布的《中共中央关于科技体制改革的决定》和《中共中央关于教育体制改革的决定》相辅相成，指明了我国科技与教育事业的发展方向，确立了科学研究在大学中的功能性地位。1991年，国务院批转的《关于加强高等学校科学技术工作的意见》明确提出，"高等学校科学技术工作取得了很大成绩，在各项建设事业中发挥了重要作用"。党的二十大报告提出，完善科技创新体系，坚持创新在我国现代化建设全局中的核心地位，健全新型举国体制，强化国家战略科技力量，提升国家创新体系整体效能，形成具有全球竞争力的开放创新生态。高校承担着科学研究的重要职能，是国家创新体系的重要组成部分。要充分发挥高校创新资源集聚、创新活动深入和国际交流活跃的优势，扎实推进高校科学研究工作。

（三）社会服务职能

我国大学的社会服务职能主要在改革开放后得到正式确立与发展，得益于1999年《高等教育法》的正式实施。

新中国成立初期，我国学习苏联办学，强调教育离不开实践，从而提供相应的社会服务。1958年，中共中央、国务院颁布《关于教育工作的指示》，明确提出教育必须为无产阶级政治服务，需要同生产劳动相结合。此时，大学的社会职

---

① 邓小平. 关于科学和教育工作的几点意见.（1977-08-08）. http://www.moe.gov.cn/jyb-xwfb/xw-zt/moe-357/s3579/moe-90/tnull-1531.html.

能主要表现为高等教育与生产劳动相结合。改革开放后，我国在借鉴苏联高等学校采用的科研机关和生产企业协作方式中，探索出适合自身的发展道路并建立教学、科研、生产三位一体的有效形式，如华东化工学院成为我国第一所"教学、科研、生产联合体"大学，并于 1 年内陆续签订了 9 个联合体协议，实现了产学研合作理论的首次实践。1985 年，中共中央发布的《关于科学技术体制改革的决定》指出，要改变研究机构与企业分离、研究设计与教育生产各环节互相脱离的现实情况，进一步加强高校与企业之间的协作和联合。1993 年，中共中央、国务院颁发《中国教育和改革发展纲要》，高度概括了高等教育育人、发展科技、服务社会的三大功能。1999 年《高等教育法》的正式实施，为大学的社会服务职能提供了法律保障。新时期，高校社会服务职能具有鲜明的价值取向，集中体现为"四个服务"，即为人民服务，为中国共产党治国理政服务，为巩固和发展中国特色社会主义制度服务，为改革开放和社会主义现代化建设服务。这是新时代中国特色社会主义高等教育的使命任务，也是高校积极发挥社会服务职能的责任担当。

（四）文化传承创新职能

改革开放以来，大学逐渐成为社会发展的基础及核心动力，创新文化是保持大学富有持续生命力的精髓。

1999 年，教育部颁布的《面向 21 世纪教育振兴行动计划》提出："高等教育应当为国家知识创新体系构建及现代化建设提供充足的人才支持与知识贡献。同时，应当进一步瞄准国家创新体系的目标，成功培养造就一批高水平且具有创新能力的人才。"它首次强调了文化传承与创新对国家发展的重要性。2011 年，胡锦涛在清华大学百年校庆上强调，"高等教育是优秀文化传承的重要载体和思想文化创新的重要源泉"[1]，首次指明了大学和文化传承与创新之间的关系，明确了大学的第四项重要使命。2012 年印发的《教育部关于全面提高高等教育质量的若干意见》，对大学的文化传承与创新使命进一步阐释，推进文化传承创新就是要兼顾中华优秀传统文化与世界优秀文明成果，加大对文史哲等学科的支持力度，培育大学精神，发挥文化育人的功用。党的十八大以来，国家高度重视文化传承创新。党的二十大报告专门论述了"推进文化自信自强，铸就社会主义文化新辉煌"。高校是文化传承创新的重要阵地，始终坚守文化传承创新的文化自信，既是高校的重要职能，也是落实立德树人根本任务的重要内容和实践抓手。

---

① 胡锦涛. 在庆祝清华大学建校 100 周年大会上的讲话. 人民日报，2011-06-30.

（五）国际交流合作职能

21 世纪以来，全球化趋势不断增强，高等教育统筹国内外大局，不断扩展对外开放的广度和深度，进一步提升了国际交流合作的层次与水平。2012 年印发的《教育部关于全面提高高等教育质量的若干意见》提出，高等教育的国际交流与合作要积极引进优质资源、大力实施走出去战略、全面实施留学中国计划。2015 年，国务院印发《统筹推进世界一流大学和一流学科建设总体方案》，提出要以中国为特色、世界一流为核心，加快建成一批世界一流大学和一流学科，进一步强调要加强高等教育的国际交流与合作，不断提升大学的国际化办学水平。2017 年，中共中央、国务院印发《关于加强和改进新形势下高校思想政治工作的意见》，强调"高校肩负着人才培养、科学研究、社会服务、文化传承创新、国际交流合作的重要使命"。党的二十大报告中强调，"讲好中国故事、传播好中国声音，展现可信、可爱、可敬的中国形象，推动中华文化更好走向世界"，进一步把国际交流合作列为大学"第五项重要使命"，提出要扎根中国大地办大学，加快建设世界一流大学和一流学科。

第四节　大 学 章 程

大学章程之于大学，如同宪法之于国家，可以说就是学校的"根本大法"，它上承国家法律法规，下启学校规章制度。制定大学章程，既是依法治国大背景下建设现代大学制度的客观要求，也是大学办学理念、办学宗旨、办学目标的集中体现。

一、制定大学章程的意义

（一）制定大学章程是落实依法办学的基本要求

《中华人民共和国教育法》（简称《教育法》）、《高等教育法》、《高等学校章程制定暂行办法》和《全面推进依法治校实施纲要》等明确了大学章程的基础性地位，强调了章程对建设现代大学制度的重要性，并对大学章程建设提出了具体要求。制定大学章程，是在政策法律的基本框架下，进一步对学校的各项制度与管理机构的权限做出明确规定，对法律精神与条例做出进一步诠释，是法的治理模式、法的精神和法律条规在大学的延伸和具体化、个性化。依法制定大学章程并严格依照章程治理，既是法律对每一所高校的基本要求，也是大学设立、运行、发展合法性的前提，使大学管理和办学有"法"可依。

（二）制定大学章程是深化大学治理的重要举措

党的十八届三中全会明确提出，要"完善学校内部治理结构"。完善学校内部治理结构，实现共同治理，对提高学校办学水平、提高教育教学治理水平具有深远的意义。

20世纪90年代以来，随着我国高等教育规模的迅速扩大，传统的大学治理模式与管理体制受到了挑战，高等教育必须改革。改革的目标之一就是建立现代大学制度。现代大学制度既涉及规范和理顺大学与政府、大学与社会的关系，也涉及完善和改革大学内部治理结构。前者包括政府宏观管理、市场适度调节、社会广泛参与、学校依法自主办学，后者包括党委领导、校长负责、教授治学、民主管理。完善大学治理结构不仅有利于释放大学的本质功能，激发大学的科学精神与创造力，而且能够最大限度地体现公共利益和社会进步的制度安排。章程作为学校的总宪章，是大学治理理念、治理结构的集中体现，是调节学校内外关系的基本准则，是学校接受监督、进行自律的基本依据。大学章程不仅能够保证大学举办者、高等教育的管理者不直接干预大学的具体事务，还能够避免大学在运行过程中的主观随意性，同时在兼顾大学内外部效率和公平的基础上，赋予大学自治权力与独立精神，深化大学治理改革，完善现代大学制度。

（三）制定大学章程是实现师生民主监督的必由途径

大学民主监督对保护师生合法权益、推进学校科学决策、民主决策具有十分重要的意义。民主监督主要通过教职工代表大会（简称教代会）和学生代表大会来实现。大学章程明确规定了教代会、学生代表大会的地位作用、职责权限、负责人产生规则以及议事程序等，强化了教代会和学生代表大会的职能，维护了师生员工参与学校相关事项民主决策、实施监督的权利，促使大学的教育资源配置和使用发挥最大效益。此外，大学章程的制定也有利于调动学校工会、共青团和各民主党派等参与学校民主管理、民主监督，为学校建设与发展建言献策，为学校科学管理和健康发展提供重要保障。

（四）制定大学章程是推进社会广泛参与的有力保障

社会参与大学事务是现代大学发展的趋势。大学章程，作为学校与政府、社会交流沟通的合法中介，不仅是大学内部治理的"根本大法"，还是大学内外制度衔接的桥梁。大学章程明确了学校开展社会服务、获得社会支持、接受社会监督的原则与办法，健全了社会支持和监督学校发展的长效机制，有利于汇聚社会力量积极参与，为社会参与学校建设和监督提供了重要保障。制定大学章程，既推动了大学治理由以政府为单一权力中心的"单一治理"模式向政府、大学、社会等多种主体共同参与大学管理的"多元治理"模式转变，又有利于减轻政府财政负担和管理负担，提高政府治理能力和效能，促进大学管理的科学化和民主化，还有利于促进学校与社会建立广泛联系与合作，打破传统的管理决策模式和封闭的办学体制，推动大学主动适应经济社会发展，促进社会经济的发展和进步。

二、大学章程的主要内容

2011 年 7 月 12 日，教育部第 21 次部长办公会议审议通过《高等学校章程制定暂行办法》，其第二章规定了章程内容。

（一）基本内容

包括以下 10 个方面：

（1）学校的登记名称、简称、英文译名等，学校办学地点、住所地。

（2）学校的机构性质、发展定位，培养目标、办学方向。

（3）经审批机关核定的办学层次、规模。

（4）学校的主要学科门类，以及设置和调整的原则、程序。

（5）学校实施的全日制与非全日制、学历教育与非学历教育、远程教育、中外合作办学等不同教育形式的性质、目的、要求。

（6）学校的领导体制、法定代表人，组织结构、决策机制、民主管理和监督机制，内设机构的组成、职责、管理体制。

（7）学校经费的来源渠道、财产属性、使用原则和管理制度，接受捐赠的规则与办法。

（8）学校的举办者，举办者对学校进行管理或考核的方式、标准等，学校负责人的产生与任命机制，举办者的投入与保障义务。

（9）章程修改的启动、审议程序，以及章程解释权的归属。

（10）学校的分立、合并及终止事由，校徽、校歌等学校标志物、学校与相关社会组织关系等学校认为必要的事项，以及本办法规定的需要在章程中规定的重大事项。

（二）自主办学基本规则、决策程序与监督机制

《高等学校章程制定暂行办法》第八条明确以下事项的基本规则、决策程序与监督机制：

（1）开展教学活动、科学研究、技术开发和社会服务。

（2）设置和调整学科、专业。

（3）制订招生方案，调节系科招生比例，确定选拔学生的条件、标准、办法和程序。

（4）制订学校规划并组织实施。

（5）设置教学、科研及行政职能部门。

（6）确定内部收入分配原则。

（7）招聘、管理和使用人才。

（8）学校财产和经费的使用与管理。

（9）其他学校可以自主决定的重大事项。

（三）党委领导下的校长负责制

要健全中国共产党高等学校基层委员会领导下的校长负责制的具体实施规则、实施意见，规范学校党委集体领导的议事规则、决策程序，明确支持校长独立负责地行使职权的制度规范。

（四）学校的内部治理结构和组织框架

要科学设计学校的内部治理结构和组织框架，明确学校与内设机构，以及各管理层级、系统之间的职责权限，管理的程序与规则。

（五）学术组织

要明确规定学校学术委员会、学位评定委员会以及其他学术组织的组成原则、负责人产生机制、运行规则与监督机制。

（六）教职工代表大会和学生代表大会

要明确规定教代会、学生代表大会的地位作用、职责权限、组成与负责人产生规则，以及议事程序等。

（七）社会支持和监督

要明确学校开展社会服务、获得社会支持、接受社会监督的原则与办法，健全社会支持和监督学校发展的长效机制。

（八）质量保障体系和评价

要明确学校保障和提高教育教学质量的原则与制度，规定学校对学科、专业、课程以及教学、科研的水平与质量进行评价、考核的基本规则，建立科学、规范的质量保障体系和评价机制。

（九）教师、学生权益

要健全教师、学生权益的救济机制，突出对教师、学生权益、地位的确认与保护，明确其权利义务；明确学校受理教师、学生申诉的机构与程序。

三、大学章程的制定：以《河南科技大学章程》为例

（一）学校章程的制定过程

《河南科技大学章程》（以下简称《章程》）的制定工作从 2014 年开始启动，经过近 2 年的反复研讨、征求意见、修订完善，于 2015 年正式通过河南省教育厅的核准并发布实施。2021 年进行了修订。

为切实做好《章程》的制定工作，学校采取了以下重点举措：

一是加强组织领导。学校成立了以书记和校长为组长的章程制定领导小组，成立了由党委办公室、校长办公室和发展规划处有关人员组成的章程制定办公室，研究制定工作实施方案，将制定工作分为动员部署、学习调研、专题研究、修订起草、征求意见、核准颁布 6 个阶段，分阶段稳步推进实施。

二是深入学习调研。由校领导带领有关部门负责人，先后对西安交通大学、西安工业大学、上海交通大学、华中科技大学、北京工业大学等高校的章程制定情况进行了学习调研。同时，学校还成立了由校内专家及教职工代表、校外相关领域专家代表、上级有关领导等组成的章程制定咨询委员会。

三是专题研究推进。按照"重点突破、整体推进"的工作原则，学校成立了由职能处室负责人牵头的"办学特色与发展定位""内部管理体制机制""学术机构设置与职能""校院两级管理" 4 个专题研究组，重点针对章程制定拟研究解

决的主要问题开展专项研究，为章程制定提供参考依据。

四是广泛征求意见。《章程》（征求意见稿）完成后，学校通过召开咨询会及座谈会、发放征求意见函等形式，先后征求了咨询委员会专家、校领导及各单位负责人、师生代表及校学术委员会委员的意见，并提交校教代会进行了讨论；随后，又通过校园网面向全校师生、海内外校友及社会各界人士广泛征求了意见。

《章程》（修订稿）经党委常委会会议审定同意，学校于 2015 年 7 月将《章程》上报省教育厅申请核准。

（二）学校章程的主要内容

学校《章程》包括序言和正文两部分，正文共有十一章七十七条。

第一章"总则"部分，主要明确了学校依法享有的办学自主权、办学指导思想、办学目标、办学理念、大学精神、教育形式等。第二章"学校与举办者"部分，主要明确了学校与举办者及其关系、学校的权利和义务。第三章"治理结构"部分，共分三节。第一节"领导体制与决策机制"，主要明确了学校的领导体制、校党委的职责和决策机制、校长的主要职权等；第二节"学术组织"，主要明确了校学术委员会、学位评定委员会、教学指导委员会等学术组织的职责和组成等；第三节"民主管理"，主要明确了教代会、学生代表大会（研究生代表大会）的职权等。第四章"教学科研机构"部分，主要明确了学校教学科研机构设置、变更或撤销的程序、学院的主要职责、学院党委（总支）的主要职责、学院的工作机制、决策机制等。第五章"管理与服务机构"部分，主要明确了党政职能部门、直属机构、附属医院等的设置与职能。第六章"教职工"部分，主要明确了学校教职工的聘用和奖惩、教职工的基本权利和基本义务等。第七章"学生"部分，主要明确了学生的权利、义务等。第八章"资产、经费、后勤"部分，主要明确了学校的资产主要形式、资产管理体制、经费来源、财务管理体制及后勤管理等。第九章"外部关系"部分，主要明确了学校理事会、教育发展基金会、校友会的设置和工作机制。第十章"学校标识"部分，主要明确了校训、校徽、校歌、校旗、校庆纪念日等。第十一章"附则"部分，主要明确了章程制定及修订的基本程序、章程解释权归属等。

（三）学校章程的主要特点

教育部印发的《高等学校章程制定暂行办法》，对章程内容、章程制定程序、章程核准与监督做了详细的规定，因此，各个高校制定的章程具有很多共性之处。但各高校的办学历史、所处环境、面临问题、奋斗目标不尽相同，又决定了各高校在制定章程时既要遵循共性，又要坚持个性、形成特色。

河南科技大学章程有以下主要特点。

1. 突出总章总纲地位

章程是学校办学治校的根本制度，在制定过程中，应始终突出总章总纲地位，从顶层回答好办什么样的学校、培养什么样的人才以及如何提高办学育人质效等根本问题，科学把握章程之"本"与制度体系之"末"之间的关系。河南科技大学章程从总则、学校与举办者、治理机构、教学科研机构、管理与服务机构、教职工、学生、资产、经费、后勤、外部关系、学校标识等方面做出规定和安排，不拖泥带水、不长篇大论、不繁文缛节，旨在将最核心、最本质、最深刻的内涵规律、体制机制阐释清楚，确保章程的根本性和纲领性地位。

2. 突出办学历史传承

历史是最好的教科书。学校实现高质量发展必须坚持对办学历史的赓续传承。学校章程的制定应对长期以来探索形成的实践经验和优良传统进行总结和确认，同时，应注重历史传承与未来发展的有机统一，将深厚沉淀与未来规划充分结合，实现面向未来的继承创新。河南科技大学章程在序言中首先明确了学校的办学历史、学校定位；在第三章"治理结构"部分，系统总结了学校治理的宝贵经验和优良传统，明确了学校的领导体制与决策机制、学术组织、民主管理等；在第十章"学校标识"部分，明确了校训、校徽、校歌、校旗、校庆日等，实现了学校办学历史的总结、创新和继承。

3. 突出自身办学特色

大学章程要发挥效力、支撑学校实现高质量发展，必须坚持在共性要求基础上的以我为主的制定原则，在合法合规的前提下，充分发掘和彰显自身特色，着力体现学校对建设发展根本性问题的自主思考、自主选择、自主实践，避免章程偏向模式化、趋同化、原则化，进而避免章程的"千篇一律"，确保章程有力指引学校特色发展、创新发展。河南科技大学章程不仅阐明了学校的发展历史、校训、校徽、校歌、校旗等个性化的形象标识，还阐述了学校的发展目标、办学理念、大学精神、人才培养目标等，体现了学校的个性，彰显了学校的特色。

4. 突出师生主体地位

教职工和学生是学校教育的两大主体，其权益的保障不仅关乎个人的福祉，更直接影响着教育教学的质量和社会的和谐稳定。河南科技大学章程注重凸显教职工和学生的主体地位及其基本权益保障，最大限度地回应了师生的合法、合理利益诉求，赋予其发展权、知情权、批评建议权等实体性权利，明确他们的申辩权、申诉权以及权利救济等程序性权利。同时，在章程的结构设计上，将"教职工"和"学生"单独成章，置于"学校与举办者、治理结构、教学科研机构、管理与服务机构"之后，凸显了学校办学以师生为本的理念。

5. 突出解决核心问题

完善大学治理体系是建设现代大学制度的核心要义，学校章程是完善大学治理体系的基础，因此，学校章程的制定要突出解决学校治理的核心问题。大学治理的核心是要处理好大学内部关系和外部关系问题。大学内部关系包括党委领导权与校长行政权的关系、行政权力与学术权力的关系、学校领导权与民主参与权的关系、学校权力与学院权力的关系等。大学外部关系包括国家行政权与办学自主权的关系、学校管理权与社会参与权的关系等。河南科技大学章程在第三章"治理结构"第一节"领导体制与决策机制"中，明确了党委领导权与校长行政权的关系；在第二节"学术组织"中，明确了行政权力与学术权力的关系；在第三节"民主管理"中，明确了学校领导权与民主参与权的关系。在第三章"治理结构"中，明确了校党委和校长的职责，在第四章"教学科研机构"中，明确了学院、学院党委（总支）的主要职责，从而明确了学校权力与学院权力的关系。在第二章"学校与举办者"中，界定了举办者的职责、学校的权利和义务，明确了国家行政权与办学自主权的关系。在第九章"外部关系"中，学校设立理事会、校友会等，明确了学校管理权与社会参与权的关系。内部关系和外部关系的全面、系统、明确界定，实现了权力关系的有效制衡，形成了自我发展自我约束的良性机制，推进了学校治理体系和治理能力的现代化。

6. 坚持刚性约束与柔性引导相结合

大学作为一个依法独立承担民事权利和义务的法人主体，依法制定章程并严格依照章程治理，既是法律对每所大学的基本要求，也是大学设立、运行、发展合法性的前提。学校章程的制定力求只体现最根本、最原则的内容，切实发挥章程在较长时期内规范指导学校发展的"刚性"作用。同时，内容不要过于具体，以适应高等教育发展和学校发展新情况、新变化，使章程起到柔性引导作用。河南科技大学章程在第四章"教学科研机构"中对学院和学院党委（总支）的主要职责做了明确规定，而对学院设立学术委员会、学位评定委员会、教学指导委员会的基本职能只做了原则性的界定，对其具体人员如何构成、具体职责及运行机制，章程并没有做过细的规定。目的就是不搞"一刀切"，从而鼓励引导学院从自身实际出发，探索建立符合自身特点的学术管理运行机制。

第二章 学 院 概 述

第一节 学院与学院制

一、学院

学院（college）一词，主要用来指代那些专注于单一学科领域的教育机构或兼具学术研究与行政管理职能的组织。在当前的中国高等教育体系中，学院的组织形式呈现出多样化的特点，其主要包括以下四种类型。

（一）本科学院

本科学院，通常指的是相较于综合性大学而言规模较小的高等教育机构。这类学院具备独立的法人资格，能够自主开展各类办学活动。它们往往拥有相对较少的学科门类，教学质量和学术水平均较高。其主要办学层次为本科教育，为学生提供全面的本科阶段学习体验。同时，部分本科学院还设有硕士研究生培养项目，以满足学生更高层次的学习需求。

（二）独立学院

独立学院则是高等教育领域内的一种特殊形式，由实施本科以上学历教育的普通高等学校与地方政府、中外企事业单位或个人合作共同创办。这类学院利用非国家财政性经费进行运作，与所属大学保持相对独立的地位。它们通常提供本科学历教育，为学生提供多样化的学习选择和发展空间。

（三）职业技术学院

职业技术学院作为高等教育机构的一种重要类型，其定义相对宽泛，不受特定学科或门类的限制。这类学院主要提供专科层次的教育服务，注重培养学生的实践能力和职业技能。它们通常与企业、行业等紧密合作，为学生提供丰富的实习和就业机会，助力学生顺利实现就业和职业发展。

（四）二级学院

二级学院则是隶属于学校法人、在学校统一领导下的内部组织机构。它们集教学、科研和行政管理于一体，是大学内部管理体制的重要中间层次。作为大学二级学院的实体性学院，二级学院拥有完善的组织建制和系统的行政管理机制。它们不仅承担着实施大学本科教育和部分研究生教育的重任，还肩负着进行高深知识研究工作的使命。二级学院具有实体性、主体性和自主性等显著特征，是高等教育体系中不可或缺的重要组成部分。本书的研究对象正是这一类具有鲜明特色和重要地位的二级学院。

二、学院制的概念界定与内涵剖析

（一）学院制的概念界定

学院制作为高等教育领域的重要组织与管理模式，吸引了众多学者进行深入研究与广泛探讨。不同学者基于各自的研究视角，对学院制给出了多元化的定义。例如，程秀波认为，学院制是指大学中设立的次级组织机构——学院的组织体制和运行机制[1]。这一观点强调了学院制作为大学内部组织架构的核心组成部分，以及其在运行过程中的机制特性。郭必裕等认为，学院制是一种凸显培养人才和学科发展等职能，大学以学院为实体性主体和管理重心的内部组织结构形式与管理模式[2]。这一观点突出了学院制在大学内部管理中的主体地位，以及其在实现大学教育目标和学科发展方面的关键作用。耿华萍认为，二级学院不仅是一种组织结构形式，还应该是一种管理理念，是一种分权管理，将实体性、依附性、目标性贯穿到大学一切管理活动中的管理理念[3]。这种管理理念将实体性、依附性、目标性贯穿于大学的一切管理活动中，强调了学院在大学管理中的自主性和目标导向性。

（二）学院制的内涵剖析

学院制作为以实体性主体为载体的一种组织结构模式，其内涵丰富而深刻，

---

① 程秀波. 学院制及其运行机制探析. 商丘师范学院学报，2008（11）：106-109.
② 郭必裕，张忱. 英、法、美、日四国学院制发展及启示. 公关世界，2021（10）：93-95.
③ 耿华萍. 改革中的我国大学学院制研究. 扬州大学硕士学位论文，2005.

主要包括以下三个方面。

（1）实体性机构。学院是大学直接领导下的一个从事教学、科研和管理的实体性机构。这一特性强调了学院在大学内部作为独立运作实体的地位，以及其在教学、科研和管理等方面的全面参与和贡献。

（2）职能多元化。学院直接参与培养人才、开展科学研究、提供社会服务等多方面的职能活动。同时，行政管理制度为这些学术活动提供了必要的保障和支持，确保了学院各项职能的顺利实现。

（3）管理自主权。学院是学校管理工作的重心，在财政、人事，特别是教学上拥有一定的自主权。这一特性赋予了学院在管理上的灵活性和创新性，使其能够根据自身的特点和需求，制定适合的发展战略和管理策略，从而更好地实现教育目标和学科发展。

综上所述，学院制作为高等教育领域的一种重要组织与管理模式，其概念界定和内涵剖析为我们深入理解学院制的本质和特性提供了重要的参考和启示。

三、实施学院制的作用

（一）有利于提高大学管理效率和办学效益

推行学院制的大学，往往办学规模较大，学校组织结构庞大。实施校院系三级管理体制，往往管理层级多、管理成本高、管理效率低下。因此，大学的治理必然要以二级学院治理为基础，实施学院制，实行管理中心下移，学校将人才引进、职称评审等人事权和绩效分配、行政经费支配等财务权以及教学运行的管理权，逐步向二级学院下放，实行"院办校"改革，夯实基层学院的责任，有利于强化学院办学的积极性，提高管理效率，提升办学水平。

实施学院制是高校内部优化教育资源配置的基本手段之一。目前，我国高校教育资源配置不合理、利用率低的问题较为突出，主要表现在：①规模效益低。部分院的设置规模大小不一，造成教学人员和非教学人员比例严重失调，行政人员过多，经费支出高，且人浮于事。②教育资源共享程度低。据世界银行的一个调查，我国部分高校教室、实验室的利用率只有60%[①]，各类人员、设备等资源共享程度差，造成了严重的隐性浪费。③专业设置仍较细。我国高校专业设置还没有完全摆脱产业向高校延伸的因素，几经调整、压缩，2023年全国普通高校

---

① 韦巧燕，秦福利. 综合性大学实行学院制管理模式探析. 广西民族学院学报（哲学社会科学版），2001（6）：160-162.

开设本科专业 792 个，本科专业布点总数 6.6 万个[①]。实行学院制，可以优化组合，在一定程度上实现教育资源的合理使用与优化配置，进而提高学校的办学效益。

（二）有利于复合创新型人才培养

实施全面素质教育，培养具有创新精神和创造能力的专门人才，已成为新技术革命时代世界高等教育发展的潮流。我国高等教育经过十多年的改革，专业范围有所扩大，学分制的试行使学生的知识结构有了明显改善，主辅修制的实施开辟了培养复合型人才的新途径。实施学院制，学院可按大类进行招生，拓宽专业口径；学院统一安排全院的教学计划与课程设置，按大类在同一学科群中统一安排低年级的通识课程，在高年级将学生按专业及专业方向分流；学院以学生为中心，根据社会需求和用人单位用人素质要求，重新审视和安排高等教育的内容、方法和授课方式，尊重学生个性，激发学生的创造潜能。这些措施的应用，将有利于形成理工结合、文理渗透的培养机制和技、工、贸、管一体化的教学体系和课程体系，有利于培养基础理论扎实、知识面宽、适应性强的各类高级专门人才。

（三）有利于学校学科发展与科学研究

当代科技发展的趋势是交叉学科、边缘学科、高新技术学科蓬勃兴起，捷足先登占领某一学科领域发展的制高点，引领学科发展的新潮流是时代赋予高校的重要使命。实施学院制，有利于从大学科视野出发，组织若干邻近学科，组建一级学科或学科大类下的跨系研究机构，各个学科在相互渗透、相互融合过程中，不断形成交叉学科、边缘学科和新兴学科，形成学科发展性的生长点。通过学科的创新，使学院向更高层次迈进，使学校向一流大学迈进。同时，实施学院制，能够实现学科间的优势互补，形成合力，有利于创建国家重点学科、重点实验室和研究中心等，从而承接国家重大科研课题，突破"卡脖子"关键技术，根据市场经济的需要，实行产、学、研结合，加速科研成果向生产力转化，不断增强学院的办学实力，不断提高学校的办学水平和知名度。

---

① 教育部高等教育司负责人就《普通高等学校学科专业设置调整优化改革方案》答记者问. (2023-04-04). http://www.moe.gov.cn/jyb-xwfb/s271/202304/t20230404-1054223.html.

第二节　学院设置的历史沿革

一、国外大学学院设置的历史沿革

纵观历史，现代大学的学院发展史与大学的学术发展史特别是学科发展史是紧密相连的。①

（一）单一化与层级化时期（11—16 世纪）

现代意义的大学最早产生于中世纪的欧洲，其中意大利的博洛尼亚大学与萨莱诺大学被广泛认为是世界上最古老的大学。大学学院的形式也首先在这些欧洲大学中出现。这些早期大学主要以满足学生的职业需求为目标，因此，它们的学科设置相对有限，例如萨莱诺大学以医学教育著称，而博洛尼亚大学则以法律教育闻名。经过大约一个世纪的发展，这两所大学逐步扩展了学科范围，包括法学、神学、医学、文学等多个领域。成立于 12 世纪的巴黎大学，最初以神学为主要学科，经过一个世纪，它已经发展成为涵盖神学、文学、法学和医学四个学科的学府。随后，欧洲的其他大学也纷纷效仿巴黎大学的模式，开设了这四个基本学科。尽管这些大学设有文学、法学、医学、神学等四个学院或者系，但它们之间的地位并不平等。教会将神学定为大学的首要学科，使得神学院在大学中占据了主导地位，其地位至高无上。同时文科是当时的基础性学科，文学院成为大学教育的基础。

（二）学科化与本土化时期（16—19 世纪）

随着意大利文艺复兴、英国和法国资产阶级革命与工业化的兴起，国家逐渐取代了教会在教育领域的统治地位，神学在大学中的首要学科地位开始动摇，而自然科学与人文社会科学的地位逐步得到社会的认可，其学科合法性不断增强。原来的文学开始扩张、分化并繁荣起来，成为张扬人性、挑战神学地位的重要学科。从 16 世纪末期到 17 世纪后期，很多大学除一些古典学科以外，还开设了大量自然科学学科的课程，如数学、天文、地理、光学、化学等，多学科的教学内容随之出现，大学学科初始的专业化发展趋势得到确立，专门化的大学学科结构体系逐步形成。

① 谢辉. 基于学科的中国研究型大学院系设置研究. 华中科技大学博士学位论文, 2012.

与学科结构发展相对应，各国大学的院系设置也发生了变化，呈现出"本土化"的新趋向。例如，哈佛大学是仿效英国剑桥大学建立的，耶鲁大学则是仿照英国爱丁堡大学设立的，以及根据 1862 年《莫雷尔法案》兴起的大批赠地学院等，它们一方面继承和发展了英国大学的院系设置方式，在大学内部设立了拥有相对独立的活动权力的英国式学院，如神学院、法学院以及医学院等；另一方面，又根据知识逻辑分类和知识在社会上应用的领域来设置不同的院系，如农学院、工学院和商学院等。大学院系设置的本土化与学科化方式，不仅体现了欧洲古典大学重视博雅教育的传统，更充分体现了大学教学服务地方经济和社会发展的价值取向。

（三）多元化时期（19 世纪至今）

19 世纪初到 20 世纪中后期，大学学科分化进入一个裂变时期，人文社会科学与自然科学学科不断交锋、螺旋上升，学科结构与类型呈现多样化的发展趋势。

其一，以实用性学科为主的单科性新大学开始出现，比较典型的有法国的土木工程学校（成立于 1774 年）、巴黎理工学校（成立于 1794 年，前身为公共工程中心）、德国的柏林工业大学（成立于 1799 年）、美国的西点军校（成立于 1802 年）以及《莫雷尔法案》之后兴起的众多的技术学院和农业学院等。这些单科性、专门性大学的出现，积极回应了工业革命的快速发展，并推动了大学教育改革的深入。

其二，大学的传统学科不断分化，学科类型与数量迅速扩张。大量的学科分化、学科交叉产生了种类繁多的学科，如自然科学领域内的学科名称繁多，当代哲学、社会科学领域中也出现了大量有影响力的学科。这种学科发展的趋势在高等教育领域表现为新的院系的出现，如牛津大学成立了自然科学系、法学与现代史系、数学物理系。

其三，人文学科与自然学科互为对垒以及学科的重新综合。在近代以前，人文与科学互相对峙，并争夺"首席地位"。从 20 世纪中叶开始，学科在同一时间与空间中高度分化与高度综合的趋势加快。一方面，学科高度分化，交叉学科、边缘学科、横向学科、综合学科大量出现，大学学科门类增多，一些世界著名大学高度关注学科的分化，不断增设新的学科，成立以新学科为核心的新学院。另一方面，学科高度综合，学科交叉与渗透日益增强，一些著名大学不断成立有利于不同学科融合的综合性学院，综合性学院设置增多。这种学科高度综合推动了单科性大学向综合性大学转型。无论是以人文社会科学为重点的牛津大学与剑桥大学，还是以理工科为重点的麻省理工学院与加州大学伯克利分校，都不再拘泥于原来的学科结构与研究领域，开始向集人文学科与理工科为一体的综合性大学转型。例如，英国的牛津大学，从建校开始一直奉行传统的中世纪大学教育传统，到文艺复兴时期，开始开设哲学、艺术等人文学科，到工业革命时期，开始关注新兴的自然科学，到 20 世纪 50—60 年代，冶金系、材料科学系、工程科学系等纯工科的院系已经出现，牛津大学成为一个人文、理工相结合的综合性大学，麻省理工学院也由技术学院发展成为著名的综合性大学。

二、我国大学学院设置的历史沿革

我国大学学院制已有一百多年的历史，它随着大学的诞生而形成，随着大学的发展而完善，随着国家意识、社会政治经济文化领域和大学的变革而调整。

（一）我国大学学院设置的发端（1911—1951 年）

1911 年辛亥革命成功后，由教育长蔡元培亲自起草并于 1912 年 5 月 24 日颁布实施的我国历史上第一个《大学令》，对大学的学科进行了规定：大学分文、理、法、商、医、农、工七科，以文、理科为主，并且必须是文理两科并设，或文科兼法商二科，或理科兼医农二科，称之为大学。1913 年颁布的《大学规程》，参照欧美大学的体制，将传统学堂中的"科"改为"学院"，将大学的学院划定为文学院、理学院、法学院、教育学院、农学院、工学院、商学院、医学院等八大学院，并规定必须具备三个以上的学院才能称为大学。此时的"学院"概念已与现代大学中的学院相近。1928 年《大学组织法》颁布后，学院制在中国开始走向成熟。《大学组织法》规定：大学可以设置文、理、法、教育、农、工、商、医等八类学院，设立三个以上的学院方可称为"大学"，并规定三个学院中必须包括理、农、工、商、医之中的任何一个，不具有这两个条件的高等教育机构为独立学院。至 1952 年院系调整前，中国大学一般是以学科大类设置学院，如文学院、理学院、工学院等，学院下面设系，如理学院有数学系、物理系、化学系等。在这一时期，尽管已经出现了学院，但在大学中学院的数量仍然较少，1949 年中国高水平大学中仅有 11 所大学设有学院，共设有 16 个学院，平均到每所大学的学院数量不到 2 个，系仍然是大学的主要二级组织机构①。

（二）大学学院设置的变革停顿期（1952—1990 年）

新中国成立之初，由于高校分布不均衡，学校名称与分工不明确，系科设置庞杂，教育质量参差不齐。1952 年，教育部根据"以培养工业建设人才和师资为重点，发展专门学院，整顿和加强综合性大学"的基本方针，借鉴苏联的教育体制，改变了当时欧美综合性大学的模式，对我国高等教育进行了大规模的改造。在近两年的时间内，全国绝大多数大学进行了院系调整和专业设置的改革。一些综合性大学（如天津大学、山东大学、交通大学、中山大学、南京大学与武汉大学等）将工、农、医、师、财、法等系科分离出来，通过单独成立专门学院或者与其他高校分离出来的相似专业进行合并的方式成立专门学院，仅仅保留了文理两科。同时，很多综合性大学开始取消了学院一级的建制，把原来的"校-院-系"的三层管理系统简化成"校-系"或"院-系"两层管理系统。经过几十年建立起来的"学校-学院-系"的三级管理模式逐步淡出，全国绝大部分高校实行的是"校-系"两级管理模式。尽管这种两级管理模式适应了当时我国科技发展水平较低、学科交叉与融合的要求不强的客观现实，但是，这种由学校直接管理到教学最底层的组织管理模式体现了当时高度集权的国家权力模式，导致大学及其系科的办学自主权与创造性受到了严重限制。

（三）大学学院设置的再度兴起（1991—2000 年）

随着我国经济体制的转轨和经济的快速发展，20 世纪 50 年代确立的"校-系"二级管理模式的弊端逐渐显现，专业设置过于狭窄，教学内容单一，这些已难以适应知识经济快速发展的需求，也无法满足市场经济体制下对人才素质综合化及职业流动性的要求。此外，系科设置过多且分散，这不仅造成了行政资源的浪费，也限制了高等教育资源的有效利用，降低了办学效益。

为了更有效地整合高等教育资源，提高人才培养质量，增强大学的综合实力，自 20 世纪 80 年代末起，我国高等教育开始了新一轮的院系调整。这次调整主要针对中央部委和地方管理的 1070 所高校，旨在减少单科性高校的数量，增加多科性和综合性大学的比例。一些单科性或多科性的专门学校以及文理学院通过合并重组，形成了学科门类较为齐全、专业内容更为丰富的综合性大学。1992

---

① 王芳. 我国高水平大学学院制问题研究. 南京师范大学硕士学位论文，2011.

年，江苏农学院、扬州师范学院等六所院校合并成立扬州大学，标志着此轮院系调整的开始；随后，同济医科大学、武汉城建学院等单科性大学并入华中理工大学，组建成华中科技大学；北京医科大学、中央美术学院并入北京大学，形成了新的北京大学；江西大学和江西工学院合并为南昌大学；成都科技大学并入四川大学，组成了新的四川大学等。随着学科门类齐全的综合性大学数量迅速增加，各大学开始改革内部管理体制，许多大学纷纷设立学院，实行学院制，这促进了学院设置的再次兴起。

（四）大学学院设置的活跃上升期（2001 年至今）

进入 21 世纪，随着"211 工程""985 工程"的推动，我国加快了高水平综合性大学的建设步伐，大学着眼于内部学科建设和学科间的交流与合作，学院设置进入活跃上升期，学院数量急速上升。进入 21 世纪后，我国 39 所高水平大学学院数量增长了 431 个，平均每所大学增加 11 个。2010 年，我国高水平大学学院的平均数量达到 24 个，其中学院数量最多的吉林大学达到 46 个[①]。截至 2024 年 12 月，我国高水平大学学院的平均数量增加到 32.2 个，其中学院数量最多的是中山大学高达 70 个，其次是吉林大学，也达到 54 个（从 39 所高水平大学的官方网站统计得出）。学院数量急速增加一方面使我们看到大学的蓬勃发展，同时也给大学管理带来一定的困难。

第三节　学院设置

一、学院设置的原则

关于学院的设置原则，国内学者在理论和实践探讨方面存在一些不同看法：普遍认为，根据学科发展和社会需求设置学院，尤其是按学科群来设置学院，增加学院学科容量[②]。时伟强调，学科是大学存在的根基，院系结构的调整必须坚持学科原则[③]。严燕指出，学院制的内涵要求学院的设置要遵循管理幅度原则、发展学科原则、情景性原则[④]。林健根据学院的目的性、实体性、发展性、特色性和包容性五个特点，提出学院设置的原则：战略目标原则、学科发展原则、精

---

① 王芳. 我国高水平大学学院制问题研究. 南京师范大学硕士学位论文，2011.
② 吉明明. 学院治理：结构·权力·文化. 北京：科学出版社，2019：22.
③ 时伟. 论学科发展与院系调整. 江苏高教，2007（5）：32-35.
④ 严燕. 学院制的内涵与学院的设置. 教育研究，2005（10）：76-79.

干高效原则、权责对等原则和动态适应原则①。王芳结合我国高水平大学学院设置的特点和存在的问题，总结出学院设置的三原则：以知识的开发整合为基础、学院的管理幅度与效率、办学灵活性②。

依据现代管理学的理论，能够适应环境变化的组织就是最好的组织，能够依形造势，顺应周围环境变化，实现效率效益最大化的管理就是最好的管理。结合不同学者的观点，高校学院设置，应紧紧围绕学校的发展战略和发展目标，达到纵向行政流畅通，横向学术流活跃的效果，应该把握以下原则。

（一）有利于战略目标实现

任何组织都有其特定的目标，组织内部机构的设置首先要服务于组织目标的实现。也就是说，组织是通过设置内部机构来分解和落实组织目标，组织目标的实现是通过组织内部所有机构的分目标的实现来形成的③。

扎根中国大地办教育，创建一流大学或高水平大学是新时代赋予中国大学的重要使命。创建一流大学或高水平大学的战略目标，体现在招生就业、人才培养、学科建设、科学研究、社会服务、学生管理等具体指标上，反映出学校的办学定位、办学特色、优势、地位、声誉等。大学的战略目标确定后，就会将具体指标分解到各个学院，由各个学院制订年度工作计划，具体完成实现分目标的各项工作。因此，学院是学校战略目标的承担者和组织者，学院的设置和建设关乎学校战略目标的实现，大学学院的设置首先要有利于学校战略目标的实现。

高校要有目的地进行学院设置，紧密围绕学校的办学地位和战略目标设置、建设学院。以世界一流大学为建设目标的大学，应该以建设若干个世界一流的学科为目标进行校内学科布局调整、设置和建设学院，以高水平综合性大学为建设目标的大学应该按照综合性大学的要求调整、设置和建设学院；地方性大学应该按照服务面向地方经济社会发展的需要设置和建设学院。

（二）有利于学科融合发展

学科是大学最基本的组织形态，是大学人才培养、科学研究和社会服务的基础，是大学各项职能履行、教育教学资源配置、内部机构设置、学校运行机制等的具体体现，反映了大学的专业设置、人才培养、教师队伍建设、科学研究、社会服务等方面

---

① 林健. 大学校院两级管理模式中的学院设置. 国家教育行政学院学报，2010（10）：17-24.
② 王芳. 我国高水平大学学院制问题研究. 南京师范大学硕士学位论文，2011.
③ 林健. 大学校院两级管理模式中的学院设置. 国家教育行政学院学报，2010（10）：17-24.

及其相互之间的内在联系，以及教学场地安排、实验室建设、仪器设备配置、图书馆建设等教育教学资源的配置规律，因此，学院设置要有利于学科融合发展。

在设置和建设学院时，要充分认识学科的发展规律，掌握学科的发展趋势，着眼于学科力量的综合利用，着力于有效互补的集约型发展方式，紧紧围绕学科融合发展的目标，重视各学科间的相互支撑、交叉、渗透与融合，按照有利于学科发展、学科交叉、学科创新、学科融合的目的进行。一要按学科门类设置学院。对 30 所世界著名大学的研究发现，81.0%的学院是按学科门类设置的，3.4%的学院是按学科群设置的，按一级学科设置的比例仅为 11.4%[①]。坚持按学科门类设置和建设学院有利于拓宽学科口径，增强学院核心竞争力。二要按照有利于产生学科生长点的标准来设置和建设学院。要充分认识学科的核心内涵和外延属性，充分考虑学科的外延的兼容性，促进学科与学科之间的碰撞，以促进边缘学科的产生和发展，进而推动学院的发展壮大。三要根据不同类型高校的办学定位设置和建设学院。以世界一流大学为建设目标的大学，要着力于战略性学科、优势学科的发展设置和建设学院；以高水平综合性大学为建设目标的大学，要着眼于特色学科培育、劣势学科扶持设置和建设学院；地方性大学要注重地域特色的优势学科设置和建设学院。

（三）有利于办学质量提高

立德树人，提高办学质量，为社会主义现代化建设培养德智体美劳全面发展的建设者和接班人，是高等学校的根本任务。学院设置和建设，不仅关系到学生生源质量，更关系到学生培养质量和就业质量。

对于学院来讲，一是要充分运用学校赋予的办学自主权，通过人才引进与培育，加强教师队伍建设，教育教师立志成为大先生，努力做精于"传道授业解惑"的"经师"和"人师"的统一者；二是要牢固树立教学的中心地位，落实立德树人的根本标准，深入推进人才培养模式和教育教学方法的改革和创新，不断提高人才培养质量；三是要抓住学科建设的龙头地位，树立"特色就是战斗力，特色就是竞争力"的观念，树立品牌理念，在"异"和"奇"上做文章，在"峰"和"突"上做文章，通过优先扶持，做大做强特色学科；四是要紧盯国家急需和经济建设的主战场，发挥高校人才、资源等优势，加强科技攻关，为国家现代化建设和地方社会经济发展做出贡献。

---

① 刘少雪，程莹，刘念才. 创新学科布局 规范院系设置. 清华大学教育研究，2003（5）：66-75.

（四）有利于管理效能提升

影响大学发展的主要问题包括大学机构庞大、臃肿，管理层级多，人浮于事，资源不能共享，管理效率低下等。实行管理重心下移，实施"院办校"改革是提高大学管理效能的关键。因此，设置和建设学院，要贯彻有利于管理效能提升的原则。

在校院两级管理模式下，学院成为大学的管理中心，学院除承担大量的日常教学工作外，还承担着学院自身事务决策、科学研究、社会服务等管理工作。任务增多，责任加重，这就对学院的运行效率、管理效率和管理水平提出了更高的要求。因此，学院的设置要力求减少管理层次、精减管理机构，合理设置岗位，要求人员干练、管理效率高。大学管理重心下移后，学校在下放事权的同时，还要下放相应的行政权力和学术权力，特别是下放人权、财权和物权，做到权力和责任相一致、集权与分权相统一、激励与控制相结合，最大限度地发挥学院在大学发展与建设中的作用。学院应坚持资源优化配置原则，对涉及学科、科研、教学等在内的所有人力资源、财力资源和物资设备资源进行有效整合，通过搭建公共平台、改革管理机制、建立相应规章制度，实现资源配置最优化和管理效益最大化。

（五）有利于动态适应调整

学院的设置和建设，要立足现实状况、着眼长远发展、适应动态变化、满足未来需求。

立足现实状况，就是要根据各个高校管理体制、所处区域经济、社会发展水平等的不同，考虑自身综合竞争能力、发展规模、发展速度、发展潜力，以及人才培养定位、学科建设、科研水平的特点，因校制宜，灵活设置学院，切忌一哄而上、盲目攀比。

着眼长远发展，就是大学在学院设置、定位和发展目标上要有前瞻眼光和战略视角，使学院的目标定位能够适应和满足相当一段时期学院的发展和变化，尽可能成为学院长期努力的方向和追求的目标。学院的专业设置和学科布局要充分考虑未来专业的调整和增设、学科交叉、学科融合及新兴学科的需要，使学院具有很强的包容性。

适应动态变化，就是当大学的办学定位和发展目标发生变化时，为了顺应高等教育市场竞争的需要，学院办学规模、层次、结构需要进行调整；当学科专业发展需要上新专业、发展新学科时，学院在组织机构、人才储备、岗位编制、学院文化等方面能够及时地进行调整。

满足未来需求，就是学院在保持相对稳定的前提下，适应环境、形势、目标的变化，适时进行调整，不断满足未来发展的需要，促进学院竞争力和办学水平不断提高。

二、学院设置的方式

学院设置是学院组织结构设计和职能划分的关键问题，是大学内部治理结构的重要一环，许多学者对国内外大学学院设置的情况进行了比较研究。贾莉莉比较了美国研究型大学和我国部分"985 工程"高校的学院设置状况，发现我国大学学院设置的数量远远多于美国的大学，在学院设置标准上，我国大学多数学院以一级学科为设置标准，美国研究型大学学院大多以学科门类或学科群为设置标准[①]。史秋衡通过对中美两国大学的比较以及对国内大学学院设置研究，得出学院设置的几种情况：一是按传统的一级学科设置学院；二是将学校若干科类相近的系合并成一个或几个学院；三是跨一级学科设置学院；四是由于形势所迫或机遇而成立学院；五是由于行政级别的攀比或搞个人小圈子而设置学院等[②]。樊华强提出，学院应当是一个学科群，不只是二级学科的学科群，一般应是一级学科的学科群[③]。

根据学院设置的原则，综合不同学者的研究，顺应国际潮流，学院应按以下方式进行设置。

（一）以一级学科为基础设置单科学院

我国大学学院的设置方式，主要是按照一级学科进行设置的。有些单科性学院还是以二级学科为基础进行设置，这类学院实质上就是一个系级院，许多单科性学院是由系直接升格为学院的。以南京大学法学院为例，其前身是中央大学法学院，1952 年院系调整时被撤销，1981 年恢复为法律系并招生，1994 年由法律系变更为法学院。

单科性学院就学科发展而言，由于学科单一，更容易得到大学的重视，有更

① 贾莉莉. 学科视角下的中美研究型大学学院设置比较分析. 中国高教研究，2009（7）：51-54.
② 史秋衡. 大学学院制的设置标准. 有色金属高教研究，1995（1）：64-69.
③ 樊华强. 中美研究型大学学院设置之比较. 高教发展与评估，2012（4）：64-69.

大的机会促进本学科的深入发展，所以，单科性学院在某种程度上确有存在的价值。但单一学科的学院由于学科基础范围偏窄，学科容量偏小，可以使用和调配的资源较少，发展往往较为缓慢，既不利于人才培养，也不利于与国外大学对等地开展国际交流和合作。

（二）以学科门类为标准设置学科群学院

以学科门类为标准设置学院，是世界一流大学和国内一流大学学院设置的主要方式之一。如在美国威斯康星大学 13 个学院中，工学院、商学院、教育学院、医学院、农业和生命科学院等较传统的学院都是按照一级学科设置的。

"学科群"是一个动态发展的概念，包括从同一个学科逐渐发展衍生出来的线性学科群、彼此间能互相支持的相邻或相近的相关学科群，以及在不同学科的交叉地带产生的交叉学科群三种类型。以学科群为基础设立学院，重点是要发挥大学内部多学科的优势，将几个相邻或相近的相关学科以某种方式有机地融合在一起，形成一个学院，或者是将几个系组成学院。学科群学院的设置，不仅能促进学科的渗透、交叉与融合，还能更好地发挥学科群的整体优势，促进各学科的发展。

加强或发展现有某一学科是大学设置学院的常见目的。大学在拟发展学科的选择上，要找出国内外对标院系，通过对本校与对标院系的生源质量、教师队伍、教学资源、社会需求、发展潜力等进行对比分析，确定学校具有相对比较优势的学科，然后通过设置学院的方式，加强该学科的发展。设置学院后，针对具有比较优势的学科，学院要进一步分析自己的优势和不足，制定切实可行的发展规划，通过不断培育和发展积累，逐步形成具有竞争优势的学科和学院。

（三）以整合学科资源为目的设置多学科学院

整合学校的相关学科资源，构建最优化的学科结构，是大学设置学院的目的之一。随着社会经济的发展，大学学科结构需要不断地进行调整。当学校学科的发展需要更大的发展平台时，学校也需要对学院进行组合调整，将若干个学科优势互补的学院或系整合为一个学院，实现优势互补，增强和拓展系统集成的整体功能和优势，产生最优的集成效应。一方面，要摆脱现有学科之间、专业之间彼此独立的局面，形成进行人才培养、科学研究和社会服务的多学科共同发展的优势；另一方面，要促进学科交叉、渗透和融合，促进原有学科的改造、发展以及新学科的产生和发展。

拟整合的学科往往属于大学内发展规模较小的学科门类，例如，在一些理工科大学或有行业背景的大学，哲学、文学、教育学、历史学等学科门类不是主干学科，只是理工等优势学科的支撑学科，这些大学往往把支撑学科进行整合，设置人文科学学科门类或人文社会科学学科门类的学院。

（四）以促进新兴学科发展为核心设置未来学院

随着知识经济时代的到来，学科高度分化、高度综合的趋势明显，新兴学科和交叉学科层出不穷，因此，促进新兴学科的产生与发展是大学的重要使命，发展新兴学科是大学设置学院的另一目的。

学科的高度分化使得新兴学科不断涌现，以若干分化的学科为基础设置的学院不断增加。同时，知识的高度综合使得各门学科有机交叉、相互渗透，形成交叉学科，以若干分化学科为基础而设置的学院已经不能满足知识高度综合、学科交叉发展的需要，迫切需要建立以适应未来知识发展的学院，为学科相互交叉渗透、融合提供必要的场所。

未来学院的设置旨在打破传统的学科壁垒，促进学科的交叉融合，推动学术繁荣，并催生新的知识增长点。同时，它对培养符合经济社会和科技发展需要的复合型创新人才具有重要意义。未来学院既可以基于分化的学科进行设置和建设，也可以围绕由不同门类的学科构成的学科群来构建，这些学科群的骨干学科需要具备科学、合理的年龄结构，既要满足当前需要，又要适应未来发展。

（五）以强化学科特色为根本设置特色学院

突出特色，提高水平，创建一流大学，是大学追求的共同目标。因此，设置特色学院，突出学校学科优势和特色，是学院设置的另一目的和方式。

一所大学，无论办学历史多么悠久，教育教学资源多么丰富，都不可能拥有全部学科门类，也不可能在所有学科领域占据优势，因此，需要集中优势资源，有所为、有所不为，优先培育和建设具有自身竞争优势的特色学科。大学要认真分析学校的优势，确定学校优势学科，以优势促进特色，以特色增强优势；以与产业密切相关的优势学科为带头学科，以若干个不属于同一学科门类的相关学科为辅助学科，构成特色学科发展的学科生态环境；以辅助学科推动学科特色的形成和特色学科的产生发展，将这些学科做优做强。

需要注意的是，在设置特色学院时，要选择经济社会高度需要的产业或行业，且设置的数量不宜过多。

（六）以联合办学为动力设置独立学院

科教兴国、人才强国战略的全面实施使得社会对高水平、高层次人才的需求越来越迫切，地方政府、企事业单位和个人对高校办学的兴趣也越来越高涨，以社会需要为基础联合办学成为一种趋势，以联合办学为动力设置学院是学院设置和建设的又一种方式。

联合办学，一方面可以增加学院的办学收入，缓解学术经费的不足；另一方面可以使学院的发展更加市场化，使培养的人才更符合经济社会发展的需求。联合办学的形式主要有与地方政府联合办学、与企业联合办学、与科研院所联合办学等。随着我国对外交流与合作的日益广泛，与国外高水平大学联合办学越来越普遍，许多国际教育学院应运而生。

三、学院设置的重点

（一）学院设置数量

学院设置数量，直接关系到大学一级的管理幅度。管理幅度，又称为管理跨度，是一名上级领导者能直接、有效地领导下级的数量。英国管理学家林德尔·厄威克（Lyndall F. Urwick）提出的"管理幅度原则"认为，管理幅度是有限的，普遍适宜的数量界限即一个上司直接领导的下属为5—6人。具体到高等教育领域，管理幅度就是指大学校级能直接、有效地领导二级学院的数量。如果学校一级的管理幅度较小，学校一级则会较深入地管理各个学院的内部事务，使得大学的权利较集中于大学管理者手中，形成一种集权模式；如果学校一级的管理幅度较大，虽然学院获得了更多的自由，但却处于一种无人管理的无状态局面。因此，管理幅度过大或者过小都会影响大学组织的高速运转。

王芳通过对20所世界高水平大学的学院进行分析发现，世界高水平大学的学院数量较少，其中6所大学的学院设置数量在7个及以下，20所世界高水平大学平均设有13个学院。我国高水平大学的学院数量2024年达到32.2个[1]。学院设置过多，不仅加重了大学一级的管理负担，而且使大学内部行政人员增多，给大学的管理带来了很大困难。设置适当数量的学院，有利于同一学院内不同的学科专业相互交叉融合，有利于不同学科知识的交流和共享，有利于教师教学科研水平的提高，有利于学生知识面的拓宽，有利于高素质人才的培养（即"五个有利于"原则）。

---

[1]　王芳. 我国高水平大学学院制问题研究. 南京师范大学硕士学位论文，2011.

一所大学设置学院的数量并没有一个固定的标准，主要是应遵循"五个有利于"原则进行设置。在确定学院数量时，应主要考虑学院的实体化程度和内部管理水平这两个关键因素。

（二）学院设置基础

与世界高水平大学相比，我国高水平大学在学院设置标准上还存在较大差异。世界一流大学的学院主要依据学科门类进行设置，我国大学的学院设置则主要围绕一级学科展开，甚至有部分大学的学院是按照二级学科划分的。这种做法导致学院的学科基础相对狭窄，学科容量偏小，难以满足知识的综合化，也不利于学科交叉融合以及与国外大学开展对等的国际交流与合作。

大学是创造知识和传播知识的主要场所，建立学院一是为了实现现代大学的有效管理，二是为了学科的发展。学院的设置应充分考虑学科发展的规律，注重学科规范，坚持以学科知识为主要标准，按照学科门类或学科群设置学院，不断拓宽学院学科口径，促进新兴学科的产生与发展。

（三）特色学院设置

大学的声誉和知名度，其核心在于特色。因此，设置特色学院成为国内外知名大学的共通策略。全球排名前 20 的高水平大学都设有一定数量的特色学院，如哈佛大学的政府学院、耶鲁大学的戏剧学院、加州州立理工大学的地球科学学院等。

学科优势是影响大学设立特色学院的最重要因素。各大学依据自身的实际情况及各阶段的发展方向，对校内学科与参照大学的学科进行深入分析对比。当某一学科在校内乃至与参照学校相比展现出特别明显的优势时，为了迅速提高该学科的知名度，大学会倾向于将其设立为特色学院，以巩固并强化该学科的领先地位，进而提升大学的整体声誉。

我国高水平大学在致力于建立世界一流大学的同时，也应力求至少拥有一个在本领域内处于领先地位的特色学院或特色学科。这不仅能迅速提高大学的知名度，还有利于促进我国高水平大学的整体发展。

第四节　学院建设

学院设置是大学发展的基础，学院建设则是大学发展的关键。加强学院建设，重点在于加强学院领导班子、基层组织和制度建设，以促进学院教学与科学研究的有机结合，有利于传播新知识和培养创新型人才，有利于实现科学、合理、规范、高效的管理，提高管理效能。

一、学院领导班子建设

学院的建设与发展，领导班子是关键。学院要建立一个团结协作、精干高效、真抓实干、开拓进取的领导班子。

学院班子建设，首先要配备好学院党政一把手。党委书记不仅要政治过硬，有较高的政治理论水平和较高的政策水平，还要有较强的人格魅力、大局意识和驾驭全局的工作能力，乐于与群众打交道，善于做群众的思想政治工作。院长要选用学术水平高、组织管理能力强、群众威信高的教授来担任。分管学院教学、科学研究、学科建设、研究生教育等的副院长和分管学生管理的副书记，要依据岗位需求，选择有特长的同志担任。学院班子成员要团结协作，讲团结、讲大局、讲奉献，为学院发展创造良好的干事氛围；成员之间分工要明确，职责要清楚，要形成既有分工又有合作的良好局面。党政一把手要加强配合，真抓实干、开拓进取，团结带领全院教职工生，围绕学校中心任务，集中全院师生的智慧和力量，共同建设好学院。

学院领导班子建设的重中之重是加强党的政治建设。要加强思想政治理论建设，奠定学院发展思想根基；始终坚持党的群众路线，促使学院师生凝心聚力；切实加强党风廉政建设，营造学院发展干净环境；全面提升工作创新能力，奋发有为勇于教育实践①。

二、学院基层组织建设

学院基层组织包括学院党政机构，以及系、研究所（院）、实验中心等学院教学科研组织。

（一）学院党政机构建设

学院党政机构应本着精简、高效、服务的原则进行设置，一般可根据实际需要下设院党政办公室、教学办、学生办、团委等。

---

① 李俊鹏. 高校二级学院领导班子加强党的政治建设对策研究. 法制博览，2020（19）：31-34.

党政办公室承担综合协调学院各方面工作的任务，对于办公室主任和管理干部的配备，要注重考核他们的综合素质及工作能力；对于教学办等行政业务结构，要选综合素质高、乐于奉献、踏实肯干的年轻同志来担任；对于学生办主任、团委书记，要注意从优秀的辅导员中选拔培养。

学院在系级层面，一般设置系党支部，以加强对系级党的领导和党组织建设。党支部书记一般由系主任兼任，或单设党支部书记，由党性强、群众威信高的教师担任，在做好支部工作的同时，积极配合系主任做好其他行政工作。

（二）学院教学科研组织建设

由于各个学校的发展历史和发展现状不同，所以，学院基层教学科研组织的设置也不尽相同，不能强求一律整齐划一，而要发挥各自优势，注重学科、专业发展，因校制宜，合理进行设置和建设。

学院要以强化基层教学科研组织建设为抓手，通过健全组织体系，构建链条式"党建+"引领育人机制，制定教师教学能力全周期培养制度，形成价值引领、知识传输、能力培养的"三位一体"培养模式，打造教学相长的师生学习共同体等多种举措，以促进学院内涵发展与人才培养质量的持续提升①。

1. 系的建设

一般对应专业设置和建设系，如对应农学专业设置农学系，对应生物技术专业设置生物技术系等。系作为基层教学组织，一方面负责本科生的教学、实验和实习工作，另一方面负责相应学科的学科建设和研究生培养工作。系集教学、学科建设、科研，以及人才培养、实验室建设、社会服务等于一体。

系主任应由本学科的学术带头人来担任，对全系的教学、科研、专业建设、学科建设、师资队伍建设负全责。

系一级要加强教学工作的安排、监督和质量检查，加强教学研究和教材编写，不断改进人才培养模式和教学方法，确保教学的中心地位落到实处；要加强学科建设，承担必要的学科点的建设和评估等工作；要加强人才引进和培养，形成良好的学术梯队和人员结构；要积极开展科学研究和社会服务，推动知识、成果转化为生产力，提高办学效益。

---

① 任芝军，王美艳，张长平. 地方高校基层教学组织建设的思考：以河北工业大学能源与环境工程学院为例. 教育教学论坛，2024（10）：21-24.

2. 研究所（院）的建设

研究所（院）的建设通常与学科设置及研究所的建立相对应。研究所（院）的设置不宜过多，应围绕学院的优势学科进行布局，目的是加强学科建设、学位点建设和研究生培养。研究所（院）的组建应具有明确的研究领域和稳定的研究方向，拥有一支稳定的、结构较为合理的研究队伍，并配备有较高学术水平且受群众拥护的学术带头人，同时要有较充足的研究经费，以及开展研究工作所需的条件，如实验室和实验仪器设备等[①]。

研究所（院）应重视学科建设、科学研究和社会服务工作，通过不断凝练学科方向、汇聚学术人才、搭建学科平台，积极争取重大项目，产出重大成果，以推动学科发展和不断提高学院的竞争力。

3. 实验中心的建设

学院设置实验中心，以加强实验仪器设备的统一采购和管理，促进大型仪器设备的共享，提高仪器设备的使用效率。

实验中心主任要由责任心强、热爱仪器设备管理和实验工作的教师或实验人员担任。实验中心要有专职实验岗位，实验人员要能晋升教授级高级实验师，以稳定实验人员队伍，提高实验人员教学和仪器管理水平。

学院和系要重视实验室建设，应用一定比例的科研经费购置实验仪器设备，以保证设备的更新和增值，满足学院教学和科研工作的需要。

三、学院制度建设

学院要加强制度建设，确保学院正常有序地运行，逐步实现学院管理规范化、制度化。学院制度建设就其普遍性而言，应包括教学管理、学生管理、科研管理、人事管理等职能性制度建设和党政班子议事、党务管理和院务公开等管理性制度建设等。学院治理结构的改革要遵循"党为核心、行政管理、教授治学、民主参与"的基本原则，进而落实和完善"党政分工合作、共同负责"的学院领导体制，在此基础上注重发挥学术权力的作用[②]。因此，学院制度建设的重点主要是党政联席会议制度、党委会议制度、院长办公会议制度、院学术委员会制度、院教代会制度等制度建设，在加强党委全面领导的前提下，既确保学术权

---

① 孙国臣. 关于高校学院制建设的思考. 东北大学学报（社会科学版），2002（2）：145-147.

② 贾效明，焦文俊. 大学学院实体化建设中学院治理结构的改革与调整. 北京理工大学学报（社会科学版），2005（6）：64-66.

力，又合理使用行政权力，既突出学术的根本，又不失行政的效率。

（一）院党政联席会议制度

学院党政联席会议是学院实现集体领导的基本形式。院党政联席会议制度应包括议事范围、确定议题、会议组织、议事规则、执行与落实等内容。凡属学院工作中的重要事项，都必须按照民主集中制原则，遵循"集体领导、民主集中、个别酝酿、会议决定"的要求，通过学院党政联席会议集体讨论、研究和决定。

会议一般一个月召开一次，根据会议议题和分工，可由院党委书记或院长主持，学院党委正副书记、学院正副院长参加。研究决定学院党委会议提交的"涉及学院办学方向、教师队伍建设、师生员工切身利益"等重大事项和其他需要集体讨论决策的重要事项。

学院领导班子要根据工作职责进行明确的工作分工，各司其职，相互支持，相互配合，共同负责做好学院工作，保证党的指导思想、基本路线和教育方针以及学校党委和行政的重要决议、决定在学院的贯彻落实，努力推进学院事业发展。

（二）院党委会议制度

学院党委会议是学院党委实现集体领导的基本形式。院党委会议制度是加强党的全面领导的具体制度设计，是党和国家的路线、方针、政策和学校的各项规章制度在学院正确贯彻执行的重要保障。院党委会议制度应包括会议原则、会议内容、会议组织、执行与落实等内容。

学院党委会议一般一个月召开一次，由院党委书记主持，院党委委员参加，按照"集体领导、民主集中、个别酝酿、会议决定"的原则，集体讨论、决定学院党的建设方面的重大问题。对涉及学院办学方向、教师队伍建设、师生员工切身利益等重大事项，以及对教师引进、课程建设、教材选用、学术活动等重大问题，先由学院党委会议研究，把好政治关，再提交党政联席会议决定。

（三）院长办公会议制度

院长办公会是学院行政议事决策机构，研究处理学院教学、科研、行政管理工作，具体部署落实院党委决议的有关措施。

院长办公会由院长主持召开，会议一般每两周召开1次，根据工作需要可以随时召开。会议参加人员一般为学院行政领导班子成员。党委书记、副书记可视议题情况参加会议。会议要贯彻民主集中制原则，院长应在广泛听取与会人员意见基础上，对讨论研究的事项作出决定。会议决定的办理事项，要形成会议纪要，由院党政办公室根据会议要求通知有关部门及系、所、中心落实。院党政办公室要对会议决议、决定的贯彻落实做好督查督办工作，并及时将相关落实情况向院长报告。

院长办公会的重点是听取学院分管院长的工作汇报，安排部署学院行政工作，因此，也可采取月例会制度，月底一次院长办公会议，月初一次中层干部例会，总结上月完成的工作和存在的问题，研讨安排本月工作，并在月中由院党政办公室督促检查落实情况，做到年度工作明确化、月份工作具体化、重点工作责任化、各系所工作明晰化，以促进学院各项改革的顺利推进。

（四）院学术委员会制度

大学的治理离不开大学教授，在大学民主管理进程中必须给予教授知情权，必须让教授代表参与其中。实现院学术委员会制度就是教授治学的制度设计。院学术委员会是学院学科建设、学术评议、项目审议的最高机构，是学院学术决策、咨询、议事的最高学术组织。它体现学院"学术至上、教授治院、学者治学"的精神，充分发挥教授等学术带头人在学科建设中的作用，保障学院学术持续、科学地发展。

院学术委员会由学院教授及具有较高学术水平的副教授组成，委员专业面须涵盖全院所有学科，设主任委员 1 名，副主任委员 2—3 名，原则上学院院长、书记不纳入院学术委员会，个别有行政职务的教授也是以普通教授的身份参与学术委员会的议事工作。

院学术委员会按照话语权、决策权、表决权均权原则开展工作，负责全院学术资源分配、学科建设规划编制、学院事业发展规划审定、教授职称评聘等学术工作。院学术委员会坚持公平、公正、公开的原则，致力于发挥教师在学科建设和科学研究中的主导和骨干作用，维护学院学术声誉，倡导学术自由，鼓励学术创新，积极推动学院教学改革、学科发展和科学研究，促进学院快速发展。

（五）院教代会制度

院教代会制度是学院实行民主管理和民主监督的重要形式和基本制度。《高等学校教职工代表大会暂行条例》规定，教职工代表具有审议建议权、审议通过权、讨论决定权和监督评议权。审议建议权、审议通过权、讨论决定权体现了教职工在高校内部决策管理中的参与职能，监督评议权体现了对内部行政权力的监督职能。

院教代会一般一年召开一次，重点是审议和通过院长工作报告和工会工作报告，讨论通过学院事业发展规划、学科和专业建设与发展规划、师资建设规划等重大改革举措和教职工聘任、奖惩、绩效分配等事关教职工切身利益的民生事务。

要充分重视教代会代表的构成问题，代表成员要有广泛性。学院代表的构成应以教师为主体，其中高级职称的代表应占有较大比例。要坚持把那些政治思想强、民主作风好、参政议政水平高、敢于坚持原则的教职工代表选到教代会中。教代会要按照教代会的具体程序召开，提交大会讨论的文件，应广泛、充分听取群众意见，在基本达成共识的基础上再形成决议。要认真行使教代会职能，不能以一般的教职工大会来替代教代会的召开。院教代会应努力营造良好的民主氛围，引导和教育教职工代表自觉维护学校和学院的大局，严格遵守学校的各项规章制度，以主人翁的态度努力工作，促进学校和学院办学水平和办学效益的不断提高。

四、学院制度建设的实践：以河南科技大学为例

（一）河南科技大学学院制度的制定

规章制度是学院教育教学、科学研究、行政管理等的行为准则和操作规程，是学院规范管理和高效运行的基础。健全的规章制度，对学院规范运行、快速发展具有十分重要的作用。

河南科技大学和农学院高度重视制度建设。根据《中国共产党章程》《中国共产党普通高等学校基层组织工作条例》《中共中央组织部 中共教育部党组〈高校党建工作重点任务〉》《中共中央组织部〈关于修订高校院（系）党组织会议和党政联席会议议事规则有关问题的答复口径〉》等文件精神，结合学校工作实际，学校制定了《河南科技大学学院党委会议制度》《河南科技大学学院党政联席会议制度》。农学院根据工作实际和学校有关规章制度，制定了《农学院月例会制度》《农学院学术委员会章程》《农学院教职工代表大会实施办法》《农学院学生代表大会制度》等文件。

学院规章制度的建立和完善，确保了学院各项工作的有序进行。通过制度化管理，减少了学院决策和执行的随意性，提高了工作效率和质量。合理的规章制

度保障了教职工生的权利和义务，激发了教职工工作的积极性和创造力，形成了干事创业的良好工作氛围，促进了学院快速、健康发展。

（二）河南科技大学学院制度的特点

1. 系统全面

学院制度的制定要立足学院工作实际，解决学院工作的重大管理问题，形成系统全面的制度体系。河南科技大学学院制度包括《河南科技大学学院党委会议制度》《河南科技大学学院党政联席会议制度》《农学院月例会制度》《农学院学术委员会章程》《农学院教职工代表大会实施办法》《农学院学生代表大会制度》等，涵盖学院领导体制、决策机制、行政运行、民主管理等方面，系统全面，对学院规范管理和健康运行具有十分重要的指导意义。

2. 翔实规范

规章制度要有明确的标准和规范，能够有效指导学院行为和管理活动。《河南科技大学学院党委会议制度》明确了会议原则、会议内容、会议组织、执行与落实。《河南科技大学学院党政联席会议制度》明确了决策机制、议事范围、确定议题、会议组织、议事规则、执行与落实等。《农学院月例会制度》明确了会议的组织、议事范围、议事规则、决定的落实等。《农学院学术委员会章程》明确了学术委员会构成、职责、委员的条件、权利与义务、会议组织等。《农学院教职工代表大会实施办法》明确了学院教代会职权、代表、组织规则、工作机构等。《农学院学生代表大会制度》明确了学院学代会职权、代表、组织制度、执行机构等。河南科技大学制定的学院制度目标明确、内容翔实、行为规范。

3. 操作性强

制度的生命力在于执行。一项制度出台以后，如果不具有可操作性，就成了摆设，发挥不了作用。河南科技大学学院制度非常注重执行中的可操作性。在《河南科技大学学院党委会议制度》《河南科技大学学院党政联席会议制度》《农学院月例会制度》中，一是明确了会议内容或议事范围或确定议题，对研究内容做出了明确规定，做到了研究主题明确、具体；二是明确了会议组织、议事规则，保障了会议研究的科学性和准确性；三是明确了执行与落实，保障了研究的件件有回音、事事有落实。在《农学院学术委员会章程》《农学院教职工代表大会实施办法》《农学院学生代表大会制度》中，一是明确了学院学术委员会、教代会、学代会的构成和委员、代表的条件；二是明确了委员、代表的权利与义务；三是明确了会议组织、组织规则或组织制度，以及工作机构或执行机构等，对会议如何组织、怎么开、决议如何执行等做了详细明确规定。这样的制度设计对于学院治理效能的提高无疑可以起到积极作用。

第三章 学院治理

第一节 学院治理的内涵

一、学院治理的有关概念

（一）治理的概念

治理，最早可以追溯到古希腊语中的"操舵"，原意是控制、指导和操纵。治理有狭义概念和广义概念之分。在《现代汉语词典》中，狭义的治理概念有两种不同的含义：一是指统治、管理，使之安定有序，如治理国家；二是指修理、整修，使之不发生危害并起作用，如环境治理、综合治理等①。

在大学治理中，治理是广义概念，是一个现代现象。治理理论的创始人罗西瑙（James N. Rosenau）在其代表作《没有政府的治理》中把治理定义为："一系列活动领域的管理机制，它们虽未得到正式授权，却能有效发挥作用。与统治不同，治理指的是一种有共同目标支持的活动，这些管理活动的主体未必是政府，也无须依靠国家的强制力量来实现"，治理"既包括政府机制，但同时也包括非正式、非政府机制，随着治理范围的扩大，各色人和各类组织等得以借助这些机制满足各自的需要，并实现各自的愿望"。②

1995 年全球治理委员会发表的《我们的全球伙伴关系》的研究报告，对于治理进行了界定：治理是各种公共的或私人的个人和机构管理其共同事务的诸多方式的总和。它是使相互冲突的或不同的利益得以调和并且采取联合行动的持续过程。既包括有权迫使人们服从的正式制度和规则，也包括人们同意或认为符合其利益的非正式制度安排。它有四个特征：治理不是一整套规则，也不是一种活

---

① 李福华. 大学治理的理论基础与组织架构. 北京：教育科学出版社，2008：46.

② 詹姆斯·N. 罗西瑙. 没有政府的治理. 张胜军，刘小林等译. 南昌：江西人民出版社，2001：519.

动，而是一个过程；治理过程的基础不是控制，而是协调；治理既涉及公共部门又包括私人部门；治理不是一种正式的制度，而是持续的互动①。

（二）大学治理的概念

随着治理理论的出现和不断发展，"大学治理"已然成为使用十分频繁的一个词语。

1973 年，卡内基高等教育委员会指出，大学治理是"做出决策的结构及过程"②。大学治理是"大学内外利益相关者参与大学内部各项重大事务决策的结构和过程"③。大学治理是在大学内部利益主体多元化，以及管理权与所有权相分离的情况下，对大学内部各个利益相关者之间的关系进行协调，提高办学效益的制度安排④。伯恩鲍姆（Robert Birnbaum）进一步指出，大学包括两个系统，一种系统是基于法律权威，以行政和理事会为基础的系统；另一种系统是基于专业权威，以教师为基础的系统，大学治理就是以实现两个系统之间的平衡为目的而安排的一种结构和过程⑤。

（三）大学治理结构的概念

大学治理结构是联系内外部各利益相关者的一系列正式和非正式的制度安排，以使各利益相关者在利益、权利和职责上相互制约，确保大学内外部公平和效率的统一。大学治理结构分为大学外部治理结构和大学内部治理结构。

大学外部治理结构主要是指大学与政府以及社会三者之间的相互关系。大学的发展依赖政府的政策以及社会的支持，大学的经费也依赖政府拨款。政府和社会都希望大学充分发挥服务职能，例如培养人才、科学研究、社会服务等。三者的关系是紧密且互相支撑的。

大学内部治理结构是指大学内部一系列的组织机构和制约机制所形成的权力体系。在我国大学内部，权力体系包括行政权力、学术权力、政治权力。行政权

---

① Commission on Global Governance. Our Global Neighbourhood. Oxford：Oxford University Press，1995：23.

② Carnegie. Foundation for the Advancement of Higher Education：Six Priority Problem. New York：McGrawHill，1973：11.

③ Gayle D J，Tewarie B，White A Q Jr. Governance in the Twenty First Century University：Approaches to Effective Leadership and Strategic Management. ERIC Digest，ED482560.

④ 李福华. 大学治理的理论基础与组织架构. 北京：教育科学出版社，2008：46.

⑤ Birnbaum R. The end of shared governance：Looking ahead or looking back. New Directions for Higher Education，2004（127）：5-22.

力是以校长为首的行政领导，学术权力以教授为主，政治权力则是以党委为领导。在这三种权力中，以政治权力为首，党委能够对大学内部的重大问题做出决策；以校长为首的行政权力负责学校的教学、科研以及行政管理工作；以教授为首的学术权力并不是指单纯的有做学术研究的权力，而是教授作为全校教职员工的代表参与学校的民主管理。

（四）学院治理的概念

学院治理就是学院内外部利益相关者参与学院内部各项重大事务决策的结构和过程，是各种权力在不同主体之间的行使和配置、提高学院办学效益的一系列制度安排。学院治理不是指院校行政部门以控制为目的而制定一整套规则、形成一种正式制度的活动，而是指凭借共享治理的文化以灵活多变的方式解决问题、实现目标的过程。

钱颖一认为，学院治理就如大学治理一样，由内部治理和外部治理两个方面构成，合理划分学院内部学术、行政、监督之间的权力和责任边界是学院内部治理；学院外部治理则是在明确学院与大学的关系的基础上重视并发挥学院外部利益相关者的作用[1]。

学院治理与大学治理有本质的不同[2]。首先，治理的范畴不同。大学治理包含政府与大学之间权力关系的协调和大学内部校级组织机构之间、"校-院"之间权力关系的协调，学院治理包含的是学院内部院级组织机构之间、"院-系"之间权力关系的协调。其次，治理的层次不同。大学治理属于宏观治理，学院治理则属于微观治理，后者是前者的重要组成部分。最后，治理的价值不同。大学治理旨在推进和维护大学自治，学院治理则侧重实现学术自治的价值。

二、学院治理的关键要素

学院治理的关键要素主要包括三个方面，即治理主体、治理客体与治理机制。

（一）治理主体

治理主体就是谁参与治理的问题。学院治理主体就是与学院共存亡的群体及

---

① 钱颖一. 学院治理现代化：以清华大学经济管理学院为例. 清华大学教育研究，2015（2）：1-6.
② 郭书剑. 我国大学学院治理问题研究. 南京师范大学硕士学位论文，2017.

个人，其利益与学院的利益高度相关，从这一方面看，学院领导、教职工、学生、家长、用人单位和社会都是学院发展过程中的利益相关者，都是学院治理的主体，并在治理中具备一定的话语权。由此可见，学院治理主体是多元化的。

学院管理层主要由书记、院长、党政干部体系组成，并形成了党委、行政两大权力群体，既执行学校的决策，又主持学院的具体工作。作为学院治理和发展的掌舵人，管理者特别是院长的治理理念、综合素质、领导风格、决策习惯及其权威和领导力，将直接决定学院治理的效果。就权责来说，院党委书记全面主持党务工作，院长全面主持学院的行政工作，党政协同决策是学院治理的关键，党政分工合作、齐抓共管是提升院系治理效能的有效途径。

学院行政人员是学院治理的直接执行者和潜在决策者，学院的现代化治理需要行政人员的支持、协调和落实，以提升学院办事效率与办学效益。

学院教师是支撑学院治理的学术权力主体，是教学、科研各项活动的具体实践者以及传递、创新高深知识的承载者，教师的水平和工作成效决定了学院的教学、科研的质量、办学水平，教授参与民主管理的程度决定了学院治理决策的科学化程度。

学院学生是学院人才培养的目标载体，是学院培养和服务的成果，是学院治理体系中最重要的利益相关者。学院在研究事关学生切身利益的事务时应充分认识学生的治理主体地位，广泛听取学生意见，增加学生的参与度。

学院治理强调所有主体共同参与合作，但由于治理主体自身定位、作用发挥的领域和侧重不同，不能一概而论地强调所有治理主体的平均分权。如何调动治理主体参与的积极性，如何提升参与的程度和质量，是学院治理的关键[1]。

（二）治理客体

治理客体就是治理什么的问题，指学院治理的事务范围和具体治理对象。各权力主体的权限与职责、权力主体之间的作用关系均属于治理客体的范畴。学院治理面临的主要问题就是各利益相关者之间关系的稳定，也就是内外部权力之间的稳定，尤其是学术权力与行政权力关系之间的权衡问题。所以，为保证各合作关系的稳定，每一个利益相关者都须有监督彼此的权力以及接受监督的义务，同时也需要分享决策权，学院治理客体具有相对复杂性的特点。

具体而言，学院重点治理的事务事项主要包括人事管理、财务经费、资源配置，以及教育教学、科学研究、行政教辅等多方面工作。

---

[1]　孙姗姗. 我国高校二级学院内部治理模式研究：基于学院权力配置差异的思考. 山西师范大学硕士学位论文，2018.

学院教师、管理队伍建设是学院现代治理和发展的重要支撑，因此，人事管理是学院治理的首要治理客体。学院既要做好学院党政干部的培养、选拔和规范行政人员的聘任、管理和激励等工作，又要下大力气做好人才的引进、培养和使用，努力建设一支高水平的师资队伍。

随着学院规模的扩张、办学自主权的增大，学院掌握了部分财务的支配权力，同时也面临着经费筹措和资金缺口增大的问题。经费的筹措、分配与使用是学院治理的另一重点。与财政经费相匹配的是物质资源的配置，充足的物质资源是学院生存、健康运行和可持续发展的重要保障。物质资源配置不合理，容易引发利益群体的冲突与矛盾，影响学院的团结稳定与发展。所以，无论是物资还是经费的管理，都是二级学院治理必须重视且有效利用的客体。

人才培养和教学是学院的首要工作，需要学院全员共同参与、共同合作。作为学术阵地和学科专业的直接载体，学院承担着传授知识和创新文化的重要职能，科学研究与学科建设是学院治理必须聚焦的另一主要职能和重要内容。

行政教辅人员是学院行政、教学管理和服务的主要承担者，对学院各项事务的协调推进和办事效率起到重要作用。因此，学院要加强对行政教辅人员的岗位培训，明确其岗位职责，提高其服务意识，规范其权力运行。做到去行政化是学院治理的一大课题。

（三）治理机制

治理机制就是如何治理的问题。学院治理机制，是指具备某种权力的主体在将权力进行合理分配时必须拥有的运行方式和程序。在美国，常见的机构主要有执行委员会、行政官团队、治理团体、教授委员会以及各类委员会等，程序一般有利益分配程序、表决程序等。在我国，常见的学院机构有党政联席会、二级教代会、教授委员会等；学院的内部治理结构是相互联系并进行不断调整的整体，通过自我约束机制和互相牵制机制，对各利益相关者的权益关系进行协调，促进各利益相关者的长期合作，最终实现各方利益的最大化。

治理机制的内容十分丰富，主要包括目标机制、动力机制、决策机制、发展机制[①]。

1. 目标机制

目标是组织预先设定并孜孜以求的结果。学院是大学的重要组织机构，其目

① 施玮. 我国现阶段大学学院设置问题研究. 南京师范大学硕士学位论文，2009.

标和大学一样,是实现高等教育的人才培养、科学研究、社会服务、文化传承、国际交流与合作五大职能,学院运行在实质上就是使学院各层级部门按照一定的机制向学院发展目标运动的过程。学院要以实现五大职能为目标导向,以机制体制创新为抓手,建立合理的目标机制。

学院作为大学培养专门人才的主要场所,核心任务就是培养人才。培养人才的关键就是要抓好教学,因此教学管理是学院培养机制的重心。在教学工作方面,学院要树立"主动抓、重点抓、持续抓"的理念,抓专业、抓队伍、抓质量工程,以保证人才培养质量。

学院要坚持教学与科研的统一与并重,建立科学的科学研究、社会服务、文化创新机制,保证教师有充沛的精力从事科学研究、社会服务和文化创新,尽可能地为科研人员提供技术支持与物质保障,为学院、学校办出特色和水平做出贡献,为区域经济发展和社会进步发挥重要作用。

学院要坚持"请进来"与"走出去"相结合的原则,不断引进国外优质教育资源,培养具有国际视野、通晓国际规则、能够参与国际事务和国际竞争的国际化人才;同时,要不断向世界传播中华优秀传统文化,不断提高我国高等教育的国际地位,提升学校的国际影响力和竞争力。

2. 动力机制

学院是由众多个体和部门构成的系统,个体与个体之间、个体与部门之间、部门与部门之间、个体与学院之间以及部门与学院之间,由于自身特定倾向和自发追求不同,在价值观念、目标追求、行为认同等方面会存在明显差异。因此,建立良好的动力机制,使全体部门和人员具有共同努力的愿望,对学院发展具有重大意义。学院的动力机制包括文化导向机制、资源诱导机制、强制导向机制等。

学院要创造良好的组织氛围,形成具有特色的创新文化,通过道德和文化建设,构筑共同的理想和目标以建立文化导向机制。学院要在员工激励方面下功夫,通过建立绩效分配机制、职务聘任、职称晋升机制等建立资源诱导机制。以制定学院规章制度,刚性执行制度,建立强制导向机制,以强制的方式确保学院各项工作的正常运行。

3. 决策机制

科学决策对学院的生存与发展具有决定性意义。建立决策机制就是为了学院通过一定的方式使内部各部门相互协调统一,共同为实现学院的整体功能作出贡献。

决策要科学，首先要保证学院党政联席会议制度的认真贯彻执行，学院党政联席会议制度是学院的最高权力决策机构；其次要加强教授治学作用的发挥，对学术问题要先交学院学术委员会讨论；最后要实行民主决策，充分发挥学院教代会的作用，保证决策的民主化、科学化。

4. 发展机制

学院生存于学校环境中，并受社会大环境的影响，学院的发展与学校和社会的任何重大变化都有着十分密切的联系。学院要根据社会的进步和学校的发展，不断更新内部机制，并形成创新、变革、稳定的发展机制，以适应不断变化的方针、政策和资源调整，在变化中求生存、求发展。

三、学院治理的重要意义

学院是大学最主要的组织机构，学院治理是大学治理的核心内容与关键一环，大学治理与学院治理相互促进、相辅相成，深刻影响着学校、学院治理体系和治理能力现代化，必将对学校、学院的发展产生重要且长远的影响。

（一）学院治理是学校规模扩大的客观需要

随着高等教育大众化的不断推进和深入，我国高等教育已趋于普及。高等教育大众化最直接、最明显的表现在于高等教育组织机构和人员数量的增长，大学规模的不断扩张引起了大学内部各个学院的变化，这不仅体现在学院设置数量上，还表现为学院自身在组织机构、人员构成、职能活动等方面的复杂化。数量增长对高等教育的每一个活动和表现形式都产生了影响[①]。

受高等教育大众化影响，2023 年，我国共有高等学校 3074 所，在校生总规模 4763.19 万人，共有专任教师 207.49 万人[②]，平均每所高校拥有学生 15 495 人、专任教师 675 人。很多大学在校全日制学生超过 50 000 人，校专任教师超过 3000 人，平均设置具有教学、科研职能的实体学院 34 个，其他行政、服务机构和科研组织数量则更多[③]。随着学校规模的不断扩大，学校管理结构多、管理

---

① 马丁·特罗. 从精英向大众高等教育转变中的问题. 王香丽译. 外国高等教育资料，1999（1）：1-22.

② 2023 年我国高等教育在学总规模 4763.19 万人.（2024-03-01）https://life.china.com/2024/03/01/content_292958.html.

③ 郭书剑. 我国大学学院治理问题研究. 南京师范大学硕士学位论文，2017.

不到位、办事效率低、办学资源难以共享、办学资源紧张、办学效率低等问题日益突出，同时，一些学院由于管理权限有限，管理积极性和主动性不高，学院的作用发挥不充分，严重影响了学校的发展和一流大学的建设。为应对管理失灵的严重考验，推动大学治理能力和治理水平的现代化，就必须强化学院在大学中的实体性和活动中的主体性，实现相对自主的学院经营，实行学院治理。

（二）学院治理是学院快速发展的必然要求

随着高校规模的迅速扩大，不仅学院数量急剧增加，学院规模也迅速增大。如吉林大学校内一些学院规模为 2500 人以上，机械与航空航天工程学院有在编教职工 288 人，在校本科生 1500 余人、在校研究生 1000 余人[①]；浙江大学医学院，现有在读医学生 8300 余人，教职、医务员工 35 000 余人[②]。学院规模增大的同时，学院设置的内部组织机构的数量也迅速增加，如北京师范大学教育学部，除了党委和行政机构外下设 14 个学术机构、17 个综合交叉平台，此外还设置具有咨询评议功能的 6 个专门委员会[③]。学院组织机构的日益增多，使得彼此之间的关系变得更为复杂，学院如何处理行政系统、学术系统之间的关系、调和彼此之间的矛盾，已成为摆在学院组织管理者面前的一个难题。

随着学院规模的扩张，学院的活动范围大大扩展，组织边界日益模糊。学院在承担传统的教学与科研职能的基础上，与校内外组织或群体交往日益密切，社会服务功能大大增强。各行各业及从业者无不成为大学或亲或疏的利益相关者，学院治理不得不考虑各方利益。

学院规模增大、机构增多、功能增强，迫切需要学校管理重心下移，下放管理权限，以充分调动学院的管理主动性和积极性。学院要强化治理，加大改革力度，建立良好的组织结构，构建有活力、有动力的机制体制，促进学院快速健康发展。

（三）学院治理是推进大学治理的重要举措

学院是大学最主要的组织机构，因而学院治理是大学内部治理的关键一环，是推进大学治理的重要举措。

学院治理促进大学治理体系的完善[④]。学院治理属于大学内部治理体系范

---

① 吉林大学机械与航空航天工程学院. 学院简介. 2024-12-16. https://mae.jiu.cn/xyjk1/xyjj.htm.
② 浙江大学医学院. 学院概况. 2024-12-16. http://www.zju.edu.cn/55141/list.htm.
③ 郭书剑. 我国大学学院治理问题研究. 南京师范大学硕士学位论文，2017.
④ 郭书剑，王建华. 论学院的治理及其意义. 江苏高教，2016（5）：36-40.

畴，是在学院层级内部规范行政权力与学术权力运行和维护学术组织内部秩序的一系列制度和程序。大学治理是大学资源（包括权力、物力、人力等资源）在不同主体之间的配置及其规则，二者表现为部分与整体的关系，后者是前者的外部框架，前者是后者的具体细化。学院治理是大学治理的基础，大学治理是上层建筑，二者上下贯通、融合协调。学院治理多层次、全方位带动学院发展，促进大学治理体系的丰富和完善。

学院治理提升大学治理能力。学院治理可以增强学院管理者的管理经验，弥补传统管理经验的不足，增强学院不同个体或群体沟通、协调和合作能力，提高基层学术组织的治理能力，为大学治理能力的提升奠定基础。加快学院治理现代化是推进大学治理体系和大学治理能力现代化的关键一步。

第二节　学院治理的理论基础

学院治理理论能够系统地揭示学院内部结构运行的本质，是协调平衡内部各要素之间关系的提纲挈领，学院治理理论对完善学院内部结构、规范学院内部运行具有重要的指导意义。

一、法人治理理论

"法人"是一个法律概念，是具有民事权利能力和民事行为能力，依法独立享有民事权利和承担民事义务的组织。《中华人民共和国民法典》以法人成立的目的不同为标准，将法人分为营利法人、非营利法人和特别法人。另外，也对其成立规定了四项条件：一是依法成立，二有必要的财产和经费，三有自己的名称、组织机构和场所，四能够独立承担民事责任。

近年来，随着我国高校独立法人地位的逐渐确立，高校办学的自主权逐渐增加，法人理论慢慢深入到大学的管理体系中。要使法人在实际工作中发挥作用，就必须进一步有效处理法人与利益相关者之间的关系，建立合理的内部治理结构，为学校的运行和发展提供支持。

大学法人和企业法人治理结构有明显不同，执行主体在本质上存在差异，两者最初的建立目标以及最终的价值追求也存在不同。大学是教育为主的地方，教育是一项公益性事业，应将公共利益作为最终追求，不能盲目追求经济效益，法人在进行大学治理时要始终铭记和遵守。

建立大学法人治理结构，有三种方法可供采用①：

1）实行董事会制度。董事会作为大学校园最高权力的拥有者，独立存在，不依附于任何组织或党派，对学校内重大事件拥有决定权，在政治和思想方面拥有自主权，董事会聘用校长，校长对董事会负责。

2）实行教授会制度。教授会是学校最高权力的拥有者，代表学校的利益，对学校重大事项拥有决策权。近年来，随着教育的变革，教授会实际拥有的权力在减小，教授的治校功能逐渐向治学功能转变，教授会制度在实际管理中的应用在减少。

3）实行党委会制度。大学党委书记和校长直接由上级任命，并给予监督。大学实行党委领导下的校长负责制，党委具有全面领导权，校长拥有独立法人资格，是学校行政工作的领导者和决策者。

随着高等教育管理体制的深化改革，推进具有法人资格的院办校改革成为一种趋势。学校法人赋予学院院长法人资格，从机制体制上解决学校与学院之间职权分配不清的现象，使学院拥有更大的办学自主权，调动学院在自主办学方面的主动性，激发学院办学活力，提升学院办学质量，更好服务产业发展，更好为经济社会发展提供智力支持和人才支撑。

二、委托代理理论

（一）委托代理理论的内涵

1976 年，产权经济学家詹森（C. J. Ensen）和麦克林（W. H. Meckling）提出委托代理理论②。委托代理理论的核心问题是代理问题，代理人也许会偏离委托人所设置的目标，但委托人却很难观察以及监督代理人，委托人利益受到代理人损坏的现象就可能出现。信息的非对称性的存在导致了代理问题的出现，主要有"道德风险"（moral hazard）与"逆向选择"（adverse selection）两种情况。道德风险是指在实施契约过程中，代理人行为具备不可证实性与不可观察性，代理人很可能采用机会主义，最大限度地追求自身利益而忽视或损坏委托人的利益。逆向选择是指在建立契约之前，委托人所不知道的信息就已经被代理人掌握，代理人则可以利用这样的信息优势签订有利于自身的契约。为了最大限度地避免出现道德风险和逆向选择，就必须建立健全激励和监督机制，更好、更科学

① 何雅冰. 地方高校校院系三级管理体制改革下院系治理研究. 长春工业大学硕士学位论文, 2019.

② 宋冬雪. 美国研究型大学内设学院治理结构研究. 大连理工大学硕士学位论文, 2017.

地对委托契约进行管理和实施。

（二）委托代理理论在学院治理中的应用

随着高等教育的大众化，高校的规模不断扩大，国家已经不能完全独立地管理高校的经营活动。当国家需要将高校交由他人代为管理和经营时，委托代理关系便产生。

大学所涉及的委托代理关系分为四个层次。第一层次是个人与政府之间的关系。政府所拥有的资源权力归公众所有，所以个人将其所需要的资源以及受教育的权力委托给政府就构成了第一层次的委托代理关系，个人是"委托人"，政府是"代理人"。第二层次是政府与高校管理者之间的关系。政府将高校管理权委托给各高校的管理者，政府是"委托人"，高校是"代理人"。第三层次是高校内部运作之间的关系，主要包括校长与各教职员工、高校管理层与学院管理层、学院管理层与各系、所、中心等、院长与学院教职工之间的委托代理关系。第四层次是高校教育消费者与高校教育提供者之间的关系，包括学生与学院及学校、学生与教师之间的委托代理关系等①。

在大学内部治理中，大学内上下级领导层之间（主要是学校与院级管理层之间）可能存在信息不对称下代理关系。学校内一些具体事情的处理由上层安排到下层，逐步实施，与公众进行直接联系的就是院级管理层。院级管理层对学院内部工作的部署与安排直接关系到工作的执行和推进。系既与学院构成隶属关系，又有自身的规定性，与广大教师关系最密切的就是院系。它是高校所有任务要求执行的最后一个层级，也是最重要的环节，直接关系到各项政策的落实与完成。

根据委托代理理论，大学治理的关键是构建有效的制衡机制，以激励代理人为实现委托人的目标而努力，同时，对代理人形成有效的约束。在激励机制设计中，要重视控制权激励，让大学校长、学院院长等代理人享有较多控制权。在约束机制设计中，要重视权力约束。权力约束主要通过完善监督机制来实现。监督机制包括外部监督和内部监督两种形式。外部监督主要是学校外部的政府有关部门对代理人的行政监督和社会舆论监督等。内部监督主要是学校内部通过设置监督机构和制定监督措施对代理人实施的监督②。

① 楚红丽. 公立高校与政府、个人委托代理关系及其问题分析. 高等教育研究，2004（1）：43-46.
② 李福华. 大学治理的理论基础与组织架构. 北京：教育科学出版社，2008：46.

三、利益相关者理论

（一）利益相关者理论的内涵

"利益相关者"最早出现在弗里曼（Edward R. Freeman）于 1984 年出版的《战略管理：利益相关者管理的分析方法》一书中。他指出"利益相关者是能够影响一个组织目标的实现，或者受到一个组织实现其目标过程影响的所有个体和群体"①。利益相关者理论是 20 世纪 80 年代以来发展起来的新的公司治理理论，它主张：所有的受企业影响的利益相关者都有参加企业决策的权利；管理者负有服务于所有利益相关者利益的信托责任；企业的目标应该是维护所有利益相关者的利益，而不仅仅是股东的利益②。

利益相关者理论认为，企业是由多个利益相关者所构成的"契约联合体"。企业的所有者不能仅仅局限于股东，所有利益相关者（如企业的雇员、供应商和债权人等）都是企业的所有人。企业的风险不是由股东全部承担的，其他利益相关者也在承担企业的风险。利益相关者之间的权利是独立的、平等的，他们共同拥有企业的所有权。

依据美国学者米切尔（Lincoln A. Mitchell）等的归纳，利益相关者分为三个层次。第一层的含义最为广泛：凡是可以对企业活动造成影响，或是受企业活动影响的团队或个人全部是利益相关者，其中包括股东、职工、债权人、供应商、政府部门、消费者和社会团体等。这一层次也可叫作潜在的利益相关者。第二层的含义稍微狭窄一些：与企业具有直接关系的团体或个人才是利益相关者。这一层次也可叫作预期型利益相关者。第三层的含义最为狭窄：仅有在企业中投入了一定的专业性资源的团体或个人才是利益相关者。这一层次又叫作完全型利益相关者。③

（二）利益相关者理论在学院治理中的应用

张维迎指出，作为非营利组织，大学是典型的利益相关者组织，其利益相关者涵盖教授、校长、院长、相关行政管理人员、学生和校友，同时也包括社会本

---

① 李福华. 利益相关者理论与大学管理体制创新. 教育研究，2007（7）：36-39.

② Boatright J R. Contractors as stakeholders: Reconciling stakeholder theory with the nexus-of-contracts firm. Journal of Banking & Finance，2002，26（9）：1837-1852.

③ Mitchell R K，Agle B R，Wood D J. Toward a theory of stakeholder identification and salience: Defining the principle of who and what really counts. Academy of Management Review，1997，22（4）：853-886.

身（纳税人群体）[1]。根据利益相关者与大学的密切程度不同，大学的利益相关者分为四个层次：第一层次是核心利益相关者，包括教师、学生、管理人员；第二层次是重要利益相关者，包括校友和财政拨款者；第三层次是间接利益相关者，包括与学校有契约关系的当事人，如科研经费提供者、产学研合作者、贷款提供者等；第四层次是边缘利益相关者，包括当地社区和社会公众等[2]。

大学利益相关者共同治理在于寻求一种利益相关者参与共同决策和相互制衡的机制，各方利益相关者根据参与大学治理的能力、责任感和意愿等，在大学治理结构中各得其所，各行其责，实现"共同治理"。大学利益相关者共同治理大学是一个循序渐进的过程，在进行制度创新和创造良好外部环境的同时，需要培育利益相关者参与共同治理的意识，提高其素质，调动其积极性。

同大学一样，学院也是一个十分典型的利益相关者组织，同样追求社会效益。学院的长远发展需要依赖内部行政管理人员、教师与学生之间的配合，需要得到学院与校内其他部门的相互支持，需要学院与用人单位等建立良好的长期合作关系。不同层次的利益相关者的价值取向在不同程度上影响着学院组织行为的产生和决策，学院治理的整个运行过程实际上就是对各种利益进行规范、协调和均衡的过程。

四、协同治理理论

（一）协同治理理论的内涵

协同治理理论属于跨学科理论，是由治理理论和协同学结合发展而来的理论。协同治理，是指多元主体采取协调和合作的方式，建立合理有序的治理结构，打造相互依存、共同行动、风险共担的治理格局，其目的是实现公共利益的最大化[3]。其理论内涵主要包括以下内容。

1. 治理主体的多元性

协同治理的前提就是治理主体的多元化。在公共组织或政府部门中，政府或其他主管部门是发起者、组织者、领导者，其他参与主体是参与者、合作者、配合者。各方积极互动，共同合作，形成良好的协同治理格局。

---

① 张维迎. 大学的逻辑. 北京：北京大学出版社，2004：19.
② 李福华. 利益相关者理论与大学管理体制创新. 教育研究，2007（7）：36-39.
③ 丁露迪. 协同治理视角下大学二级学院治理问题研究：以 H 大学 S 学院为例. 郑州大学硕士学位论文，2022.

2. 治理系统和治理方式的协同性

现代社会系统是由掌握着不同知识和资源的组织组成的，社会系统的复杂性、动态性和多样性，要求各个子系统的协同性，需要多元主体在治理过程中坚持平等协商、互助合作，建立平等、自愿团结的合作关系，促进整个社会系统高效运转。在协同治理过程中，各个治理主体并不是孤立地存在，多元主体之间关系紧密，坚持协同性和互动性是维护多元主体良好关系的基础。

3. 正式规则和制度的制定

协同治理是一种集体行为，从某种程度上说，协同治理过程也就是各种行为主体都认可的行动规则的制定过程。在协同治理过程中，各个治理主体之间的权责分配和治理程序需要通过正式的规则和制度确立下来，为治理过程中各主体的程序化规范化运作奠定制度基础，推动多元协同主体围绕共同目标，在治理实践中形成相互配合、协调互动的有序机制。

4. 共同目标的实现

为更好地实现治理效果，各主体必须确立共同的目标，使整个组织系统朝着该目标前进。在治理过程中，治理目标就是以组织部门的共同需求为出发点，提供优质公共产品和公共服务，实现组织部门公共利益的最大化。

（二）协同治理理论在学院治理中的应用

学院具有多元主体参与的协同治理结构，协同治理理论可以作为优化学院治理，推动学院内部治理高效运行的指导理论。

首先，从学院的治理主体来看，与大学一样，学院也是一个利益相关者组织，其利益相关主体既包括高校的管理人员以及学院内部的管理人员、教师、学生等直接利益相关者，也包括家长、校友、社会等间接利益相关者。利益主体多元化，必然需要多元利益主体协同参与，共同对学院进行治理。其次，从学院的治理目标来看，各利益主体致力于人才培养、科学研究、社会服务、文化传承、国际合作与交流五大职能的实现，治理目标具有共同性。要完成五大目标，就需要行政人员、教师群体、学生群体等各主体协调协同，各司其职、各负其责、相互制约、相互监督，形成合力。最后，从学院运行机制来看，学院需要建立合理架构，保证政治、行政、民主三方力量的协调和合作，政治权力、行政权力、学术权力的合理分配与制衡；学院要建立一系列规章制度，推动不同组织相互作用、相互配合，确保多个治理主体协同有序治理、学院高效运转。

第三节　学院治理模式

模式通常是指解决某一问题的经验总结，这些经验被提升到理论的高度，形成一定的方法并用于指导解决同类问题[①]。治理模式是指"基于不同治理结构和机制而形成的比较持续稳定的范式"，是"静态制度安排和动态过程共同作用的结构"。[②]学院治理模式是指学院在运行过程中，将具有普遍意义的学院治理方式进行总结和抽象，提升到理论的高度，形成用于指导解决同类问题的范式[③]。

一、世界一流大学学院治理主要模式

（一）欧洲大学的全体教师治理模式

欧洲大学学院的决策权和管理权属于学院全体教师，学院全体教师在涉及学院发展、规划拟定、招生标准、财务收支、领导任命等方面享有知情权与投票权，学校在制度设计层面赋予教师极大权力。学院行政管理团队由有一定学术影响力的教授担任，多由教授对管理人选进行评定，充分保证了学院教职工和学生的管理话语权，扭转了学术权力或行政权力一家独大的现状，充分体现了现代大学学术自治、民主治理的精神内涵。

德国《高等学校总纲法》规定：德国大学校内全体成员大会、评议会和学院委员会必须由教授、学生、学术辅助人员和非学术辅助人员共同构成。如柏林自由大学大学评议会共25人，其中教授13人，学院各类院务委员会中教授占比也常常大于半数。达姆施塔特工业大学依据《达姆施塔特工业大学法案》规定，由管理和研究人员共同组成的学院评议会可以对院务委员会工作进行监督，同时对大学科研、教学、资源分配及学院教师招聘等事务提出复议。瑞士的苏黎世大学学院的学术研究工作由学术委员会负责，行政工作则由大学评议会选出的院级领导负责，大学评议会由校长、全职教授、助理教师、讲师和学生代表组成。[④]

随着世界经济和技术革命的深入发展，高等教育国际竞争日益加剧，对学院

---

① 罗光华. 城市基层社会管理模式创新研究. 武汉大学博士学位论文，2011.

② 肖红缨. 研究型大学院系治理模式：以清华大学为例. 北京：清华大学出版社，2017：3.

③ 古勇. 学院治理模式及其影响因素研究：基于Z大学三所学院的案例分析. 华中科技大学博士学位论文，2019.

④ 王艺鑫. 世界一流大学二级学院治理：模式、特征与启示. 大学教育科学，2022（5）：107-116.

人才培养、教学科研、管理效率和水平提出了更高的要求。学院教职员工由于国际视野、管理水平有限，可能造成这类治理模式下的高校出现科研产出效率较低、研究领域较狭窄、学科发展迟缓等问题。

（二）美洲大学的领导团体治理模式

美洲大学通常由董事会指派专业行政人员担任校级领导，由校级领导层直接任命学院领导，学院领导团体采取集体决策形式处理日常行政事务。美洲大学设置教授委员会或学术办公室，专门处理学院的学术研究事务，系主任和教师主要承担学院教学和学术研究职能，学生对学院治理产生的影响较弱。这种治理模式分置了行政权力和学术权力，保证了学院行政运行的效率和学院学术组织的科研活力。

哈佛大学通过校长直接指派专业行政人员出任院长，由院长筹备学院集体管理团队对学院进行管理。院长一般在全职教授中考察和挑选院长候选人，其职责主要以学院行政管理层面的事务为主，兼顾统筹院系学术研究活动，教授型院长有利于促进学院行政工作与学术事务的平衡。学院的学术活动由学术规划办公室负责，对学院教师招聘、学生招生标准和课程设置进行制定和审核。波士顿学院在对二级学院管理时，进一步吸纳了系主任参与决策[①]。

（三）英联邦大学皇室特许治理模式

在英联邦国家高等教育体系中，通常由英国皇室颁布特许令，以确立大学和学院的自治地位。特许令大学拥有相对宽松的政策环境，学院具有相对独立与自主的发展权限，为不同学院的快速发展、差异发展提供了可能。学院行政领导团队由选举委员会及大学理事会选举产生，对学院行政事务负责。学院各类委员会，如教师委员会、教学委员会、战略规划委员会、研究委员会等，对学院的学术事务负责。

剑桥大学于 1231 年获英国皇室颁发特许令正式成立，数百年来，英国皇室及政府不断支持剑桥大学学院改革与发展。目前，学校拥有 31 个独立学院和 6 个研究机构，形成了形式独特的二级学院治理模式。如剑桥大学法学院，学院院长兼任学院首席财务官，但学院的科研经费划拨则由学院教师委员会选出的资金主管进行统一管理。学院对教师的聘任享有较大的自主权，"教授选举委员会"

---

① 王艺鑫. 世界一流大学二级学院治理：模式、特征与启示. 大学教育科学，2022（5）：107-116.

对教授聘任进行评定，学院教授在讲师、助理教授的聘任中发挥着主导作用。学院下设 16 个研究中心负责教学和科研任务，所有中心直接向学院教师委员会负责，中心的未来发展规划由学院战略规划委员会进行前期规划，研究委员会和教学委员会分别统筹学术研究和教学事宜[①]。

伦敦大学学院建立于 1826 年，直到 1830 年才得到英国皇室颁发的特许令，是当代世界范围内二级学院治理的典型。伦敦大学下设 11 个学院，大学理事会由 11 个学院的教授、教职工代表和学生代表组成，理事会任命学院院长和系主任，院长及行政负责人共同对学院的学术研究和行政管理工作负责。系委员会由全体学术成员组成，负责管理系日常教学和科研工作[②]。

（四）日韩大学的国家主导治理模式

在日本和韩国，政府通过统筹规划教育经费宏观把控高等教育发展方向，学院在遵循学校整体发展规划的基础上进行自主管理和学术研究，呈现出强烈的国家管理特质。学院行政领导团体由高校管理层或国家教育主管部门直接任命，对学院的行政管理负责，学院教授会负责学院教学及学术工作。国家管理治理模式有助于后发型大学同国家战略发展相对接，为世界一流大学的创建提供便捷快速之路。

东京大学是日本顶尖的学院制国立大学，按照日本《国立大学法人法案》规定，大学校长及主要学院院长、校理事会理事人选由文部科学省任命，大学资金需上缴到统一的财务经营中心进行调配，必须制定并公开学校中期计划且接受文部科学省监督。因此，东京大学各学院的财政、人事及教学等均受到国家行政部门的直接监督和制约。学校保留财政分配、院系撤并、职员管理等职权，其余职权下移，由学院教授会负责管理教育规划制定、教师招聘和晋升、教授称号授予、课程管理、学生指导和学位授予等，学院教授会对学院整体行政和学术工作拥有最高决定权[③]。

首尔大学是韩国国立著名大学，校长由国家教学科技部直接任命和指挥，学院院长由校长直接任命，学院院长担任学院教授会会长。教授会由学院教授、副教授和其他专任教师组成，主要对学院规章制度、学生事务、课程设置等事务进

---

① University of Cambridge. Faculty of Law, Financial Support for Research. （2022-06-15）. https://www.law.cam.ac.uk/research-link/financial-support-research.

② UCL. UCL Faculties. （2022-07-11）. https://www.ucl.ac.uk/about/how-uclworks/ucl-faculties.

③ The University of Tokyo. 組織構成. （2022-07-01）. https://www.u-tokyo.ac.jp/ja/about/overview/b0201.html.

行审议。学院具有有限的管理权限，对学院的教学和科研负责。教师招聘、资金使用、学院设置等行政权力则主要由校长或以校长为首设置的大学评议会、教务委员会、院长委员会等管理机构掌控①。

二、我国大学学院治理模式

（一）大学普适的党政联合治理模式

党政联合治理模式是目前我国高校学院治理最为普遍的一种模式，体现党政分工合作、共同负责和集体领导。学院党政联席会议作为学院的最高决策机制和领导体制，实行党政联席会议下的党委书记与院长分工负责制。

按照《中国共产党普通高等学校基层组织工作条例》规定，学院党委统一领导学院工作，是政治领导核心，也是学院法定领导体制中的负责人；院长作为学院的行政工作负责人，负责学院的教学与科研工作，具有行政主体地位。党政联合治理模式通过政治权力、行政权力、学术权力的分工负责，增强了学院的监督和管理的科学性，保证了学院组织的统一和规范运行，有效遏制了行政霸权和学术腐败，为促进学院的发展提供了基础保障。

（二）重点大学的学术主导治理模式

学术主导治理模式是对大学行政化的改革，是对高校回归学术本位的探索。研究型的重点大学学院治理多采用这种模式，旨在强化学术权力在基层学术组织的地位和作用，实现"教授治学""学术自由"的办学理念，因而在一定程度上代表了学院未来治理的发展方向。

学术主导治理模式实现学院学术组织集体决策下的院长负责制，学院学术组织具体包括学院的学术委员会、教授委员会、学位委员会、教学指导委员会等。学术权力系统在学院治理中占据主导地位，不仅拥有对学院发展方向、发展规划、专业设置、人才引进、重要改革措施等重大事项的决策权，还拥有反映师生呼声、维护师生合法权益以及对学院各项管理工作和决策提出建议、批评和监督的话语权。学院学术权力和行政、党政、民主等权力相互依存、协调协商、持续发展，行政权力协调、服务于学术权力，政治权力发挥着潜在的方向约束作用，民主权力有力支撑学术权力，形成强化学术权力为主、其他权力为辅的学院治理模式。

---

① Seoul National University，College of Education. Organization.（2022-03-08）. http://edu.snu.ac.kr/en/Organization.

学术主导治理模式常常存在于学科群聚发展的学院中，因为从人才培养来看，学院本科生教育与研究生培养并重，乃至将研究生教育当作学院工作的重点；从学科发展来看，学院的内设机构围绕学术团队、科研平台等学术组织形式组建，建有重点实验室、研究中心（所）、产业学院、系、课题组、教授工作室、博士工作站等，学科发展成为学院其他职能的重要支撑。这时，学院的学术事务被提到首位，强化学术的主导地位和选择学术主导治理模式成为必然。

学术主导治理模式充分彰显了学院的学术权力，代表了学院治理改革的未来方向，但目前还存在运行机制不健全、制约体系不完备、管理效率较为低下等问题[1]。

（三）地方大学的行政主导治理模式

行政主导治理模式是我国大学学院治理模式的主流类型，是高校行政化管理的一个缩影，是通过科层命令实施高效治理、弘扬效率和等级观念的一种治理模式。

行政主导治理模式实现党政联席会议或院务会共同决策下的院长负责制，决策结构有党委会、党政联席会议和院务会。政治权力和行政权力处于主导地位，保证学院的决策权较为牢固地掌握在学院管理层，行政成员也会参与到学术组织中，如学院学术委员会、教授委员会等，而且作为学术委员会等学术组织中的领导人员，学术权力常被掌握在行政成员手中。在以效率、统一、等级和服从为价值观念的引领下，以行政力量为首，结合政治权力、学术权力，形成了强有力的共同治理的主体，保持了学院各种权力的高度一致，保证了学院的稳定运行。

行政主导治理模式多出现在地方大学行政管理任务繁重、以教学为主要任务的学院中。学院人数多、规模大、职能多、任务重，行政事务被排在了首位。为了更好地促进庞大学院的有效运行，行政权力通过科层结构合法授权，提升治理效率，促进学院的稳定和改革。

行政主导治理模式的权力管理，有利于提高效率和管理效能，但其行政化管理又形成对学术权力的干预，使学院的学术特性无法彰显[2]。

（四）民办大学的市场主导治理模式

市场主导治理模式不是主流学院治理模式，多出现在民办大学或具有民办性

① 刘恩允. 治理理论视域下的我国大学院系治理研究. 苏州大学硕士学位论文，2014.
② 刘恩允. 治理理论视域下的我国大学院系治理研究. 苏州大学硕士学位论文，2014.

质的独立学院的二级结构。市场主导治理模式代表了高等教育发展的一股重要力量，其独具特色的市场运行机制对公立高校学院治理有重要启发意义。

市场主导治理模式的治理主体主要包括学院院长（党委书记）、教师和学生等，主要主体之间的互动充分体现了鲜明的市场特色，呈现出市场经济规则下的制约与反制约、管理与被管理的关系模式。民办大学的学院院长一般是由学校面向社会公开招聘的，院长对校长负责。院长兼任学院的党委书记，既要负责学院的行政管理工作，又要负责党务思想工作。人事权、财务权、资源配置权等基本被掌握在学校层面，院长只是起到一个枢纽的作用。学院经济权力处于主导地位，学院以院长与学生事务主管、教学事务主管为决策主体，以市场为核心价值观，影响学院决策的通常不是内部冲突，而是市场力量，决策权往往掌握在市场手中。行政权力、政治权力、学术权力处于从属地位。

市场主导治理模式运行机制灵活，权力配置精简高效，紧密结合社会需求，但其市场原则和功利意识，易于背离高校办学的学术宗旨，不利于可持续发展①。

第四节　学院治理的现实困境与路径选择

随着一流大学和一流学科建设的不断推进与深入，以及学院制改革的研究不断深化，学院治理成效显著，但也遇到一些问题，因此，深入研究学院治理过程中面临的困境，寻求破除困境的路径，已成为大学学院治理的关键。

一、学院治理的现实困境

（一）治理理念缺乏先进性

新中国成立以来，我国大学推行了较为集中统一的管理体制，政府兼具高等教育举办者和管理者的双重角色，行政管控作为一种较为突出的管理方式贯穿其中。大学行政化容易使大学组织性质发生异化，原来的学术组织逐渐异化为行政组织，大学在管理体制和运行机制方面与行政机关呈现基本相同的属性，大学按照行政体制的结构和运作模式建构、运行。

大学行政化在学院表现为外部行政化和内部行政化。学院外部行政化表现为校、院关系的科层化，大学教务处、科技处、学生处等机关管理部门直接对学院

---

① 刘恩允. 治理理论视域下的我国大学院系治理研究. 苏州大学硕士学位论文，2014.

发布教学、科研、学生管理的指令，学院通常只能接受和服从。学院内部的行政化表现为，学院党委和行政领导班子成员均由学校任免，直接对上级负责，学院领导是学院工作的当然决策者。学院的行政化，造成学院一般是按学校指令行动，凭借指标机械考核，一方面确保了政令畅通步调一致；另一方面，不仅导致学院缺乏治理理念及自主治理的积极性，主动性和创造力欠缺，易存在"等靠要"的惯性惰性思维，还导致"教授治学""学术自由"的大学理念难以贯彻，学术权力作用得不到充分发挥，进而导致学院的改革动力和办学活力不足。

（二）治理权限有限

总体来看，我国大学实行的是宏观统筹、统一管理的制度模式，采取的是科层制的直线式组织架构。大多数权力仍集中在校级层面，教务处、科技处、人事处、研究生处等校级职能部门是决定学校重大事务的重要机构，学院通常只是一个教学行政单位，权力范围往往十分有限。学院所拥有的权力集中在管理学生、完成相关的教学任务，并没有人事管理权、资源配置权、办学自主权等权力。

有研究者指出，"没有权力下沉就没有学院治理，底层赋权是学院治理的前提条件与标志性特征"①。长期以来，大学纵向的科层组织使得院系处于隶属地位，存在学校是上司、院系是下属的观念，官本位传统根深蒂固，运行体制行政化痕迹明显。权力和资源的配置主要集中在大学层面，集权式管理职责更为清晰，有利于围绕战略目标统筹学校有限的资源，保证学校决策的贯彻执行，但也容易产生权力过于集中、权力配置不合理、校院之间权责不对等等结构性矛盾②。一些高校治理权力还没有真正落实到学院一级，"核心权力"和"管理重心"并未真正到达学院，学院治理的权限还没有真正得到细化，甚至出现了事权不断下放、责任不断下压，而资源不断向上集中、权力不断上移的倾向。推进办学重心下移，加大学院治理权限，理顺学校、学院关系是学院治理长期面临的困境。

（三）领导体制不够完善

领导体制是一个组织基于机构设置、隶属关系、权力划分而展开相互影响、相互作用、相互依赖、相互制约的整体功能的网状体系和组织制度的总称。学院领导体制及其运行的科学性是学院提升办学质量和水平的根本，是推进学院有效

① 龙宝新. "双一流"建设背景下二级学院内部治理的机制与架构. 高校教育管理，2019（4）：18-26.
② 吴春阳，王萌. 地方高水平大学二级学院治理现实困境及纾解路径. 河南工业大学学报（社会科学版），2024（3）：90-96.

治理的关键性问题。

新中国成立以来，中国共产党为了保障和促进高等教育事业的健康发展，对于学院的领导体制进行了不断探索、调整和改革，经历了院长（系主任）负责制、党总支（支部）委员会领导下的系务委员会负责制、党总支委员会领导下的院长（系主任）分工负责制和党政共同负责制、党政联席会制度下的院长负责制、学术（或教授）委员会集体决策下的院长负责制、党政学术共同决策下的院长负责制等变化。

党的十八大以来，随着全面从严治党和加强党的全面领导的推进，理论和实践中推进了党委（党总支）领导下的院长（系主任）负责制，但在党和国家的文件中却没有明确表述，领导体制成了推进学院治理的关键困境，以致出现两种情况：一是难以改变长期以来党委虚化、弱化、软化的状况，党组织的政治核心作用、监督保证作用被理解为被动的配合工作、"补台工作"和"消防员式"工作，党的领导难以真正贯彻落实；二是仿照校级领导体制推进党委领导下的院长负责制，党委甚至包揽一切、代替一切，或者党委会形式化、空壳化，党委集体领导变成书记个人领导，书记成了行使院系最高权力的唯一一把手，以致造成党政不和谐，甚至影响学院学术育人的事业发展[1]。

进入 21 世纪，高校二级学院从院长负责制逐步过渡到党政联席会议决策机制，学院党的建设得以持续加强。然而，由于"院长负责制"的惯性影响，行政职能的权威，学院行政主导学院话语权的现象仍较普遍。2004 年，中共中央、国务院印发《关于进一步加强和改进大学生思想政治教育的意见》，对高校党建和在大学生中发展党员工作提出了明确要求。高校基本将二级学院党总支整体升格为党委，党委随之成为学院一级重要的组织机构。2010 年修订的《中国共产党普通高等学校基层组织工作条例》，将党政联席会议确定为院系治理的正式制度安排，并具体规定了需要通过党政联席会议来讨论和决定的六项事务。2018 年，教育部党组又补充规定将二级学院内设机构负责人的选拔任用决策权归属党委会，在一定程度上释放了强化学院党委职能的信号[2]。因此，如何发挥学院党政联席会议的最高决策作用，并充分体现"学术自由""教授治学"，成为学院治理领导体制建设的重要内容。

---

① 胡华忠. 我国高校院系治理的困境及消解. 复旦教育论坛，2020（3）：5-11.

② 南国君，卫婷婷. 新时代高校二级学院治理体系改革困境及路径重构. 国家教育行政学院学报，2020（5）：41-46.

（四）治理结构不够合理

学院是政治权力、行政权力、学术权力、民主权力等多种权力相互作用的、具有多元利益相关主体的学术性组织。因此，建立符合学术组织的治理结构，合理分配各种权力，是学院治理的关键一环。学院治理结构的不合理会造成学院权力使用不当，严重影响学院事业发展。

党组织是我国高校最重要的治理主体，也是学院的重要治理主体，行使政治权力。长期以来，学院党建工作弱化的问题较为突出，表现在有些学院党建工作内容和方式脱离学院中心工作和师生实际，对师生的吸引力较弱；有些学院党组织抓党建与行政抓事业发展出现"两张皮"现象，甚至存在一定程度上为开展党建工作而开展党建工作的形式主义现象。党建难点和薄弱点，成了学院治理长期面临的困境。

大学发展的根本动力是学术本位，学术权力是高校固有的本质特征和内部治理结构的核心。学术权力是学院本质性的内生权力，在学院治理中发挥着核心作用。学术权力与行政权力密切配合、协调运行，推动了学院事业的快速发展。然而，由于学术权力与行政权力利益主体取向各异，存在不必要的对立和竞争，行政权力与学术权力相互牵扯，造成内部运行耗能较大，学术权力在一定程度上存在弱化、虚化和形式化的问题，因此，学术权力和行政权力的科学运行一直是学院治理的难点。

民主权力是保证政治权力、行政权力、学术权力合理使用的重要力量。学院民主管理和民主监督机制不健全、教职工生参与意识和参与程度不够，监督权力不足，也是影响学院高效、高质量发展和现代化治理的重要问题和薄弱点。

（五）治理制度不够健全

受传统办学理念的影响和体制机制的制约，部分学院管理者仍然用陈旧的思维方式和管理模式对学院进行治理，学院不重视治理制度建设的现象较为普遍，使得学院治理制度不健全，同时也面临着制度落实不到位的问题。

学院治理制度不健全具体表现在：学院党政联席会制度的行政权力的边界、职责等没有以制度形式给予明确规定；学院没有健全和完善的制度对学院党委领导与院长全面负责的详细内容给予明确规定；学院成立的以教授为主体的学术委员会组织，对教授参与学术事项和学术治理活动的具体方式等问题缺乏相应的制度性规定；学院以教师和学生为代表组成的二级学院教代会，尤其是在教代会民主管理方面，对教师以何种方式参与高校民主管理和学生能否被纳入参与民主管理体系等问题同样缺少相应的制度性规定。一些学院的党务、政务工作开展进程以及学院会议决策，缺乏信息公开制度，透明度不高，没有保障学院教职工、学生对学院治理工作的知情权与监督权等。

学院治理还表现在制度不落实的问题。有些学院院长独断专行，专权治理，党政不分，不按规章制度办事；有些学院治理权力过度集中于院长、书记等行政领导层，导致院长和书记出现权力寻租、权力异化，造成学院重大决策出现失误，从而影响学院健康发展。

学院治理需要完善的制度作保障，学院治理要实现从过去强调"人治"向现在注重"法治"的转变，重点是要弥补学院治理制度的空缺，并对制度的执行作出刚性规定。

（六）治理文化不够浓厚

构建与学院组织属性相适宜的学院治理文化是建设一流学院的关键一环。学院治理文化有其特定的内涵，并非"学院治理"与"文化"的简单"相加"或合并。"大学治理文化的内核包括价值认同、主体互信和愿景共生；培育大学治理文化，不仅需要将公民教育作为现代教育的核心，从而赋予治理主体显著的公民身份，而且需要善用法治思维，以程序正义保障治理主体的权益，并促进制度体系与精神文化的共契。"①学院治理文化是以学院领导（院长）为核心，在与其他利益相关者共同参与治理的过程中，逐步形成的有关学院治理的理念、制度和行为的总称。学院治理文化包括三个要素，即学院治理理念、学院治理制度和学院治理行为。三要素相互影响、相互作用，形成辩证统一的关系。学院治理文化本质上是以人为本的文化，具有共享性、多样性、发展性等多重特征②。

学院治理文化存在的问题，首先表现在理念方面。"治理"一词源自西方，与东方的治理概念不易明确区分，易产生混淆。在我国，治理主体的回归至政府本位，实际执行的是中国的管理模式。政府部门和学院权力主体对治理的不同理解，使得学院治理改革存在着不确定性。其次表现在制度方面。制度作为文化的重要载体，旨在服务于高校的"五大职能"。在现代化大学体系中，学术权力应优于行政权力，且行政权力应服务于学术权力。具备这样特征的治理制度，才更接近于人才培养的理想目标。然而，当下的学院治理在制度上的局限，使得真正

---

① 刘亚敏. 大学治理文化：阐释与建构. 高教探索，2015（10）：5-9+24.
② 王声平. 学院治理文化：内涵、理论和构成要素. 黑龙江高教研究，2021（11）：62-67.

的治理理念难以落实，这对我国学院治理的效果产生了影响。再次是治理本土化面临的问题。在西方大学学院治理中，法治精神扮演着重要角色，其基础建立在契约之上。因此，秉持法治精神的改革自然将这种精神体现出来。相比之下，我国的学院治理主要由政府政策推动，采取的是指令式的改革和治理方式，这与法治治理所依据的契约精神有所差异，反映了治理文化在传统文化传承方面遇到的难题①。

二、学院治理的路径选择

（一）坚持价值取向，形塑先进治理理念

价值理念是组织凝聚力的基本要素，通过治理价值和内在精神的塑造和引领，达到引导学院治理制度、规范学院治理行动的作用。具体而言，就是要树立以大学章程为核心的法治理念、坚持以民主平等为核心的治理原则和维护以学术自由为核心的大学精神②。

1. 树立以大学章程为核心的法治理念

大学章程是大学依法自主管理、自我发展的宪章，是具体可行的行为准则，是行为主体的行动指南。大学章程和学院章程的建立与完善，使大学与学院治理有法可依、有法必依。大学章程规定着大学自治的合法性地位，限定了学院党委、行政班子及学术团体的权力边界和责任义务，既包含对权利的保障，也内含对权力的限定，各行为主体各司其职、有条不紊。大学章程的组织原则，是划分权力边界和责任义务的组织规范，同时规定着大学发展的组织使命和组织目标，确立了大学组织的发展方向。建立大学章程是高等教育治理体系和治理能力现代化的重要组成部分，遵守大学章程是大学与学院治理的重要理念。

2. 坚持以民主平等为核心的治理原则

民主与平等是现代法治理念中的核心要素，也是现代治理理论的基本原则。坚持以民主平等为核心的治理原则，一是要发挥学院党委在二级学院治理中的重要作用，做好思想政治工作，引导学院核心价值观的确立；二是要发挥行政组织在学院治理中的协调作用，实现行政管理的高效率；三是要尊重教师、学生等的重要地位，承认各利益相关者参与二级学院治理的合法性地位，吸引教师、学生

---

① 吉明明. 学院治理：结构·权力·文化. 北京：科学出版社，2019：80-86.
② 薛飞湖. 我国大学二级学院治理体系研究. 西华师范大学硕士学位论文，2018.

等对学院治理的有效监督，形成民主参与、集中决策的治理机制，充分发挥教授委员会或学术委员会等学术群体的学术引领作用。

3. 维护以学术自由为核心的大学精神

学术自由是大学精神的核心，要保证学术自由的实现，一是要从党政领导班子做起，全面培育学院和谐的政治生态、深厚的学术育人氛围，保障学术权力作用的有效发挥；二是要保障教师在办学治院中的主体地位，提高教授参与治理的积极性；三是要加强学术评议机构建设和决策程序的制度建设，强化程序、制度的严肃性和刚性约束，保证学院学术权力作用的有效发挥。

（二）落实权责对等，理顺校院管理体制

改革"大学办学院"的传统模式，实行"学院办大学"，既是建设一流大学和一流学科的关键环节，也是建立和完善现代大学内部治理体系的关键环节，推进实质性学院制建设是"院办校"改革的重要措施。

按照"学院办大学"的理念，构建"校-院"权责结构是二级学院治理的前提①。第一，要实行管理重心下移，要把可放的权力充分下放到学院，如规划治理权、人事自主权、财物统筹权、调配权等，真正使学院成为治理的主体，享有较高的自治权，真正做到责权利统一、对等、协调。第二，要建立健全学校宏观治理与学院自主治理相结合的校院两级治理体制：学校重在宏观治理上的规划，对学院自主治理运行进行监督检查和考核评估；学院完善学术委员会、教授委员会、教学指导委员会、教代会等基本治理组织，自主决定学院发展的有关事务，保证学院的学术权力充分发挥作用。第三，学校要按照国际标准，建立起科学合理的评价标准，通过发展性评估、绩效评估、水平性评估、国际评估等评估方法，综合考评学院治理及学术的发展情况，动态调整对学院的支持力度，保证学院治理的良性发展。

（三）聚焦立德树人，完善学院领导体制

立德树人是新时期党和国家赋予高校的重要使命，落实立德树人的根本任务，首先在于完善学院领导体制，全面加强党的领导。

2021年，中共中央政治局会议修订的《中国共产党普通高等学校基层组织

---

① 马博虎. 高等教育普及化时代高校二级学院治理研究. 西北工业大学学报（社会科学版），2022（3）：36-42.

工作条例》明确提出，高校院（系）健全集体领导、党政分工合作、协调运行的工作机制，通过党政联席会议，讨论和决定本单位重要事项。这一规定明确了学院领导体制既不是院长负责制，也不是党委领导下的院长（系主任）负责制，而是党政分工、共同负责制。

完善学院领导体制，一是要加强领导班子建设。要实行党政交叉任职，党员行政领导班子一般要进入党委会。要完善学院党政联席会议事规则，保证党组织和行政领导班子意志充分体现，保证学院决策的科学性和最优化。二是要构建科学的治理决策程序。要明确院系党委会、党政联席会研究的内容和方法、程序。要认真落实"召开党组织会议研究决定干部任用、党员队伍建设等党的建设工作。涉及办学方向、教师队伍建设、师生员工切身利益等事项的，应当经党组织讨论研究后，再提交党政联席会议决定"①的规定。三是要明确书记和院长的职责和工作重点。院系党政分工、共同负责的领导体制，关键在于明确书记和院长的职责和工作重点，书记和院长要为了共同目标、主动工作、主动担责、相互沟通、相互协商、相互配合、相互支持、互相补台，形成合力。四是要落实"一岗双责"。领导班子成员要高度重视党的建设和党风廉政建设，把党的建设和党风廉政建设同分管业务工作同安排、同部署、同检查。

（四）提升学术权力，建立合理治理结构

坚持"权力制衡"的原则，构建高效合理的学院治理结构，是提升学院治理水平的重要举措。学院治理体系的完善需要解决内部各决策主体之间的权力分配问题②，要科学划分政治权力、行政权力、学术权力、民主权力的领域，合理平衡四种权力之间的关系，构建学院党委组织框架下的政治权力、行政领导班子框架下的行政权力、学术委员会框架下的学术权力、二级教代会框架下的民主权力共治局面。

学院党政联席会议是学院的最高决策机构和学院议事决策的主要形式，在此框架下，通过学院党委行使政治权力来充分发挥学院党委的政治核心作用；通过行政领导班子行使行政权，做好学院规划、人才培养、学科建设、师资建设等方面的行政工作。学院党委和行政领导班子分工合作、共同负责，促进学院各项工作顺利开展，促进学院健康持续发展。以教授为主体的学术委员会，充分行使学

---

① 中共中央. 中国共产党普通高等学校基层组织工作条例. 解放军报，2021-04-23.

② 姜华、李星杰. 地位提升、重心下移：近十年二级学院治理研究综述与展望. 国家教育行政学院学报，2022（10）：26-33.

术权力，合理配置学术资源，保证学院独立和自主的从事学术事务和开展学术活动。二级教代会是学院重要的组织机构，是教职工参与学院民主管理与监督的重要形式，二级教代会行使民主权力，对政治权力、行政权力、学术权力进行监督，二级教代会的民主权力高于党委组织政治权力、行政领导班子行政权力和学术委员会的学术权力。

在四种权力中，学术权力处于主导地位。国内外大学学院治理的经验告诉我们，突出教授治学，保证学术权力的主导地位，是学院成功运行的共同特点。教授治学就是让造诣高深的教授和学者来治理学术、教学上的事务，尊重学科与研究领域的教育教学规律。学院要不断增强教授治学的意识，不断提高学术权力的地位，组建好教授委员会或学术委员会，制定好章程，明确具体职责、议事规则等，保证教授委员会或学术委员会在维护学术权力方面发挥决定性作用，促进学院学术等事务决策的民主化与科学化。

（五）畅通治理渠道，健全规范治理制度

健全的制度是治理的基础，是学院规范运行的保证。学院治理制度的功能是协调学院内部部门和成员的各种权力之间关系，明确其治理主体的职责，并且在运行过程中对权力进行配置、制度设计与安排。

健全学院制度，一是要增强制度制定的自觉性和主动性，主动对学院治理的各个层面进行制度设计，消除学院治理的盲区，规范学院权力运行，促进学院照章办事、依法依规治学。二是要不断完善学院领导决策制度，如学院党政联席会议制度、学院党委会制度、学院学术委员会制度、二级教代会制度等相关制度，做到决策科学化、民主化。三是要完善学院运行激励制度，如学院教学质量保障制度、学生管理制度、财物与资产管理制度、实验室安全责任制度、人员聘任与岗位管理制度、绩效分配制度等，从而增强教职工生的责任感及其参与学院治理的主动性。四是要健全学院民主监督制度。要建立健全教代会与学代会制度，加强对学院党委、书记、院长等领导者的领导权力的监督，防止领导权力滥用，确保领导权力运行透明化；加强对学院内部组织机构作出的决策、学院行政权力与学术权力的评估监督，实现学院权力内部运行的全方位、"无死角"监督，确保学院决策、运行的民主化、科学化与透明化。

健全的学院制度还需要刚性的执行，好的制度没有落实等于零。要做到按制度办事、按规章运行，确保不出现腐败的土壤，创造和谐干事的良好氛围。

（六）强化思想引领，打造特色治理文化

学院治理是一门科学。治理制度以静态形式确保了学院治理有法可依、有序推进。在动态场域，如何激发基层活力、营造"共治"文化环境是学院治理的能力和艺术体现①。

打造特色治理文化，一是要以理念创新引领治理文化建设。治理理念创新与治理文化提升一脉相承，学院治理理念是学院治理文化的组成，学院文化又蕴藏在理念的更新之中，要让理念创新引领治理文化建设。二是要营造治理的良好氛围。要加大各种媒介的宣传力度，举办专题讲座等，向学院治理的各利益相关者宣传阐释学院的办学理念和治理模式，引导各利益主体积极参与到学院治理中，汇聚治理的智力资源，增强治理的民主性、广泛性和开放性。三是要在实践中升华治理文化。文化是软实力，但能发挥硬作用，要凝练形成与学院学科特色、专业特点、管理理念相统一的治理文化，引导价值认同。例如，合肥工业大学某学院根据实际提出的"四态"（昂扬奋进的状态、一心为公的心态、担当作为的姿态、追求一流的常态），作为文化和价值追求，在重振精气神、提升软实力、重塑新形象、引领新发展中发挥了显著作用②。

第五节　学院治理实践案例

一、河南科技大学农学院的历史沿革

1975 年 11 月，中共洛阳地委决定成立岳滩农学院，校址在偃师县，由河南农学院、百泉农业专科学校等单位抽调部分教师组建了岳滩农学院农学、畜牧兽医两个系。

1976 年 10 月，根据河南省教育厅招生文件要求，在洛阳地区采取"自愿报名、群众推荐、领导批准和学校复审"的办法，招收二年制农学专业学员 129 名。由此揭开了河南科技大学农学院（简称农学院）近 40 年的育人序幕。

1978 年 12 月，报经国务院批准，岳滩农学院更名为豫西农业专科学校。

1979 年，校址从偃师县农科所搬迁到新安县原农业部 715 研究所旧址。

---

① 何晓芳，宋冬雪. 美国研究型大学二级学院治理的制度与权力关系：基于章程文本的分析. 复旦教育论坛，2019（5）：34-39.

② 南国君，卫婷婷. 新时代高校二级学院治理体系改革困境及路径重构. 国家教育行政学院学报，2020（5）：41-46+67.

1980 年，农学院设农学科；1983 年，在原农学专业基础上，增设农业教育专业；1984 年，在农学专业基础上增设烟草、农业科技管理、作物良种繁育三个专业方向；1985 年，增设农业生态与环境保护专业方向。

1989 年，农学科改建为农学系，拥有农学、农业教育两个专业及烟草、农业科技管理、作物良种繁育、农业生态与环境保护 4 个专业方向。

1992 年 4 月，经国家教委审定，豫西农业专科学校更名为洛阳农业高等专科学校，在新安县和洛阳市区两地办学。

2002 年 10 月，经教育部批准，洛阳工学院、洛阳医学高等专科学校、洛阳农业高等专科学校 3 所高校合并组建河南科技大学。合校后在原洛阳农业高等专科学校农学系基础上成立了农学院。设有植物生理生态研究所、农业资源与环境研究所、烟草研究所、植物遗传与改良研究所等 4 个研究所，1 个教学实验中心即农学与生物实验教学中心，1 个农学普通本科专业。

2007 年，以原有研究所为基础组建了 5 个教学系即农学系、种子科学与工程系、生物技术系、生物科学系、资源环境科学系，1 个教学实验中心即农学与生物实验教学中心，3 个科研机构即作物遗传育种研究所、农业资源与环境研究所、豫西植物保护与利用研究所。

二、农学院的治理基础

农学院是在原洛阳农业高等专科学校农学系的基础上组建的，成立时尽管经历了二十余年的发展，但在综合性大学中仍具有"小、弱、远"三大明显特征。

所谓小，指规模小。合并时，全院仅有教职工 56 人，本科专业仅有 1 个，本科生仅有 62 人。所谓弱，指实力弱：合并时，教师中没有 1 个博士学位的教师，学生教育以专科为主，全院仪器设备总值仅 154 万元；科研经费不到 20 万元，发表论文 52 篇，出版著作 3 部。所谓远，指远离校机关，交通不便，信息较为闭塞。同时，农学院在发展中还面临着招生专业少、学生报到率低、实验设备投入不足、办公经费较少等诸多困难。

三、农学院的治理措施

（一）认真调研谋划，理清工作思路

思想主导行动，思路决定出路。每一届班子都会认真总结上届学院取得的成绩与经验，深刻分析存在的问题与困难，科学研究面临的机遇与挑战，反复调研，广泛论证，提出思路，定好规划。如果说，第一届是农学院求生存的关键几年的话，第二届则是农学院求发展的关键三年，第三届是农学院内涵发展求实力的关键几年。

第一届领导班子针对农学院发展中遇到的问题，提出了"全面整合，重点突破，主动出击，迎接挑战"的口号。2003 年下半年，领导班子在全院开展了教育思想、教育观念大讨论，同时兵分三路，对浙江大学、上海交通大学、西南科技大学、湛江海洋大学等综合性大学进行了学习考察，理清了学院的发展思路，科学地制定了学院的发展规划，即《河南科技大学农学院振兴行动计划——"1441"振兴工程》（简称"1441 振兴行动计划"，即抓住 1 条主线，依托 4 大优势，实现 4 大突破，强化 10 大措施）。这一系列举措为农学院后续的跨越式发展奠定了坚实基础。

第二届领导班子确立了学科建设、队伍建设、条件建设、实力提升"四位一体"的工作思路，即以科学发展观为指导，以加快学科建设为龙头，以提高综合实力为核心，以优化队伍建设为关键，以完善条件建设为保障，促进学院各项事业的快速发展。

第三届领导班子确立了内涵发展增实力之路，即围绕"质量立院、科研强院、人才兴院"的战略，以深化内涵建设为核心，以不断提高核心竞争力为目标，主动规划，重在建设，突出重点，全面推进，狠抓落实，全面加强人才队伍建设、教学质量工程建设、学科建设和党的建设，持续提高人才培养质量和科研水平。

（二）采取各种措施，创造和谐工作氛围

学院建立了党政班子议事制度，班子成员能够讲团结，顾大局，识大体，遇事及时沟通，达成共识。在广大教职工中，通过政治学习和正面教育引导，开展丰富多彩的文体活动，制定规范的管理措施，公开、公平、公正地处理学院事务，树立了正气，增强了学院的凝聚力和感召力，营造了团结和谐、发奋向上的工作氛围。目前，农学院达到了空前团结，领导班子团结、勤奋、务实，广大教工爱院兴院、干事创业、人人争先。

（三）加强制度建设，规范学院运行管理

学院先后制定了《农学院月初例会制度》《院办公室岗位职责》《研究所所长岗位职责及考核办法》《农学院院内奖金分配办法》等规章制度 20 余项，以及10 个教学、科研、学科建设奖惩文件，规范了学院管理，提高了工作效率。

（四）动真情严标准，加强人才引进和培养

合并之初的 2003 年，硕士学位授权点申报的失之交臂，使领导班子深刻认识到高层次拔尖人才的重要性。在随后制定的农学院"1441 振兴行动计划"中，领导班子就明确提出，要在学校的统筹下，以高度的责任感、使命感和历史紧迫感，做好拔尖人才的引进与培养工作。这一点于现在看似容易，但当时学院的情况是本科招生专业只有 1 个，招生人数少，报到率低，教师的教学工作量津贴和岗位津贴都非常低，是否进人教师和干部的认识并不十分一致。领导班子顶住压力，利用学校的优惠条件，严格执行制定的"德才兼备、既能公关，又能科研"的进人标准，以热情、盛情动人，加大了对博士的引进力度。2003 年，从中国农业大学引进博士 1人，实现了学院博士零的突破，之后逐年增多；到 2007 年，引进博士 11 人；2008年后，学院逐步提高了进人标准，重点引进具有海外留学经历和发表过高水平 SCI论文的博士。2004—2012 年，农学院共引进博士 34 人，占院博士人数的 64.1%。在加大博士引进力度的同时，领导班子明确提出了要积极推进中青年教师的"硕博化"工程；农学院共送培博士 26 人，其中，已获博士学位 19 人，送培博士占学院博士人数的 35.9%。到 2012 年，农学院共有博士 53 人，占全院教师人数的 58.2%。

（五）采取有力措施，鼓励青年教师脱颖而出

一是利用前几年农学院招生数量较少的机会，选送优秀博士到中国科学院、北京大学、清华大学等综合性机构和大学做博士后研究，进一步提高他们的科研水平和能力，同时加强与国内科研院所和著名综合性大学的联系。2006—2012年，农学院共送出博士后研究人员 15 人。二是提倡和鼓励优秀博士到国外做高级访问学者，进一步开阔视野，提高专业能力。已回国博士 2 人，即将送出博士3 人。三是出台措施，加大教学、科研和学科建设的奖惩力度。近年来，学院陆续出台奖惩文件 10 个，有力地推动了学院的教学、科研和学科建设工作，促进了青年教师的脱颖而出。在毕业的博士中，已有 1 人被推荐为河南省杰出人才，1 人被评为河南省高校创新人才，4 人被评为河南省高校青年骨干教师。

（六）积极创造条件，加强科研和学科建设工作

农学院现有实验室面积 1289 平方米，教学仪器设备总值 419 万元，实验农场可利用面积仅有 40 余亩①，且设施极不配套和完善。为解决这些问题，一方

---

① 1 亩≈666.67 平方米。

面，学院利用有限的经费，极力改善实验条件，建立了开放实验室，全方位、全时段地为教师和学生开放，同时加大了教学实验室在没课情况下的开放力度；另一方面，全院教师不等、不靠、不抱怨，凭着高度的责任感和使命感，通过利用自己的经费购买设备、把自己的工作室改造为实验室等方式创造条件，高标准地完成他们承担的省市及国家级科研项目，受到了有关领导和专家的好评，为持续争取高级别的项目奠定了基础。2012 年农学院获得的 2 项国家自然科学基金面上项目就是在完成了青年基金项目的基础上获得的。

目前，学院在小麦、玉米新品种选育、旱作与节水、牡丹生物学研究及四级种子生产技术等方面已形成明显特色，在省内外具有重要影响。

四、农学院治理的主要经验

十年的实践使学院领导深刻认识到，学院要实现快速发展，理清思路、科学制定规划是前提，团结和谐、创造干事创业的氛围是保证，结合实际、加强制度建设是基础，抓住重点、集中精力搞建设是途径，科研促进教学、加快学科发展是核心，引进与培养并举、促进优秀人才脱颖而出是关键。

五、农学院治理的成效

经过全院人员 10 年的不懈努力，农学院呈现出快速发展的态势。

（一）办学层次取得突破

合并后 3 年实现了由专科向本科、本科向研究生教育的两次跨越。2004年，学院实现了全部本科招生；2005 年，一次申报成功包括农学和理学两个学科门类的 4 个硕士学位授权点。目前，学院本科专业有 5 个，分别为农学、种子科学与工程、生物科学、生物技术、资源环境科学，自考本科专业 2个，分别为农学、生物技术，形成了以农学学科为优势，生物科学和环境科学为两翼专业协调发展的格局。学院拥有农学校级特色专业、作物学校级教学团队、生态学校级双语教学示范工程、农学与生物校级教学示范中心、作物栽培学等 6 门校级精品课程。学院的教学评估受到教育部评估专家的肯定，并受到专家组长的重视及深入考察和好评。学院 2002—2011 年本科专业设置如表 3-1 所示。

表 3-1　2002—2011 年本科专业设置

年份	本科专业				
2002	—	—	—	—	—
2003	农学	—	—	—	—
2004	农学	生物技术	—	—	—
2005	农学	生物技术	生物科学	—	—
2006	农学	生物技术	生物科学	—	—
2007	农学	生物技术	生物科学	—	—
2008	农学	生物技术	生物科学	资源环境科学	—
2009	农学	生物技术	生物科学	资源环境科学	—
2010	农学	生物技术	生物科学	资源环境科学	—
2011	农学	生物技术	生物科学	资源环境科学	种子科学与工程

（二）师资水平取得质的提高

2002—2011 年农学院师资状况统计如表 3-2 所示。2011 年，农学院共有教职工 101 人，专职教师（包括教辅）91 人。有教授 11 人，副教授 42 人，高级职称人数占教师总数的 64.6%。共有博士 52 人，占全院教师人数的 64.63%。教授、博士人数位居全校第 2 位。有博士生导师 1 人，硕士生导师 27 人，省管专家 1 人、省学术技术带头人 2 人。

表 3-2　2002—2011 年农学院师资状况统计

年份	总人数/人	专任教师/人	教授/人	副教授/人	硕士/人	博士/人	副高及以上职称占专任教师的比例/%	博士学位占专任教师的比例/%
2002	56	42	6	12	13	0	42.86	0.00
2003	58	43	8	10	14	1	41.86	2.33
2004	71	56	7	11	26	4	32.14	7.14
2005	84	67	8	13	34	9	31.34	13.43
2006	89	74	8	16	34	19	32.43	25.68
2007	100	85	10	19	36	32	34.12	37.65
2008	99	84	11	22	39	37	39.29	44.05
2009	94	81	12	26	36	40	46.91	49.38
2010	97	80	11	35	32	44	57.50	55.00
2011	101	82	11	42	27	52	64.63	63.41

（三）人才培养质量显著提高

学生第一志愿率由 2002 年的寥寥无几到 2005 年之后的 100%，平均报到率由 2002 年的 58.6% 提高到现在的 98% 左右。2002 级首届本科生的考研录取率达

32.8%，之后连续 4 年稳居全校第一，年年被评为考研先进单位。学生就业率一直稳定在 98% 以上，位于全校前列。学生工作的"六个工程"和"六条途径"受到教育部李卫红副部长的高度好评。

（四）学科建设水平显著提高

目前，学院有一级学科硕士学位授权点 3 个，即作物学、生态学、生物学；二级学科硕士学位授权点 15 个和 1 个农业推广专业硕士学位授权点。作物学为河南科技大学 6 个省级一级重点学科之一，植物学为省级二级重点学科。有洛阳市"旱作与节水生理生态"和"洛阳市牡丹生物学" 2 个市级重点实验室，以及"牡丹培育与深加工"河南省高校工程技术研究中心。

（五）科研水平大幅度提高

2011 年，农学院共承担国家级项目 8 项，省部级和地厅级项目 26 项，全年入院科研经费达 362 万元，SCI、EI 收录论文 18 篇，在著名期刊发表论文 26 篇，在核心期刊发表论文 87 篇，出版教材 4 部、专著 3 部。农学院在承担高级别项目和成果奖励上成效显著：2007 年，在农科院系率先实现了国家自然科学基金的突破，5 年来获国家自然科学基金资助的项目达 11 项，位居全校的第二位（图 3-1）。获国家科技进步奖二等奖 1 项，省科技进步二等奖 6 项。培育小麦新品种 2 个，玉米新品种 1 个。

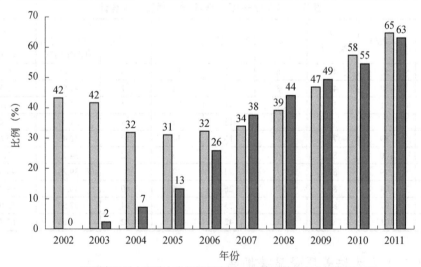

图 3-1　农学院副高及以上职称、博士学位教师占教师比例 10 年变化

与此同时，农学院根据学院的不断发展，人才培养质量主要指标也发生了变化（表3-3）。

表 3-3　农学院人才培养质量主要指标变化情况　　　　单位：%

年份	四级通过率	考研录取率	第一志愿上线率	报到率	就业率
2002	—	—	—	61.39	—
2003	—	—	—	58.45	—
2004	48.32	—	—	77.78	—
2005	75.31	—	199.50	88.34	94.1
2006	42.98	32.79	176.30	89.76	97.2
2007	60.01	40.51	213.90	90.41	95
2008	74.83	43.80	—	96.63	95
2009	71.47	55.87	—	96.43	98
2010	72.66	37.33	—	96.12	98
2011	64.68	46.65	—	93.07	100

（六）学院综合实力显著提高

班子团结，思路清晰，议大事，抓机遇，干实事；同志们心系学院，埋头苦干，潜心教学科研，"艰苦奋斗，拼搏向上"的农学精神不断巩固和深化，学院的综合实力和社会影响力显著提高。学院的教学评估受到教育部评估专家及专家组长的双重好评，招生第一志愿率、新生报到率、学生就业率和考研录取率不断提高，河南科技大学农科跨入 2009 中国大学农学 50 强，名列第 49 位。院党委荣获学校"先进党委"和"河南省高等学校先进基层党组织"称号。

到 2022 年农学院成立 20 周年时，学院拥有本科、硕士、博士三级学位授予权和博士后流动站，人才培养体系完备。作物学分别于 2017 年获批一级学科博士学位授予权、2023 年获批博士后科研流动站。有作物学、生态学、生物学、农业资源与环境 4 个一级学科硕士学位授权点和农艺与种业、资源利用与植物保护 2 个农业硕士专业学位授权领域；"旱地绿色智慧农业学科群"为河南省特色骨干学科建设学科（群），作物学、生态学为河南省一级重点学科，农业科学、植物与动物科学 2 个学科进入 ESI 全球前 1%。

学院设有农学、生物科学、生物技术、资源环境科学、种子科学与工程、智慧农业 6 个本科专业，其中农学为国家一流本科专业建设点，生物技术、生物科学 2 个专业为河南省一流本科专业建设点；农学专业入选教育部、农业农村部、

林业和草原局首批"卓越农林人才教育培养计划"。学院现有全日制在校本科生
1500 余人，硕士及博士研究生 300 余人。

2024 年，学院有教职工 132 人，专任教师 120 人，专任教师中具有博士学
位教师 109 人、海外留学背景教师 31 人，副高及以上职称 73 人，其中正高级职
称 29 人；外籍特聘教授 1 人。博士生导师 21 人，硕士生导师 61 人，国务院政
府特殊津贴专家 2 人，国家级模范教师 2 人，全国创新争先奖 1 人，中原学者 1
人。河南省杰出专业技术人才、河南省优秀专家、河南省跨世纪学术技术带头
人、河南省高校科技创新人才等 20 余人；河南省创新型科技团队 2 个。

现有河南省牡丹特色资源植物高效培育与综合利用重点实验室、河南省油用
牡丹工程技术研究中心、河南省旱地农业工程技术研究中心、河南省牡丹综合利
用工程技术研究中心、河南省牡丹芍药特色资源植物工程研究中心、河南省特色
作物工程研究中心、河南省药食兼用资源评价与创新利用工程研究中心、河南省
乡村人居环境工程研究中心和河南省旱地种质资源利用工程研究中心等 8 个省级
科研平台和 9 个地厅级科研平台。

2000 年以来，学院承担国家、省、市级等科研项目达 500 余项，其中，国
家自然科学基金项目及科学技术部项目等 80 余项；获得国家级奖励 3 项，省部
级一等奖 6 项，二等奖 10 项，地市级科技成果奖 30 余项；发表学术论文 700
余篇，其中 SCI、EI 收录 350 余篇；授权国家发明专利 150 余件，实施成果转
化 50 余项；培育国审及省审小麦、玉米、绿豆、谷子、牡丹、连翘等新品种
20 余个。

薪火相传，弦歌不辍，学院始终坚持以党建为引领，秉承"以立德树人为根
本、以强农兴农为己任"办学理念，以学科建设为龙头，以"为党育人、为国育
才"为中心，面向国家粮食安全战略和区域经济高质量发展，探索形成了"产学
研用"相结合的高质量培养人才模式。2000 年以来，在"互联网+""挑战杯"
"创青春""大学生生命科学竞赛"等大赛获国家级金、银、铜奖 8 项，省部级奖
27 项。毕业生实践技能扎实，创新能力过硬，深受用人单位欢迎，先后为国家
和社会培养高级技术人才近万名。

第四章　学院战略规划

大学发展规划是指导自身行动的纲领，是对未来环境的应对策略。大学发展规划包括三个部分的规划：学校的发展战略规划、学科和队伍建设规划、校园发展规划。发展规划的三个构成部分存在着极其密切的关系，发展战略规划决定着学科和队伍建设规划、校园发展规划；学科和队伍建设规划要服从于发展战略规划，同时又影响着发展战略规划；校园发展规划要围绕和配合发展战略规划、学科和队伍建设规划去进行，但又在很大程度上影响、制约着发展战略规划、学科及队伍建设规划的制定和实施。

第一节　学院战略规划的内涵

一、学院战略规划概述

（一）规划的概念

"规划"没有一个统一规范化的定义。在《现代汉语词典》中，规划有两种含义：一是从内容上看，它是"比较全面长远的发展计划"；二是从过程上看，它作为动词，"做规划"①。《教育大百科全书》认为"规划是一个几乎无处不在的活动，个人、组织、社区、国家都参与其中。为了不同的目的，人们根据规划的内容，谁来执行规划和关于规划的环境和限制因素的设想"②。

彼得森认为规划是一个自觉的过程，通过这个过程，一个机构对它的现状及未来可能的环境条件做出评价，确定它自身未来可能的状态，然后形成组织的策

---

① 中国社会科学院语言研究所词典编辑室编. 现代汉语词典. 7 版. 北京：商务印书馆，2016：491.

② 胡森，等. 教育大百科全书. 张斌贤，等译. 重庆：西南师范大学出版社，海口：海南出版社，1988：

略、政策并从中选择和确定一种或多种的程序①。戴克曼认为规划是旨在改善和改革看待问题的方式或利用信息的态度，强调规划的使命在于确保活动的规范标准的合理性②。多尔提出规划是制定一套有关未来活动的决定的过程，旨在通过最优途径实现目标③。徐虹认为规划是指制定一个组织的长远发展目标和对实现总目标而采取措施做出决策的过程④。

根据上述几个定义可以看出：第一，规划是一个过程，一个动态的过程，是一个制定和实施组织发展战略目标的持续行动过程；第二，规划是关于目标和为了实现这一目标所制定的政策、所需要的资源、所采取的措施等内容的综合性说明；第三，规划是一个组织的集体活动，需要各个层次的人共同参与制定、实施。

（二）高校发展规划的概念

高校发展规划，有的学者称之为大学发展规划，至今在教育界还没有一个统一规范化的定义。

寇普在《机遇来自实力：战略规划案例研究》中认为，高校发展规划是一种开放的系统论，指引院校之舟在前进道路上顺利地通过各种变化多端的变化环境；它是一种行为，对未来外部环境状况可能引起的问题预先提出解决方案；它是一种手段，在持续的资源竞争中用来争取有利地位。它的主要目的是把院校的前途和可预见的环境变化联系起来，使资源的获得……快于资源的消耗，从而能够成功地完成院校的使命⑤。王鹏认为，高等学校发展规划，就是指高等学校准确把握高等教育生存和发展的背景、矛盾和趋势，形成明确的发展理念和思路，使学校有效地满足学生与社会需求而进行的宏观管理和决策过程⑥。姜嘉伟认为，大学战略规划既是一种面向未来的大学决策方式，旨在帮助大学实现其理想目标与使命，又是一种对大学发展进行的整体性、系统性设计，即基于大学现实状态而进行的面向未来一定时期的发展状态的设想⑦。徐敦楷认为，大学发展规

---

① 中央教育科学研究所比较教育研究室. 简明国际教育百科全书·教育管理. 北京：北京教育科学出版社，1992：302.

② 转引自周川. 我国高等学校发展规划制定的理论与方法基础. 苏州大学硕士学位论文，2006.

③ 转引自陈遇春. 高等农林教育规划理论的先验性研究. 高等农业教育，2002（7）：10-13.

④ 徐虹. 教育预测与规划. 沈阳：辽宁大学出版社，2000：5.

⑤ 万秀兰. 国外高校战略规划的研究及借鉴. 上海高教研究，1998（5）：59-62.

⑥ 王鹏. 科学发展观与高等学校发展规划. 当代教育论坛，2005（5S）：79-81.

⑦ 姜嘉伟. 大学战略规划的治理基因、特征与逻辑. 现代教育科学，2023（5）：1-7.

划本质上是采取一些优化的方案来调适组织与环境之间的关系，进而达到发展的目的①。

根据以上定义可以看出，高校发展规划就是高校根据学校自身的现状，紧跟时代发展趋势，对未来做出的系统策划，它是高校今后发展的行动纲领，并把策划付诸实践。高校发展规划核心要解决"建设一个什么样的大学""如何建设这样的大学"两个重要问题。

（三）学院战略规划的概念

高校发展战略规划是学校的总体发展规划，是高校发展规划的总纲领，是确定和实施教育思想和办学目标的蓝图。学院战略规划是在学校发展战略规划基础上制定的总体规划，是指导学院发展的纲领性规划，是对学院发展中整体性、长期性、根本性问题的谋略。

"战略"一词最早来源于军事领域，是指对战争全局的筹划和指导。进入20世纪，战略被看成一个组织对未来的发展和变化所进行的重大而具有全局性、长远性的谋划，而发展战略就是指导发展全局的计划或者策略。因此，学院战略规划就是学院在学校发展战略规划的基础上，站在国际、国内高度，在科学分析国内外发展大局的基础上，结合高等教育发展的趋势和学校、学院的实际情况，而作出的关系到学院未来改革与发展的重大策划。

乔治·凯勒在《大学战略与规划》一书中谈到了规划"不是什么"的问题，他认为，规划不是一幅制定出来的蓝图，不是一堆陈词滥调，不是校长或董事会的个人愿景，不是各部门计划的汇集和汇编，不是由规划人员完成的，不是一些重要无形物的替代品，不是迁就市场条件和趋势的产物，不是一种年度性的行为，不是一种消除风险的方法，不是一种占卜或蒙骗未来的尝试②。凯勒的观点对指导学院战略规划的制定具有重要参考意义。

学院战略规划与高校战略规划在内涵上是相似的，都是对各自组织整体发展方向、发展目标、发展道路的规划。不同之处在于，两者的层次、目标、内容各不相同。首先，从层次关系上看，学院战略规划必须隶属高校发展战略规划，体现高校发展战略规划愿景。同时，高校发展战略规划的设计也必须依据学院的实际发展水平。其次，从目标设定上看，高校发展战略规划着眼高校整体的谋划与

① 徐敦楷. 高等学校发展规划的战略思考. 中国高教研究，2003（4）：18-20.
② 别敦荣. 制定和实施发展规划 推进学校跨越式发展：青岛大学案例研究——发展规划是大学改革与发展的航标. 高等教育研究，2005（4）：55-57.

布局,涵盖高校发展的方方面面,其目标着重高校发展的宏观性、方向性、重点性、激励性;学院战略规划的目标相对具体,容易把握,更易用量化标准予以判断与监督。最后,从内容上看,高校发展战略规划关注和着力解决的是事关高校发展的全局性问题、长远性问题及关键性问题;而学院战略规划主要集中解决本学院的问题,它趋向各有所专的行动①。

二、学院战略规划的特征

(一)整体性

整体性是相对于局部性而言的。任何学院战略谋划的都是整体性问题,而不是局部性问题。学院战略规划的制定以学院整体的发展为着眼点,全盘考虑影响学院发展的各种因素,系统谋划学院全面发展的理念、制度、机制等。

(二)发展性

学院战略规划的制定是一个设计学院发展前景、途径和保障措施的过程,目的在于促进学院全面、协调、可持续发展。战略规划的实施都会促进学院渐进式或跨越式发展。发展性是学院战略规划的本质特征。

(三)未来性

学院战略规划的制定是对未来行动结果(目标)的预测,也是对实现这种结果的行动的预先安排。战略规划的实施与学院未来的发展紧密相连。因此,未来性是学院战略规划的最重要特征。

(四)博弈性

学院战略规划是对学院未来发展做出的战略部署和重要安排。由于未来变化多端,难以完全准确预测,因此,学院战略规划制定的目标、措施等不可避免地具有不确定性、风险性和冒险性。

三、制定学院战略规划的意义

从世界高等教育的发展历史中不难发现,世界一流高校大都得益于符合社会

---

① 于杨. 高校二级院系发展战略规划及其制定. 东北大学学报(社会科学版),2017(3):305-311.

经济发展需求的规划，可见战略规划的制定在高校、学院的发展中占有举足轻重的地位。

（一）制定学院战略规划是经济社会发展的客观要求

从现在起到 21 世纪中叶，全面建成社会主义现代化强国、全面推进中华民族伟大复兴，是全党全国人民的中心任务。在强国建设、民族复兴的新征程，我们要深入实施科教兴国战略、人才强国战略、创新驱动发展战略，着力提升科技自立自强能力，坚定不移地推进高质量发展，不断壮大我国的经济实力、科技实力、综合国力。社会主义现代化强国的实现，基础在教育，重点在科技，关键在人才。新征程、新目标赋予高等教育崭新的历史使命。高等教育要为社会不断培养大批合格的社会主义建设者，不断造就大批具有丰富创新能力的高素质人才，不断提高全民族的思想道德素质和科学文化素质。高等教育的未来发展，将直接影响经济社会的发展，以及我国社会主义现代化强国战略目标的实现。

经济社会发展，客观上要求高校、学院要有战略眼光，要制定发展战略规划，主动应对知识经济时代的挑战，加快一流大学和一流学科的发展。世界一流大学战略规划，一方面促进了大学的发展有更明确的方向指引和更强的动力支撑；另一方面，增强了大学与社会发展的纽带关系，大学的新思想、新理念会渗透到国家的各个角落，社会的转型升级与大学的技术研发、成果转移等发挥出协同倍增效应[①]。

（二）制定学院战略规划是明确目标定位的有效途径

学院战略规划是在分析学院发展现状基础上的一种科学预测，是对未来几年学院发展方向和奋斗目标的准确定位。学院战略规划的制定过程就是明确学院发展目标定位的过程。制定学院治理规划，首先要对学院的发展历程进行回顾和总结，从历次学院发展规划的历史沿革中汲取成功经验和失败教训，充分分析国际国内形势和同水平院校的实际发展状况，对学院发展状况进行分析和求证，掌握学院的发展脉络，准确判断学院的真实发展水平，进而准确地对学院进行定位，确定目标和发展举措。学院战略规划的制定是对国际国内形势、学院发展状况的再认识，是明确学院目标定位的有效途径。

---

① 薛珊，刘路."后发型"世界一流大学战略规划：价值、特征及行动. 中国人民大学教育学刊，2024（6）：47-60.

（三）制定学院战略规划是达成全院共识的必要手段

学院战略规划的制定是以学院领导团队等决策层为主、学院全体人员广泛参与的互动过程，学院战略规划是民主参与、集体决策的结晶。规划的制定可以使学院的每个成员都熟知学院的发展情况，了解学院的发展轨迹，知晓学院的发展目标，增强为学院发展目标奋斗的责任感，使大家为一个共同目标相互合作、共同努力。战略规划的实施促进学院跨越式发展，进而增强学院教职工生的荣誉感和归属感，使其更加自愿地为学院的发展而拼搏、奋斗。因此，制定学院战略规划是院内形成共识、统一思想、协调各方、凝聚人心的必要手段。

（四）制定学院战略规划是实现自主发展的战略举措

建设一流大学是新时代教育强国对高校提出的重要要求。一流大学需要一流学院做支撑，大学要加快体制机制改革，实行"院办校"改革，切实增强学院的办学自主权。学院要自主快速发展，首先必须从战略高度，科学地制定学院的全面发展战略，对发展战略进行具体的规划设计，并将其作为指导学院自身行动的指南。学院战略规划的制定，不仅有利于明晰国内外发展形势和高等教育的发展规律，了解同类学院的发展经验，对学院发展的优势和不足做出判断，明确学院的定位，提出学院的发展目标和举措，而且可以使学院的总体发展战略明晰化、科学化，使学院的定位准确化，使个性特色发展有章可循，使学院发展举措具体化，使工作有法可依，切实加快学院核心竞争力和办学整体效益的提升。

第二节　学院战略规划的要素

学院战略规划主要包括指导思想、现状分析、发展目标、保障措施等。

一、指导思想

指导思想是学院战略规划的总方针和总纲领，是制定学院规划的根本准则。确立正确的指导思想是制定学院战略规划的首个构成要素。

指导思想首先必须体现习近平新时代中国特色社会主义思想。习近平总书记立足全面建设社会主义现代化国家、全面推进中华民族伟大复兴战略高度，紧密围绕"培养什么人、怎么培养人、为谁培养人"这一教育的根本问题，发表了系列重要讲话，做出了系列重要指示批示，给师生群体回信等，提出许多新理念新思想新观点，为教育事业发展提供了根本遵循。

其次，指导思想要遵循中国教育事业发展基本规律。要扎根中国大地办教育，走出一条建设中国特色、世界一流大学的新路。要切实落实教育优先发展的战略地位，千方百计地增加教育投入，保证教育适度超前发展。要坚持规模、结构、质量和效益相统一的原则，在扩大大学办学规模的同时，注重提高质量和效益，调整优化结构，促进教育健康协调发展。要树立以人为本的指导思想，牢固树立"一切为了学生，为了一切学生，为了学生的一切"，坚持以教师为本，突出教师在学院建设与发展中的主体地位。要全面贯彻党的教育方针，切实落实立德树人的根本任务，为党育人、为国育才，培养德、智、体、美、劳全面发展的具有创新精神及实践能力的社会主义事业建设者和接班人。

最后，指导思想要反映学校、学院的办学理念。高校的办学理念，是学校内在个性特征的高度概括与浓缩，是全体师生人格的汇聚、凝练、归属、指向，是高校的精神和灵魂，是学校的精神财富和校园文化的核心。学校和学院的办学理念，反映的是学校、学院的传统、特色和文化底蕴，对学校、学院的长远发展和建设具有至关重要的作用。

高校和学院要高度重视对学校、学院精神与办学理念的总结和提炼，以确立自己的精神追求和崇高使命，提高学校和学院的整体精神风貌与内在品质。高校的办学理念主要包括两个方面：一是学校的发展思路，主要包括学校的性质与定位、服务面向、发展目标、发展战略、办学指导思想、人才培养目标等；二是学校的治学文化，主要包括学校精神、校训、校风、学风等。其中，学校的性质定位、发展目标、校训是最重要的办学理念，也是学校软环境建设的核心内容。

二、现状分析

现状分析是对学院的基础进行全方位解剖，对自身的优势和劣势、面临的主要矛盾和问题有清醒的认识，对学院所处的国际国内经济社会发展环境与时代背景做出科学的判断。只有找准学院在全国、国际同类型高校中所处的位置，才能进一步明确未来的努力方向和发展水平。只有明确学院的特色和优势，认清学院存在的问题与不足，了解学院面临的困难与挑战，才能扬长避短，有的放矢，对症下药。只有从现实出发，着眼于未来，对学院所处环境做出科学、准确的分析，对未来社会的变化与发展状态进行准确预测，才能在学院现有的基础上，提出发展的要求，创造发展的条件，制定发展的措施。

现状分析包括环境分析和学院自身情况分析两个部分。

（一）环境分析

学院环境分析旨在准确分析学院面临的机遇与挑战，主要包括以下几个方面①。

（1）在政治方面：要准确分析政府有关高等教育相关政策、法规的变化。

（2）在经济方面：要准确分析国家经济发展战略、发展状况的变化。

（3）在社会发展方面：要准确分析人口的变动趋势、人口规模与分布、总体受教育水平、家庭结构、失业情况等。

（4）在技术进步方面：要准确分析可能影响到学院的学科建设或教学和学习的方法，信息技术的发展对于学院各方面的影响等。

（5）在地区需要方面：要准确分析周围环境和所在地区经济增长的情况以及对人才需求、专业需求的影响等。

（6）在竞争对手方面：要准确分析存在竞争关系的高校、学院的发展新动向。

（二）学院自身情况分析

1. 学院发展的历史状况分析

学院在发展过程中，都会形成自己的传统和优势，同时也存在着自身的缺陷和劣势。对学院发展的历史状况进行分析，就是要总结学院发展的历史，发扬学院的优良传统，吸取成功的经验和失败的教训。

2. 学院发展的现状分析

学院发展的现状分析就是对学院自身所具有的条件进行全方位解剖，找出自身的优势和劣势，发现当前面临的问题和主要矛盾，从而准确判断出自己在同行中所处的位置。

（1）地理位置：要准确分析学院所处地区的经济发展程度、城市大小、交通状况、文化氛围、自然风景等影响学院发展的重要因素。

（2）办学规模：要准确分析在校学生人数与结构。

（3）学科专业：要准确分析学科专业数量与结构。

（4）师资队伍：要准确分析教师队伍数量与结构。

（5）基本设施：要准确分析建筑面积、实验教学设备、固定资产和图书资料等。

---

① 张晶. 我国高等学校发展规划制定的理论与方法基础. 兰州大学硕士学位论文，2006.

（6）教学工作：要准确分析教室、实验室面积、教育教学经费等。

（7）科学研究：要准确分析研究所设置、科研仪器设备、科研经费、科研产出等。

（8）交流与合作：要准确分析出国留学、进修、学术交流、合作办学等情况。

（9）教育质量：要准确分析在国内高校学科专业排名、学生生源质量、考研情况、就业情况等。

三、发展目标

确定学院的发展目标是制定学院战略规划的核心内容。美国卡内基-梅隆大学原校长杰瑞德·柯亨（Jered L. Cohon）说过，制定大学发展的战略目标是大学校长始终萦绕心头、"彻夜难眠的问题"[①]。目标定得太高，不切实际，没有考虑自身的办学条件，结果虽经努力也无法实现，成为空中楼阁；目标定得过低，因循守旧，不费力气就容易实现，结果耽误了学校快速发展的良机。因此，确立科学、合理、可行的发展目标十分重要。

学院发展目标是指在一个较长的时期内学院发展所要达到的数量、质量、规模、速度以及内部结构和比例关系的综合指标体系。学院发展目标分为总体目标和具体目标两大部分。

（一）学院总体目标

1. 学院总体目标概述

学院总体目标要陈述学院在某一时段的发展方向和程度、性质和类型、规模和服务面向等。例如，清华大学"十四五"发展规划提出 2035 年远景目标："到 2030 年，更多优势学科进入世界一流学科前列，部分学科达到世界顶尖水平，服务国家战略的能力更加突出，在国际学术领域的地位显著提升，治理体系更加成熟完善，形成具有鲜明中国特色、清华风格的高等教育思想和办学模式，迈入世界一流大学前列。"[②]

学院总体目标要明确学院今后一个时期的发展方向、发展道路、发展重点和发展目标。例如，河南科技大学农学院"十四五"发展的总体目标是"学院在校

---

① 张晶. 我国高等学校发展规划制定的理论与方法基础. 兰州大学硕士学位论文, 2006.

② 清华大学事业发展"十四五"规划纲要.（2021-10-01）. https://www.tsinghua.edu.cn/info/1624/88432.htm.

党委、校行政的坚强领导下，全力实施以提高质量为核心的内涵式发展战略，以坚持质量为核心、人才为关键、特色为方向、学科（专业）为抓手、文化为灵魂、品牌为牵引，聚焦难题重点，全面深化改革，系统谋划，统筹推进，循序渐进，务求实效。到 2025 年，努力把学院建设成为特色鲜明、管理规范、校内一流、省内知名的二级学院"。

2. 学院总体目标的确立

（1）科学定位。这些定位包括办学类型、办学层次、服务面向的定位。不同学院处在不同类型的大学中，应有不同的特色、办学模式、办学功能、办学目标和服务面向。不同学院要安于本位，不要越位，要沿着既定的目标踏踏实实、一步一个脚印地前进。

（2）发挥优势，办出特色。美国卡内基·梅隆大学原校长辛厄特（Xinete）认为，"战略规划的目的就是要使学校处于一个与众不同的位置"[1]。任何高校和学院都应该有自己的特色，而不是照搬别人的模式与经验。特色发展就是追求学院差异化发展，现代战略管理理论认为，差异化和集中度是组织的基本竞争战略。差异化和集中度实际上就是特色，学院"集中度"和"差异化"是学院特色发展的两个维度。"集中度"的选择，解决的是涉足什么领域的问题，即决定涉足哪一个、哪几个或全部领域，也就是"做什么"的问题；"差异化"的选择，解决的则是如何与众不同，形成特色，树立品牌，赢得竞争优势的问题，即"如何做"的问题。学院特色或特在差异化，或特在集中度，或两者兼而有之。

（3）明确发展重点。卡内基·梅隆大学以信息科学与技术作为自己的特色学科，集中力量进行重点发展，从而在较短时间内跻身于世界一流大学的行列。因此，卡内基·梅隆大学的飞跃发展得益于它的发展规划和发展重点的确立。进入一个新的时期，学院的发展基础、学校要求、发展环境和机遇随之发生变化，会出现新的矛盾和困难。因此，明确学院今后一个时期的发展重点、发展道路十分重要。

（二）学院具体目标

学院具体目标即发展要素，是战略规划的主体部分，即学院所选择的重点发展的若干领域及项目的具体化。在学院总体目标确立后，必须依据一定的规划指标体系，对规划中涉及的内容进行规范化，并具体科学的定性、定量，以确保所

---

① "大学战略规划与管理"课题组. 大学战略规划与管理. 北京：高等教育出版社，2007：8.

制定的发展战略规划具有长期有效性和规范化的可指导性。

一般而言，学院发展具体目标涉及发展规模、学科专业、科学研究和科技开发、师资队伍、基本设施、实验实习及基地建设、经费投入和筹措等[①]。

（1）发展规模：即在校学生总数，包括全日制本科生，博士、硕士研究生，留学生。

（2）学科专业：包括本科专业及国家级、省级重点课程，博士后科研流动站，一级学科博士学位授予权，硕士学位授予点数量及种类，国家级、省级重点学科。

（3）科学研究和科技开发：包括科研主攻方向、各类课题项目数、科研经费、出版学术专著、发表学术论文以及被 SCI 等三大检索刊物收录数量、省部级获奖及科技产业兴办、合办情况。

（4）师资队伍：包括学位结构、年龄结构、职称结构、性别结构和学缘结构，特别是研究生学历与高职称教师占专任教师总数的比例、院士、博士生导师、学科带头人、学术和技术带头人、国家百千万人才工程入选人数等。

（5）基本设施：包括学院建筑面积、教学仪器设备总值及图书馆藏书量。

（6）实验实习及基地建设：包括实验室及其面积、国家级和省级实验室、实验开出率、实习实践基地。

（7）经费投入和筹措：包括教学及基建投入、实验室建设及实验设备等。经费筹措包括政府拨款、各类贷款、社会资助及自筹经费。

学院具体目标的确定首先要以学院前期数据为基础，本着"助跑跳起来摘桃子"的原则确定具体指标，因为"取法乎上，得乎其中；取法乎中，得乎其下"；其次要明确突破性指标，以便学院集中优势，在教学、科研、学科建设等方面取得突破，实现学院的跨越式发展。

四、战略措施

学院发展目标的实现，必须要有相应的措施和手段作保障。保障措施的构建，是发展规划的最后一环，也是极为重要的一环。保障措施正确与否，直接影响到发展目标的实现。

（一）全面加强党的领导

党的二十大报告强调，"全面建设社会主义现代化国家、全面推进中华民族

---

① 李化树. 论大学发展规划. 扬州大学学报（高教研究版），2003（1）：7-11.

伟大复兴，关键在党"。坚持党的全面领导是坚持和发展中国特色社会主义的必由之路，是发展中国特色社会主义教育事业的根本保证。学院要贯彻落实新时代党的建设总要求，以党的政治建设为统领，全面推进党的政治建设、思想建设、组织建设、作风建设、纪律建设，把制度建设贯穿其中，高质量地推进党建工作，完善党建与事业融合发展机制，以一流党建引领学院高质量发展。

（二）提高人才培养质量

党的二十大报告强调，"坚持为党育人、为国育才，全面提高人才自主培养质量，着力造就拔尖创新人才，聚天下英才而用之"。学院是孕育人才、汇聚人才、各类人才施展才华的重要场所，必须全面贯彻党的教育方针，围绕"培养什么人、怎样培养人、为谁培养人"这一根本问题，坚持立德树人根本任务，走好人才自主培养之路。坚持"五育"并举，以提高质量为核心，突出以德立人、以智慧人、以体健人、以美化人、以劳塑人，健全"三全育人"工作格局，完善思想政治工作体系，深化教育教学模式改革，打造高质量人才培养体系，着力培养更多德才兼备、全面发展、担当大任的时代新人。

（三）提升学科建设水平

学院要提升学科建设水平，就要确定学院发展的重点学科，集中优势师资、优势资源重点建设；要进一步凝练学科方向，搭建高水平学科平台，加强科研组织攻关，着力提升学科建设水平；要加强自主创新，立足国家之所想、国家之所急、国家之所需，集聚力量进行原创性引领性科技攻关，着力解决卡点瓶颈问题，增强科技创新策源能力，支撑高水平科技自立自强；要不断完善创新体系，改善创新生态，激发创新活力，有效提升承担重大项目和产出重大成果的能力和水平，以服务区域发展和国家战略。

（四）汇聚一流人才队伍

学院要坚持引育并重，坚持党管人才原则，强化人才第一资源的理念，营造真心爱才、悉心育才、倾心引才、精心用才的良好氛围，营造有利于人才脱颖而出的制度环境，把各方面优秀人才汇聚到学院建设上，加快推进学院事业的发展。

（五）加强国际交流与合作

国际化水平是衡量学院办学水平的重要指标。在常桐善和赵蕾研究的 15 所美国高校中，几乎所有高校都不同程度地制定了国际化发展战略目标，综合研究型大学尤其将国际化作为其战略发展的重要举措①。因此，学院要以宽广的国际视野洞察世界教育发展大势，以博大的胸怀吸纳世界一切优秀文明成果，善于学习，发展自我。学院要加强与国外知名大学的科研合作，不断提高教师科研能力；与国外大学联合培养研究生，提高人才培养质量；举办国际学术会议，加强学术交流，提高学院知名度和国际竞争力。学院要主动作为，扩大高水平教育开放合作，为构建人类命运共同体做出"教育贡献"。

（六）深化管理体制机制改革

学院要深化院办校改革，提高管理效率与水平；深化学院人事制度、教师职称评聘制度改革，坚持以人为本的管理观念，释放大学教师活力；要强化学院分配制度的激励功能，增强教职工的竞争活力；加强教育法制建设，依法行政，以德治教，民主建院。学院要建构"公众参与式"保障体系，做到战略规划信息的透明易懂与实时公开，确保各利益相关者如政府人员、师生、校友等对大学战略规划的知情权，让大学战略规划的实施过程接受公众监督②。

第三节 学院战略规划的制定

一、学院战略规划制定的原则

（一）面向未来

面向未来就是要有前瞻性眼光。学院的战略规划要立足现状、从实际出发，但并不是对现实的拷贝，而是针对未来发展的一种设计和策划，体现的是未来发展的状态，所以在制定学院战略规划时，不仅要看到社会发展的近期要求，更要对社会未来的发展趋势做出科学预测，进而确定适合学院自身发展的目标和战略举措。

（二）强化特色

世界高水平大学、一流学院发展的经验表明，一所大学、学院要能够又快又好地发展，就需要立足自身的实际，博采众长，扬长避短，整合学校、学院资

---

① 常桐善，赵蕾. 美国高校战略规划的历史背景与现实聚焦. 大学教育科学，2023（3）：84-95.

② 邵剑耀. 世界一流理工类大学战略规划的特点及其启示. 集美大学学报（教育科学版），2024（5）：67-76.

源，通过创新途径形成自身的办学特色。在激烈的竞争中，高校取胜的关键是特色。因此，学院在制定战略规划的过程中要始终突出特色发展原则，从自身实际出发，不盲目攀比或"赶潮流"，集中各方力量和优势资源，优先发展自己的强项，不断强化自己的办学特色和办学个性，打造自己的办学品牌，实现特色发展。

（三）民主集中

制定学院战略规划的目的就是要对学院未来的发展进行策划，促进学院的快速发展，广大师生是学院战略规划的直接实施者和受益者。因此，学院在制定战略规划时，要充分调动广大师生的积极性，认真听取他们对学院发展规划的意见和建议，积极采纳合理、集中的意见和建议，党政联席会议研究通过的规划要交院教代会讨论通过。

（四）绩效优先

学院应构建多维度的激励约束机制，通过科学量化评价标准，将教学科研、社会服务、学科发展等核心指标纳入考核体系，形成可衡量、可对比的绩效评价体系。同时，强化目标导向管理，将学院中长期发展规划细化为阶段性建设任务，明确各部门及教职工的绩效目标责任，实行全过程动态监测与阶段性成效评估。在机制运行中，突出建设成效的实证性检验，鼓励各团队在公平竞争环境中展现创新活力，对绩效突出的集体和个人给予资源倾斜、荣誉表彰等正向激励，对低效冗余的单元实施动态调整、末位警示等反向约束，通过"优奖劣汰"的绩效杠杆推动资源优化配置，形成"定标—对标—达标—创标"的螺旋上升机制，持续激发办学内生动力，实现学院治理效能与办学质量的双重提升。

（五）简单可行

简单就是指规划浅显易懂，一目了然，便于教职工了解和遵照执行。可行就是要使规划具有可操作性，使之能在现有或可能的条件下付诸实施，因为发展规划的执行是比规划的制定更为重要的事情。

二、学院战略规划制定的方法

（一）SWOT 分析法

SWOT 分析法又称为态势分析法，是 20 世纪 80 年代形成于企业的一种分析方法。这是一种对组织的优势（strength，S）、劣势（weakness，W）、所处外部环境的机会（opportunity，O）和威胁（threat，T）进行分析的方法。后来被广泛应用于大学发展的规划与管理中。

对于学院战略规划来说，S 是学院所具有的能增强竞争力的内部条件，如学院拥有的物质资源、人力资源、良好的社会声誉形象等；W 是限制学院发展的一些不利内部条件，如学院的资金不足、学科发展不平衡、师资水平不高等；O 是有利于学院发展的外部环境，如国家颁布的有利于高校发展的政策法规等；T 主要是那些对学院的发展产生危害影响的外部因素，如国家政治或经济的影响、市场需求的改变等。

SWOT 分析法本质上是一种情境分析，是一种对学院的自我评估，是寻求学校外部环境和内部资源良好匹配的途径。通过 SWOT 分析可以找出影响学院规划的关键性因素，从而提高学院的持续竞争优势。在应用 SWOT 分析法时，规划人员首先要认真讨论学院的优势和劣势、面临的机遇和挑战，并把这些优势、劣势、机遇、挑战全部罗列出来，进行分析，充分发挥优势、抓住机遇，利用优势去避开劣势和迎接挑战。

（二）PEST 分析法

PEST 分析法是一种对宏观环境进行分析的方法，是一种对政治环境（political，P）、经济环境（economic，E）、社会文化环境（sociocultural，S）和技术环境（technological，T）的变化和趋势进行系统分析的方法。

对于学院战略规划来说，P 指学院所面临的政治环境，主要包括国家的社会制度，执政党的性质，政府的方针、政策、法令等；E 指学院所在地的经济发展在一定程度上影响着学院的经济环境，同时，学院的发展又会促进经济的增长；S 包括全民的平均受教育程度、文化水平、审美观点、价值观念等；T 指学院通常是非营利组织，具有教学、科研、社会服务、文化传承、国际交流合作五大职能，实现这五大职能需要一定的技术环境做支撑，领先的技术能够增强学院的社会竞争力。

（三）Benchmark 分析法

Benchmark 分析法是从企业中借鉴过来的定标比超法。它既是将本企业各方面的状况与竞争对手或行业内外的一流企业进行对照分析的过程，又是评价自身和研究其他组织的过程，还是学习外部企业经营方法的过程。企业通过

Benchmark 分析法，不断地与竞争对手或行业内外的一流企业进行比较，对其进行评价，找出自身差距，以改进工作。

Benchmark 分析法应用到学院战略规划制定中具有重要意义。首先，确定学院要对标的目标学院（找先进），收集对标目标学院的相关资料；其次，在对资料进行分析的基础上，与对标学院的规划进行比较（学先进），发现自身的不足，找出对方成功规划中的关键因素；最后，改进自己的思路，采取相应的措施，以达到预定的目标（赶先进）。

在制定学院战略规划时，可以单独使用以上三种方法中的一种，也可以结合使用，例如，通过 SWOT 分析法与 PEST 分析法相结合，分析影响学院发展的方方面面的因素，然后再用 Benchmark 分析法制定适合学院发展的战略规划。

三、学院战略规划制定的程序

程序是为达到某一目的而确定的行动的先后次序，是一种通用的处理未来问题的计划。学院战略规划制定的程序如下。

（一）明确目标

明确目标既可对学院发展起到正确的导向作用，又可引导教育资源的优化组合和合理使用。学院战略目标分为总体目标和具体目标。总体目标是学院发展方向、发展道路、发展重点、最终成果的综合表述；具体目标是整体目标的量化表现，应该具体而详细。

（二）分析问题

学院要对自身的发展历史和现状进行深入调查研究，充分占有资料，摸清家底；然后进行综合分析，在总结发展成就和主要经验的同时，发现问题，找出主要矛盾，明确学院发展的优势和不足；找出问题，认清优劣，是制定学院战略规划的基础性环节。

（三）预测剖析

学院要在分析和掌握大量的各方面的信息资料的基础上，对未来社会政治、经济、科技、文化和人口等方面的发展趋势做出科学的判断；根据对国内外形势的分析和对高等教育发展、国家政策的要求做出研判，对发展高等教育可能面临的机遇、挑战做出预测和设想，为制定学院战略规划提供依据。

（四）制定方案

学院在调查分析和预测的基础上，根据发展总体目标、发展要素以及社会可能提供的资源、学院现有基础条件，由客观到主观、由中心到外围、由重点到一般、由易到难、由清晰到模糊，用不同方法对未来一个时期学院的发展提出可供选择的设计方案。

（五）方案评估

学院在战略规划方案形成后，组织校内外专家对其进行全面评价，包括过程评价、目标评价、功能评价和结果评价。过程评价是对方案制定过程的评价，看规划的制定过程是否科学；目标评价是对方案的总体目标、具体目标及分阶段目标进行评价，看规划的目标是否恰当；功能评价是对为实现发展目标而设计的对策、措施的有效性进行评价；结果评价是对规划实施的效果进行评价，看能否实现规划所设计的各种目标或实现的程度。全面评价结果供决策者优化选择或对规划进行调整。对规划目标、发展重点和一些关键指标，要作多方面的可行性论证，以保证目标准确、重点突出，指标可行。

（六）优化方案

根据系统性方案评价的结果，学院组织专家团队对候选规划方案开展多维度量化比对，重点从战略契合度、资源匹配性、实施可行性、风险可控性等核心维度进行综合评估，经学术委员会充分论证并征求师生代表意见后，最终择优选定兼具前瞻性与操作性的学院战略规划方案，为后续实施奠定科学决策基础。

（七）决策实施

学院战略规划经学院教代会全体代表分组研讨、充分论证并民主表决通过后，即由院长办公会签发实施令，正式印发全院执行。这标志着规划工作从顶层设计阶段转入全面实施阶段，学院随即成立由党政领导班子牵头的战略规划实施领导小组，统筹协调资源配置、人员调度和阶段考核，构建起"任务清单—责任矩阵—进度监控—动态调整"的闭环管理体系，确保战略部署精准落地。

四、学院战略规划制定的策略

一项完整、科学的学院战略规划的产生，必须遵循实事求是的科学原则，注重规划制定的政策和策略。

（一）学院战略规划的制定要坚持战略管理的理念

战略是指任何一个组织的有关全局性与长远性的谋划，是组织的管理者决定实现的一整套目标，以及为实现这一目标而制定的作为一般准则的一组政策或规划。战略具有全局性、长期性、系统性、适应性、风险性。战略管理是指对组织战略的管理，包括战略制定、形成与战略实施两个部分，它是组织的日常业务决策同长期计划决策相结合而形成的一系列管理活动[①]。

学院战略规划的制定和实施过程实质上就是学院进行战略管理的过程，必须遵循战略管理的有关规律，贯穿战略分析、制定、实施、评价、控制整个过程。在战略制定阶段需开展全面的环境扫描与 SWOT 分析，确保战略定位与学院资源禀赋、发展阶段高度匹配；实施过程要建立清晰的路线图和时间表，配套资源配置方案与责任分工机制；评价环节应构建多维度监测体系，定期评估战略达成度；控制阶段则需建立动态反馈机制，根据内外环境变化和绩效评估结果，适时调整战略目标与行动方案，形成螺旋上升管理闭环，持续提升学院战略管理的科学性与有效性。

（二）学院战略规划制定要建立在自身认知之上

核心竞争力或称核心能力，是指某一组织内部一系列互补的技能和知识的结合，它具有使一项或多项业务达到竞争领域一流水平、具有明显优势的能力。评价和培育核心竞争力，主要应该把握四个方面：确定组织到底具有何种真正出众的独特技能，确定自身优势的核心竞争力能维持多久，正确估计核心竞争力可能创造出的实际价值，实现核心竞争力的整合。核心竞争力须通过凝练提纯，聚焦最具战略价值的核心要素。核心竞争力积累的关键在于创建学习型组织，在不断修炼中增加组织的专用性资产、不可模仿的隐性知识等。

学院要认知自身的核心竞争力，首先必须对自身的现状进行分析，明确在同行中所处的位置，即找准坐标。找准坐标和明确自身的优劣在规划中显得尤其重要。在对现状进行深入分析的基础上，管理者就能充分认识到自身核心竞争力之

---

① 徐敦楷. 高等学校发展规划的战略思考. 中国高教研究，2003（4）：18-20.

所在，制定学院战略规划就能抓住主要矛盾和矛盾的主要方面，处理好重点与非重点的关系。核心竞争力的培育必须坚持有所为、有所不为，要出奇制胜，做到人无我有、人有我强、人强我优。

（三）制定学院战略规划的首要问题是确定战略目标

学院的一切活动都是为实现一定的目标而进行的，目标的选择和确定是学院战略规划制定的首要问题。确定学院战略目标，要基于深入地进行现状分析和环境分析，坚持前瞻性和可行性相结合的原则。坚持前瞻性，就是在制定学院战略规划时要有战略眼光，以前瞻 30 年的勇气，规划学院未来一段时间教学、科研、学科、人才等事业的发展。坚持可行性，就是在制定学院战略规划时应扎根现实基础，在尊重客观实际的同时构建战略引领性，既避免囿于现状的路径依赖，又需主动突破发展约束，通过绘制目标蓝图、搭建支撑平台、设计实施路径，形成既有现实根基又具前瞻价值的战略方案。

（四）制定学院战略规划的关键是发扬民主、集思广益

学院战略规划的制定过程是学院不同利益群体之间利益调整和配置的过程，也是在利益平衡基础上确定共同的价值观和共同目标的过程。所以，在战略规划制定的整个过程中，要使广大教职工深刻认识到，规划的制定与每个人的利益密切相关；要充分调动广大教职工的积极性，通过调研、召开座谈会、征集议案等形式，集思广益，充分听取全院各方面的意见，把广大教职工的意见和建议集中起来，并渗透到规划的具体内容之中。

规划的制定过程需要从上到下、从下到上多次反复，需要较长一段时间。规划文本初稿出台后，学院要把规划文本下发到各部门进一步讨论完善，所以，制定学院战略规划的过程，不仅是全院师生群策群力、发挥智慧的过程，也是统一意志、凝聚人心、鼓舞士气的过程，更是一个形成共同目标、并为共同目标统一行动、实现目标的过程。

第四节　学院战略规划制定的实践案例

河南科技大学农学院是在原洛阳农业高等专科学校农学系的基础上成立的，2002 年合并伊始，学院发展面临着本科专业少、专业面窄，生源不足、就业存在一定困难、教师学历相对偏低、学科带头人缺乏，实验实习条件相对薄弱，科

研实力不强等诸多问题。为解决这些问题，促进学院快速发展，农学院领导班子审时度势，在广泛调研和深入思考的基础上，以制定学院发展战略为契机，通过广泛讨论，制定了"1441振兴行动计划"，明确了学院中长期办学使命、目标、重大举措等，勾画出学院发展宏伟蓝图，成为指导学院中长期发展的行动纲领，取得了良好的效果。下面以"1441振兴行动计划"为例进行阐释。

近几十年来，科学技术迅猛发展，经济全球化趋势加剧，促使高等教育国际化、多样化、综合化的步伐加速。我国高等教育也融入这一世界性的潮流之中，由社会的边缘逐步走向社会生活的中心，高等教育从单一化走向多样化，从偏重量的增长到强调质、量并重，注重健全人格和个性化人才培养。高校内的学科与课程也日益以灵活的方式向综合化、多样化、职业化和人文化的方向发展着。伴随着高等教育体制改革的进一步深化，高等教育内部之间的竞争将更加激烈，高校间的竞争越来越取决于以学科建设为核心的办学层次、学术水平、人才培养质量等实力的竞争。整个高等教育呈现出一幅绚丽多姿的画卷。

河南科技大学正处于努力建设国内先进的综合性大学的新征程中，作为河南科技大学的一个重要农科学院，农学院正面临着前所未有的巨大机遇和挑战。怎样充分借助合并契机、学校品牌和理工优势，与时俱进，乘势而上，焕发出新的生机，为科教兴国、科教兴豫、科教兴农提供智力支持，为学校跨越式发展增光添彩，是摆在农学院领导班子面前的一项紧迫任务和庄严使命。

根据学校"国内先进，省内居于前列，具有明显特色的综合性大学"的发展目标，农学院决心把建设"特色鲜明、优势凸显、充满活力、校内居于前列、省内外有重要影响的现代生命科学学院"作为自己的奋斗目标，全面实施振兴工程，促使学院持续、快速、健康发展。

一、国内综合性大学农科院系发展的趋势与经验

当前，我国农业正在进行的结构性调整对大批高素质、高技能的农业人才提出了现实需要，我国在加入世界贸易组织后，农业发展面临的新形势对农学和生命科学提出了新的、更高的要求，以生物技术、信息技术为核心的现代高新技术为改造农业高等教育提供了契机。

国内综合性大学农科院系在激烈的竞争中纷纷只争朝夕，主动出击，加速发展，呈现出千帆竞发、百舸争流的生动景象，使得综合性大学农科院系办学层次高端化、学科专业综合化、人才培养复合化等发展趋势越发明显。综观国内一流

综合性大学以及与河南科技大学类似的地方综合性大学农科院系的发展进程，可以清楚地看到它们成功的经验。

（一）以合并为契机，抢抓机遇，大胆改革

通过对国内近十所综合性大学农科院系的考察分析，发现它们大体可分为两个层次：第一层次是以浙江大学农业与生物技术学院、上海交通大学农业与生物学院为代表的国内一流综合性大学的农科院系，其前身分别是浙江农业大学农科系所和上海农学院；第二层次是以西南科技大学生命科学与工程学院、广东湛江海洋大学农学院为代表的地方综合性大学农科院系，其前身分别是绵阳农业高等专科学校和湛江农业高等专科学校。

上述这些学校在分别与其他院校合并成立新的综合性大学后，借助合并这一历史性机遇，以更改学院名称、整合传统农科专业为突破口，提升办学层次，在较短时间内成功地实现了层次由低到高、影响由小到大、实力由弱到强的跨越，走出了一条快速健康、充满生机与活力的可持续发展兴院之路。

在办学层次上，第一层次的学院在合并后，分别依托国内一流综合性大学的品牌优势，迅速实现了办学层次由本科为主向研究型学院的转变；第二层次的学院则抓住合并的机遇，迅速实现了向本科教育的转变，在硕士研究生培养层次上也取得了实质性突破，接连实现了办学层次的由专升本、由本上硕两次跨越。

在提升办学层次的同时，它们都能充分利用综合性大学理工科优势，不失时机地采取了一系列改革举措，如推进学科、专业的整合和优化，加强师资队伍建设，加大资金投入，改善办学条件等。

（二）面向交叉学科，推进学科专业整合与优化

综合性大学农科院系，在学科建设上，积极面向交叉、边缘学科求发展；在专业设置上，坚持"大调整""宽口径"，主动适应生命科学发展与经济全球化的新形势和现代农业发展的需要，对原有农学类专业进行了实质性改造，提升了专业质量，迅速地扭转了招生被动局面，使学院重新焕发了生机。

例如，处于第一层次的上海交通大学农业与生物学院原有 13 个专业，经过两次调整新设置了"植物生物技术""资源环境科学"等 5 个专业。浙江大学农业与生物技术学院把原来的 5 个专业整合为一个"应用生物科学"专业，下设"种子科学与工程""应用分子生物学""茶学"等 5 个专业方向，使传统的农学学科得以优化。其后，招生形势迅速好转，该学院的本科招生在 1999—2003

年分别高出省重点线 10 分、29 分、24 分、44 分、50 分，并校后曾一度被取消的省外招生资格得以恢复。第二层次的学院在专业设置上，都新上学科交叉的生物技术等专业，为学院快速发展提供了动力和平台。

（三）实施"宽口径、厚基础、个性化"的培养方案，促进学生综合素质的提高

在积极推进学科专业整合的同时，各院系在课程设置上都非常注重"宽口径""厚基础""个性化"，实行学分制、选修课制、"双语"教学等形式，打造专业基础平台，构筑综合性大学农科教育教学新模式。

第一层次的学院纷纷围绕人才培养目标的提升，不断调整、修订教学计划，通过重新设置课程，推出特色课程、精品课程，前两年打通公共基础课程，后两年按专业或专业方向分流等形式拓宽、夯实学生的专业基础。

第二层次的学院则纷纷向非正规课程"要基础、要个性"，鼓励学生参加科技活动（如全国大学生"挑战杯"），通过实行导师制，外语学习附加课时制、早读制和四级一票否决制等形式促进了学生综合素质的提高。

（四）加大人才引进、培养力度，着力打造高素质教师队伍

教师队伍的素质在很大程度上决定着培养人才的质量，也关系到学院的发展。上述各层次学院都加大了"外引内选"的教师队伍建设力度，着力打造一支高素质教师队伍。一是加大高层次人才引进力度，从外部引进高学历、高职称、造诣深甚至有国外学习研究经历者；二是选派优秀教师到一流大学或港澳、国外深造；三是围绕学科方向建立学科梯队，使每位教师明确研究方向，促使其围绕研究方向提高深造。

例如，上海交通大学农业与生物学院在学科方向上确定了植物生物技术、植物遗传育种、资源环境科学、生态学等 13 个学科方向，通过采取教师个人申报和组织协调相结合的方式，明确每位教师的发展方向；每月组织一次教师业务报告会，营造浓厚的学术氛围。这些举措有力地促进了教师业务素质的提高。2013年，已有 60%的教师获得博士学位，80%的教师有国外学习或研究经历，新引进教师占到 50%左右。西南科技大学生命科学与工程学院利用与中国科技大学对口扶贫的政策优势，选派教师到中国科技大学学习、进修，邀请该校相关知名教授为教师授课，举办专题讲座；利用学校品牌专业建设经费和其他政策性经费支持，选派教师到香港科技大学和国外大学进行各种形式的研修、学习。

（五）加大资金投入，构筑学科教学研究平台

要培养高素质、高质量人才，既要有高水平的教师作为保障，又要具有与教育目标相匹配的教学实验实习和开展科学研究的良好条件，以多层次、多角度地满足学院教学、科研需要。各学校都注重加大资金投入，改善教学实验实习条件，构筑学科教学研究平台。

例如，第一层次的浙江大学农业与生物技术学院，拥有耕地 220 多亩，水域 100 多亩，塑料温室 10 600 平方米，玻璃温室 940.7 平方米的教学农场。近年来，学院投资了 700 多万元，装修了实验楼，购置了实验仪器设备，建起了高标准重点实验室；投资 225 万元建起了一个实验中心，为学生实验实习创造了良好条件；又投入 500 万元，新建"浙江大学植物科学实验中心"。处于第二层次的西南科技大学加大了对生命科学与工程学院实验设备的投入，实验设备总价值由合并前不足 50 万元跃升到 2013 年的 300 万元。

（六）加强科学研究，形成研究特色

科研水平在一定程度上反映了一所学校的办学水平。各校具有共同的特点：领导高度重视，教师投入精力，项目经费增加，研究层次提高。

第一层次学院以现代农业高新技术为主攻方向，在国家级研究项目、大额研究经费上取得了重大突破。第二层次学院纷纷调整研究方向，整合各方力量，形成合力和优势，申报大型重点项目，取得明显成效。2002—2003 年，年均科研经费均在 100 万元以上。例如，西南科技大学生命科学与工程学院在科学研究方面，以小麦、水稻和西部特有的天麻、麦冬等为研究对象，加大了与中国工程物理研究院和当地种子公司的合作力度，在横向科研上取得了较大突破，2001—2003 年，学院横向科研经费占年均科研经费的 70% 左右。这样的做法不但拓展了学院的研究领域，提高了研究的档次，还拓宽了研究经费的来源渠道，壮大了研究实力，形成了学院的研究特色。

（七）加强对外合作交流，实行开放式办院

上述各学院从学科专业建设经费和其他专项经费中抽调资金，通过资助学科带头人、学院相关领导到国内重点大学、境外进修和考察，聘请知名专家做专题报告，聘请重点大学退休教授承担专业基础课程，与外界合作从事研究开发等形式，加强了对外交流与合作，更新了观念，借鉴了外部成功的经验，巧借外力实

现了学院跨越式发展。

二、农学院面临的形势

认清目前的形势，抓住一切有利条件，克服不利因素，顺应趋势，图谋发展，是摆在我们面前的重大课题。

（一）发展振兴的优势条件

1. 品牌优势

河南科技大学是河南省重点大学，其较高的社会地位和较大的社会影响力，为农学院发展赢得了良好的外部环境和难得机遇，为学校在层次提升、人才培养、科学研究、学术交流等方面提供了更多的资源和机遇、更广阔的空间，以及更大的舞台。

借助合并契机和河南科技大学的品牌，农学院迅速实现了本科招生，使办学层次得到提升；从中国农业大学引进博士，实现了高学历人才引进零的突破；学校对实验室经费的投入，使农学院的实验条件得到初步改善；在合并后的较短时间内申硕的机会与尝试，使农学院领导班子明确了努力方向、积累了经验，坚定了信心。

2. 理工优势

河南科技大学是一所多科性综合大学，其学科门类覆盖理、工等 8 个学科门类。其学科门类较为齐全，尤其是工科基础厚、实力强，可促使学科交叉、渗透和融合，给学科建设带来了新的增长点、发展点和突破点，不仅为农学院增强综合实力、提高办学层次、形成教学科研新特色提供了平台，更为农业与生命科学、环境科学、工程技术科学、人文社会科学、信息科学等新兴、交叉学科的结合提供了必要条件。

3. 农科特色优势

在过去的 20 多年中，经过不懈努力，农学院在作物新品种选育、种子生产技术体系、旱作农业技术、牡丹开花技术等研究方面已具备较好基础，取得了一批重大成果，形成了明显的研究特色。

2018 年以来，农学院共获省部级科技成果奖 25 项，其中农学院选育的豫麦 10 号是河南省高校唯一通过国家审定的小麦品种，是河南省十大推广品种之一；由农学院主持完成的省、市重大科技攻关项目"甘薯脱毒快繁及产业化开发应用"，已有 12 个品种脱毒成功，在生产上大面积示范应用，累计推广 40 万亩，平均增产 78.5%，获洛阳市科技进步奖一等奖、河南省第十届发明博览会优秀奖；"牡丹周年开花技术"，首次实现了人工控制条件下周年四季开花，洛阳市委、市政府领导赞扬这项研究是多少金钱也难以得到的。

4. 人才团队优势

农学院是在原农学系的基础上广泛吸收有关人员重新组建的。2002 年，学院专任教师 45 人，其中教授 8 人，副高职称人员 13 人，副高及以上职称人员占专任教师的 47%；博士 7 人（含在读），硕士 19 人（含在读），硕士及以上学位人员（含在读）占专任教师的 58%，有硕士生导师 2 人、省跨世纪学术技术带头人 2 人，市跨世纪学术技术带头人 4 人，省优秀中青年骨干教师 2 人。师资队伍结构合理，整体实力较强。

农学院主要领导的发展思路清晰，能够统揽全局；领导班子团结一致，能够形成合力；上下思想一致，能够形成共识；人才资源充足，能够干事创业。学院的每一名教职员工都能站在全局的高度，理解和支持学院的改革发展，具有强烈的危机感、紧迫感和责任感。学院已初步形成务实进取、拼搏向上、无私奉献、爱院兴院的浓厚氛围，改革发展振兴的时机趋于成熟。

（二）发展振兴中亟待解决的问题

1. 生源不足，就业存在一定困难

高校的扩招使考生在专业选择方面有了更大的回旋余地。由于历史和人们思想认识等原因，一些长线专业和艰苦专业受到冷落。其中，农学类学科因专业老化、考生兴趣不大，受到的冲击较大。招进来的学生志愿调剂的多，第一志愿少。2003 年，农学院烟草专科专业计划招生 105 人，实际报到 55 人，报到率为 52.4%。农学本科专业计划招生 140 人，实际报到 82 人，报到率为 58.6%，均低于学校平均报到率。由于现行体制等原因，学生就业存在一定困难，一次性就业率较低。

2. 专业划分过细，专业面太窄，亟待整合

教育作为上层建筑的一部分，应走在社会发展的前沿，推动生产力的发展，但是现在的农科教育滞后于生产力的发展。其中一个重要的制约因素就是传统的

专业和学科多，适应社会需求和生产力发展的新专业、新学科少。目前，农学院仅一个本科专业，现有学科和专业因划分过细过窄，缺乏活力和发展后劲，不利于学生的成才和就业，亟待整合。

3. 人才培养目标与社会需求存在较大差距

农学院原来以服务区域经济、培养应用型人才为主要培养目标，培养层次上专科偏多，培养目标和层次与综合性大学的培养目标和层次有较大差距，难以适应社会对人才复合型、创新型的要求。努力培养和造就能够为现代农业、生物农业、设施农业及其他相关行业服务的高素质现代农业人才，已成为农学院亟待解决的重大问题。

4. 学科带头人缺乏的问题比较突出

农学院原有一支在教学、科研方面水平较高的教师队伍，但与综合性大学的要求相比还存在一定的差距，但对照综合性大学建设标准，教师队伍在三个维度尚存提升空间：一是缺乏具有国际学术话语权的战略科学家，二是在新兴交叉学科领域缺乏复合型领军人才，三是青年拔尖人才的储备规模与"双一流"建设高校相比仍存在代际断层。这种高层次人才的结构性短缺，已成为学院冲击国家重大科研平台、提升国际学术排名、深化产学研协同创新的关键瓶颈。

5. 实验实习条件相对薄弱

长期以来，由于种种原因，学院基础设施欠账多，设施落后，代表现代化农业发展方向和技术的设施少。目前，学院仍无校内教学、科研试验农场，教师不得不在外租地搞科研。现有实验条件也不能满足教学科研需要。

综上，面对良好的机遇和有利的条件，学院上下精神振奋，充满信心；面对暂时的困难，学院上下一心，思改思进。

三、农学院振兴的思路与目标

（一）总体思路

以加快学科建设为主线，以高水平学科队伍和重大科研项目为支撑，凝练学科方向、构筑学科基地；以提升办学层次、提高办学质量为核心，"压专扩本争硕"；用现代生物技术和信息技术整合传统农学学科，努力办成特色鲜明、优势凸显、充满活力、校内居于前列、省内外有重要影响的现代生命科学学院。

（二）具体目标

1. 实现办学层次的突破

第一，增设本科专业。2004 年，农学（应用生物科学方向）、生物技术（植物生物技术）两个本科专业招生；2005 年，将农学专业调整为应用生物科学专业，增设资源环境科学专业。

第二，争上硕士学位授权点。争取 2005 年植物学和作物栽培与耕作学 2 个硕士学位点开点并招生。

2. 实现师资队伍质的突破

加大高层次人才引进、培养力度，引进学科带头人 3—5 名，在 2005 年使博士学位获得者达 10 人以上，硕士及以上学位人员占专任教师的 80%以上。

3. 实现人才培养质量的突破

在注重"宽口径、厚基础、个性化"基础上，以培养高级应用型、复合型人才为主，兼顾创新研究型人才；毕业生就业率逐年提高，达到或高于校内毕业生就业平均水平。

4. 实现科研服务的突破

在科研项目上，学院瞄准有重大需求的前瞻性课题，集中力量、协作攻关，力争在国家级重大项目上有所突破；树立为地方区域经济服务的思想，积极推进"教授兴村""科技大院"等工程，争取使年科研经费达到或超过 100 万元。

争取建成 1 个校级重点实验室、2—3 个院级重点实验室，在新校区建成 1 个现代化实验示范农场。

四、农学院振兴的十项措施

（一）解放思想，更新观念，图谋发展

思想主导行动，思路决定出路。为此，学院拟在 2004 年上半年以"整合、振兴、发展"为主题，开展教育思想、教育观念大讨论，努力实现教育观念的现代化。

首先要转变"等、靠、要"的消极等待观念和闭关自守、固守传统农科的旧观念，以良好的心态、昂扬的斗志，勇于探索，大胆改革，拓宽农学学科发展的新路子。其次要转变定位方式，跳出农科办农科的思维定势。摆正位置，把农学

院放在河南科技大学这所综合性大学的大背景下重新定位，而不是放在农业大学的背景下思考问题；立足现实，不追求主导学科，而要努力成为优势学科；不求做大，但求做强。最后要转变学科设置思路，积极推进学科的整合与优化。充分利用河南科技大学工科较强的优势，加强多科综合，优势互补，向交叉、边缘学科拓展；在专业设置上，要坚持"大调整""宽口径"，主动适应生命科学发展和经济全球化的新形势。

在转变上述观念的同时，农学院还要树立新的人才观、质量观，形成以素质教育为核心的先进的教育思想体系，统一认识，为学院的改革、发展与振兴奠定思想基础。

（二）建议将农学院确定为农科院系综合改革试点单位

为适应农科院校并入综合性大学的新形势，面对新情况、新问题，农学院需要进行新的探索。这是时代的呼唤，也是学校发展的需要，更是学院义不容辞的责任。

农学院作为原洛阳农专成立最早的系科，基础厚、实力强、特色明显，愿主动承担起改革试点的重任。为此，学校应将农学院作为农科院系综合改革试点单位，让其以此为动力，加速发展，探索综合性大学农科院系改革发展之路，为学校其他农科院系发展提供经验借鉴。

（三）建议将农学院更名为"生命科学与工程学院"

1. 成立生命科学与工程学院是综合性大学发展的战略举措

21世纪是生命科学的世纪，生物技术作为其重要分支，在社会发展的进程中起着巨大的推动作用。建立生命科学与工程学院，培养现代生物技术人才是综合性大学的必然选择。

综观省内外综合性大学，都把建立一个高水平的生命科学学院，作为学科整合、学校发展的战略举措。其成立有两种基本形式：其一，有农科院系并入的综合性大学，合并时利用农科优势直接把农学院（系）定名为生命科学与工程学院（系），如西南科技大学。或者合并后把农学院（系）更名、调整为生命科学类学院（系），如上海交通大学农业与生物学院，浙江大学农业与生物技术学院；其二，无农科院系并入的综合性大学，通过整合学科，新建生命科学学院（系）或生物工程系，如北京大学生命科学学院、清华大学生命科学学院、郑州大学生物工程系、河南大学生命科学学院。

2. 调整建立生命科学与工程学院是我校发展的现实需要

河南科技大学是一所多科性综合大学，迅速建立一个与学校地位和影响相匹配的生命科学与工程学院是河南科技大学发展的现实需要，学校多学科的优势，农学院的良好基础，也使其成为可能。

3. 调整建立生命科学与工程学院，赋予农学院新活力

农学院目前的院名及其下属学科与专业设置，是学院发展的瓶颈。将农学院更名、调整为生命科学与工程学院，将赋予学院新的内涵，拓展学院发展的外延，打破瓶颈，在学科、专业、师资队伍、招生就业等方面焕发新的生机与活力。

（四）积极推进学科的整合与优化

随着现代生物技术的迅猛发展，与生物科学联系十分紧密的农业正在发生着质的变革。传统的农业学科正与现代生命科学、信息科学、环境科学、工程技术学科进行重组、改造，促使农业高等教育以农为主、综合发展的态势已经形成。用现代生物技术、信息技术来改造、整合传统农业学科是综合性大学农业学科的特色和优势。因此，顺应时代发展需要，用现代生物技术提升改造我院现有农学专业，培育新兴、交叉专业势在必行，具体可分为两个实施阶段：

第一阶段（2003—2004年），"压专增本"：①压缩或停招专科专业；②农学专业（应用生物科学方向），招70人；③增加生物技术专业（植物生物技术方向），招130人。

第二阶段（2004—2005年），"扩本争硕"：①把农学专业调整为应用生物科学专业，招70人；②增设资源环境科学专业，招70人；③生物技术专业（植物生物技术方向），招70人；④争上两个硕士学位授权点，招20—30人。

（五）改革人才培养模式，提高人才培养质量

按照"宽口径、厚基础、个性化"的方针，农学院尝试按院招生的"2+2"人才培养模式，即一、二年级的公共课和专业基础课相同，三年级按专业方向进行分流，实行导师制，对学生进行个性化培养。在教学内容和课程体系上，整合传统教学内容，开设新的综合性课程，扩充生物化学、分子生物学、细胞工程学等前沿学科知识，增加新的实验、实习环节，使学生掌握最新的生物科技知识，

全面提高教学质量。用多媒体等现代化信息技术，努力实现教学方法和教学手段的现代化。利用综合性大学的学科优势，加强素质教育，加强创新、创业精神和实践能力的培养，将学生培养为"科学研究、技术推广及经营管理"等类型的高层次人才。

（六）加强课程体系建设，提高教学质量

目前，农科专业的课程内容普遍存在着窄、专、旧等问题，不能适应现代化农业科技发展的需要。因此，要以河南科技大学新一轮修订本科教学计划和实行学分制为契机，加大力度，对有关课程进行整合，除旧增新，深化学科的交叉和融合，打破专业界限，对不同专业的同一门课程做到"三个统一"，即统一教学大纲，统一教材，统一课时。按照"宽、博、新"的要求，构建新的课程体系。

（1）增加生物信息类内容和选修课程。增加分子生物学、细胞工程学、分子遗传学、信息工程学等新兴学科内容。增开选修课，使选修课增加到10—15门，选修课以人文、生物和信息等前沿学科为主。

（2）选用高质量教材。本科生选用综合性大学同类教材、面向21世纪教材或获奖教材，生物化学、分子生物学、分子遗传学、细胞工程学等专业基础课尽可能选用外文原版教材。

（3）加大实践教学改革力度。使实践教学贯穿于学生在校学习的全过程。将实验教学、课程实习、生产实习、毕业设计等环节对应于理论教学的4个学年中分步实施，减少验证性实验，增加综合性、设计性实验。

（4）夯实基础，以评促建。专升本后，如何夯实基础，规范管理，顺利地通过教育部的本科合格评估，使本科教学质量明显提高，是我院面临的一项紧迫任务。为此，农学院应把迎评工作作为一条主线贯穿于教学工作始终，作为一把手工程，强化领导，建章立制，规范管理，加大投资，以评促建，提高质量。

（七）汇聚学科队伍，形成梯队优势

没有一流的教师，就不可能有一流的大学，高素质的教师队伍是学院发展的根本保证。2003年申报硕士学位授权点的经历，使农学院上下深刻认识到之所以与硕士学位授权点申报成功失之交臂，一个主要原因就是缺少高层次的拔尖人才。因此，学院将在学校的统筹下，以高度的责任感、使命感和历史紧迫感，做好拔尖人才的引进与培养工作。

（1）引进高层次学科带头人。通过选聘、柔性引进等方式，加大高层次拔尖人才引进力度。2003—2004 年，重点引进 3—5 名在生物工程、作物高产栽培理论、旱作生理生态、植物资源利用等方面有一定建树的高层次学科带头人。

外聘院士、知名专家和优秀企业家等人士为我院客座教授，并组成顾问团，共谋学院未来的振兴、发展大计。

（2）加大高层次人才的培养力度。每年选派 2—3 名学术带头人到一流大学、中国科学院及港澳或国外学习进修或做高级访问学者。

（3）积极推进中青年教师的"硕博化"工程。今后要按照学院确定的学科研究方向，有计划地选派教师到国内一流综合性大学攻读学位。到 2005 年，力争全院专职教师具有硕士及以上学位人员达 80%以上，其中博士学位者达 20%以上。

（4）开设学者论坛，营造学术氛围。每月安排 2—3 名学科带头人、硕士及以上学位或副高及以上职称的人员做业务报告；学科带头人、博士、教授每年面向全院师生举行一次学术报告会。

（八）构筑学科基地，打造高水平研究平台

学科基地是教学和科学研究发展的基本支撑条件。为了尽快扭转学院教学和研究基础设施相对薄弱的被动局面，在基础设施及实验室建设上主要抓好以下几方面工作：

（1）加大实验室建设力度，满足教学、科研需要。为满足本科教学评估需要，根据本科教学评估的要求，首先对原有实验室的管理体制进行调整，组建 3—4 个功能型实验室（分析天平室、显微解剖室、大型仪器室等）；按研究方向建设 3—5 个研究型实验室（细胞工程实验室、生物工程实验室、旱作生理生态实验室等），并逐步向本科生开放；其次，通过专家进一步论证，用好日元贷款和本科专业建设资金，满足本科专业教学需要；再次，争取专项资金和外部资金，重点建设细胞工程和生物工程实验室，促进高水平研究平台的形成。

（2）分步实施，建设高标准教学实验农场。根据教育部对农科类学生实习基地的要求，恳请学校在新校区建设一个 100—150 亩的高标准教学实验农场，以满足 2005 年本科教学评估和科学研究的需要。其具体建设可分两期实施。

第一期：2003 年底至 2004 年 3 月，在新校区划定 50—80 亩实验实习农场，争取在 2004 年 4 月种植教学实验材料，满足本、专科教学急需。

第二期：实验实习农场面积扩大到 100—150 亩，争取学校、学院、课题组和社会企、事业单位多方投资，逐步建成一个现代化、高标准的实验示范农场。

（九）凝练学科方向，争上硕士学位授权点

根据农业现代化和区域经济发展对农业科学技术的需要，农学院对学科发展的方向进行凝练，使学科结构更优化，定位更准确，重点更突出，特色更鲜明。以高产、优质、多抗作物新品种选育为龙头，以旱作生理生态研究为重点，力争在作物高产栽培与理论、旱作生理生态、植物遗传育种、植物脱毒快繁、牡丹产业化开发及植物资源的开发利用等方面形成独具特色、相对稳定的研究方向，以这些特色研究为支撑，通过深入、细致、扎实地工作，创造条件，争取在2005年使植物学和作物栽培与耕作学两个学科的硕士学位授权点开点并招生，2005年计划招收硕士研究生20—30人。

（十）发挥自身优势，积极为地方经济建设服务

为地方经济建设服务是高等学校的重要职能之一。我们要进一步强化为地方经济建设服务的意识，在学科建设和科研方向上要面向地方经济建设，瞄准前瞻性课题，集中优势力量，开展研究，争取在事关地方经济发展的重大项目上有所突破；在院内分配制度上，积极引导、鼓励教师深入社会，主动投身地方经济建设的主战场，推进"教授兴村""科技大院"工程，以贡献求支持、以支持求发展；找准教学、科研、成果转化与地方经济建设的结合点，加大与地方政府部门、科研、企事业单位的协作攻关力度，争取在科学研究、技术推广、人才培训等方面有大的作为。

"1441振兴行动计划"，是学院在"三个代表"重要思想指引下，综观国内外综合大学农科院系的发展趋势，分析了学院振兴发展面临的形势，在广泛调查、论证基础上达成的共识，必将对学院发展产生重大而深远的影响。在校党委、校行政的正确领导下，在学院全体师生员工的共同努力下，伴随着学院振兴行动计划的实施，农学院将和学校一道迎来一个灿烂明媚的春天。

"1441振兴行动计划"的制定为学院的发展勾画了壮美的蓝图，指明了前进的方向。在校党委和校行政的正确领导下，学院领导、广大师生员工团结一心，脚踏实地，朝着既定目标，按照规划措施，一步一个脚印，一茬接着一茬干，实现了办学层次、师资队伍、人才培养和科研服务的四大突破，办学水平和社会声誉大幅度提高，走出了一条综合性大学农科院系快速发展的新路。

"十四五"以及未来一个时期，学院将继续坚持以高质量党建为引领，秉承"以立德树人为根本，以强农兴农为己任"的办学理念，以强化内涵建设为核

心，以学科建设为龙头，以高水平师资队伍建设为关键，面向国家粮食安全战略和黄河流域高质量发展，加强科技创新创造，探索和改革高质量人才培养模式，自信自强，发奋进取，为建成高水平教学研究型学院，共同谱写服务强国建设、民族复兴的河科大篇章而接续奋斗！

第五章 学院形象

第一节 学院形象的内涵

一、相关概念界定

（一）形象

在《现代汉语词典》（第 7 版）中，"形象"的基本含义包括：第一，能引起人的思想或感情活动的具体形状或姿态；第二，文艺作品中创造出来的生动具体的、激发人们思想情感的生活图景，通常指文学作品中人物的神情面貌和性格特征；第三，指描绘或表达具体、生动①。

在英文中，和形象相对应的词包括"image""form""figure""identity"等。

随着历史发展，对形象的研究也在不断深入，国内外许多学者从不同维度对体现"形象"的概念进行了界定。杨金德认为，形象是指引起人的思想或感情活动的具体印象。它不仅是一种抽象物，还是一种综合感觉，而且这种感觉是一种动态感觉②。宗坤明认为，作为科学范畴的形象，是对自然物、社会物和人体自身等具有"实在性"的形象与意识形态形象的一种抽象，体现其一般性或共同性③。

从哲学的角度看，Bounding 认为形象是个人主观的意识，并非事物的真实内容，它要根据个人获得的信息而确定④。

从心理学的角度看，Kilter 等认为，形象是人们对于事物所产生的广泛性观念、喜好及态度的一种知觉⑤。张德和吴剑平认为，形象就是人们通过视觉、听

① 中国社会科学院语言研究所词典编辑室. 现代汉语词典. 7 版. 北京：商务印书馆，2016：1468.
② 杨金德. CI 基本原理. 北京：中国经济出版社，1996：133.
③ 宗坤明. 形象学基础. 北京：人民出版社，2000：56.
④ Bounding K E. The Image，Life and Society. Michigan：University of Michigan Press，2002：36.
⑤ Kilter P，Rein I. There is no place like our place. Public Management，2003（76）：15-66.

觉、触觉、味觉等各种感觉器官在大脑中形成的关于某种事物的整体印象，简言之是知觉，即各种感觉的再现[①]。

从传播学的角度看，Nimbi 和 Savage 认为形象是由物体、事件或人物所传播出的可认知的属性组成的[②]。张毓强认为，形象是物质运动过程中产生的信息经过人脑形成映像后在特定条件下通过特定媒介的输出[③]。

秦启文和金元平对形象从主体（客观存在的人或事物）、客体（人或事物的观察者、反映者、思想者）、主客体关系三个维度进行了界定，且界定较为全面。他们认为，就主体而言，形象是人或事物由其内在特点所决定的外在表现。就客体而言，形象是人们在一定条件下对他人或事物的总体评价和印象，人是形象的确定者和评价者；就主客体关系而言，形象是人们在一定条件下对他人或事物由其内在特点所决定的外在表现的总体印象和评价[④]。

（二）大学形象

大学形象，又称高校形象，泛指公众对大学形象的整体认知，也可以特指对某个高等学校的具体印象，是社会公众对大学的总印象和总评价。这种印象和评价既包括大学的自然环境等外在因素，也包括大学精神、大学文化、科研能力、教学水平等内在因素，还包括大学所包括的人的行为及表现，如员工教师形象、学生形象。大学形象是对大学的总括，其实质是大学客观现实的外化，是大学办学质量、科研水平与整体实力的显示和折射。

究其实质，大学形象作为公众对大学组织行为、客观现实进行认知评价后的一种总体回馈，其所负载的是大学教学、科研、社会服务与管理方面的水平与质量信息，是大学客观现实的外化，是大学客观现实与人们主观需求的统一[⑤]。

研究结果表明，高校形象由外表要素、体制要素和人的要素三部分构成。刘建强认为，高校形象的基本要素可以归纳为三类：外表要素是基础，体制要素是保证，人的要素是核心[⑥]。陈尚义认为，一所高校的师资水平、科研实力、学生素质、校友成就、学校规模、校园环境、时代精神、历史风采以及国家政策和高

---

① 张德，吴剑平. 企业文化与 CI 策划. 2 版. 北京：清华大学出版社，2003：3.
② Nimbi, Savage R L. Candidates and Their Images. California：Good Year Publishing，2003：46.
③ 张毓强. 国家形象刍议. 现代传播，2002（2）：27-31.
④ 秦启文，金元平. 社会组织发展过程中的个性化与同一化. 西南师范大学学报（人文社会科学版），2000（3）：16-20.
⑤ 王全林. 大学形象的实质及其建构原则. 上海大学学报（社会科学版），2002（1）：102-104.
⑥ 刘建强. 高校形象与 CI 战略. 湖南工程学院学报，2002（1）：68-71.

教体制是影响乃至决定高校形象的十大基本要素，这十大要素也可归结为外表要素、体制要素和人的要素[①]。

最普遍的一种观点就是将企业识别（corporate identity，CI）理论导入高校形象塑造中，认为高校形象应该包括：高校理念识别（mind identity，MI）系统，主要指学校的办学方针、发展战略、指导思想、学校精神、核心口号、校风等；高校行为识别（behavior identity，BI）系统，主要指校纪校规、学校培养模式、工作管理流程、工作关系规范等；高校视觉识别（visual identity，VI）系统，主要指学校的视觉形象，包括校徽、校名、标准色等基本要素以及基本要素在实物上的应用等。周宏武在此基础上认为，高校形象识别系统还应包括环境识别系统，主要指学校建筑物的外貌风格、布局特色等[②]。

（三）学院形象

长期以来，对大学形象的研究较多，对学院形象的研究相对较少。黄磊认为，学院形象同样应从主体、客体、主客体关系三个维度来进行界定。就主体而言，学院形象是学院在与外部公众接触的过程中，展现出的由其自身办学理念所决定的行为规范、视觉环境等外在表现；就客体而言，学院形象是外部公众在与学院接触的过程中，对学院办学理念、行为规范、视觉环境的总体评价和印象；就主客体关系而言，学院形象是学院在与外部公众接触的过程中，展现出的由自身办学理念所决定的行为规范、视觉环境等外在表现，以及外部公众对此所形成的总体评价和印象[③]。

学院形象是指学院在办学过程中，经过主观努力所形成的精神面貌和行为特征的总和以及社会公众对学院的总体印象和评价。首先，学院形象不是自然形成的，而是学院通过主观努力，精心策划、设计和建设的结果；其次，学院形象既包括学院的行为特征，又包括学院的精神面貌；最后，社会公众是学院形象的感受者和评价者，社会公众既包括学院内部成员，还包括学院外部公众。

（四）学院形象塑造

学院形象塑造是指为了提高学院知名度和美誉度，促进办学质量和办学效率的提高，以促进学生发展为中心，遵循教育规律和管理规律，对学院形象进行刻

---

① 陈尚义. 试论影响高校形象的十大基本要素. 福州大学学报（哲学社会科学版），2005（4）：89-92.
② 周宏武. 高校导入 CIS 策略刍议. 同济大学学报（社会科学版），2004（2）：76-80+123.
③ 黄磊. 西南大学文化与社会发展学院组织形象现状调查与研究. 西南大学硕士学位论文，2008.

意策划、设计和建设的过程。

学院形象塑造有以下四个方面的含义：第一，学院形象塑造的目标是在公众中树立良好的学院形象，提高学院的知名度和美誉度，为学院发展创造良好的环境；第二，学院形象塑造的最终目的是学生的发展，学院是人才培养的场所，学院的一切工作都应围绕学生的发展来开展；第三，学院形象塑造必须遵循教育规律和管理规律，教育规律是实现学院人才培养以及形象塑造目的的保证，管理规律是学院形象塑造科学性的保证；第四，学院形象塑造是有目的、有计划地对学院形象进行策划、设计和建设的过程[①]。

院校品牌形象的塑造按照不同的形式可分为不同的模式[②]。从形态上分析，它可分为静态塑造模式和动态塑造模式；从媒介方面来看，它可分为传统媒介塑造模式和新兴媒介塑造模式；从主体来看，它可分为学校内部主体塑造模式和学校外部主体塑造模式。

二、学院形象的特征

（一）主观性与客观性的统一

大学形象是内外社会公众对大学组织行为客观现实的全部看法和评价，因此，学院形象的首要特征就是主观性与客观性的统一。

主观性表现在，学院形象是社会公众对学院的主观感受，与人的主观愿望、意志、情感等密切相关，因而其形式是主观的。由于公众是形象评价的主体，公众各有其特殊的需要与主体利益，其认知能力、思维方式、价值观念不尽相同，故对学院同一客观现实的评价会表现出很大差异，出现"仁者见仁，智者见智""横看成岭侧成峰"的局面。这种主观性评价的差异要求学院在形象设计与塑造过程中，既要保证人才培养根本目的的实现，确保在所有公众中都能形成一个较为完美的整体印象，又要注意特殊目的的达成，针对不同公众成功塑造不同的大学形象，从而确保大学形象立体、丰富。

客观性表现在，社会公众对学院的评价和认识的内容，是客观存在的现实，不以人的意志为转移。学院形象是学院教育教学质量、科研实力、社会服务能力、师资、学科专业、学院管理、院风院纪、院容院貌等客观存在物，是对学院

---

① 邓萍. 湖南师范大学体育学院形象塑造研究. 湖南师范大学硕士学位论文，2005.

② 李晓静，高慧. 民办本科院校品牌形象塑造策略研究：以 H 学院为例. 社会科学动态，2022（5）：117-122.

内在组织行为与外在表现、外部标识等一系列客观状况的反映，具有鲜明的客观性。客观性意味着，真正决定学院形象"品味"与"含金量"的是学院的客观现实和组织行为。因此，提升学院形象的根本出路在于改进学院组织行为本身，即坚持立德树人，全面提高教育教学质量，全面履行教学、科研、社会服务、文化传承与创新、国际合作交流的各项职能。客观性还要求学院正视绝大多数公众的意见、态度的整体反馈，而不能无视它。

（二）稳定性与动态性的统一

学院形象具有稳定性的特征。学院形象一经形成，由于思维定势的作用，在较长一段时间内会相对稳定。学院形象作为对学院组织行为的综合反映，只要其客观物质基本稳定，学院树立的形象就会相对稳定。虽然学院在发展过程中，会发生细节的、局部的变化，乃至全局性、跨越式的发展，但这种变化一般不会马上改变公众业已形成的原有形象心理定势，而是需要一定的时间。学院形象的稳定性特征告诉我们，学院的教职工生应该像爱护自己的眼睛那样爱护自己所在学院的良好形象与声誉。

学院形象的稳定性是相对的，从发展变化的观点看，学院形象永远是动态的。社会在变迁，时空在推移，学院在发展，一切都处于动态变化进程之中，故学院形象不应该是封闭、僵化、凝固的，而应是一个动态开放系统。学院形象塑造与提升本身不是一个状态量、瞬间量、突变量，而是一个过程量、渐变量，过程本身即意味着动态变化与发展，这就是学院形象的动态性。学院形象的动态性要求学院要主动适应社会变迁，主动调整学院形象定位，不断提升学院形象。马萨诸塞技术学院就是靠着"开创未来的精神"，不断自我调整与自我完善学院的形象，才发展成为一所学科综合发展的一流名牌大学。正如马萨诸塞技术学院一位院长所说，马萨诸塞技术学院"是一所从不抱着过去的成就向后看，而是创造未来向前看的大学"[①]。

（三）综合性与多维性的统一

学院形象的形成，不是内外公众对学院个别形象的认知结果，而是公众从不同方面、不同角度对学院具体形象要素与具体组织行为进行全面考察而形成的整体印象和评价。因而，学院形象具有综合性的特征。学院形象的综合性特征，不

---

① 王全林. 大学形象的特征与价值. 池州学院学报，2009（2）：116-119.

仅要求学院形象塑造与提升应站在整体的高度，还要求其所有组织行为与客观现实的各个环节、各个组成元素，在各自的岗位上为学院整体形象全面服务，而不是各自为政、各行其是。

学院整体形象是由要素构成并通过要素展示给公众的，由于内外公众对学院有不同的主体需求与心理感受，这就使得学院形象在以整体折射的同时又呈现出多维性、多面性的特征。学院形象的多维性，要求学院以整体形象塑造为出发点，以多维形象特质为着力点，寓整体性于多维性之中，从学院形象的多重构成要素着手，抓好多方面建设，不断提高形象要素的水平，以多维良好形象特质呈现给特定的公众，满足各类公众不同的形象需求，从而从根本上提高学院整体形象。

（四）独特性与价值性的统一

位于不同类型高校的学院，其办学思想、办学模式、教育目标、教育思想、办学层次、服务面向等有不同的定位，因而形成不同的办学风格和特点，反映了学院在社会公众中独具个性的形象特征。学院形象的独特性，要求学院追求特色发展、个性发展、差异发展，在高等教育的发展中找好自己的位置，明确自身的优势和特色，为社会培养合格的专门人才、为社会发展做出自己独有的贡献。

学院既是人才培养的教学中心，又是科学研究的研发中心。学院通过培养优秀人才，解决科技关键技术，推动社会经济迅速发展。学院的人才培养和科学研究特性使其形象被赋予一定的附加值，即学院形象能够为学校和学院带来价值和创造价值，它作为一种品牌形象，是学校的一笔宝贵的无形资产。学院形象的价值性，反映了高校和学院对社会的影响力，以及社会公众和高校内部成员对高校及学院的认同感。

三、学院形象塑造和提升的意义

（一）学院形象塑造和提升有利于增强学院师生的凝聚力

学院形象就好比是一面旗帜，它能够起到凝聚人心、鼓舞士气、激励斗志的作用。良好的学院形象能带来"人和"的境界和"家"的感受，师生员工置身于学院形象的辐射之中，由此产生一种强烈的认同感、归属感和荣誉感，以自己是某某大学某某学院人而自豪，士气高昂，信心倍增，把自己的前途、命运寄托于学院的发展，以全部潜能投身学院工作；良好的学院形象有利于提高师生员工的思想境界，激发师生员工强烈的使命感、责任感，激励他们自觉地把自己的命运同学院发展前途联系起来，努力学习工作，自觉地为学院的发展出力流汗，自觉地呵护学院形象。

（二）学院形象塑造和提升有利于提高学院的竞争力

学院形象是学院可持续发展的重要动力。预期理想的学院形象作为学院发展的目标和动力，必将规范、指导学院的组织行为，并最终使学院的客观现实与理想形象趋合。一般来说，学院预期形象与目前客观现实间存在着较大差距，多表现为学院形象目标高于学院客观现实状态，这种差距正是学院可持续发展的动力所在，消除差距正是学院组织行为的努力方向。随着广大师生员工的努力，学院的办学实力、办学水平逐步得到提升，学院现实形象接近或达到预期形象。这时，学院又会提出更高、更新的理想形象，并进一步推动学院的组织行为与客观现实的创新。因此，学院形象塑造与提升的过程，也正是学院可持续发展、不断提高竞争力的过程。

良好的学院形象以学院学科水平、办学声誉、著名校友等为标志，以办学实力、教育质量为保证。它可以占据社会公众的心理，增强学校、社会公众对学院发展的信心，从而使学院获得更多资源，推动学院快速发展。同时，良好的学院形象从一个侧面凸显了学院在学校和社会的地位，喻示着学院美好的发展前景，可以为优秀人才提供施展才华的广阔舞台，因此，既能稳定校内优秀人才，又有利于吸引国内外优秀人才。塑造良好的学院形象，可以使学院在学校、社会的激烈竞争中赢得有利位置，提升自己的竞争力。

（三）学院形象塑造和提升有利于提高学院师生行为的规范力

学院形象以无形的学院内在精神或有形的学院外部标识，构成学院教育环境，学院师生员工置身其中，无疑会增强幸运感、自豪感与使命感，会自觉规范言行和维护学院形象。

人人都是形象，都是学院的代表，他们的一言一行、一举一动都代表着学院的对外形象。他们对外打交道的过程，本身就代表着学院的形象。所以，把塑造良好的学院形象变为学院师生员工行为和行动的指导思想，不仅可以有效地利用人际传播途径提高学院的知名度，还可以在这种思想的指导下改进学院师生员工的工作态度和工作方法，对外展示学院的良好形象。同时，塑造良好的学院形象，有利于学院师生员工树立清晰的学院形象概念，使其在与学院外部人员交往时，自觉注意自己的形象，并有意识地宣传自己的学院，开展自主、有目的的公关活动。良好的学院形象还可以潜移默化地影响人、教育人，如学院精神，已有学者研究指出，"心理学研究表明：学校精神在个体心理所形成的情景记忆是持久的、鲜明的和强烈的，会迁移到人的认知风格及人格各个方面。已毕业的大学生中有 78% 的人认为：大学是人生最美好的时光"[①]。

第二节 学院形象的要素

一、CIS 理论与学院形象塑造

（一）CIS 理论

20 世纪 30 年代初，为了让自己的产品站稳市场，美国著名设计师雷蒙德·罗维（Raymond F. Loewy）等提出了 CIS（Corporate Identity System）理论，即"企业识别系统"或"形象识别系统"。CIS 的功能就是通过统一的整体传达系统将企业文化转化为企业形象使社会公众产生认同感。CIS 包括理念识别系统（mind identity system，MIS）、行为识别系统（behavior identity system，BIS）、视觉识别系统（visual identity system，VIS）三部分[②]。

理念识别系统，是指企业在经营上希望达到的理想境界和最高准则，是企业追求利益、经营战略战术的核心，包括企业独特的经营哲学、宗旨、目标、精神、道德、作风等企业文化系统。它是 CIS 的灵魂，是企业精神所在，也是整个系统运作的原动力。它影响着企业内部的活力和制度、组织的管理和教育，并扩及对社会公益活动的参与规划。它对行为识别系统和视觉识别系统具有决定作用，并通过这两者表现出来。

行为识别系统，是指在企业理念统帅下，企业组织的各项活动及全体员工的言行所表现出的统一、规范、有特色的行为方式，是企业形象的动态识别形式。其实施对象包括对内行为（如员工考评行为、员工激励行为、员工岗位行为、领导决策行为等）和对外行为（如履约行为、竞争行为、服务行为、广告行为、推销行为、公关行为等）两个层面。

视觉识别系统，是指一个企业用其独特的名称、标志、标准字、标准色等视

---

① 张建卫. 高校精神和创造力教育. 上海高教研究，1997（3）：16-20.

② 周宏武. 高校导入 CIS 策略刍议. 同济大学学报（社会科学版），2004（2）：76-80.

觉要素对外传达企业的经营理念与情报信息，是企业识别系统中最具有传播力和感染力的要素。它可以通过对企业外观要素形式化改造，赋予其反映企业精神的标识，使人们通过视觉形象接触认识企业，从而提升和扩大其知名度。其实施需要借助物质载体，如厂房、店铺、广告牌、产品外观包装等。

一般来说，企业导入 CIS，首先通过理念识别系统对企业灵魂进行塑造；其次，行为识别系统将企业理念转化为企业行为的"物化过程"，通过企业的行为传播出去，使企业形象得以树立；最后，视觉识别系统将企业标识符号化、视觉化。三个系统有机结合，各自承担不同的功能，相互作用，共同塑造企业形象。

（二）基于 CIS 理论的学院形象塑造

随着高等教育的普及化，大学与学院形象越来越受到方方面面的重视，不少专家学者认为可以借鉴 CIS 理论对大学与学院形象进行塑造。

高校形象识别系统（university identity system，UIS），是基于 CIS 设立的，旨在将高校的办学理念和精神文化通过视觉设计与行为的展现，运用统一的整体的传达系统传递给社会大众，将高校文化外化为高校形象，使社会对学校产生一致的认同感与价值观。

根据 CIS 理论，高校形象塑造的内容主要包括高校理念形象、高校行为形象、高校视觉形象三个部分。其中，高校理念形象具体主要包括高校精神、院训、办学定位等；高校行为形象包括师生行为、人才培养、教学科研、社会服务、合作与交流等；高校视觉形象包括学校环境、学校标识等。

在高校形象塑造的内容中，理念形象是高校形象的灵魂和核心，行为形象和视觉形象则是理念形象的外在表现，三者互相渗透，共同构成了高校形象的有机整体[①]。

导入 CIS 理论是学校形象塑造的一个行之有效的方法。许多高校在运用 CIS 理论的实践中取得了很好的效果，形成了自身的品牌特色与口碑，提升了学校的知名度与美誉度。比如哈佛大学、耶鲁大学等著名高校注重自身形象塑造，构建了鲜明的校园文化与大学形象[②]。

二、学院形象的基本构成

学院形象是由各种因素构建而成的，能够影响学院外在形象和内在形象实现

---

① 邓萍. 湖南师范大学体育学院形象塑造研究. 湖南师范大学硕士学位论文，2005.
② 石海玉. 基于 CIS 战略的女子高校形象塑造. 中华女子学院学报，2022（5）：87-93.

其效能的因素，构成了不同维度的学院具体形象。

（一）学院整体形象

学院整体形象是学院内在素质和外在表现在公众心目中的总体印象和评价，是学院多方面的综合体现与反映，是对学院及其行为的概括性认知。学院整体形象主要包括表层形象和深层形象两部分。表层形象是学院形象的硬件，包括先进的教学仪器设备、校园环境、师资队伍、国家重点实验室、工程技术中心、博士和硕士学位点、重点学科等；深层形象是学院形象的软件，主要包括学院精神、办学宗旨、学科特色、校园文化、管理水平、院风院训等。学院的深层形象与表层形象是相互联系、相互依赖的，前者是后者的支柱和根据，后者是前者的外在表现。学院形象的塑造主要依靠学院的深层形象，但又离不开学院的表层形象，两者相互促进，对学院整体形象产生效应。

不同实力、不同层次的学校和学院应有不同特色及层次的形象目标，如一流大学的一流学院应树立"追求卓越"的形象目标，地方大学一般学院应追求富有个性、标新立异的形象目标。同时，学院形象目标要随着学校和学院内外条件和社会环境的变化进行相应的调整。只有这样，才能保持学院目标形象和实际形象相一致，避免形象错位。

（二）学院领导形象

学院领导形象是学院领导在执行学院大学教育、管理、服务过程中体现出来的个人和集体的各种能力的综合表现。学院领导肩负着管理育人的重要使命，是学院理想形象的总设计师和学院实际形象的主要塑造者，因此，他们的道德素质、文化素质、专业技术素质、身心素质，以及性格、个性、处世态度、办事效率等都会对学院形象产生直接影响。

学院领导形象分为学院领导层形象和学院领导个体形象两大类。学院领导层形象，是指学院领导班子的整体形象，它是个体领导形象的抽象形式。学院领导层形象，既表现在学院管理决策和执行过程中，又表现在领导班子的团结程度上。学院领导个体形象是指某一个学院领导个人的各种能力的综合表现，主要包括领导的品位、知识、本领、地位和权力等因素。尤其是学院的个人形象对学院形象的形成和发展具有举足轻重的作用。

学院领导应着力从四个方面树立形象，一是树立求知求真的知识形象，即追求知识，追求真理，坚持用科学的理论武装头脑；二是树立优质高效的公仆形象，即全心全意为教学科研一线服务，热心、耐心、细心、优质、高效、周到；三是树立求异创新的改革形象，即开拓创新，不拘俗套，有新思路、新举措；四是廉洁奉公的清正形象，即廉洁自律、奉公守纪、胸怀坦荡、正派做人①。

（三）学院师生形象

学院师生形象是学院师生的精神面貌、综合素质、文化水准以及仪表装束等给公众的整体印象。学院师生是大学信息最广泛、最直接的传播者，学院的社会地位、形象，在很大程度上取决于学院师生的形象。学院师生作为学院的代表，参与校内外活动所表现出来的一切特征，既展示着学院整体形象，又成为影响学院形象的重要因素。学院师生在学院形象的形成和表演过程中，扮演着双重角色，他们既是展示学院形象的"演员"，又是学院形象的"评审官"。

学院师生形象包括学院教师形象和学院学生形象。教育作为文化传播手段，具有传承和创造文化的功能。高等学校传承、创造文化的主体是教师，因此，教师形象便是学院形象的重要组成部分和学院内在精神的外在体现，一些学校和学院由于拥有众多的著名教授而声名远播的道理就在于此。一流的师资是构建大学形象的主体内容，正如哈佛大学原校长科南特（Jams B. Conant）所言："大学荣誉不在它的校舍和人数，而在于它的一代代教师质量，学校要立得住脚，教师一定要有特色。"②

学院教师要从以下四个方面树立形象：一是树立甘于奉献的红烛形象，即教师要具有甘于奉献、不计报酬、燃烧自己、照亮别人的红烛精神；二是树立为人师表的楷模形象，即要做到身正为师、学高为范，用自己的人格、情趣、意志、知识和才能熏陶感染学生；三是树立严谨治学的学者形象，即具有刻苦钻研的精神、追求真理的态度，做到业务基础深厚、文化修养广泛、创造才能卓越；四是树立诲人不倦的师长形象，即关心和爱护学生、因材施教、循循善诱。塑造良好的教师形象，既是提高教师自身素质的需要，更是培养社会主义建设者和接班人的需要。

优秀的大学学生群体，同样是构建学院形象的"主力军"。学生形象如同企业的"产品"形象，不仅是学院办学水平的外在体现和综合反映，还是学院形象的基础。世界上大学形象最美的著名高校和学院，无不得益于其培养的一代又一代高质量学生，一所大学和学院只有英才辈出，才能对这所大学形象和学院形象

---

① 尹志国，沙志平. 浅议高等学校的形象设计. 江苏理工大学学报（社会科学版），1999（4）：44-46+61.

② 郑秀英，石冰洁，郭广生. 对高校形象问题的探讨. 中国高教研究，2001（12）：65-66.

起到积极的传播作用，大学、学院才能有无穷的生命力。大学生的核心竞争力主要包括价值体系、行为能力和个人形象三个构成要素。结合 CIS 理论，大学生核心竞争力的培养主要通过基于理念识别的价值体系塑造、基于行为识别的行为能力培养与基于视觉识别的个人形象提升三条路径[①]。

学院师生的素养从一个特定的角度影响着学院的形象，他们在公众场合的形象，哪怕是微量地作用于学院形象，都将对学院形象造成"振动"。因此，学院师生形象对学院形象的形成和维护具有举足轻重的作用，是学院形象构成的"骨架"。

（四）学院学术形象

学院学术形象是指学院教学质量、学科水平、科研成果、社会服务等学术水平在公众中的总体印象。学术形象是构成学院形象的重要部分。

教学质量是学院落实立德树人教育方针、人才培养情况的综合反映，体现的是毕业生的就业率和就业质量，影响的是学院的新生报考志愿率和生源质量。学院教学质量高，毕业生就容易就业，就业的单位就好，薪水就高。高水平和高质量的就业会吸引更多优秀学子报考该学院，优秀学子又会使学院教学质量进一步提高，形成良性循环。学院学科水平指学院博士、硕士学科点的多少，国家和省级重点学科的数量等，是学院学科建设的客观反映。学科建设水平高，学院从事科学研究的博士、硕士群体就大，就为高水平的科研产出提供了人才基础。学院科研成果表现在高档次的科研项目、高质量的论文、成果、社会服务等的产出。国家级的科研平台、科研项目、科研成果是衡量学院学术水平的重要指标，是学院形象的核心内容。

学术水平是学术信念、学术理想、学术权力和学术道德由内及外的反映，正如蔡元培所言："大学者，研究高深学问者也。"[②]当今，学术腐败现象侵蚀着学院学术风气，杜绝学术腐败成为捍卫学院形象的重要任务。因此，树立学院学术形象，必须杜绝学术欺骗，弘扬"学术至上"。学院只有抓住学科建设的主线，建设一批顶尖学科，发展一批新的研究领域，创造一流的成果，才能体现学院学术形象的风采[③]。

---

① 吴琼，冯丹. CIS 理论下独立学院大学生核心竞争力培养路径研究. 科教导刊，2023（4）：37-39.
② 梁柱. 蔡元培与北京大学. 修订本. 北京：北京大学出版社，1996：11.
③ 刘潮临. 论大学形象. 湖北社会科学，2003（10）：76-77.

（五）学院环境形象

学院环境形象是学院内外教学科研和生活条件的总体表现，它好像一个人的外观，反映着学院的整体管理水平、办学实力和精神风貌。

学院环境形象主要包括学院自然环境形象、室内管理形象和学院文化环境形象。学院良好的环境形象主要体现在要有一个绿化、美化、优化的自然环境，可以以现有环境为基础，进行校园相关要素的合理规划与优化。如建设标志性建筑、植物造景、水榭、雕塑等，对生活区、运动区设施进行改造与升级等①，达到"借山光以悦人性，假湖水以静心情"的育人效果。室内管理形象是指学院办公实验楼内干净明亮，物品摆放整齐，没有各种视觉污染，充分体现出学院特有的文化内涵与风格，给予人强烈的美感与文化熏陶。学院文化环境形象是指学院文化氛围、文化气息浓厚。学院从培养社会主义建设者和接班人的高度，大力加强校园文化建设，积极营造追求科学、崇尚科学、知识、真理的校园精神，树立起学院特有的生机盎然的"书香学院"的文化形象。

（六）学院公共媒介形象

学院公共媒介形象是通过媒介传播方式传递给社会、学校的总体印象。公共媒介形象是学院形象的一个重要"窗口"，既传递着社会公众对学院总体印象和评价态度的信息，又传递着学院形象对外宣传的全部信息。

强化学院公共媒介形象管理意识，对学院形象有着十分重要的补益作用；反之，则对学院形象产生较大损伤。学院形象不是靠自吹自擂、刻意装饰的手段树立起来的，但却离不开公众传播媒介的宣传。树立良好的公共媒介形象，通过媒介实现与广大公众的沟通，可以使社会、学校更了解学院，争取公众对学院的理解和信赖，从而更关心和支持学院；同时，学院借助大众传媒工具的"广告效应"，在公共媒介中树立持久的、有影响力的形象，又可以吸引人才、招揽生源，为提高办学质量和办学效益创造良好氛围。因此，树立学院公共媒介形象是学院形象构建的重要途径。

三、学院形象的构成要素

借鉴 CIS 理论，结合高校的特点，学院形象由三大要素组成：学院理念形

---

① 马岳，李艳. 独立学院转设背景下的昆明文理学院品牌形象塑造. 时代人物，2022（21）：162-166.

象、学院行为形象和学院视觉形象。学院理念形象是核心、是灵魂、是先导，但并不能直接转化为学院形象，必须通过行为形象来展示学院形象，通过视觉形象传播学院形象。

（一）学院理念形象

"理念"最早出现在古希腊柏拉图的著作里，属于思想、意识的范畴。学院理念是学院一切活动的基础和灵魂，是学院学术思想、院风、学风以及校园文化的浓缩，属于思想、文化意识层面，是学院形象的核心部分。学院理念形象具体包括学院精神、院训、办学定位等。

（1）学院精神。学院精神是学院形象的灵魂，是学院形象塑造的思想基础。学院精神是学院在长期的办学实践中形成的具有自身文化气质的精神形式和文明成果，既有现代大学普遍意义上的精神内容，同时又体现学院特有的价值取向及精神风貌，是对学院师生理想信念和追求的集中诠释。学院精神贯穿于学院的功能定位、制度安排、校园文化、教职工素质和工作过程等各方面，是学院区别于其他学院的特殊风格。

（2）院训。院训是学院形象的静态呈现，也是学院办学理念和精神的物态表达。院训是学院历史、办学特色、办学宗旨和社会责任的凝练，又是价值目标和精神理念的承载，反映学院办学理念并要求全院师生共同遵守的准则。例如，湖南师范大学体育学院院训是"厚载博学，行健自强"。"厚载"取自《周易》中的"君子以厚德载物"，意指以深厚的德泽育人利物，是对德育方面的要求；"博学"指学识渊博，是对智育方面的要求；"行健自强"取自《周易·乾象》曰："天行健，君子以自强不息。""行"是对实践方面的要求；"自强"是体育精神的体现，是对意志品格的要求①。

（3）办学定位。"办学定位"是根据社会政治、经济和文化发展的需要及自身条件和所处的环境，从学院的办学传统与现状出发，准确把握学院自身角色并确定服务方向、发展目标及任务而进行的一系列的前瞻性战略思考和规划活动。

潘懋元先生认为，学校的定位应主要包括对象定位、形式定位、层次定位、类型定位、特色定位、服务方向定位、规模定位七个方面②。结合学院实际，学院办学应从以下方面做好定位：一是规模定位，即依据社会需要、根据学院师资和办学条件，确定学院办学规模；二是层次定位，即根据学院学科建设水平，确

---

① 邓萍. 湖南师范大学体育学院形象塑造研究. 湖南师范大学硕士学位论文，2005.

② 转引自邓萍. 湖南师范大学体育学院形象塑造研究. 湖南师范大学硕士学位论文，2005.

定人才培养的层次；三是类型定位，即根据学校、学院类型，确定培养何种专长或何种学科的人才；四是服务面向定位，即根据学院办学水平，确定学院人才培养、科学研究和社会服务等方面的服务范围及服务层次；五是特色定位，即按照特色发展、个性发展、错位发展的要求，培养与同层同类学院相比有独特优势的人才。

（二）学院行为形象

学院行为是学院理念的外化，学院的一切行为都是在学院办学理念指导下进行的。学院形象往往是社会公众通过学院的实际行为来进行认知与评价的，因此，学院行为形象对学院形象的影响更直接、更客观。

学院行为形象以明确完善的学院办学理念为指导，显现为学院内部的组织、管理、教育等行为以及对外联系宣传、公共关系等。具体包括对内和对外两个方面，对内主要包括人才培养、科学研究、学科建设、环境规划等方面，对外主要包括公共关系、社会服务、公益活动等。学院形象以育人为本，通过教学、科研和社会服务，培养造就高素质人才、服务国家发展战略和地方经济发展是学院形象的生命线。因此，学院行为形象的核心要素是教学、科研和社会服务。

（1）人才培养形象。立德树人，为社会主义现代化建设培育合格的建设者和接班人是高校的重要使命，因此，人才培养形象是学院行为形象最重要的构成要素。衡量学院人才培养形象的指标主要包括师资水平、专业水平、教学质量工程成效、毕业生就业数量和质量等。

塑造和提升学院人才培养形象，第一，要牢固树立教学中心的地位，确保高级职称的老师积极参加本科生课堂教学，每位老师要确保把主要精力、时间用于教学。第二，要提高师资队伍水平。要坚持引育并举，建设一支思想道德过硬、业务水平精湛的高水平教师队伍。要改革职称晋升、绩效分配等办法，加大教学的考核力度，鼓励教师潜心教学，不断改进教学方法，提高教书育人效果。第三，要加强专业建设。以国家一流专业建设为标准，抓好培养方案修订、课程建设、教学方法、考核方法等改革。第四，认真抓好教学质量工程建设。要树立"主动抓、经常抓、持续抓"的意识，采取扎实措施，争取在一流专业、一流课程、实验教学示范中心、教学名师等质量工程项目上不断获得突破。第五，要重视就业创业。就业数量和质量是衡量人才培养质量的重要指标，学院要高度重视这些指标，主要领导要亲自挂帅，广大教师要广泛参与，为学生提供就业指导和就业信息、就业岗位，不断提高学院毕业生的就业率和就业质量。

（2）科学研究形象。一方面，科学技术是第一生产力，时代进步离不开科学技术的发展，高校作为科研的重要力量，对科学技术的发展具有重要的推动作用；另一方面，学校的科研又与学科建设紧密相连、密切相关。因此，学院科学研究形象主要包括学位点的数量、重点学科的水平、学科平台、科研产出等指标。

塑造和提升学院科学研究形象，第一，要找准学院科学研究的重点。重点大学一流学院要面向世界科技前沿、面向经济主战场、面向国家重大需求、面向人民生命健康，在实现重大原始创新突破上下功夫、在攻克"卡脖子"问题的基础理论和关键技术上下功夫，为实现国家科技自立自强做贡献。地方高校的学院要依托学院当地的区位优势和资源特色开展科学研究，形成科研特色和科研优势，努力为区域经济发展做贡献。第二，要加强学科建设，争取在学位点的建设上不断实现数量和层次的突破和提升。因为学位点的层次高低和数量的多少是学院培养高层次人才的能力大小和水平高低的集中体现，是凸显学院形象的主要"高地"之一，其辐射力度大、强度高、距离远、扩散能力强，在高教界、科技界以及高新技术等产业界，都能给学院带来特别良好的形象效果。第三，要搭建一流学科平台，包括国家、省级重点学科、重点实验室、工程中心等，为高水平的科研提供技术支撑。第四，要产出一流成果，包括高水平的论文、专著、科研成果等。要不断凝练学科方向，集中优势资源，争取国家重大项目，组织学科团队，坚持持续创新，为建设科技强国、实现中华民族伟大复兴做出贡献。

（3）社会服务形象。社会服务即为满足社会需求提供相关服务的社会活动。学院社会服务能力水平的高低是影响学院声誉、办学、发展的重要因素，高度重视学院社会服务能力水平的提升，全面推进学院社会服务工作是新时代赋予学院的重要职能使命。

塑造和提升学院社会服务形象，第一，要提高思想认识水平，形成全院共识。习近平总书记在2016年全国高校思想政治工作会议上强调："我国高等教育发展方向要同我国发展的现实目标和未来方向紧密联系在一起，为人民服务，为中国共产党治国理政服务，为巩固和发展中国特色社会主义制度服务，为改革开放和社会主义现代化建设服务。"[①]"四个服务"是高等教育发展的初心使命，更是高等教育的责任担当，为新时代高校开展全面社会服务指明了方向。第二，要加强和改进传统的社会服务模式，如打造高水平智库，突出问题导向、应用导

---

① 习近平. 在全国高校思想政治工作会议上的讲话.（2016-12-08）. http://www.moe.gov.cn/jyb-xwfb/s6052/moe-838/201612/t20161208-291306.html.

向，为区域经济建设提供具有前瞻性、针对性、有效性的决策分析报告；持续加强以政府、企业、研究机构为主体的产学研合作等。第三，探索创新社会服务模式。建立健全激励制度，鼓励教师深入生产一线，解决生产上的科研难题，为企业服务，为地方经济服务，把论文写在祖国大地上。

（4）国际合作交流形象。教育的国际化水平是衡量大学办学实力的重要标志，是学院形象的重要构成要素。经济的全球化推动了国际教育的发展，教育的国际化加强了国家与国家之间教育资源的交流，加强国际高校之间的交流与合作是未来教育发展的必然趋势，国际文化交流与合作是建设世界一流大学的基本战略方针。学院国际合作交流形象主要包括教师国际化水平、合作交流内容、合作办学项目等内容。

塑造和提升学院国际合作交流形象，第一，要重视教师队伍的国际化建设。要不断派出骨干教师或学术带头人到教育发达国家开展合作科研、进修学习和参加国际学术会议。学院要积极承办国际学术会议，同时加大外籍教师的聘用力度，接收外籍教师和专家学者来院讲学、任教或合作研究，为学院创造良好的国际氛围。第二，要积极推动双向留学事业的发展。要构建起项目多元、类别完备、特色发展的来华留学教育体系，涵盖学士、硕士、博士等各类培养层次，接收外国留学生来院进修、交流或学习深造，同时，坚持"走出去"的国际化教育理念，积极促进在校学生国际化视野的培养以及国际化竞争能力的提高，派出在校生赴国外知名高校交流、合作培养等。第三，要积极发展中外合作办学事业。坚持国际化办学方向，加大优质教育资源的引进力度，开展中外合作办学项目。通过中外合作办学，不仅可以借鉴吸收国外先进的课程设置、教学内容和教学方式，促进学科和专业建设的国际化发展，还可以培养具有良好国际沟通能力和国际竞争能力的创新型人才。

（三）学院视觉形象

学院形象形成是一个长期的积累过程，也是一个复杂的系统工程，内在质量的塑造固然重要，但良好外部形象的塑造也不容忽视。只有内外兼修，才能不断提升学院的核心竞争力，才能在日益激烈的资源竞争中处于有利的地位。学院视觉形象主要包括学院标志性建筑、室内环境形象、学院文化形象等。

塑造和提升学院视觉形象，第一，要有标志性符号，如标志性建筑、植物造景、水榭、雕塑等。学院形象经常是通过校园风物来再现的。校园风物是一定历史时期、一定教育思想、一定艺术设计和技术的校园建筑设施的结晶，凝聚着一所大学和学院的历史文化底蕴和文化品位，对学院精神和学院形象的形成、发展、传承起着"润物细无声"的影响与昭示作用。如人们总是将未名湖与北京大学相联系，将荷塘月色与清华大学相联系。第二，要有良好的室内环境。办公实验楼内外要整洁与美观，做到地面上无杂物、无污水，墙壁上无灰尘、无蛛网、无乱贴乱写乱画，门窗玻璃无尘土，窗台桌面上无乱置，垃圾无乱扔乱倒，从细微之处体现学院的精细管理、美好形象。第三，要有文化气息。要高度重视文化育人的作用，建设具有学院特色的文化阵地和宣传橱窗，教室、办公室、寝室要布置美观，真正实现"每一面墙壁都说话，每一个角落都育人"。学院标识文化建设要得到加强，学院精神、院训等要在学院醒目处彰显。

第三节 学院形象的塑造

一、学院形象塑造的基本原则

（一）独立设计，特色鲜明

特色是学院形象塑造的生命线。"所谓特色，是根据事物现实的特殊性，表现事物发展规律，它以遵循事物发展的一般规律为前提，解决具体事物的具体矛盾。"①由于不同高校、不同学院自身的文化承袭背景不同，受所处地区人文历史景观的熏染和地区经济文化发展的影响各异，加上不同类别和不同层次高校、学院的目标、任务不尽一致，客观上也要求不同学院形象的塑造不能千篇一律，而应根据自己独特的地理位置、文化积淀和目标任务，以学院的科学定位为前提，从学院精神、院训到师德师风，从教书育人到管理、服务育人，从校园文化到校园环境都要进行富有特色的设计，凸显学院的精神与个性，彰显学院文化特色，以特色赢得公众的目光和持久的记忆。

（二）强化主体，育人为本

学院的主体是教师和学生。教师是传道、授业、解惑的文化传递者，他们的道德情操、处世方式、行为准则、治学态度等，在学院精神文化的形成和发展中起着极其重要的作用。教师的教学和科研水平直接关系到学院的整体水平和整体形象。学生既是学院形象塑造的参与者，也是学院形象的最直接的体现者。学院

---

① 赵弘，郭继丰. 知识经济呼唤中国：为21世纪运筹. 北京：改革出版社，1998：35.

办学质量如何，最终体现在其培养的学生身上，杰出的校友和优秀的在校大学生，是构建学院形象的"主力军"。因此，学院形象塑造必须充分发挥教师和学生的主体作用。

育人是学院最基本的职能。良好的学院形象不仅能够吸引更多的优秀学子报考学院，优质的生源为学院培养优秀人才奠定了坚实的基础，还有利于学院争取更多的资源，为学院人才培养提供优越条件。学院的形象塑造也需要全院教师、学生的共同参与，使其成为所有教师和学生的共识，并将形象塑造的措施充分渗透到学院各部门以及每位师生的行为中，成为共同自觉遵守的行为规范与准则，学生在学院形象塑造的过程中成长、成才。

（三）立足长远，动态调整

学院形象的塑造是一个长期的过程，一所真正的名牌大学一定是有着深厚底蕴的大学，它是经过长期岁月洗礼和文化积淀而造就的。真正一流的学院应该有一流的教育理念、一流的师资、一流"产品"——人才，因此，学院形象的塑造应当立足长远，切忌急功近利，盲目求高、求大、求全，要立足现状，做好长远规划，注重内涵式发展，一步一个脚印，不断塑造和提升。

大学形象塑造是一个动态的发展过程。从构想到实施的过程中，各部分的内容应随着环境的变化而不断调整。同时，形象目标还应随着时代的发展，在实践中不断完善和提高。

（四）统一规划，分步实施

学院形象塑造是一项系统工程，必须自上而下、科学地进行统一规划。对学院内外环境、形象进行客观辨识分析之后，学院就要明确自己的定位和战略目标，对学院理念形象、行为形象、视觉形象进行具有先进性、现实性的总体规划和设计。在整体规划的前提下，细化分阶段的目标和建设策略，一步一步促进分阶段目标的实现，不断塑造和提高学院形象，最终达到总体目标的实现。

二、学院形象塑造的程序

（一）学院形象调研诊断阶段

学院形象调研诊断是指学院对自身现状进行客观、准确的调查研究，并对自己生存的外部空间和内部条件做出准确的分析和判断，实事求是地估量自己的优势和劣势，以确立学院合适的发展定位，这是学院形象塑造的出发点和依据。

学院形象调研诊断的主要工作，一是调研，即对学院基本状况、总体形象及现有的形象识别要素等展开细致调研；二是诊断，即从优势、劣势、机遇和威胁四个方面对学院所处的宏观环境、微观环境进行分析，明确学院目前的症结，提出形象塑造的初步建议。在此阶段，从调研、诊断到建议报告形成，都要广泛征求学校各部门和学院教职工生的意见，以使诊断更客观、更准确、更科学。

（二）学院形象策划设计阶段

根据前期调研诊断情况，遵循学院形象塑造的原则，对学院形象进行策划设计，提出学院形象的基本设想。学院形象策划设计的依据是对学院现状形成的原因进行分析和准确判断，其核心是确定学院形象塑造要达到的目标及相应措施，包括确定学院办学理念、学院精神、院训、学院特色定位等，培养学院共同的价值观，形成特有的学院精神文化；制定制度将学院办学理念"条文化"，培养特有的学院制度与行为文化；加强建筑、设备、装饰等规划，突出学院办学特色，体现学院办学理念的特点，形成特有的学院物质文化。学院形象三大元素（学院理念形象、行为形象和视觉形象）都应具有识别意义，紧紧围绕前期所选择的切入点，时刻注意其可行性。每部分都要经历设计定位、优选方案、再加工和审定等环节，并且还需要技术评估、反复测试、论证修正等步骤，举一反三，才可最终确定。设计方案要反复征求学校职能部门和学院教职工生的意见，并经学院教代会讨论通过。

（三）学院形象塑造传播阶段

学院整体形象的推广和传播，是学院理念形象、行为形象和视觉形象的推广与传播三个方面协调运作的过程。第一，在学院广泛宣传学院形象战略，给予广大师生员工全方位的感受与感悟，从内部开创学院的新面貌、新气象。第二，在学院实施形象塑造的同时，根据不同的传播对象，选择不同的传播媒体（包括新闻媒介、校报和互联网等）介入，选择适当的时间和地点，以适当的方式，向学校、社会公众告知学院形象塑造战略的消息和形象的具体内容，扩大社会影响力。第三，借助规章制度反复强化学院形象。良好的制度可以规范学生的行为，使其符合集体的利益，遵守正常的教学秩序、生活秩序和工作秩序，从而使青年学生在制度的约束下逐步养成良好的行为习惯，进而使学院形象塑造顺利实施。第四，借助良好风气使学院形象潜移默化。在学院形象塑造和传播过程中，要倡导良好地贯彻学院形象的风气，使多数人受到感染，形成积极向上的风气。

为保证形象塑造目标的实现，在学院形象塑造的过程中，学院要制定相应的实施细则，同时，在实施过程中，还要建立监督保障机制并制定防范措施，进行科学的管理，保证形象塑造向预期目标发展。

（四）学院形象反馈调整阶段

反馈调整阶段是学院根据形势和环境的变化、计划执行的实际情况，不断调整、修正学院预期形象的动态过程。学院形象的反馈与调整依赖对学院形象塑造过程的实时反馈监测。反馈监测的内容包括对学院形象塑造活动的单项检测和学院整体形象变化检测。通过检测，分析树立起来的学院形象和目标形象间的差距，肯定成绩、发现问题，纠正偏差，矫正行为，进而调整和改进学院形象管理，能够为使学院形象进入更高的阶段提供依据，为学院形象塑造赋予新的时代内涵。另外，国家政策、国内外教育发展形势和环境发生变化，学院形象也必须做出相应的动态调整。

三、学院形象塑造的策略

（一）因地制宜，科学的形象定位是学院形象塑造的基础

科学定位学院形象是塑造形象的首要问题。准确定位作为指导一切办学活动的指挥棒，是办好大学和学院的前提。品牌定位作为品牌塑造的根基，是取得消费者及社会各界认可与选择的重要手段，特别是处在如今激烈的高校竞争环境生态之中，这将直接影响品牌成功与否[①]。

我国幅员辽阔，国情复杂，地区之间的经济和社会发展存在差异，各行各业需要的人才也不尽相同，这就决定高等教育发展应当多层次化。同时，我国高校众多，各个高校历史渊源、办学条件、学科性质、社会环境等不尽相同，办学实力、教学科研水平相差较大，这就决定了高校、学院应当科学地分析社会需求和自身实力，在高等教育领域内和学校校内，因地制宜，实事求是地进行科学定位，选择适合自己发展的空间和发展方向，塑造学院的特有形象。

与大学一样，学院在考虑自己的定位时，首先要注意区域性。香港科技大学原校长吴家玮认为"一所好的大学在一区域里，等于一条鱼在水缸里，拿出来就

---

① 王雨烟. 独立学院"转设"背景下的品牌重塑研究：以四川大学锦城学院为例. 电子科技大学硕士学位论文，2022.

会干死。一所大学清楚在国家、地区和不同阶段发展情况，比如属于哪种类型，与别的学校又有何区别等等，这些都考虑在内才会定位清楚"①。学院只有利用区位优势和当地资源优势，不断发展自己的优势，才能以自己独特的形象展示在公众面前。其次，要注意阶段性。一所著名的大学，不是短时间就可以建成的。牛津大学、剑桥大学、哈佛大学，以及北京大学和清华大学，这些著名大学都是经历了长期的历史发展过程而形成的。学院处于不同的发展阶段，师资水平、教学、科研、社会服务能力会有很大差别，因此，学院的定位一定要立足当前需要现实，找准对标系，制定切实可行的目标，注意体现学院形象特色和风格，切忌超阶段、图高大、不切实际。学院的发展规划应该是台阶式的，步步提高，分阶段完成。这样，每隔几年，学院办学水平就会上一个台阶。长期坚持下去，学院的整体实力就会不断提高，良好的形象就会一步步建立起来。

（二）持之以恒，鲜明的个性形象是学院形象塑造的内涵

一个学院的形象，包括其知名度、美誉度等，最终是由其教学质量和科研水平决定的。良好学校形象的树立，是一个持久艰苦的系统工程，是长期劳动的结果，必须持之以恒，久久为功。学院形象是学院"人格化"的象征。人具有鲜明的个性，学院也应具有鲜明的个性，树立鲜明的个性形象。学院要树立个性化形象，就意味着学院要办出自己的风格和特色，也只有办出自己的特色，才能使自己在社会和高等教育、学校内部获得立足之地。

学院要走个性化的发展道路，第一，要有先进的理念做引领。要把握学院个性化的内涵，明确学院的办学理念、办学目标和学院精神氛围等。北京大学的发展为学院办出特色提供了良好的借鉴。蔡元培先生出任北京大学校长时，参照西方近代大学模式，提出了一套新的教育理念，对北京大学进行了一系列的改革。他在就职典礼的演讲中明确指出"大学者，研究高深学问也""大学学生，当以研究学术为天职，不当以升官为阶梯"。因此，学生必须"抱定宗旨，为求学而来"。在办学的方针上，主张"思想自由、兼容并包"，不拘一格招揽人才。在上任不到一年时间，把一个死气沉沉的官僚养习所，改造成为一个生龙活虎的近代大学，开创了新文化运动的先声，使北京大学成为五四新文化运动的摇篮，而且为民国以后的大学教育树立了崭新的楷模②。第二，要找准学院发展优势。明确发展方向，集中所有资源，发挥自身优势，不断积累和扩大优势，形成形象鲜明

---

① 原春琳. 香港科技大学吴家玮校长：世界一流大学要找准自己的定位. 中国青年报，2001-05-24.

② 李亿华，闫彦斌. 高校学校建设探析. 现代大学教育，2002（2）：89-92.

的办学特色。例如，河南科技大学农学院位于十三朝古都、牡丹花城洛阳，依托洛阳半干旱半湿润的区位优势，开展旱作小麦、烟草、甘薯、谷子、豆类等旱地作物研究，依托洛阳牡丹的资源优势开展牡丹研究，形成了旱作与牡丹两大研究特色，支撑了作物学一级学科博士学位授权点的发展，在 15 年的时间内实现了从专科到本科、硕士学位授权点、博士学位授权点的突破，走出了一条综合性大学农科院系快速发展的新路。第三，要苦干、实干，不断进取。建立良好的学院形象，应当汲取清华精神，自强不息，不断进取。科研成果要一个一个地创造，学术大师要一个一个地产生，杰出的学生要一个一个地培养。这些都需要全院广大师生脚踏实地去做好每一项工作，脚踏实地，一步一个脚印，一代一代地接续奋进，不断取得新突破，实现新辉煌，创造新形象。

（三）苦练内功，显著的办学声誉是学院形象塑造的核心

办学声誉是指学院在社会上、学校内的威信和影响，反映学院在公众中的知名度、地位。办学声誉是学院综合办学实力的反映，是学院作为学校成员履行学院职责的标志。学院办学声誉对学院学生生源质量、资源分配、学生就业等有着十分重要的影响，是学院形象塑造的核心。检验学院办学声誉的指标主要有学院的重大贡献、学术大师的影响力、毕业生的质量等。

提升办学声誉，塑造学院形象，第一，要培育大师级人才。大师级人才是展示学院形象、提高学院声誉的活广告。学院要精心构筑人才高地，以海纳百川的胸怀引进人才，以超常规的措施培养人才，以一流的学术氛围孕育人才、造就一流学术大师。第二，要提高生源质量。要加大招生宣传，采取优惠政策，像采购优质原材料一样，努力招收高素质、优秀学生就读。要建立教育质量保障机制，不断提高教育教学质量和办学水平，产出优质毕业生"产品"，不出次品。重视学生创业就业，帮助学生搭建良好事业发展的平台，通过毕业生的有所作为来扩大学院在社会上的影响，以高质量的办学和高质量的就业进一步提高生源质量。第三，要不断提高创新能力。创新是提升学院办学实力、促进学院教育事业兴旺发达的不竭动力。随着知识经济时代的到来，科学技术发展一日千里，科技的作用前所未有。作为知识创新、技术创新的重要基地，学院只有走自主创新之路，坚持科技自强自立，才能为国家科技强国、民族复兴做出贡献，学院才能生存发展，并使学院充满生机和活力，保持创新、开放、进取且富有朝气的形象。第四，要珍惜学院办学声誉。全院教职工生要树立形象意识，要像爱护自己的眼睛一样珍惜、维护学院的声誉，对有损学院形象的行为，要敢于亮剑、勇于斗争，

要善于利用大众传播媒介宣传学院良好形象，不断塑造和提升学院声誉。

（四）精心营造，良好的发展环境是学院形象塑造的保证

学院的发展离不开社会、学校内部的环境，良好的发展环境是学院形象塑造的保证。营造良好的学院发展环境，第一，要争取学校内部的良好环境。学校学院众多，资源有限，在扶优扶强的大环境下，学院的发展面临诸多矛盾冲突。对于如何争取学校领导的支持、职能部门的关照，学院需要下功夫，要加强汇报沟通，使学校领导、职能部门领导了解学院所思所想所感，取得共识，并下功夫干好事干成事干出漂亮事。第二，要创造学院干事创业的氛围。要建立健全机制体制，激励师生团结协作，干事创业，增强师生员工的向心力和凝聚力，培养对学院形象的归属感和荣誉感，自觉维护学院形象，为学院增光。第三，要营造学院特色文化氛围。要精心提炼沉淀在学院发展过程中支撑师生思想的理念和精神，加工、整理学院发展的重大事件和关键人物，发现真正推动学院发展的文化因素，进而创设具有自身学院特色的学院文化，并以橱窗、墙报、壁画等形式展示出来，营造浓厚的学院特色文化氛围。第四，要创造赏心悦目的工作环境。教职工生要修身养性，要像爱护家庭一样爱护学院，要讲究卫生，保持办公室、实验室干净整洁，寓学院形象塑造于日常行为之中。

第四节　学院形象的提升

学院形象的提升是个阶梯式的渐进过程，只有理清影响学院形象提升的因素，才能进一步明确学院形象提升的途径与策略。

一、影响学院形象提升的主要因素

"学院形象"是一个综合性的概念，影响因素很多，体现在学院"五大职能"实现的方方面面，但概括起来主要有学院领导重视程度、师资队伍整体水平、学院学生综合素质、学院核心竞争力、学院发展环境和宣传工作力度等。

（一）学院领导重视程度

学院领导是学校政策的执行者、学院管理的决策者和学院形象提升的领航者，所以，学院领导对学院形象的重视程度决定着学院形象的塑造和提升。有些

学院领导只重视教学科研等业务工作，对学院管理体制机制、学院形象重视不够，缺乏系统的思考，没有对学院进行科学定位，没有对学院精神、办学理念进行系统总结，缺乏对学院形象的设计，工作缺乏主动性，只是按部就班地安排学校布置的工作，造成学院发展方向不清、目标不明、特色不明显，影响了学院形象的提升。

（二）师资队伍整体水平

教师形象是学院形象提升的重点，教师是学院形象的"化身"，只有提高学院师资队伍整体水平，才能出色地实现学院的育人职能、科研职能、社会服务职能。教师作为学院教学、科研、社会服务等事务的主体，其工作的性质和成就关系到学院的地位、声誉，正如克拉克·科尔所说："教职员整体就是大学本身——是它最重要的生产因素，是它荣誉的源泉。"[1]

教学活动是学院最基本的活动之一。教学水准是衡量教师完成基础性本职工作能力大小的一个重要指标。目前，学院教师的教学活动不仅要面向校内学生，还要面向社会进行培训、进行专题讲座。因此，学院教师的教学效果和教学水平在很大程度上影响着学院的形象。要提高学院师资队伍水平，首先要提高教师的教学水平。

学院师资队伍水平还反映在学院总体的科研实力上。学院承担高级别和大型科研项目的数量、获得科研经费的数量、拥有国家级和省部级科研机构的数量、科研成果获奖数量与级别、发表高水平有影响的论文和专著的数量以及科技成果转化为现实生产力产生社会和经济效益的能力，都是学院师资水平和科研实力的集中体现，也是学院形象多方位、多层次的有力展示。其影响力具有广泛性和持久性，对提升学院形象具有极为重要的作用。

提高学院师资队伍整体水平的关键是培养和造就学术大师。学术大师（如诺贝尔奖获得者、两院院士等）是学院教师的形象代表，他们既是杰出的科学家、教育家，又是著名的社会活动家，他们对学院形象的提升具有极其重要的作用，能产生很强的学院形象辐射力。

（三）学院学生综合素质

学生是学院里活跃着的另一主体，学生对学院形象的影响是以学生的素质、毕业生的成就等社会反馈形式表现出来的，主要体现在学院生源质量、在校生质

量和毕业生质量三个方面。

生源质量集中表现在第一志愿报考率、第一志愿录取率和学院专业录取批次和录取分数线，其中，录取批次和录取分数线是学院形象的重要指标。据华中科技大学于海琴对武汉地区的 4 所高校的调查，在 7 个方面 47 项调查指标中，生源质量被排在第 32 位，毕业生的成就名列第 6 位，说明人们对大学有很高的期望，往往不看重学生的起点，而重视经过几年大学的培养，学生究竟有怎样的起色，发生了什么样的变化①。这为不同类型大学和学院办出特色、办出水平提供了重要依据。

在校生质量反映在学生课程学习成绩的优劣，更多地反映在学生综合素质和创新能力方面。学生综合素质的高低反映在德智体美劳的方方面面，也反映在国际、国内重大突发事件中表现出的政治判断力、政治领悟力、政治执行力、政治立场、政治观点以及国家、民族意识和社会责任感。学生创新性体现在学生的创新意识和创新能力，反映在参加学校、省、国家级创新创业挑战杯大赛，以及科技、文化、艺术、体育等各类竞赛活动参加的人数及获奖的数量和级别。这些大赛的成绩往往是学院在校生质量的社会性广告，对学院形象产生直接影响。

毕业生质量直接表现在学生毕业设计（论文）质量以及毕业设计（论文）发表和获奖级别、数量，体现在毕业生的一次性就业率和就业质量。毕业生的一次性就业率和就业质量，是社会各界认可和接纳学院"产品"质量的最实际的行为反映，反映了社会各界对学院教学质量和办学水平的认可度。因此，毕业生质量的高低将对学院形象产生难以估量的影响，是学院形象提升中必须特别重视的一个要素。

学生毕业，走向社会，成为校友。如果说学院师生员工是学院形象的建造者，那么校友就是学院形象的表现者和传播者。校友不仅仅是学院形象的基本要素，更是学院形象塑造和提升的长久而丰富的形象资源。学院形象在很大程度上依靠校友在社会上的表现而提升。因此，学院要高度重视校友工作，保持学院与校友之间的广泛联系，学院要加大对校友创造的新业绩的宣传力度，这既能进一步提高校友知名度，又能扩大学院在社会的影响，达到进一步提升学院形象的作用。利用校友成就对学院形象提升所产生的辐射力将更加持久、辐射面也会更加广泛。

---

① 于海琴. 关于大学形象内涵的调查分析. 高等教育研究，2003（2）：69-72.

（四）学院核心竞争力

学院的核心竞争力是提升学院形象的最关键因素，主要包括教学质量、科研水平、学科特色、国际化程度和社会影响力等。

（1）教学质量。教学质量决定着学院人才培养的质量，因此，学院的教师团队、教学资源以及教学方法等水平是学院吸引和培养优秀学生的重要因素。

（2）科研水平。学院的科研实力和科研成果对提升学院声誉和吸引高水平教师和学生都具有重要作用。

（3）学科特色。学院在某些特定学科领域的独特性和专业性也是其核心竞争力之一，具体表现在学科带头人的影响力、特色课程的设置、研究特色和高水平的成果产出等方面。

（4）国际化程度。学院是否具有国际化的视野和办学理念，是否能够吸引并培养出具有国际竞争力的人才也是其核心竞争力之一。

（5）社会影响力。学院在社会上的认知度和影响力，包括学院的品牌形象、校友网络以及与企业和政府的合作等方面。

（五）学院发展环境

学院的快速发展离不开良好的发展环境，发展环境包括社会、学校发展大环境和学院发展小环境。

学院发展的社会环境包括教育政策和社会需求等。国家出台的有关政策、规定和指导意见等，将对学院的办学方向、管理模式、人才培养模式等产生影响。社会对各类人才的需求不断发生变化，这会对学院的专业设置和教学内容产生影响。同时，社会舆论和声誉也对学院的发展具有一定的影响力。

学院发展的学校环境是指学院在学校内部的地位、作用、影响力等。良好的校内发展环境有利于引起学校领导、职能部门的高度重视，有利于学院争取更多资源，获得更多出彩机会。

学院发展小环境包括精神层面的文化环境和物质层面的工作的客观环境等。据华中科技大学于海琴对武汉地区的 4 所高校的调查，在大学形象的 4 个因素（文化因素、教师因素、环境因素和学生因素）中，文化因素排在首位，这表明文化因素在大学、学院形象中具有凸显地位，是大学形象、学院形象的核心。这里用"文化"一词表示的是大学、学院的风格传统、文化氛围、育人理念等精神追求，是大学的内在特征。文化因素的凸显地位，说明内在因素才是大学之间得以区分的依据。于海琴指出，大学的文化精神是现代大学制度创新的突破口。于海琴根据各因素中多数项目的意义，调查的 4 个因素按得分从高到低依次为文化因素（8.02±1.21）、教师因素（7.93±1.26）、环境因素（7.66±1.38）、学生因素（7.36±1.18），并且文化因素、教师因素分别与后两者之间存在显著性差异（$p<0.05$）。这里的环境因素包括校园环境（建筑、绿化、园区设计、交通）、生活环境（食堂、宿舍、文娱体育场馆）和学习、工作的客观环境（教室、图书馆、实验室）。在影响大学形象的 4 个因素中，环境因素排在第 3 位[①]。这也充分说明了环境育人的重要性。

（六）宣传工作力度

在市场经济条件下，随着高等教育的普及化和办学模式的多元化，学院在塑造自己形象的同时，还要加大宣传工作力度，通过多种传播媒介展示学院精神、教学科研水平和人才培养质量等，从而使学院的客观实在转化为社会、学校、公众心目中的认知形象。

加大宣传工作力度，特别要善于利用多媒体传播和人本传播。可以利用校园网将学院的最新动态、教学科研状况等展示在校内公众面前，实现师生之间、教师之间、学生之间不受时空限制的交流；还可以通过制作主页，在网络上建立一个窗口，以声、文、图、形、数等多种形式将学院办学特色、教学、科研、招生、毕业生分配、学院文化、学院环境等展现在公众面前，以网络传播方式突出学院的个性特征；要善于利用校友资源，通过分布在全国各地的校友宣传、传播学院形象。

二、提升学院形象的途径与措施

（一）领导高度重视是提升学院形象的基础

学院形象提升，领导重视是基础。学院领导要从学院全面发展的战略高度，充分认识学院形象对学院快速发展的重要意义，并从方案设计、提升措施等方面加强规划和领导；要在全院开展学院形象提升大讨论，使全院教职工和学生从思想上引起重视，自觉将学院形象提升融入自身言行和日常工作中，并渗透内化于学院质量建设过程中，主动维护和提升学院形象；要成立学院形象提升工作领导

---

① 于海琴. 关于大学形象内涵的调查分析. 高等教育研究，2003（2）：69-72.

小组，加强监督检查，保证学院形象提升各项措施的顺利实施，使学院形象不断得到提升。

（二）造就学术大师是提升学院形象的根本

一个学校和学院形象的好坏，教师的水平起着决定作用。哈佛大学原校长科南特（Jams B. Conant）曾言："大学荣誉不在它的校舍和人数，而在于它的一代代教师质量，学校要立得住脚，教师一定要有特色。"清华大学原校长梅贻琦先生的一句至理名言流传至今："大学者，研究高深学问者也""大学者，非谓有大楼之谓也，有大师之谓也"。事实证明，世界上的一些著名大学之所以享有盛誉，是与其拥有高素质人才分不开的。①因此，造就学术大师是学院形象提升的战略根本。

学院要坚持人才兴院，建设高水平师资队伍；要树立人才是第一资源的观念，为人才提供最温暖、最贴心、最直接的服务；要重视人才引进与培育，特别是在人才培养上下功夫，可采取读博士后、送出国外合作培养等方式，提高教师业务水平，鼓励人才脱颖而出；要提供资金、设备、实验室等资源支持，使教师能够充分发挥自己的才华和创造力；要建立健全学术评价机制，鼓励教师潜心教学和科学研究，不断提高自己的学术声誉和学术地位。

（三）提高人才培养质量是提升学院形象的核心

大学的首要职能是为社会培育高级专门人才。以育人为本、培养高质量的人才是学院形象提升的中心工作与生命线。学生作为学院形象的体现者与传播者，是学院形象的基础，公众对学院的评价也主要是从毕业生的素质来展开的，哈佛之所以享誉国际，是因为它造就了多位美国总统、几十位诺贝尔奖得主，以及一大批科学家、思想家、教育家、企业家、社会活动家。

学院要牢固树立本科教学的中心地位，切实提高对本科教学工作重要性的认识；要培养和造就教学名师，鼓励高水平的教师走上讲台，改进教学方法，提高教学质量；要不断深化人才培养模式的改革，优化教学计划和课程设置，确保教学内容与时俱进，符合社会需求；要通过加强课程建设，带动专业建设，形成一流课程、一流专业的教学体系；要改善教学设施和条件，提供良好的教育资源和学习环境，为学生提供更加全面的学习体验；要注重学生的个性发展，为学生提

---

① 转引自郑秀英，石冰洁，郭广生. 对高校形象问题的探讨. 中国高教研究，2001（12）：65-66.

供多样化的人才培养方案，关注学生特长和兴趣，培养综合素质。

（四）增强学院核心竞争力是提升学院形象的关键

学院核心竞争力提高了，说明学院在核心指标上取得了突破，工作上取得了显著进展，受到了领导和教职工的肯定及好评，从而美誉度提高了。因此，切实提高学院核心竞争力是提升学院形象的关键。

提高学院核心竞争力，关键是学院领导要抓大事。大事可以分为三类：一是事关学校和学院发展的事情，如学院发展思路与发展规划、师资队伍建设、学科建设等；二是事关广大教职工切身利益的事情，如评先评优、职称晋升、项目与成果申报、津贴福利等；三是事关学院在全校排名的事情，如年度考评排名、新生报到率、考研率、四六级通过率、就业率等重大指标排名，其他如新生军训、运动会、大学生科研训练项目（Student Research Training Program，SRTP）、课外竞赛等均要给予足够重视。

抓大事，一要主动抓。例如，农学院"1441 振兴行动计划"提出，全面整合，重点突破、主动出击、迎接挑战。再如，青年教师的讲课比赛，学院主动规划，40 岁以下青年教师参加，每年举行一次，每人讲课 30 分钟，由校外专家打分，超过 85 分的优秀教师下年不再参加比赛，其他教师下年继续。3 年后不达标的教师需要转岗。二要规范抓。要制定政策，奖惩分明；要按国家、省级的相关规定，认真筹划、精心准备硕士学位授权点和博士学位授权点申报、科研平台建设等；对事关广大教职工切身利益的大事，要公开、公正、公平。三要扎实抓。规划再好，事情再大、再重要，不扎实做，等于零。干工作要抓铁有痕，踏石留印，善始善终，善作善成。要建立严格的监督检查制度、责任追究制度，切实抓好大事的落实，取得明显的成效。

（五）打造学院特色文化是提升学院形象的重点

文化是精神的支柱，精神是文化的内涵。一个国家、一个民族要有一种精神；一个团队、一个学院同样要有一种精神。学院要注重打造学院特色文化，引导教职工生树立正确的价值取向和精神追求，让他们在工作岗位上施展才能，建功立业；在勇于创新中实现抱负，追求理想；在团结协作中获取友谊，享受快乐；在艰苦环境中锤炼意志，超越自我。

学院要弘扬坚守岗位、勇挑重担的敬业精神，牢固树立爱业、敬业、乐业的思想，立足本职、脚踏实地、尽职尽责；要弘扬团结协作、密切配合的团队精神，团结协作，互相配合，心往一处想、劲往一处使，不断增强学院的向心力、战斗力，放大履职效果；要弘扬知难而进、敢闯敢试的创新精神，解放思想，更新观念，敢于打破常规，在服务方式、管理手段、教育教学模式上加大创新力度，努力促进各项工作取得新成效；要弘扬艰苦奋斗、清正廉洁的自律精神，不为物欲所惑，不为名利所累，要在艰苦奋斗中感受奉献的快乐，在清正廉洁中展示品格的魅力。

学院要打造良好文化氛围，首先必须贯彻参与原则和一体原则。参与原则是指学院良好的文化氛围需要动员和组织全院所有的教职工生参与实施，包括参与选择、参与创造、参与管理、参与决策、参与共建。学院是由教师、学生、职工等成员构成的，只有全体成员展现出良好的文化氛围，学院才能有好的文化氛围。其次，有了全体成员的积极参与，学院还需要有效地增强成员的一体感，使学院成员对学院的精神面貌有共同的认识，并朝着这个目标一起努力。

（六）加大学院形象传播是提升学院形象的保证

在注重自我推销的时代，宣传与传播同样很重要，尤其是对大学中的学院而言，更需要重视对自己进行推广和宣传。

学院要加强对自身工作的宣传力度，如宣传本部门的工作成果、工作举措、日常管理等。只有这样，才能加强与广大师生的交流，使广大师生理解学院工作的辛苦，认识学院工作的成效，才会更加理解和支持学院的工作。

伴随微博、微信等各种新媒体的快速发展，新媒体成为高校不可忽视的宣传主阵地，成为高校塑造大学品牌形象的重要渠道[①]。学院要充分利用校园网、微博、QQ群、微信公众号等多种宣传途径，介绍学院的办学历史、办学特色、教学科研、专业设置等学生及家长关注的热点问题，提升学生和家长对学院的满意度。学院可以每天固定时间，通过微信平台推送学院新闻、图片、学生活动，营造良好的舆论氛围；同时强化服务意识，利用各种新媒体平台及时回复学生咨询的问题，及时解决广大师生在生活、学习中遇到的各类问题，最大限度地调动师生员工推动学院科学发展的积极性，为学院改革发展服务，为师生员工学习工作服务。

---

① 王瑞霞. 高校新媒体运营与大学品牌形象构建策略探析. 北京教育（高教），2021（12）：35-36.

第五节 学院形象塑造和提升的实践案例

2002 年，河南科技大学农学院成立。学院成立后，学院领导高度重视学院形象塑造与提升，经过 20 来年的发展，学院办学质量显著提高，核心竞争力不断增强，社会声誉不断提高，学院形象不断提升，实现了从专科到本科、本科到硕士研究生、硕士研究生到博士研究生教育的三大跨越。

一、学院理念形象的塑造与提升

（一）学院精神——"艰苦奋斗、拼搏向上"的农学精神

农学院前身是岳滩农学院农学系。1975 年 9 月，为响应中共河南省委的号召 [中共河南省委豫发（1975）4 号文件]，从河南农学院和百泉农业专科学校抽调 38 名教师干部，来到洛阳地区偃师县农科站报到，成立了岳滩农学院。建校初期的 1975 年底，仅设农学、畜牧兽医两个系两个专业。在农学系的教师中有著名的小麦栽培专家袁剑平，玉米栽培专家李普安，小麦育种专家张万松、申林江，植物生理专家吴丁、杨正申，植物学专家陈翠云等，这些教授、副教授奠定了学院师资队伍的高起点、高素质和高水平。

1976 年 12 月，农学系农学专业首届 129 名学员报到入学。当时，学校在偃师农科站一无校舍、二无教学设备，师生们发扬艰苦奋斗的精神，拆猪圈、平整土地、搬运土石方，艰苦开创，劳动建校，同时投资购买了桌椅、床及急需的教学仪器设备，制定了农学专业教学计划，初步解决了教学工作和生活的急需，基本上有了一个比较正常的教学秩序。1978 年 12 月，经国务院批准，学校改建为"豫西农业专科学校"；1979 年元月，学校从偃师县农科站搬迁到新安县原农业部农业生物研究所旧址；1990 年 8 月，学校在洛阳市政府的规划下又迁到洛阳市天津路现址；1992 年 4 月，经国家教委审定，学校更名为"洛阳农业高等专科学校"；2002 年 8 月，三校合并为河南科技大学，学校调整有关人员在农学系的基础上组建了农学院。建系以来，农学系在学校三次更名、三易其址、极其困难的情况下，农学人发扬"艰苦奋斗，拼搏向上"的精神，艰苦创业，历经坎坷，伴随着学校的发展，从无到有，从小到大，从弱到强。

自建系到 2002 年，农学系共为社会培养农学、农业教育、烟草、种子生产与贸易等各类专科毕业生 3500 余名。广大毕业生以优秀的品格、过硬的本领、扎实

的作风赢得了社会各界的广泛赞誉。其中，有开拓进取、勤于管理的高校院长书记，有辛勤耕耘、教书育人的专家教授，有勇挑重担、攀登高峰的科研人员，有善管理、懂经营、精推广的农业科技人员，有治山治水、招商引资的书记市长，有带领群众勤劳致富的乡镇干部，大量优秀毕业生在河南省县乡担任技术骨干或行政领导，成为河南省经济建设和社会发展的中坚力量。建系以来，农学系育成有豫麦10号、豫麦47号小麦品种和豫玉28号玉米品种，在小麦、玉米、棉花、甘薯等作物栽培与病虫害防治等方面获得了一批标志性成果，如"河南省棉花生态区划及类型区划研究"获国家科技进步奖三等奖，"河南省小麦不同生态类型区划分及其生产技术规程研究"获省政府科技成果特等奖，"夏玉米生长发育规律的研究"获省重大科技成果奖一等奖，为豫西地区和河南省农业发展做出了不可磨灭的贡献。

建系以来，农学人"艰苦奋斗、拼搏向上"的精神，实事求是、严谨治学的态度，言传身教、为人师表的风范，为学院留下了宝贵的精神财富。农学人以其特有的质朴和睿智，在发展中迎来了一次又一次的喜悦和辉煌，将"发展才是硬道理"的思想一次次在实践中验证，并在每次变革中坚定了信念，不但迎来了迅速发展的今日，更期盼硕果累累的明朝。农学系艰苦奋斗的历程不但凝聚了几代人的心血，而且凝聚了农学人的特有精神和气质，形成了"艰苦奋斗、拼搏向上"的农学精神，为农学院今后的发展打下了坚实的基石①。

（二）院训

农学院的发展遵循的是河南科技大学的校训。河南科技大学的校训是"明德博学，日新笃行"。这一校训体现了学校的教育理念和对学生培养的要求。其中，"明德"意在弘扬光明正大的品德，达到最完善的境界；"博学"则强调广泛地学习，详细地研究，谨慎地思考，清晰地辨别，忠实地践行；"日新"意味着天天更新，日日进步，弃旧图新，既蕴含创新进步，又蕴含每天以最新的面貌面对学习和生活；"笃行"则是要努力践履所学，做到"知行合一"，即理论与实践相结合。

学校的教育理念和校训不仅体现了学校对学术的追求，也强调了德育和实践能力的培养，旨在培养具有创新精神和实践能力的应用型高级专门人才。

（三）办学定位

紧紧围绕学校发展目标，根据学院自身的文化积淀，结合学院的发展实际和

① 河南科技大学. 河南科技大学史（1952—2012）（下卷）. 郑州：河南科学技术出版社，2015：439-440.

发展潜力，准确确定学院的办学思路，科学地对学院发展进行定位。

（1）发展目标定位：建设校内居于前列、省内外有重要影响、特色鲜明的教学研究型学院。

（2）类型定位：教学研究型学院。

（3）层次定位：以本科教育为主，加强研究生教育，积极发展成人教育。

（4）学科定位：以农学学科为优势，以生物学科和资源环境学科为两翼，以错位发展创特色，实现农学学科、生物学科和资源环境学科协调发展。

（5）本科人才定位：培养基础扎实，肯吃苦，有创新精神，实践能力强的应用型高级专门人才。

（6）服务面向定位：立足河南，面向全国，服务区域经济。

（四）办学特色

学院教学科研人员瞄准国际科学前沿，适应河南省经济社会发展的需要，深化教学改革，凝练研究方向，拓展研究内容，在作物新品种选育、种子生产技术体系、旱作农业技术研究、牡丹生物学技术研究、科技产业开发等领域形成了鲜明特色。

（1）作物新品种培育成果丰硕。培育出一批小麦新品种（系），如国审豫麦10号、豫麦46号、金丰3号和河科大9612。其中豫麦10号为河南省高校最早通过国家审定的小麦新品种，是河南省第6次、第7次品种更新换代骨干品种之一，年推广面积1000万亩以上，是河南省十大推广品种之一；"豫麦10号选育与开发利用研究"在河南省科技厅组织的成果鉴定中评价为达到国内领先水平，获河南省星火二等奖；金丰3号、河科大9612自审定以来一直被河南省种子管理站列入良种补贴范围，在黄淮冬麦区的河南洛阳、周口、漯河、信阳、南阳及安徽阜阳、江苏徐州、湖北襄阳等地区大面积推广种植。"小麦新品种金丰3号的选育"于2006年获河南省教育厅成果奖二等奖，"小麦新品种河科大9612的选育"2009年获洛阳市科技成果二等奖。主持完成的"高产、优质、广适玉米单交种豫玉28号的选育和推广"，至2009年新增社会总产值超10亿元，2006年获河南省科技进步二等奖。选育的"大穗型玉米新组合科大8号"参加山西省玉米区域试验、甘肃省区域预备试验均比对照（农大108）增产16%以上，玉米新组合科大119河南多点试验中在高密条件下比对照（郑单958）增产20%以上。主持选育的大豆新品种8921、8924，推广面积逐年扩大。

（2）旱作与节水农业技术研究优势突出。主持完成的"种法结合提高旱地小麦水分增产效益的研究与应用"，确立了适宜旱地栽培的小麦新品种"郑旱一号"，结束了旱地小麦无当家品种的历史；研究总结出旱地小麦"135"栽培技术，实现了"一种一法100斤"的增产目标，有力地促进了豫西小麦产量的迅速提高。1997年5月，河南省旱地小麦新品种及栽培技术现场会在项目示范区召开，省长马忠臣亲自到会并做重要讲话，河南电视台、河南日报社等8家新闻单位做了专题报道；1998年，该成果获河南省科技进步二等奖。主持完成的"河南省贫困地区粮食增产增效新技术研究"获河南省科技进步二等奖，为河南省农业持续快速发展和粮食安全生产做出巨大贡献。主持完成的"豫西旱地小麦钾锰配施的增产机理及配套技术研究与应用"于2004年获省教育厅科技成果二等奖。主持完成的"旱地小麦'两高一节'耕作技术体系研究与应用"，聚合了高产、优质、高效、节水等技术特点，技术指标经河南省科学技术厅鉴定处于国内领先水平，2010年获河南省科技进步二等奖。

（3）种子生产技术体系成果先进。主持完成的省政府科技攻关项目"农作物四级种子生产程序研究及推广应用"，克服了传统的"三年三圃制"弊端，创建了农作物良种繁育新体系，1996年被河南省人民政府和国家小麦工程技术中心采用，已在国家有关专著和省种子技术培训讲义中被列为重要技术，完成的《河南省农作物四级种子生产技术操作规程》标准制定，已作为河南省农作物种子生产技术操作规程颁布实施，该项目成果2001年获河南省科技进步奖。2005年11月，"四级程序国家标准"通过国家组织的专家审定，并作为新技术写进了普通高等教育"十一五"国家级规划教材、面向21世纪课程教材《作物育种学各论》（第2版）的前言、绪论和19个章节的种子生产部分，到2024年，国内已有10余部科技专著把"四级程序"技术列为最新科技成果收录。

（4）牡丹开花技术研究优势明显。主持完成的河南省重大科技攻关项目"洛阳牡丹花期控制技术研究及产业化开发"，从2000年开始实施，通过几年努力，使洛阳牡丹自然花期延长7—10天，较好解决了牡丹自然花期短、年际间花期变动大的问题，取得了显著的经济、社会效益。仅洛阳王城公园和国色牡丹园两处增加的门票收入累计就达1500多万元；全洛阳市双节牡丹催花年均达50万株，直接经济效益5000多万元；苗木嫁接繁殖牡丹1500多万株，总价值1.5亿元；带动农民增加牡丹种植面积1.7万亩，使洛阳牡丹种植面积由立项初期的3000多亩发展到目前的2万多亩。该研究成果于2003年获河南省科技进步二等奖。江泽民、李鹏等国家领导人来洛，看到非正常花期的盆栽牡丹花大色正、争奇斗艳，给予高度评价，洛阳市委、市政府领导赞扬这项研究是多少金钱也难以得到的政治声誉。

（5）科技产业开发效益显著。学院自筹资金开发研制种衣剂生产技术，以技术入股方式组建了"洛阳市绿野生物工程有限公司"。主持选育的豫玉 28 已成功实现科技成果有偿转让。2018—2022 年，累计繁育推广小麦良种 1000 万公斤、玉米良种 700 万公斤、脱毒甘薯原种 120 万公斤，增加经济效益 3.3 亿元。发放科普材料 10 万份，组织有关专家举办农业科技讲座 125 场，参加大型科技咨询活动 60 次，直接受益群众超过 20 万人次。

（6）教学成果特色鲜明。学院十分重视教学方法与教学手段改革，积极开展具有前瞻性、探索性的高层次规划类教学改革立项研究，取得可喜成果。主持完成的"面向 21 世纪农学类专业教学内容和课程体系改革与实践""农学类专业生产实习存在的问题与对策""农学专业产学结合人才培养途径与机制的研究与实践""综合性大学农科院系定位与发展战略研究"分别获河南省优秀教学成果奖一等奖、二等奖①。

二、学院行为形象的塑造与提升

（一）人才培养形象塑造与提升

学院坚持教学立院，提高人才培养质量。通过"硕士博士化、博士国际化"工程，不断提高师资队伍水平，到 2022 年，学院拥有博士学位的教师占专任教师的 89.0%，具有国外留学经历的博士占专任教师总数的 26.3%，教师队伍水平有了质的提高。主持完成教研项目 27 项，省级项目 13 项。其中，"农学专业复合应用型卓越人才培养模式探索与实践""大学生课外培养工作体系建设应用研究""食品与生物工程学院研究生教育质量保证体系建设"等项目获河南省教育教学成果一等奖，"卓越计划人才培养模式的研究与实践""地方高校学分制运行机制改革研究"等 5 个项目获河南省教学成果奖二等奖，"作物学硕士研究生课程体系构建与探索"通过省教育厅组织的研究生教育教学改革研究与实践成果鉴定。学校年度目标考核教学学院排名稳步提高，近年来连年考核为优秀，位居教学院系前列。招生实现了从二本向一本的转变，生源质量有了大幅度的提高。学生考研录取率连续多年位居学校前列。

（二）科学研究形象塑造与提升

坚持科研强院，提高学科建设和科研水平。学院坚持以学科建设为龙头，凝

---

① 河南科技大学. 河南科技大学史（1952—2012）（下卷）. 郑州：河南科学技术出版社，2015：439-440.

练学科方向，汇聚学科队伍，形成了以旱作和牡丹为研究特色，作物学 2017 年获得一级学科博士学位授权点，成为河南科技大学 2008 年获得博士授权单位 3 个工科博士学位授权点后的第 4 个一级学科博士学位授权点，也是 2017 年河南科技大学获批的唯一一个博士学位授权点，作物学为河南省第 7—9 批省重点学科，2021 年旱地绿色智慧农业学科群获批河南省特色骨干学科，第五轮学科评估进入 C 类，农业科学、植物和动物学进入 ESI 前 1%。学院现有省级学科平台 9 个：河南省旱地农业工程技术研究中心、河南省甘薯产业工程研究中心、河南省乡村人居环境工程研究中心、河南省牡丹高效培育与综合利用重点实验室、牡丹种质创新和精深加工河南省工程实验室、河南省油用牡丹工程技术研究中心、河南省牡丹芍药特色资源植物工程研究中心、河南省牡丹综合利用工程技术研究中心、河南省牡丹产业技术创新战略联盟。学院紧紧围绕旱作和牡丹科学前沿和生产实际开展研究，学院的竞争力和知名度不断提高。

（三）社会服务形象塑造与提升

学院坚持产学研合作办学的特色，服务"三农"，把论文写在祖国的大地上，成效显著，受到党委、政府和社会各界的普遍好评。

典型案例 1：农艺农机结合，推动旱地小麦节水提质增效

为了解决我国小麦生产中传统耕作方式破坏土壤结构、播种劳动力投入大、水资源利用率低、劳动力成本高、农民种粮效益差等突出问题，李友军教授及其团队围绕河南小麦节水高效技术和机具创新集成与应用课题，经过长期系统研究，构建了以节水高效耕作技术、品种筛选技术、节水灌溉技术和镇压保墒技术等为核心的小麦节水高效技术体系；形成了以防缠绕沟播+隔两年深耕、深松+镇压保墒为核心的旱地节水高效集成技术和以防缠绕沟播+隔两年深耕、深松+镇压保墒为核心的水地节水高效集成技术；建立了以"三农"专家联合攻关为基础的技术创新路径、以大小农户有机衔接为重点的技术推广机制，以产业兴旺、乡村振兴为目标的一二三产业融合发展模式，率先提出并开展了农技推广"六化"，直接服务新型农业经营主体 311 家、小农户 76 174 户，帮扶贫困户 631 户。通过品种、农技、农机结合，实现农艺措施的节水高效、作业机具的轻简高效、种植收益的经济高效。

典型案例 2：产学研结合，推动牡丹产业发展

学院牡丹科研团队围绕牡丹观赏和油用价值提升，以提高牡丹产业自主创新能力、产业化水平及国际竞争力为目的，紧密结合生产实际，围绕牡丹新品种培育与产业提质增效关键技术开展了系统而深入的研究，提高了牡丹的经济价值并扩大了应用范围，为牡丹产业化提质增效提供了有力保障。成果已在国内多家牡丹研究单位和相关公司推广应用，取得了显著的经济效益和社会效益。到2022年，该团队已为10余个省区、110家牡丹企业和3000多个种植户提供了技术指导，学院组织教师通过田间地头讲解指导、专题培训、建立示范基地等方式，随时解决人民群众在生产中遇到的问题和难题，受到当地干群的一致认可和称赞，并带动产业发展和贫困户脱贫致富。

典型案例3：发挥旱地作物优势，小红薯撬动大产业

学科充分发挥在脱毒甘薯种植培育方面的科技优势，全程技术指导推广种植脱毒甘薯，分别为汝阳和伊川两个县制定了《甘薯产业发展规划（2020—2024）》；连续3年承办河南省农业农村厅新型职业农民培训-甘薯专业培训班，培训人员上千人次；创办了一周一期的"教授教你种红薯"视频栏目并编入《红薯绿色高产高效栽培技术》等新型职业农民培训教材；积极开展甘薯产业市场化运作，把引进的新品种栽培种植在伊川县鸦岭镇上，成功注册商标"老鸦岭"，洛阳市委书记李亚给它命名为"岭上硒薯"。在2020年河南省第二个农民丰收节的主会场上，展出的红薯得到了省委喻红秋副书记和洛阳市委李亚书记等领导的高度肯定；《河南科技大学小红薯撬动大产业》在河南日报教育版头条刊登，《红里村的红薯地里长出了"金元宝"》被河南电视台专题报道。红薯产业使广大农民的腰包鼓起来了、日子富起来了，学科在教会农民"怎么种""如何卖"的过程中，让甘薯真正成为了农民增收致富的产业。侯文博教授获全国创新争优奖。

科技服务、科技培训成效显著。依托河南省甘薯产业科技特派员服务团、河南省中药材产业科技特派员服务团、河南省谷子产业科技服务团，利用科普及适用技术传播工程、三区人才以及省市级科技特派员项目，实施"科技支农，精确扶贫"工程，深入伊川鸦岭、娃娃家庭农场、开封万滩乡、兰考县、周口市商水县、洛阳市宜阳县和汝阳县、周口市沈丘县等农业生产第一线，田间地头指导甘薯、小麦、玉米、烟草、花生、牡丹、中药材、"稻-鱼/虾"种养等农业生产，开展关键技术培训，对促进当地红薯产业、谷子产业等农业发展、提高农民收入发挥了重要作用。

（四）国际合作交流形象塑造与提升

坚持"走出去，引进来"方针和教师"博士国际化"的理念，2018 年以来先后派 32 名教师到国际玉米小麦改良中心、美国宾夕法尼亚州立大学、爱荷华州立大学、堪萨斯州立大学等进行为期 1 年访学，建立良好的国际合作关系，促进国际学术交流和合作。2018 年以来，有 56 人次参加国际学术会议并呈逐年增加趋势，在国际会议上宣读论文 17 篇；同时，邀请国际玉米小麦改良中心（CIMMYT）杰出科学家 Ravi P. Singh、著名科学家 Pawan K. Singh 和 Garlos Guzman，美国宾夕法尼亚州立大学 John E. Carlsom 教授、澳大利亚墨尔本大学 Rudi Appels 教授、澳大利亚莫道克大学李承道教授等国外知名专家来校交流，达 38 人次。他们不仅带来了前沿的科学研究，还带来国际合作项目，强化了双方合作交流的成效。

学院已与美国、英国、澳大利亚、韩国等国家的高校建立了人才培养合作交流关系，2018 年以来，本学科累计有 74 名学生参与各类海外交换交流项目，占学科学生总数 3%，年增长率为 0.6%。2018 年和 2019 年进一步开展本科生、研究生海外游学项目，通过对外学习交流，增进了学生对不同文化的了解和加深与国外学生的友谊。

三、学院视觉形象塑造与提升

2016 年，学院从周山校区整体搬迁到开元校区，学院办学环境变美了，校园面积 3644 亩，方城式设计，组团式布局，有全国单体面积最大的图书馆，湖水相连，绿树成荫，为莘莘学子提供了良好的学习环境。学院教学实验楼占地 1.5 万平方米，建有农医教学楼，学院教学科研条件显著改善，学院大台阶为学生的网红打卡地和学院标志性建筑（图 5-1—图 5-10）。

图 5-1　学校大门

图 5-2　图书馆

图 5-3 太学湖

图 5-4 樱花大道

图 5-5 牡丹园

图 5-6 农科楼大台阶

图 5-7 农医教学楼

图 5-8 学院实验室

图 5-9 博园

图 5-10 主体育场

第六章 学院学科建设

第一节 学科建设的概念

一、学科

学科，英语为"discipline"，源于拉丁语中的学生（discipulus）和教学（disciplina），包含知识传承与人才培养两方面的概念[①]。

《汉语大词典》中，学科是"按照学问的性质而划分的门类。如自然科学中的物理学、化学，社会科学中的历史学、经济学等，或指学校教学的科目，如语言、数学、物理、生物等"[②]。《辞海》中学科有两方面的含义：一是学术的分类，指一定的科学领域或一门科学的分支，如自然科学中的物理学、生物学，社会科学中的史学、教育学等；二是指教学的科目，是学校教学内容的基本单位，如数学、外语等。所谓组织形态的学科，是一个由学者、知识信息及学术资料（学者的生产资料）所组成的实体化了的组织体系。学者是学科组织的主体，知识信息是学者活动的对象，学术资料是学者进行学术活动的物质基础[③]。

伯顿·克拉克在《高等教育新论》中认为，学科包括两种含义：一是作为一门门知识的"学科"；二是围绕这些"学科"而建立起来的组织。也有的学者对学科做出了不同的论述：从传递知识、教育教学的角度看，学科的含义是"教学的科目"，即教与学的科目；从生产知识、学问研究的角度看，学科的含义则是"学问的分支"、科学的分支或知识的分门别类。在大学里，教学和研究都要由人去做，而且只有组织起来去做才是有效益和效率的。因此，从这个角度看，学科

[①] 孟照海. 制度化与去制度化：世界一流学科建设的内在张力——以美国芝加哥大学社会学为例. 中国高教研究，2018（5）：20-25.

[②] 罗凤竹. 汉语大词典. 北京：汉语大词典出版社，1989：245-246.

[③] 辞海编辑委员会. 辞海（中）. 上海：上海辞书出版社，1989：2947.

的含义则是"学界的组织"或"学术的组织",即从事教学和研究的机构。[①]

上述解释和定义虽然表述略有差异,但其本质是一致的,学科包括三个基本内涵,即"教学的科目""学问的分支""学界或学术的组织",只是在不同的场合和时间,体现不同的内涵而已。

二、学科分类

不同的应用目的会产生不同的学科分类体系,我国现行的学科分类有以下三种。

一是 1993 年 7 月由中华人民共和国国家质量监督检验检疫总局、中国国家标准化管理委员会发布实施的《中华人民共和国国家标准学科分类与代码》(GB/T13745—1992)(以下简称《学科分类与代码》),2009 年进行了修订,即 GB/T13745—2009(现行),2011 年和 2016 年先后发布了两项修改单。《学科分类与代码》国家标准依据学科研究对象、研究特征、研究方法、学科的派生来源、研究目的和目标等 5 方面进行划分,共设置学科门类 5 个,一级学科 62 个,二级学科或学科群 676 个,三级学科 2382 个。学科门类排列顺序依次是自然科学、农业科学、医药科学、工程与技术科学、人文与社会科学。《学科分类与代码》中的学科门类是国家相关机关单位直接为科技政策和科技发展规划以及科研项目、科研成果统计和管理服务而建立的学科分类体系,仅用于宏观管理和科技统计(而非学科教育),作用对象是从事课题研发的专家学者和相关管理部门。

二是由国务院学位委员会、教育部(国家教委)颁布的学位授予和人才培养学科目录。1983 年,国务院学位委员会公布、试行的《高等学校和科研机构授予博士和硕士学位的学科专业目录》(试行草案)将学科专业分为 10 个学科门类,63 个一级学科,后增设军事学学位,最终有 11 个学科门类,64 个一级学科,647 个二级学科。1990 年、1997 年、2011 年、2022 年又先后进行了 4 次修订,2022 年颁布的《研究生教育学科专业目录(2022 年)》规定,我国研究生教育共设置哲学、经济学、法学、教育学、文学、历史学、理学、工学、农学、医学、军事学、管理学、艺术学和交叉学科 14 个学科门类,1452 个一级学科,二级学科由学位授予单位自主设置和调整。

三是教育部颁布的《普通高等学校本科专业目录》,1998 年,目录共分 11 个学科门类、71 个大类、249 个专业。2023 年,目录共有哲学、经济学、法学、教育学、文学、历史学、理学、工学、农学、医学、管理学、艺术学 12 个

---

① 郭石明. 基于学科的大学组织管理. 中国高教研究,2004(6):30-32.

学科门类 771 个本科专业。

《研究生教育学科专业目录（2022 年）》和《普通高等学校本科专业目录》中的学科门类均是高等学校、科研院所等学位授予单位为学位授予和人才培养而设立的学位学科专业类别，适用对象是高等教育中的职业学习者。

三、重点学科

重点学科，有广义和狭义之分：广义的重点学科是指由国家或地方政府、及高等学校，根据国民经济和社会发展的需要及各大学的学科基础确定的在大学优先发展的学科领域；狭义的重点学科专指由国家教育行政主管部门根据国民经济建设和社会发展对培养高级专门人才的需求、科技发展趋势和国家财力，在高等学校择优确定并安排重点建设的学科。

20 世纪 80 年代以来，教育部（国家教委）组织了两次重点学科评选工作。第一次是在 1986—1987 年，在全国高校有博士学位授权点的学科范围内组织评选了 416 个重点学科点，涉及 108 所高等学校，其中文科高校 78 个，理科高校 86 个，工科高校 163 个，农科高校 36 个，医科高校 53 个。第二次是在 2001—2002 年，全国共评选出重点学科 964 个。评选的主要内容包括学科方向、学术队伍、人才培养、科学研究、条件建设和学术交流 6 个方面。基本要求如下：学科方向对推动学科发展、科技进步，促进我国经济、社会、文化发展和国防建设具有重要意义；有在本学科学术造诣高、有一定国际影响或国内公认的学术带头人，有结构合理的高水平学术梯队；培养博士生的数量和质量位于国内同类博士学位授权点前列；已形成有较大影响的学术特色，取得一定数量较高水平的研究成果，对经济建设和社会发展做出重大贡献；目前承担着具有重要理论意义和现实意义的研究项目；教学、科研条件居国内同类学科先进水平，具有较强的与相关学科相互支撑的能力和获取国内外信息资料的先进手段；学术气氛浓厚，国际国内学术交流活跃[①]。

四、一流学科

ESI 全球学科排名是世界范围内普遍给予最高肯定的权威学科评估体系，行业内通常把 ESI 中处于前 1% 的学科划分最高的档次，并称之为一流学科[②]。国

---

① 罗云. 论我国重点大学的学科建设. 华中科技大学博士学位论文，2002.
② 邹燕. ESI 全球学科排名与江苏高校学科建设. 江苏高教，2015（3）：53-55.

内外各知名高校大多通过这种方式影响着所在地区经济社会发展，并且效果显著。在进行一流学科界定时，目前还没有标准分析准则，学者往往从学科评价标准进行界定，评价因素通常包括知识体系建设情况、学术研究水平、社会服务能力、基础设施保障、人才培养能力等。

学者普遍认同一流学科应包括一流的学术组织和一流的成果产出[1]。卞显洋认为，对于"一流学科"的内涵解释，首先需要将一流学科拆分成"一流"和"一流学科"来进行界定。一般的理解，"一流"指的就是最高级别、最高等次，结合对"学科"的定义，"一流学科"是依据发展需要，在学术团队、人才培养、科研成果以及学术影响力方面，能够在同类型的学科群体中处于领先地位，并为社会发展做出巨大贡献的学科[2]。赵子月认为，一流学科是根据我国发展需要、科研团队建设及高水平科研人才的培养、科研成果的创新实力方面，具有同行业普遍认可的水平，并且服务于社会和国家地方发展的学科[3]。

五、学科建设

"学科建设"是一个含义比较广泛的概念，至今尚无统一的权威定义。洪毅和熊宗凡认为，学科建设是高等学校发展中的一项长期的基本的战略任务，包含了学校的行政管理、人事管理、财务管理等各项管理，是运用规划、政策、人力、物力等因素使某个学科健康发展的系统工程[4]。陈何芳认为，学科建设通常是作为一个日常概念在使用，一般是指通过对学科的硬件投入、软件的积累和优化的方式，使学科具有一定水平的过程[5]。黄文武指出，学科建设是对学科的发展加以规划、重组的过程，是大学提升组织整体实力和核心竞争力的重要方式[6]。

马文仁将不同学者的观点归纳为以下四点：一是发展说，罗云提出所谓学科建设，可以理解为建设学科或发展学科。它是指学科主体根据社会发展的需要和学科发展的规律，结合自身实际，采取各种措施和手段促进学科发展和学科水平提高的一种社会实践活动。二是效益说，金薇吟提出学科建设是通过"投入"获

① 王云霞. "双一流"高校学科建设机制探究：以 M 大学教育学学科为个案. 中央民族大学硕士学位论文，2023.

② 卞显洋. 地方高校一流学科建设的经验分析和对策研究. 南京信息工程大学硕士学位论文，2020.

③ 赵子月. "双一流"背景下地方高校一流学科建设内容研究：以 S 大学为例. 沈阳师范大学硕士学位论文，2021.

④ 洪毅，熊宗凡. 学科建设理论与实践中的几个问题. 学位与研究生教育，1992（1）：26-27.

⑤ 陈何芳. 大学基层学科建设：问题与对策. 学位与研究生教育，2004（2）：13-16.

⑥ 黄文武. 知识生产与学术创业的整合：学科建设的应然取向. 高校教育管理，2020（6）：77-85.

得"产出"的过程。三是变革说，姚云、李铁君等提出学科建设是根据科学的发展和社会的需要对学科的规范和重组。四是系统说，严冬珍提出学科建设是一个由人、财、物等基本要素组成的基本系统工程[①]。

陆军等认为学科建设包含以下五个含义：①学科建设涉及工作的方方面面，是一项系统工程。②学科建设的目的是使学科具有一定的水平，形成人才培养、科学研究和服务社会的综合实力。③学科建设是通过对学科的硬件投入、软件的积累，提高学科水平的一个过程。④学科建设要有投入，包括硬件和软件两个方面。⑤学科建设的内涵涉及学科方向、学科队伍和学科基地（条件建设）等[②]。

学科建设关系到高校的教学、科研和社会服务职能的实现，也关系到学科内部的知识生产活动。基于以上学者对学科建设的理解，马文仁将学科建设定义为：学科建设是指大学按照学科发展规律，根据大学自身的发展定位，围绕学科方向、学科队伍、学科基地、学科组织与制度、学科文化等方面，通过软硬件的投入，提高学科水平，实现人才培养、科学研究和社会服务三大职能的一项系统工程[②]。

六、学科建设与学位授权点建设

学科建设与学位授权点建设既有相同之处，又有明显区别。当某学科获得了博士或硕士学位授予权时，人们通常将该学科称为某某学科博士或硕士学位授权点。这时，学科建设与学位授权点建设基本属于同一概念，也具有基本相同的建设内容。

学科建设与学位授权点建设又有明显区别：①二者内容各有侧重。学科建设侧重于学科的基本条件（包括人、财、物、信息等）建设，其目的在于夯实学科基础、形成雄厚的学科实力和可持续发展能力。学位点建设侧重于人才培养，其建设内容必须保证而且有利于提高研究生的培养质量，尤其是必须有一套严格规范的人才培养程序。②二者的层次不同。学科建设是学位点建设的基础。教育的层次越高，其学术性就越强。研究生教育作为最高层次的教育，决定了其运行的基础就是学科建设。学科建设过程是一个学科组织从小到大与从弱到强、学术水平从低到高的发展过程，而学位点是在学科水平达到国家认可的标准之后才获准

① 马文仁. 教学型大学转型策略中的学科建设研究：以浙江农林大学森林培育学科为例. 浙江工业大学硕士学位论文，2012.
② 陆军，宋筱平，陆叔云. 关于学科、学科建设等相关概念的讨论. 清华大学教育研究，2004（6）：12-15.

设立、招收培养研究生的。③二者的权力关系不同。学科的设置与学科发展方向的选择属于高等学校的自主权，不受外界因素和《研究生教育学科专业目录》的束缚；博士、硕士学位的授予质量关系到国家的学术声誉，学位点必须经严格审核后才能设置，而且要符合《研究生教育学科专业目录》的学科划分。研究生的专业在口径、名称等方面与具有学位授予权的学科具有一致性，而学位点建设的根本目的在于提高研究生的培养质量。因此，学位点建设可以理解为研究生层次的专业建设，在理论上可以与本科层次的专业建设相对应①。

七、学科建设的意义

（一）学科建设是学院一切工作的龙头

学院作为基层教学单位，工作繁多，教学、科研、师资队伍建设、党的建设等都是学院的重要工作。学科建设是一项系统工程，涉及教学、科研、师资队伍、科研平台等，学科建设工作做好了，就会带动教学、科研、研究生教育、师资队伍建设和实验平台建设等，从而促进学院快速、健康地发展。如果学院学科建设工作做得不好，学科水平不高，就会影响其教学，制约科研和学院的整体发展。因此，要充分认识学科建设在学院工作中的龙头地位，要坚持以学科建设为龙头，以学科建设的高质量发展推动学院事业的高质量发展。

（二）学科建设是提高人才培养质量的关键

学科、专业是人才培养的基本单元，高校的教学和人才培养是在一定的学科、专业之下进行的，学科水平直接影响教学水平和人才培养的质量。学科水平决定了一所大学、一个学院的水平，高水平的学科作为高水平科学研究的基地，不仅能培养高水平的学者，而且能吸引高水平的学者。一流的师资是人才培养的关键。随着高等教育进入大众化，高校之间的竞争愈演愈烈，谁能在竞争中获胜，关键要看培养学生的质量如何，特别是市场和社会对毕业生的评价和认可度。通过学科建设，可以汇聚一流的学科队伍，从而进一步带动教学工作，深化教学改革，更新教学内容，提高教材建设质量和教育教学质量。同时，学生也会不断接收到本学科最前沿的信息，受到最规范的训练，才会培养出优秀人才。因此，加强学科建设，建设高水平的学科，对提高教学水平和人才培养质量有着决

---

① 马涛. 对学科建设与专业建设的几点思考. 国家教育行政学院学报，2008（3）：37-39，43.

定性意义。

（三）学科建设是增强学院竞争力的重要保障

学院竞争力的大小对学院的发展具有决定性作用。影响学院竞争力的因素有很多，但最为重要的是学科水平。学科水平直接影响着学院的教学水平和科研水平，是一所大学、一个学院在国内外地位的主要标志。世界上社会知名度高、影响力大的一流大学，首先是因为其拥有在全国甚至世界知名的一流学科。学院竞争力的获得主要靠高水平的学科，最有竞争力的学校一定拥有多个高水平的学科。没有在全国有影响力的学科，学校、学院就不可能有影响力和竞争力。因此，加强学科建设，打造一流学科，对扩大学院影响以及使学院在学校、社会的激烈竞争中处于有利地位具有十分重要的作用。

（四）学科建设是提升学院社会声誉的主要举措

学科要发展，必须有明确、清楚的定位。不同的学校、学院，其学科定位有所差异。只有定位准确，学科才会健康发展。地方高校的学科定位要依托区域特点和特色资源，要牢牢抓住符合自身发展规律的优势学科建设，综合自身优势资源，凝练优势学科发展方向，将自身的办学定位、办学目标与区域发展需求相结合，善于把区域特色与自身的一流学科建设相结合，同时利用区域特色来找准自身一流学科发展方向，以一流学科建设带动相关学科协同发展，从而提升自身整体实力，进而不断提升学院的社会声誉。

第二节　学院学科建设的内涵

一、学院学科建设的原则

在学科建设过程中，制定和遵循一些基本原则是十分必要的。

（一）实事求是原则

实事求是就是学科建设要从实际出发，在综合分析学院已有基础、特色、优势和学科发展趋势的基础上，科学定位，走有自身特色的学科建设之路，做到"有所为，有所不为"。学院要注重发挥优势，整合资源，突出重点，大力加强优势学科建设，打造学科品牌，创建优势特色学科。

（二）突出特色原则

所谓特色，就是事物所表现的独特的色彩、风格等[①]。特色不仅是学院发展的特色所在，也是学院的生命力所在，突出特色是学科建设的根本所在。学院应该分析学院所在的区位优势和资源优势，通过学科建设，进一步培育和强化自己的优势，形成自身的学科特色、学科亮点，真正做到"人无我有，人有我优，人优我新"。

（三）强化创新原则

学科创新是学科发展的生命，也是学科建设取得成效的关键。学院学科创新主要包括学科建设理念的创新、学科体系的创新、学科研究方向的创新、学科内容的创新等。不同院校的同类学科由于性质、历史、区域和队伍等不同原因，其学科内涵有较大差异。学院学科创新既要遵循学科发展的规律，又要强化自身特色，通过学科交叉与融合，创新学科方向和学科增长点，培育特色学科，以学科创新带动学科发展，不断增强学院学科的竞争力。

（四）统筹兼顾原则

学科建设涉及科学研究、人才培养、梯队建设、条件设施等多个要素，是一项具有综合性、长远性的基础工作，需要各个部门的通力合作，需要大批学者十年甚至几十年不懈的辛勤耕耘。因此，在学科建设过程中，学院要坚持统筹兼顾，既要重视学科整体水平的提高，又要综合学科现状、前景及条件等客观因素，有所侧重，要坚持重点建设和普遍提高相结合，对不同层次的学科实行分阶段、分类型予以支持。学院要以重点建设为主，通过重点突破，带动学科的整体水平提高。

（五）注重实效原则

学科建设要有明确的规划和可行的方案，学科要在科学论证的基础上，制定学科发展规划，做到学科定位准确，研究方向明确，研究重点突出，建设目标明确，建设措施具体可行。学科建设实行动态管理，优胜劣汰，注重实际建设效

---

① 于文波. 研究型学院学科建设研究. 华中农业大学硕士学位论文，2007.

果，要体现投入与产出的双向增长。通过建立有效的管理和检查监督机制，实现资源优化配置、人才合理开发，促进优势特色学科的快速成长。

二、学院学科建设的任务

（一）改善学科结构

对大学来说，改善学科结构主要包括改善学科"门"的结构、"类"的结构和"势"的结构三项任务。改善学科"门"的结构就是改善学科文、理、工等学科门类结构。中外大学的办学实践证明，没有文科，办不出氛围；没有理科，办不出水平；没有工科，办不出效益。这里的文科是指人文社会学科，理科是指自然学科，工科是指工程技术学科。

对学院来说，改善学科结构重点是改善学科"类"和"势"的结构。每一门科学都包含基础学科、应用学科和技术学科三个层次。其一，对于不同"门"的科学，其基础学科、应用学科和技术学科的特点、功能以及发展规律都各不相同，因此，无论是人文社会学科、自然学科还是工程技术学科，都应该注重基础学科、应用学科和技术学科的协调发展。否则，就会出现基础学科基础不深厚、应用学科应用不宽广，技术学科技术不精尖的状况。所以，学院学科建设的任务之一是改善学院学科"门"的结构。其二，学院要改善学科"势"的结构。一般来说，每一所大学、学院都有其优势学科和弱势学科，在发展选择上，也都有其重点学科和一般学科。合理的学科势态结构应该保持其生态平衡，注重培植新生学科，扶持弱势学科，提高优势学科的发展水平。

（二）提高学科水平

学科水平决定着大学、学院的人才培养质量、科学研究水平和服务社会的能力。学科水平主要体现为学科结构、队伍水平、学术成果（包括专著、论文、课题、项目、专利、经费）和人才的培养层次、就业状况、工作业绩等。通常情况下，学科水平可以按人才培养的层次分为专科学历学科、学士学位学科、硕士学位授予权一级学科、博士学位授予权一级学科等，也可以按学科级别分为一般学科、校级重点学科、省部级重点学科、国家级重点学科、世界知名学科和世界一流学科。学科建设的目的和任务就是要不断提高学科的层级，不断实现博士学位授权点、硕士学位授权点和重点学科建设层级的突破。

学科设置调整是关乎学科自身存亡与高等教育结构性改革的基本问题，也是满足高层次人才培养需求、服务科技创新、适应经济社会发展的重要问题。学科优化调整要彰显服务国家发展的贡献导向，强化多元主体协同治理，推进学科交叉融合纵深发展，锚定学科特色、谋求突破①。

三、学院学科建设的基本特征

学科建设的基本特性是学科建设的内在规定性，是学科建设所特有的本质属性。正是这些基本特性使学科建设区别于专业建设，呈现其独有的面貌。学科建设作为一个系统的建设工程，具有十分明显的特征，主要包括综合性与系统性、战略性与基础性、适应性与创新性、动态性与累积性、长期性与持续性等特征。

（一）综合性与系统性

学科建设是一项综合性很强的工作，是一个系统建设工程。学科建设的内容涉及学科方向、学科队伍、学科基地等多个子系统，辐射和渗透到学院工作的每一个环节，既包括教学科研活动，又包括学科的组织管理；既包括教学科研平台等硬件的建设，又包括机制、体制及文化等软件建设；既包括理论探索，又包括实践检验，包含人才培养、科学研究、社会服务、文化传承和国际合作交流五大职能。学科建设的综合性与系统性，决定了学院学科建设需要学校各个部门和学院密切配合、分工合作，在搞好学科规划和顶层设计的基础上精心组织，分步实施学科建设。

（二）战略性与基础性

学科建设是事关学院建设发展全局和长远发展的战略性工作，是建成一流院校和特色院校的根本途径，在院校建设中处于不可替代的战略地位。学科建设的首要任务就是要根据学院的发展定位，结合学科发展的趋势和社会发展的需要，适时地调整和优化学院学科结构。学科结构作为学院内部最基础的结构，对学院发展和建设最具战略意义，不仅深刻体现着学院综合实力和特色，而且体现着学院新学科发展的方向，对学院学科建设具有引领作用，具有教学、科研等其他领域难以比拟的战略性，往往具有统摄的作用。学科建设的战略性要求学院必须坚

① 包水梅，陈秋萍. 面向国家战略需求，优化学科设置调整机制的基本逻辑. 中国高等教育，2024（18）：32-37.

持学科建设的核心作用和龙头地位不动摇，坚持近期建设与远期建设相结合，快速发展与可持续发展相结合，重点发展与全面发展相结合，精神建设与物质建设相结合，始终要坚定不移地抓学科建设，切实加大学科建设的投入力度，提高学科建设水平。

学科建设的基础性特点，是由学科建设在学院建设和发展中的地位和作用所决定的。首先，从学科建设的地位看，学科是院校架构的基础，是组织教学和科研的基本单元。院校的教学、科研等活动的开展，都必须结合学科，以学科为基础。学科既是院校专业设置的基础，也是院校中院系和研究机构设置的基础，这决定了学院要把学科组织设计和学术体制建设作为学校发展的一项基本建设来抓。其次，从学科的作用来看，学科建设在本质上是学术性建设，属于院校的内涵建设。学院作为知识生产、发展、传授和传播的主要场所，加强学科建设，是重视和维护学术、发展学术的必然选择。学术也是院校不同于除研究机构以外的其他社会组织的根本标志，学术是院校的根本，所以，学科建设也是院校的根本和基础建设。基础不牢，地动山摇。学院要高度认识学科建设的基础地位和作用，要下细功、下真功，久久为功，丰富和更新学科内涵，开拓和创新研究方向或领域，不断加强学科特色和优势的培植，增强学科的活力和实力。

（三）适应性与创新性

"适应"是学科生存的环境，"创新"是学科发展的动力。首先，学科建设必须适应社会发展的需要，这也是教育的基本规律。学科是学院实现职能的基本平台，学科的适应性直接决定着学院及高校的适应性。其次，主动适应社会发展需要也是学科建设保持活力的重要保障。学科建设适应性要求学院根据经济全球化的发展趋势与我国社会政治、经济以及实现可持续发展对人才的需求，紧紧把握人才培养和科技发展方向，面向经济建设主战场，确定学科体系、学科布局和设置学科方向，充分发挥学科在人才培养、科学研究和社会服务等职能中的重要作用。再次，学科适应性的培育必须进行创新，在学科建设中，既要保持和发扬传统学科的优势和特点，也要主动瞄准学科发展的前沿和世界科技发展的新动向，不断开辟新的领域和新的研究方向，同时注重在发展中创造和形成新的学科优势和特色。最后，要建立健全优胜劣汰机制，对于建设效果好的学科，应大力奖励并进一步跟踪扶持；对于建设效果不好的学科、方向陈旧、存在价值不大的学科，要及时进行调整和分流。

（四）动态性与累积性

学科建设的"动态性"，是指学科建设是一个动态的、优胜劣汰的过程。随着时代的发展、研究的深入、知识的增长，学科不断演化，部分学科由于适应时代的潮流而不断得到发展，甚至催生其他新兴学科，部分学科则由于知识的生产与服务满足不了社会需求而逐渐衰退，直至消亡。学科建设的动态性特征要求学院在学科建设中要增强紧迫感和危机感，时刻关注学科发展前沿，根据社会经济发展的需求，及时调整学科发展方向，同时不断开拓创新，形成新的知识生长点和新兴学科。

学科建设的累积性在于学科的形成和发展是一个长期累积的过程，是学科建设动态性、连续性与阶段性相结合的持续性发展的具体体现。学科建设的进展往往与科学研究的重大突破有着密切的关系，通过一个个与学科方向相联系的科研课题的完成，特别是技术的重大突破和创造性成果的产生，推进学科从一个阶段走向另一个阶段。这种重大的突破使学科的发展呈现出阶段性，连续不断的阶段性转变构成了学科发展从量的累积向质的转变的长期累积过程。学科建设的累积性特征要求学院在正确的建设思路指引下，坚持持续投入支持，通过扎实、锲而不舍的实际建设步骤，逐步积累，不断进取，形成学科可持续发展的势头。

（五）长期性与持续性

学科建设不是一朝一夕能完成的，是关系到学院长远发展的战略性建设，具有明显的长期性建设特征。任何学科的形成都要经历生成、生长、发展并逐渐成熟，成为优势学科，经历从无到有、从小到大、从弱到强的过程，这个过程一般要经历 20—25 年，甚至更长。学科建设伴随着学院的发展而发展，并不会因为学科建设主体的离开以及外部环境的变化而消失，只会因此转移建设重点，但学科建设仍旧会持续发展。学科建设的长期性与持续性特征要求学院学科建设必须要立足长远，谋划未来，持之以恒，久久为功，才能获得成功。

四、学院学科建设的内容

关于学科建设的内容，学者有各自的见解，他们分别从学科建设环境、学科建设要素、学科建设结构等方面研究学科建设的具体内容。刘献君认为，高校学科建设内涵丰富，外延宽泛，学科建设可以体现在三个层面上：宏观层面上包括学科发展规划、学科建设的定位、目标和学科方向的选择，中观层面上包括学科结构和布局、学科组织建设、管理体制建设，微观层面上包括学术队伍建设、经费投入与管理建设、条件平台建设、科学研究和教学工作[1]。魏巍认为，学科建设包含人才培养、科学研究、社会服务、师资队伍、文化传承和国际交流六大要素，并以 71 所一流学科高校公开的学科建设方案为研究对象进行量化分析，指出人才培养和国际交流是学科建设要素关系网中的中心[2]。王大中认为，学科建设应从硬环境建设和软环境建设入手，着重物质资源和文化资源建设两方面：在物质资源建设方面，学科要有足够的资金、研究设备、实验基地；在文化资源建设方面，学科要注重学术队伍和学科带头人的培养，凝练研究方向，形成核心竞争力[3]。罗云提出，大学学科建设的内容除包括确定学科方向、选拔学科带头人、组建学科梯队、调整学科机构、建设学科基地、营造学科环境等内容外，还包括专业建设、课程建设、学位点建设、师资队伍建设、校园文化建设等其他类型的内容[4]。崔新红和王吉芳提出，学科建设的内容可包括内涵建设、外延发展和学科建设管理等三方面，其中内涵建设是学科建设的核心，它主要涉及人才培养、科学研究、学术梯队建设和物质条件建设等活动；外延发展指新学科建设和发展，主要体现在学科规模的扩大、博士学位授权点和硕士学位授权点数的增加等方面；学科建设管理主要包括学科发展规划管理，学科管理组织及规章制度管理，与内涵建设有关的师资、教学、科研、经费、基地建设管理，学科建设评估管理等内容[5]。

关于学院学科建设，概括地讲，应该包含以下几个方面。

（一）确立学科方向

学科方向是学科建设的基础，是学科建设的首要问题。选择与确立学科方向要遵循"继承、发展、交叉"三个原则。"继承"就是尊重学院客观事实，肯定原有学科优势，突出自身学科特色；"发展"就是瞄准学科前沿，依据科技发展趋势、国民经济或区域经济发展需要，培育新的学科方向和新兴学科；"交叉"就是知识有机重组，学科有机渗透，提升优势学科，创建交叉学科。具体在选择和确立学院学科方向时，应把握如下几点。

---

[1] 刘献君. 论高校学科建设. 高等教育研究, 2000（5）：16-20.

[2] 魏巍. 学科建设中六大要素间的互动关系：基于 71 所一流学科高校建设方案的政策文本及社会网络分析. 江苏高教, 2020（8）：28-34.

[3] 王大中. 学科建设是研究型大学的创新关键. 中国高等教育, 2002（21）：6-7.

[4] 罗云. 警惕我国重点大学学科建设中的若干误区. 现代大学教育, 2004（4）：55-58.

[5] 崔新红, 王吉芳. 论地方高校学科建设中的若干误区. 技术经济与管理研究, 2005（3）：94-95.

一是要不断凝练学科方向。学院要依据本学科学术前沿、发展动态、国民经济或区域经济发展需要、自身条件等，不断凝练学科方向。学科方向要既稳定又发展，既差异又联系，每个学科要至少设立 2—3 个研究方向，否则学科难以获得发展。学科方向的凝练是学科建设中必须认真思索、充分讨论的重要问题。

二是要不断强化学科特色。在学科建设中，学院应认真分析自己的区位优势和资源优势，审时度势，采取"异军突起，出奇制胜"的策略，选择能在国内外产生重大影响或独一无二的研究方向，并以此为重点加强建设。重点建设的学科方向应具有特色，体现自身优势。

三是要不断寻找新的生长点。学科建设变化很快，不断寻找新的生长点能使学科建设充满生机与活力。生长点具有时代性、灵活性、不确定性等特性，这就要求学院不断追踪学科发展前沿，不断实现学科的交叉、融合、渗透和创新。

（二）优化学科结构

学科结构是指高等学校在学科建设、学科设置方面的结构，属于学科专业结构。学院作为基层教学单位，往往具有较多学科门类，学院教师队伍数量有限，可调配资源相对较少。因此，学科建设本着"有所为，有所不为"的原则，必须不断对学院学科结构进行优化调整：一是优化调整门类结构，使其更加合理，符合学院发展和社会经济发展的需要；二是推进一流学科建设，打造"高峰"学科，实现学科整体水平提升的目的；三是加快不同类型学科发展，对不同类型的学科，要采取不同的途径和不同的策略促进学科集群和交叉发展，构建更为健康的学科生态系统。

（三）汇聚学科队伍

学科队伍建设是学科建设的关键，学科水平的高低，关键取决于是否拥有一支年龄、学历、职称等结构合理、研究方向基本稳定、学术水平高、合作精神强的师资队伍。清华大学梅贻琦老校长说过：所谓大学者，非谓有大楼之谓也，有大师之谓也[1]。大师，是一所大学、学院实力的象征、地位的象征、声望的象征。学科建设，关键靠教师，特别是大师级的学者。领军人才是支撑学科发展的重要保障，能够形成比较优势[2]。

学科队伍建设要重点抓好三点。一是建立合理的学科队伍梯队结构。一般学科

[1] 郑秀英，石冰洁，郭广生. 对高校形象问题的探讨. 中国高教研究，2001（12）：65-66.
[2] 孙榕. "双一流"理工类行业特色高校学科建设研究. 天津工业大学硕士学位论文，2022.

队伍梯队中要确定一位在本学科学术水平最高、影响力最大的教授为学科带头人。每个学科方向，要有一位学术带头人或称学科方向带头人，若干名教授、副教授的学科骨干；每个学科方向还要配备职务、学历、年龄等结构合理的若干名助手。

二是着力培养学科带头人和学科骨干。学科带头人和骨干是学科建设的重中之重，没有学科带头人，学科发展就会非常缓慢。学科带头人要有本学科坚实的理论基础、较宽的知识面、很强的研究能力；要有较宽的学术视野，善于把握学科前沿，并且要有宽阔的胸怀和气度，具有高度的责任感和强大的凝聚力，善于团结和带领学术梯队共同奋斗，带领本学科始终走在学科建设的前列。

三是用好学术权力与行政权力。如果学科带头人和学院行政负责人是同一个人，学术权力和行政权力的运用就相对一致，开展学科工作就会自然顺畅。如果分别由两人担任，就需要这两人团结合作，相互尊重，相互理解，相互支持，行政权力支持学术权力，并为学术权力服好务，学术权力尊重行政权力，理解行政权力的用心，齐心合力，共同促进学科建设水平的提高。

（四）搭建学科平台

现代学科建设离不开平台建设，学科平台是学科建设的依托和主要载体，学科平台能够为学科发展提供良好的实验条件和研究环境。世界一流大学的学科建设，都十分重视和下大气力投资建设高水平的平台。学科平台主要包括国家重点实验室、国家专业实验室、国家工程中心、省级实验室、工程中心、文科研究基地、教学实验基地、产业化基地等。

在学科平台的建设上，普遍存在追求小而全和实验人员水平低两大问题。目前，各学院建设平台的积极性都很高，但存在追求小而全、低水平重复等问题，致使有限的资金分散，造成设备购置水平低、重复率高，大型仪器设备购置少，利用率低；此外，还存在实验队伍数量少、学历低，业务素质不高，难以胜任高水平平台建设的需要，并且不安心实验室工作，不愿承担服务性的工作等问题。

学院要统筹规划，千方百计争取建设资金，坚持高起点、高标准、高水平，集中有限资金，建设若干开放式的高水平平台，确保能为从事基础性、前沿性、应用性较强的高、大、精、深、新的课题研究提供有效的支撑；要建设一支高素质、少而精的实验室队伍，制定相应的政策和措施，解决他们学历提高、专业技术职务晋升、绩效待遇提升等问题，使他们安心在实验室工作，为学科建设做出自己的贡献。学院还要加强平台管理，制定规章制度，做到资源共享，确保平台的通用性、共享性、开放性。

（五）加强人才培养

大学的基础任务就是人才培养，人才培养是大学功能历史性、逻辑性的起点，是学校学科建设的真正核心。建构高水平的人才培养体系是大学学科建设的主要任务之一。

学科建设要根据我国高层次人才教育发展规划和学校人才培养计划，结合本学科的培养能力，充分发挥学术带头人和学术骨干的优势，在培养不同层次、规格、类型的人才方面发挥自己的作用，鼓励学术带头人牢固树立本科教学的中心地位，积极进行教育教学改革，改革人才培养模式，改革课程体系，改变教育方式，不断提高教育教学质量，争做"大先生"。重点学科是研究生培养基地，导师要做学生思想的引领者、学术的带路人，为培养社会主义现代化建设的高级人才做出贡献；要充分发挥学科平台的育人优势，使学生早日走进实验室，早日参加科研项目，着力培养学生的创新精神和创造能力，并在创新研究中注重学生思想道德素质、心理素质、文化素质的培养，促进学生德智体美劳全面发展。

（六）产出一流成果

学科建设的重要载体就是科学研究。学科建设要主动面向世界科技前沿、面向经济主战场、面向国家重大需求、面向人民生命健康，加强有组织的科学研究，在突破关键核心技术、探索前沿科学问题和解决重大社会现实问题等方面做出重要贡献，实现基础研究"从0到1"的原始性重大创新。

高等学校进行科学技术研究不仅是为了产出高水平的科研成果、不断提高自身的知名度，更重要的是锻炼队伍、培养人才、造就大师、服务社会。科学技术研究分为基础研究、应用基础研究和技术研究，主要任务是发现新规律、提出新理论、发明新技术、寻找新方法、创造新知识。基础研究往往具有理论突破性、知识创新性和国际前沿性的特点。应用基础研究的特点是既要注重理论突破，又要注重技术发明和成果转化。技术研究注重的则是新技术的发明、开发与应用。科技发展是社会进步的关键，因此，院校学科建设必须高度重视科学技术研究，不断产出一流成果。

学院要加强科学研究，第一，要争取重大项目。学院要争取重大项目，首先要组织起来，联合作战。要花力气做好项目设计和争取工作，要发动教授，特别是有学术思想的教授、教师，经常"碰撞"，寻找新的生长点，构想新的课题。通过立项，明确研究的目的、内容和重点创新之处，筹集资金，组织队伍。实践证明，只有通过大的项目的研究，才能产出大成果，获得大奖，培养和锻炼高水平的学者，提高学科的整体水平。项目建设是学科建设的十分重要的环节。第二，要进行有组织的科研攻关。学院要细化研究课题、研究目标、研究内容、实施方案，组织院内、校内外人员合作攻关，形成团体作战，逐项解决重大科学技术问题。第三，要改革科研、人才评价机制，创造潜心科研的氛围，为优秀人才的培养、大成果的产出提供制度支撑。第四，要产出大成果。学院要加强标志性论文、专利、专著，以及国际、国家和行业标准制定工作，加强成果转化利用，为强国建设、民族复兴做出贡献，以一流成果的产出促进高水平学科的建设。

（七）营造学术环境

良好的学术环境和学术氛围是学科建设的重要保障。

学院要营造良好的学术环境，第一，要树立良好的学术风气和职业道德，倡导科学严谨、实事求是的治学态度；第二，要实行开放式学科建设和科学研究，要积极与校内外相关学科、国内外科研企事业单位进行联合攻关，强固学科的生命力；第三，要积极开展和促进国际国内的学术交流，互派访问学者和留学生，向国外有一定影响力的学校聘请学校管理者或管理顾问，聘请学术带头人或学术顾问，召开国际学术研讨会等，形成浓郁的学术氛围，提升学科的科研水平；第四，加强人文环境建设，倡导以人为本的工作思想和管理思想，尊重人，理解人，关心人，依靠人，加强人与人之间的思想和心灵沟通，把严肃的工作态度与和谐的工作氛围、融洽的人际关系结合起来，充分调动不同岗位的人员在各项工作中的积极性。

五、学院学科建设的动力

学科作为高等教育系统中最基本的学术组织，其组织结构和功能是随着社会发展而不断发展变化的，是在若干力量的共同作用下发展的。其中最重要的力量有三种：一是学科建设的内在动力，即学科建设的逻辑；二是学科建设的外在动力，即社会需要；三是学科建设内外动力发挥作用的媒介，即组织机制[1]。

（一）学科建设的内在动力——学科逻辑

学科发展的内在逻辑，是学科自身矛盾运动的规定性，也是学院学科发展的内在动力。

---

[1] 单佳平. 地方高校学科建设机制研究：兼以 N 大学为例. 华东师范大学硕士学位论文，2008.

1. 科学知识的不断积累、分化和综合是学科发展的内生动力

人类科学的发展历史表明，人类对自然界、人类社会认识水平以及人的思维水平达到较高程度后，需要对所研究对象进行专门的、更深入的研究，由此产生了学科，学科的发展过程本质上是科学知识高度综合—高度分化—在高度分化的基础上再次高度综合的螺旋式上升的循环过程。从近代科学产生到 16 世纪初叶，一系列自然科学知识，如数学、力学和天文学、化学和物理学，生物学和地质学等，从哲学中独立出来，并得到比较全面、系统的发展，同时，人文主义大兴，人文学科崛起。随着实验科学和分析方法的问世，以及方法意识和方法论意识的强化，自然科学、社会科学从"哲学"母体中分化出来，各自走上相对独立发展的轨道，形成了哲学、自然科学、社会科学新三角学科构架态势。

19 世纪，以思辨性、纯理性为特色的知识生产"模式 I"，在积淀学科知识理论基础同时，其学科的自闭性、割裂性和局限性也逐渐显露出来。伴随着经济全球化、知识社会、高等教育大众化和学术商业化的快速传播，知识生产模式发生巨大转变，以知识异质性、交错性、复合性为特色的知识生产"模式 II"开始出现①。知识生产模式打破了学科"闭门造车"现象，学科不再仅以"学术引导"为指向，开始关注外部社会和市场需求，以解决问题为学科发展驱动，强调学科间碎片化的领域性知识重组与排列，突出耦合已有的研究成果与理论基础，进行知识有序开发创新，共同攻关难题。

从 20 世纪中叶开始至今，伴随着信息技术、网络技术和数字化技术等高新技术的发展，新学科、新理论、新方法大量涌现，跨学科研究、科技间渗透、学科间交叉成为大势所趋，学科呈现综合化和整体化发展趋势。

2. 不断解决产生的众多矛盾是学科发展的直接推动力

矛盾存在于一切事物发展的过程中，矛盾贯穿于每一事物发展过程的始终。促使学科发展的内部矛盾主要有以下几种。

（1）知与不知之间的矛盾。人类对未知世界永恒的探究欲是学科发展的直接动力，促使科学发展的内部矛盾，是人们认识过程中知与不知的对立统一。人类对自然界和自身的探究一刻也没有停止过。随着新的实验技术和巨大、精密的观察工具的产生，人类的视野不断与原有的理论观点相冲突，使人们对以往的理论学说进行重新检验，进而不断地审核、修订、改造原有的理论学说，甚至推翻旧的、重建新的理论体系。人类认识的矛盾运动推动了学科持续的发展和进步。

---

① 祖燕. 高水平行业特色大学创建世界一流学科的机制与路径研究. 中国矿业大学硕士学位论文，2018.

（2）无限性与有限性之间的矛盾。无限增长的学科发展需要与大学实际满足学科发展需要的有限能力之间的矛盾，是大学学科发展的基本矛盾。大学学科的发展需要一定的支撑条件，如实验大楼、科研经费、优秀的学科队伍、良好的学科发展机制、最新学术信息等。而院校发展条件是有限的，满足学科发展需要的能力是有限的，所以学院学科发展必须正视这一矛盾，在不同发展阶段，要制定不同的发展战略和科学合理的目标，有效配置有限的资源，有所为有所不为，确保战略重点目标的实现，实现资源使用效率的最大化，达到资源与目标的短期平衡。学科发展是无止境的，其需求也是无限的，随着学科建设的不断进步，上述的短期平衡会被打破，学院必须在新的高度探索新的平衡。资源有限和学科发展无限的矛盾会不断提高学科组织管理水平，学科资源的科学合理配置能力在解决矛盾的过程中不断提升，学科得到快速发展。

（3）共生性与不平衡性之间的矛盾。高等学校中各学科是统一的有机体，学科之间存在"共生现象"，任何一门学科的发展都离不开其他学科的支持。同时，院校内部不同学科的发展往往是不平衡的，有些学科水平较高、优势明显，另一些学科力量相对较弱，处于学科体系的"边缘"。共生性与不平衡性之间的矛盾要求院校研究并协调学科的各种结构关系，使学科的发展既重点突出又相互协调、和谐发展，推动学科结构日趋合理、更加协调。

3. 学术力量是推动学科发展的原动力

学科的发展取决于教师的教学和科研水平，特别是大师级学者[①]。因此，在进行学科建设时，学院要加强结构合理的团队建设，形成以学科带头人为龙头和排头兵的学术梯队，要着力引进和培养学科带头人与学术带头人，特别是大师级学者。科学研究工作在推动学科建设和发展中有着极为重要的作用，通过科学研究，能够产生科学研究的成果，开拓学科研究领域，创立和构建学科的科学理论体系。同时，学科要发展离不开学科方向。学院必须选择有优势、有特色的学科，加大支持力度，从而加快其发展，以此带动其他学科的发展。

（二）学科建设的外在动力——社会需要

1. 社会需要是学科建设的牵引力

社会需要包括政治、经济、科技、文化等领域的需要，它是学科发展取之不竭的源泉。政治需要实际上是一种国家需要，亦即意识形态的需要。统治者为了

---

① 王恩华. 大学学科建设：学科发展的动力分析. 科技与教育，2002（5）：34-37.

强化国家意志，必须使国家意识形态体现在学科、专业、课程设置上，从而体现国家的教育目的。经济需要主要是指生产力发展的需要。随着现代社会生产力的迅猛发展，社会行业发生了巨大转变，社会生产实现劳动密集型—资本密集型—技术密集型—知识密集型转变，这种转变对学科发展的水平要求愈来愈高，因此，进行学科建设时，必须不断改造旧学科，衍生新学科，以适应经济发展和现代化的需要。科技需要，体现在科技对一个国家的经济、政治、军事、安全等方面的影响日益巨大，成为综合国力和竞争力的核心组成部分。科技发展需要学科加大科学研究力度，产出更多科研成果，服务社会经济发展需要。文化需要是指，随着人类现代化进程的加快，文化现代化、国际化的呼声不断高涨，大学必须对传统文化进行反思，对现代文化进行构建，现代文化构建与大学学科的重组和重构是分不开的。

回顾历史，我们不难发现，正是美国社会政治发展的需要促进了哈佛大学法学学科的发展，正是微电子技术的开发和硅谷的兴起进一步促进了斯坦福大学电子工程学科的迅猛发展；同样，北京大学的中文、物理等学科，清华大学的建筑、电子等学科的发展都有其社会、经济、科技、政治诸因素需求的背景。

2. 国家政策是学科建设的推动力

国家政策对学科发展重点和方向具有强烈的引导作用。如政府对不同学科发展的优先排序和重点支持，其中包括对基础学科、应用学科研究和技术开发，不同的经费支持方式和不同的政策导向，以及对高校的科学研究的倾斜政策等，不仅直接影响到高校中的每一门学科，而且对社会其他领域、部门和组织的决策起着导向作用。国家对大学重点学科的建设历来十分重视，从 20 世纪 50 年代国家确立全国重点大学起，到"211 工程""985 工程"的实施，以及"双一流"建设，国家对重点学科建设实施的政策引导，学科的考核、评选，经费投入的大幅度倾斜，人员调配等的大力支持，实实在在地推动了高校重点学科的发展，提高了重点学科的实力、声誉和地位。

3. 大学竞争是学科建设的驱动力

随着市场经济的建立，特别是 20 世纪 90 年代末期以来，随着高等教育的大众化和国际化趋势的加快以及教育需求多样化的高涨，大学之间的竞争日趋激烈[1]。随着大学间的合并、大学排行榜的出现，争创"世界一流大学"和"国内一流大

---

① 赵坤，王振维. 学科建设的内涵、动力与竞争优势积累. 中国高教研究，2008（10）：20-23.

学"计划等的实施，尽快提高大学的国际竞争力已成为各高校努力的重点和追求。提高竞争力关键在于提高学科的竞争力，只有一流的学科才有一流的大学，学科竞争已成为知名大学竞争的焦点。

（三）学科建设内外动力发挥作用的媒介——学科组织机制

众多学者明确提出学科发展的动力有内在动力和外在动力之分，并且有些学者认为在内在动力和外在动力之外还存在着整合内外部动力的第三种力量——学科组织[①]。

随着近现代科学技术、社会经济文化、社会组织结构的飞速发展，人类社会向高等学校提出了大量的研究课题，所需要解决的问题更迫切、更深刻，所涉及的知识领域更广泛、更综合。这就要求高校的科研工作快速反应、协同作战、精准突破。这种外在的推动力要能转化为科研的实际行动，仅仅依靠科学家个人的理解、天分和努力是难以完成的，迫切需要建立一种将外在动力转化为内在动力的组织机制。

学科组织的存在和发展，特别是学科组织的各种协调、分工、交流和合作机制的建立和完善，使得科学界对社会需求信息的跟踪、采集、过滤、分析和综合成为一种有组织的行为，使得信息流的交换更加便捷、充分，使得同一学科不同研究方向和不同学科领域的科学研究者之间的交流合作和分工成为可能，既为科学家在自己的专业领域集中精力、更加精深地研究问题创造了条件，又为不同方向的学者思想启发、知识互补和合作攻关构筑了有效的平台。学科组织的存在与发展，提高了高校研究大型、综合和复杂问题的能力与水平，满足了社会进步对科学发展越来越高的要求，提升了科学研究的效率，促进了学科的发展和进步，满足了解决新问题的时效性要求。

学科组织作用的发挥，关键在于建立完善的学科自完备、自协调、自适应等机制。这就要求学科组织的管理者高校、学科的管理者学科带头人和学科成员在确定的机制约束下，不断关注外部的变化，站在社会发展的高度审视学科内部的各种矛盾，分析矛盾的外部关联度，制定适应外部变化和促进内部发展的平衡规划，促进院校和学科的可持续发展。

高校学科建设的三种力量，从内部、外部和内外协调上共同作用于学科，对学科的发展提出了不同的要求，产生着不同的影响，决定着大学学科发展的基本

---

① 肖炜煌. 地方高校学科发展的动力机制研究. 江西财经大学博士学位论文, 2023.

趋势，并且构成了大学学科发展的学术、组织和社会背景，促使学科不断地向更高水平发展[①]。

六、学院学科建设的模式

（一）学院学科发展的三个阶段

学科的形成与发展是一个由"潜"到"显"的发展过程，要经历潜学科、发展学科、发达学科或成熟学科三个发展阶段。

潜学科是指处在潜在阶段的学科，它是孕育中的学科、不太成熟的学科，或者说是由星星点点的思想火花汇集成的一股智慧潜流。潜学科的特点是已有独立的研究内容、确定的研究领域或研究角度和相应的成果等，但概念、理论尚未成熟，研究范式还未真正形成，尚未被科学共同体普遍承认。

发展学科是指处于学科高速发展时期或成长时期的学科，它的发展是一个革故鼎新的过程，需一个较长的历史时期，是一个学科知识不断更新的过程。发展学科的特点是学科知识更新具有循序渐进性、学科发展呈现规则性、学科母体所派生的学科分支或学科方向呈多元性、学科分支或学科方向具有独立突破性等。

发达学科或成熟学科是指处于学科的成熟、完善期的学科，这一时期学科发展速度减缓，知识体系日趋成熟，学科一般呈现前沿性。关于成熟学科的标志，库恩（Thomas S. Kuhn）认为，一个成熟学科必须至少有一个学术范式。"取得了一个范式，取得了范式所容许的那类更深奥的研究，是任何一个科学领域在发展中达到成熟的标志。"所谓范式，即"在科学实际活动中某些被公认的范例——包括定律、理论、应用以及仪器设备统统在内的范例——为某一种科学研究传统的出现提供了模型"。[②]成熟学科的特点是学科有很深的知识积淀、重大的原创性科技成果、强大的学术阵容、国内外公认的学术权威、与成熟学科相适应的学科实验室和雄厚的学科经费支撑等。

一个学科由潜学科到发展学科再到发达学科或成熟学科，经历了从不成熟到成熟的一个生长周期，之后，学科面临着或者继续保持相对稳定，或者孕育新的飞跃，或者衰退下去的抉择。此时，学院要及时进行学科的知识更替，并调整研究方向、学科成员及结构体系等，以保障学科的可持续发展。这种"不平衡—平衡—不平衡"的波浪推进模式，不是平衡过程的简单重复，而是一个质的飞跃，

---

① 单佳平. 地方高校学科建设机制研究：兼以 N 大学为例. 华东师范大学硕士学位论文，2008.
② 转引自王梅. 高等学校学科建设若干问题的探讨. 天津大学硕士学位论文，2003.

是螺旋上升的。

由于学科的产生有先有后，而且在发展水平、速度、影响力和渗透力等方面也存在差异，学科的发展不可能齐头并进。"在社会需要的推动下，一些学科首先得到发展成为带头学科；一些学科加速了自身的分化；一门门新的学科建立起来，边缘学科、横断学科以及综合学科不断崛起。"①因此，学科的发展是不平衡的，带头学科是不断更替的，它既有动态特征，又有时间特征。随着时间的推移，当新的带头学科出现时，已有的带头学科就逐步让位，体现了新旧学科的交替过程。

（二）学院学科建设的具体模式

模式也可以称为"范式"，一般是指可以作为范本、模本、变本的式样。高校学科建设模式，就是指高校在实施学科建设过程中形成的符合自身特点的建设路径和方法的选择，包括学科特色、学科方向、学科梯队、学科基地、重点学科、项目建设以及学科组织管理方式等多个方面。

（1）以学院发展定位来规划学科建设的模式。主要依靠学科发展目标的定位来推进学科建设。适应于新建本科高校的院系学科建设。该建设模式的优点是，能够发挥学校学科建设的合力，集中有限资源，重点建设好学科规划中的重点学科；缺点与不足在于学科规划存在很多人为因素，领导者个人主观意志对学科重点建设影响较大，对主要领导的管理水平和决策能力要求较高，与学校的办学定位密切相关。学科建设目标实现的程度取决于学科经费水平，当学科经费一定时，学科组织、学科管理模式就成为能否实现办好高水平学科目标的关键。

（2）以学科带头人来规划学科建设的模式。该模式适用于一般实力水平较强，或者在某些领域水平较高的单科性较强院校的学院。在办学历史比较悠久的地方院校，其某些优势学科也适用于该模式。该模式的优点在于，学科建设往往已经形成了"学术高地"，能够依托高水平学科带头人作为"领军人物"，组建学术研究团队，争取高水平的科学研究项目，在学科前沿做高层次的开创性研究工作，从而带动学科整体发展。不足之处在于，学科的主要研究方向、队伍和学科基地建设围绕学科带头人已基本确定，组织及政策的调整余地相对较小，学科水平和可能达到的高度将由学科带头人素质和学科经费水平决定。当学科建设经费基本保证时，学科带头人的学术水平、组织管理能力和综合素质，决定了学科建

---

① 单佳平. 地方高校学科建设机制研究：兼以 N 大学为例. 华东师范大学硕士学位论文，2008.

设和发展水平。在 1999 年美国大学评估中，加州理工学院排在第一，超过了哈佛大学和麻省理工学院。正如田长霖先生所说：加州理工学院为什么会变成这么著名的大学？它的腾飞就是靠两个教授，一个是物理诺贝尔奖获得者密立根，他使这个学校的实验物理迈进了世界一流；然后是冯·卡门，钱学森先生的老师，他把美国的航空技术带起来了。有了这两个人，加州理工学院就世界知名了。①

（3）现有学科特色优势拓展的学科建设模式。该模式适用于已经顺利实现学科布局由单科性向多科性转变高校的学院。这些院系大多具有一些优势比较突出、特色明显的学科，能够以其为骨干和支撑，借助其丰裕的优势学科资源和学科综合产出，带动其他学科的整体发展。

加利福尼亚大学伯克利分校一度集中力量重点发展生物原子工程，要求学校所有的院系都要尽量和生物原子工程挂钩，从各个角度各个层面服务和配合生物原子工程的研究，以形成自己的特色。经过几年的不懈努力，促成了"劳伦斯加速器"发明研制成功，并且以此为依托，加州大学伯克利分校一下子拿了 17 个诺贝尔奖。加州大学伯克利分校的生物原子工程学科成了世界第一，加州大学伯克利分校也成了举世闻名的大学②。

（4）利用学科交叉融合引领学科建设的模式。该模式适用于学科门类相对比较齐全、学科整体实力比较强大的综合型大学或者多科型大学的学院。这些大学的学院可以利用学校学科门类覆盖比较齐全、拥有传统优势学科和新兴学科群、有着旺盛的生命力和众多新学科生长点的特点，发挥学科建设综合性优势，进行多学科的综合研究，促进学科内和学科间的交叉融合、各类学科间不同领域的交叉和综合交叉融合等。

美国麻省理工学院成为著名的综合性大学的成功经验之一，就是适应学科综合发展趋势，注重学科布局的对称性，特别强调人文科学、社会科学与管理科学同工程技术的交叉研究以及与教学的结合。麻省理工学院的工科无疑是最强的，理科的阵容也十分强大，在人文社会科学方面的学术地位同样令人瞩目，与理工学科形成了对称的格局③。

---

① 贾永堂，沈红. 世界研究型大学形成与发展的特点及其对我国建设研究型大学的启示. 科技导报，2003（9）：31-35.

② 中外大学校长论坛组委会. 大学校长视野中的大学事业. 北京：高等教育出版社，2004：279-280.

③ 张雷生，辛立翔. 高校学科建设模式研究. 中国高教研究，2006（9）：28-29.

第三节 学院学科建设的策略

一、学院类型的划分

根据我国高等教育现实情况，以学科建设的标志性成果——获得硕士学位授权点和博士学位授权点，将高校学院分为以下四种。①教学型学院：创建之初到获得硕士学位授权点前的学院。②教学研究型学院：获得硕士学位授权点后到获得博士学位授权点前的学院。③研究教学型学院：获得博士学位授权点后到获得省级优势特色骨干学科的学院。④研究型学院：获得省级优势特色骨干学科后，研究生招生数量超过本科生招生数量的50%的学院。

二、学院学科建设的困境

（一）学科建设方向不明确

学科建设方向包括学科方向的数量和具体的学科方向两个方面。学科方向是学科建设的灵魂，是学院对其整体学科发展的定位与布局。学科方向在学科建设中起引领作用，学科平台、人才培养、师资队伍、科学研究等要素都是围绕其展开的。学科方向的凝练是一项系统的动态工程，只有科学且前沿的学科方向才能指引学科建设正确前行。

学院学科建设在学科建设方向上存在两大问题。

（1）学科建设方向数量偏多。一些学院在学科建设中盲目确立学科方向，认为学科方向越多，学院在全校乃至全国高校的影响力就越大，忽视了学院自身的优势和特色，这样就会使学科建设失去原有特色，不易建成学科方向明确、特色鲜明的研究型学院。

（2）学科建设方向缺乏特色。学院在明确学科建设方向、做出学科建设规划时较少关注国内外相同学科的发展趋势；缺乏对自身学科做出准确定位，没能针对学科发展方向、自身实际情况做出合理规划，不能很好地体现自身的优势和克服自身的劣势；缺乏开阔的眼界，不能做到大胆创新，拘泥于原有学科的发展；没能处理好学科团队中各成员的专业结构和研究方向，没能精心选择好学科的发展方向；不重视学科交叉融合，新兴学科方向较少。这些问题均导致学院学科方向缺乏特色。

学院学科建设不同于大学的学科建设。因此，在明确学科建设方向时，既要考虑经济社会当前发展的需要，又要考虑经济社会长远发展的需要；既要考虑物质建设的需要，又要考虑文化建设的需要；既要考虑当前学科发展的基础，又要考虑学科自身发展的需要；既要考虑知识创新的需要，又要考虑知识传承的需要。明确学科方向，是当前学院学科建设的重中之重。

（二）师资队伍结构不合理

师资是大学的战略性资源，一流的师资队伍是建成世界一流学科的关键因素。研究发现：高校学科建设水平受到多重因素的共同影响；在自身收入水平、师资配置、科研实力、教育经费、数字经济水平、人才环境、城市创新能力 7 个条件变量中，师资配置和科研实力构成高学科水平的核心条件。[①]

目前，制约学院师资队伍建设的主要因素有以下几个。

（1）学科教师数量整体偏少。由于学院学科较多，教师分散，往往造成一个学科教师数量不足。一个学科要想发展，必须有一定数量的教师做支撑，一流学科的教师数量一般在 100 人以上，有些大学世界一流学科的教师在 300 人以上。学院要制定优惠政策，加大人才引进力度，保证学科建设的人才数量。

（2）缺乏学科带头人。学科带头人是学院的高端特殊人才，对学院学科建设、科学研究、人才培养有着重要意义。相对于人才充足的重点大学，一般学校学科带头人处于普遍缺乏的状态。学院要提高对人才重要性的认识，自觉主动地选好人才、用好人才；要完善人才（特别是高层次人才）的引进办法，明确人才引进的原则、优惠政策、保障条件等，对学科急需引进的学术带头人、博士及回国人员，可根据其专业及申报项目情况给予科研启动经费或重点科研资助；要加大在职人员的培养力度，选送学科急需的有培养前途的青年教师到国外或国内一流高校进修、攻读学位。学院要重点支持教学科研项目，促进一批青年教师成长，鼓励青年教师脱颖而出。

（3）学科学术队伍结构不合理。学科建设作为一个内在系统，需要稳定的团队来支持。在现实中，大多数学院的学术团队存在着年龄结构不合理、男女比例不合理以及学缘结构不合理等问题。学院必须高度重视学科梯队建设，保证学科梯队年龄结构、学缘结构、知识结构、业务能力等结构合理。只有团队强大了，科学研究才能在一个肥沃的土壤中创造出更多的成绩。

---

① 赵闯，孙红月，宋晓曦. 高校学科建设的影响因素与对策研究：基于 30 所高校的模糊集定性比较分析. 现代教育管理，2024（11）：94-105.

（三）科学研究能力不足

学科建设是一项长期的、根本性的战略任务，而科学研究在学科建设中起着举足轻重的作用。科学研究是推动学科建设发展的原动力，只有通过科研活动的开展，才能产生科技成果，开拓学科研究领域，构建学科科学理论体系。科研成果主要反映在：一是承担科研项目的档次、数量以及科研经费，二是科研成果获奖的层次、数量，三是科研论文、专著发表的数量、档次以及国际国内重要文献检索情况等。

目前，学院科学研究能力不足主要体现在以下几个方面。

（1）科研经费不足。重点院校科研能力强，获取国家重大项目支持多，往往科研经费充足；而一般院校获得国家经费较少，科研水平低与经费投入少有很大关系。学院要重视有组织的科研，组织学院学科带头人加大对项目的论证，集中优势力量，开展重大项目申报，争取国家级重大重点项目；同时要不断提高和巩固自己的优势和特色，以特色求支持，以贡献促发展；要引导和鼓励广大科研人员争取更多的横向科研课题，争取更多的科研经费支持。

（2）科研与地方经济结合不够紧密。科学研究要面向世界科技前沿、面向经济主战场、面向国家重大需求、面向人民生命健康。不同院校的科学研究的侧重点有所不同。重点院校要面向世界科技前沿、面向国家重大需求等，地方院校更多地要面向经济主战场，为地方经济发展服务。虽然大学与社会的联系逐渐密切，社会服务的范围也更加多元化，但大学为地方经济发展服务的主动性还不够，解决社会发展关键问题的能力尚不足，参与社会服务的程度不高、范围不大、产学研程度不高。

（3）科研评价机制不合理。部分科研评价机制只重视论文、专著、科研成果等评价指标，忽略了成果转化的经济与社会效益，造成重研究、轻推广，不能引导广大教师服务社会、服务生产，应鼓励教师把论文写在中国大地上。上述不合理的科研评价机制，严重制约了科研方向的发展。

高水平的科学研究、高质量的科研成果是学科建设的关键点，对学科的人才培养、梯队建设、实验室建设、社会服务等都起到积极的作用。因此，学院要在科学研究上进一步下功夫，必须把提高科研的竞争力、从事高水平的科学研究、产出高质量的科研成果作为学科建设的重要工作来抓，通过科研活动来推动学科的发展，增强学院的整体实力。

（四）人才培养质量有待加强

（1）认识上存在偏差。一些院校受"效率优先"价值导向和"重科研轻教学"评价机制等多种因素的影响，将"数字化"评价指标作为学科建设最重要的因素，而把高质量的人才培养这一核心要素看作是学科建设的一般要素，忽视了人才培养这一基础要素在学科建设中的重要作用。将科研成果作为学科建设水平的评判标准是一种错误行为，导致一流学科缺乏延续性发展内驱力。

（2）人才培养体系不完善。人才培养目标单一化，表现在一些学院人才培养目标依然是将学术型人才培养设定为主要目标，对应用型人才培养关注不够，对创新精神、实践能力等重要核心素养设计不够。人才培养方案不合理，未真正依据人才培养目标定位的要求制定适合自身发展的方案，课程设置仍以理论知识为主，以实践教学为辅，导致理论体系和实践体系失衡。高质量课程缺乏，国家级精品课程占比低，主导作用发挥不强。

（3）科研反哺教学的机制不健全。大多数院校教学、科研分属不同部门，缺乏统一整合的评价机制。学院的科研成果不能及时地反映在课程内容中，影响了学科前沿性教学。同时，在一些学院，教学方式不够先进，高新信息技术与课程建设的深度融合不够，学生参与度低，教学效果不够好。

（五）学科平台力量薄弱

学科平台是学科发展的重要支撑条件，是学科建设的依托和保障。学院在学科建设过程中普遍存在以下问题。

（1）学科平台建设基础条件薄弱。地方院校虽然有国家、企业以及当地政府的相关资助，但是这些资助远远不够，学费仍然是其主要资金来源。大多数地方大学资金匮乏，无法购置先进设备和仪器，对陈旧仪器也不能进行及时更换，导致学科专业实验室建设滞后，学科基地建设落后，缺乏国家级学科平台。

（2）实验室队伍建设与学科建设不协调。一些地方大学对实验室队伍建设重视不够，实验室人员少，学历、职称层次低，少数人不能安心在实验室工作，同时，实验基地的指导老师往往还承担着教学任务，在承担教学任务之余很少有时间对学生的实验进行详细指导，进而导致花高价购置的仪器设备使用率过低。

（六）开放交流合作不够

国际交流与合作是大学的重要职能，也是大学学科发展水平的主要标志。当前，大多数地方院校引进外国师资、教材以及先进的经验较少，培养各类人才数量不多，提供借鉴、吸引、利用和优化配置教育资源的机会较少。同时，学院吸引大量国外优秀的学生来校深造和相当数量的国际领先水平的学者、教授进行长、短期讲学或研究的机会不多。进行国际交流合作的形式十分单调，缺乏深度的科研交流合作①。

针对目前的情况，学院一方面要走出去，派出中青年教师到国内外知名大学进行深造、合作交流，派出优秀学生进行联合培养；另一方面要引进来，加大与国外著名大学的联系，吸引国外知名教授、学者到校上课、合作、交流，加强与国内外名牌高校和大企业的联系，与其建立联合科技研究机构，积极向国际化方向发展，使学科处于制高点。

（七）管理机制有待优化

学科管理是一项复杂的系统工程，既要打破部门壁垒，又要各部门协同作战。如果管理部门各自为政、相互掣肘，就很难形成凝聚力，不利于学科管理及建设。

（1）学科建设管理方法有差距。从学科项目管理的整体情况看，部分学院重视立项管理，却放松了项目实施过程的管理；注重学科建设任务的按期完成，却相对忽视了任务完成的质量；注意了学科当前发展的条件，却放松了设计学科长远发展的对策和对已有成果的拓展与延伸，缺乏对学科发展的前瞻性展望。

（2）人才管理机制不健全。一些院校为快速产出更多科研成果，大量引进科研人才，而其科研项目数量有限，造成一部分科研人员面临着无项目可做或人多事少的局面，浪费了大量科研力量，导致科研效率下降。

（3）研究生管理水平有待提高。重点学科以培养研究生为主，一般院校的研究生数量不多，管理不够规范，主要表现在研究生教育的过程管理意识淡化，学院统筹管理、学科带头人的业务管理和导师负责制之间的关系未能理顺，学生发展规模与培养能力之间失衡等问题。

三、教学型学院学科建设特点与发展策略

（一）教学型学院学科建设特点

（1）学院建设与发展的重心在教学。规范教学秩序，提高教学质量，尽快达到国家规定的本科教学合格标准是重心。

（2）师资队伍建设处在量质并重。既需要积极引进高水平的学科带头人，又

---

① 张蕊. 行业特色高校"双一流"建设特征与路径研究. 天津工业大学硕士学位论文，2022.

需要通过培训、学术交流等方式提高现有教师的学历、职称水平和教学能力。

（3）科研基础薄弱。教师科研活动较为分散，缺乏团队协作，所承担的项目级别偏低、资助强度较弱，科研积极性和能力不足，部分原因在于科研激励措施不完善以及科研设备和资金支持有限。

（4）学科建设处在顺其自然的状态。学院缺乏明确的学科发展规划，省级重点学科数量较少，且多是以自然生长的方式产生，虽然这种方式具有一定灵活性，但也可能导致学科发展缺乏系统性和方向性。

（二）教学型学院学科发展策略

教学型学院应以获得硕士学位授予权为重点目标，制定学科建设规划，提高教师业务水平，加强科研工作，发现并培育潜力学科，建设部分有特色和一定水平的重点学科。

（1）转变思想认识。学院要充分认识"教学立院、科研强院"的重要意义，在稳定教学工作的基础上，使广大干部、教师充分认识到科研工作的重要性；要通过建章立制，激励教师结合教学工作开展学术研究的积极性，形成重视教学、热爱科研的良好氛围。

（2）提高教师素质。学院要充分认识"人才兴院"的战略作用，加大具有博士学位教师的引进与培育工作，鼓励在职教师攻读博士学位，推进教师"硕士博士化、博士国际化"工程，建设高水平的师资队伍。

（3）加大经费投入力度。学院要加强项目立项工作，对于有特色的研究项目，要争取相关政府部门适当的政策倾斜和企业的重点支持。在学院绩效分配上，要制定有利于科研的政策导向，将部分绩效用于科研奖励。在经费的安排上，既需照顾到多数教师的积极性，又要通过重点委托等方式促进特色学科、潜力学科的快速发展和学科带头人的成长。

（4）培育重点学科。学院要认真发现、选择和建设重点学科。选择的标准是：已经具有一定的研究基础，有多位教师在该学科已经取得一定水平的研究成果；学术力量较强，学术主要骨干学术功底扎实、年富力强；学科具有较大的发展潜力，符合国家整体布局，是国家科技、产业导向倾斜的朝阳产业；要具有区域特点，能够形成鲜明的区域特色。重点学科选定后，学院要坚持不懈重点扶持，在人才引进、教师引培、合作研究、经费保障等方面给予足够的支持，最终实现硕士学位授予权的突破。

四、教学研究型学院学科建设特点与发展策略

（一）教学研究型学院学科建设特点

（1）学院由单一教学中心向教学、科研两个中心转变。学院既要搞好本科教学，又要有一定规模的研究生教育；既要搞好教学，又要加强科研；既要提高教学质量，又要提高学术水平。

（2）学科建设水平整体不高。学术带头人队伍实力不强，尤其是缺乏国内外具有影响和竞争力的领军人物，急需培养和引进一批水平突出的学科带头人。

（3）科研水平有待提高。高水平的科研项目和一流科研成果还较少，缺乏省级重大科研项目和省级一等奖及国家级别的奖项。

（4）学科管理水平还不高，体制、机制尚待完善。重点学科和硕士学位授权点的分布还不够均衡，学科的生长方式基本以扩散型为主。

（二）教学研究型学院学科发展策略

学院应以获得博士学位授予权为重点目标，加大科研及学科建设激励力度，迅速提高科研实力，不断增加硕士学位授权点数量，扩大各级各类重点学科数量，培养一批学术带头人和学术骨干，形成具有竞争力的学术团队和部分特色优势明显的重点学科。

（1）制定学科建设规划。在认真全面的调研和分析的基础上，制定切合实际的学科建设规划，明确学院从以教学为中心向教学科研并重转变的重大发展战略，坚持"有所为，有所不为"的发展策略，在重点学科、特色学科建设上做文章，使整个学院的学科建设合理有序、重点突出、特色明显。

（2）汇聚学科团队。学院要树立人才为本的理念，打破条条框框的限制，不拘一格，加大人才引进、培养的力度；制定完整的人才政策，对于主要的学科带头人、学术骨干做到感情、待遇、环境和工作引人、留人、用人；根据学科建设规划和学位点申报的要求，认真凝练学科方向，汇聚学科队伍；根据不同级别的学科发展目标配置、引进和培养师资，例如省级重点学科和以争取博士学位授予权为目标的优势特色学科，引进和培养的师资的重点以国内有影响和水平领先的学科带头人和学科骨干为主，并且按照研究方向的梯队要求配齐配足，并在经费、待遇、研究条件等资源的配备上给予绝对的保证。

（3）加强学术平台建设。学术平台是学院科研及学科建设快速发展的重要保证。学院要千方百计地争取国家和省部级的重点学科、重点实验室、创新基

地等平台，同时还要根据地方产业发展的要求，面向经济主战场，建设一批校级、市级实验室、技术中心、研发中心、研究所等平台，加强学术平台培育，既可解决地方经济发展的重大课题，又可积累优势，为争取省级以上平台做好准备。

（4）加快形成学科特色。特色是学科发展和突破的重点。学院要认真分析过去、现在和未来，要对同类院校进行对标分析，从时间节点和空间位点准确查找自己的优势特色，从区位优势、资源优势确定自身的优势特色，并从学科方向上汇聚团队，加强科学研究，不断产出一流成果，不断巩固和加强优势，形成鲜明的研究特色，以特色争创一流。

（5）加强体制机制建设。体制机制是激励广大教职工科研和学科建设的重要保证。学院要成立学科建设处（办公室），加强对学科建设的规划、检查、考核的领导；要建立健全科研和学科建设激励机制，加强建章立制，如科研经费资助和配套制度、科研成果奖励制度、职称晋升制度、岗位聘任制度等，以充分调动广大教职工的科研和学科建设的积极性。

五、研究教学型学院学科建设特点与发展策略

（一）研究教学型学院学科建设特点

（1）学科建设进入内涵式发展阶段。学院已拥有相当数量的硕士学位授权点和部分博士学位授权点，拥有一定规模的省、市、校重点学科，因此，学院学科建设的重心已从单纯的追求数量增长转向质量提高，争取博士学位授权点学科的进一步增加和国家级重点学科的突破。

（2）高水平的教师队伍厚度不够。一些学院已建立学历、职称、年龄结构相对合理的师资队伍，但能够做出重大科研成果的学术骨干还显不足，要从引进为主转向自身培养提高和引进相结合，加大优秀人才的进一步培养和提高。

（3）科研水平不断提高。通过有意识的组织和培育，承担大型、高级别重点科研项目增多，高级别科研成果逐年显现。

（4）研究生培养成为学院重点工作之一。学院研究生数量逐年增多，研究生教育逐步规范，管理制度日趋健全和合理，研究生培养质量的要求逐步提高。

（5）社会声誉进一步提高。服务地方的能力日益增强，社会服务和贡献成为学院的另一项重要工作。

（二）研究教学型学院学科发展策略

学院应以国家重点学科突破为重点目标，大力发展研究生教育，增加博士学位授权点数量，促进硕士学位授权点的学科布局的合理协调，构建完整的本科、硕士、博士三级人才培养体系，以学科发展提升人才培养水平。学院要进一步提升重点学科和特色学科的数量、档次和水平，增强承接大型科研项目和解决国民经济重大问题的能力和水平，创造大批一流科研成果并转化为生产力和文化产品，增强区域科技创新能力，显著提高服务地方经济发展的能力。

（1）重点突出，协调发展。首先，学院要保持对特色学科和重点学科的支持力度不减，重点支持学科不断涌现地方乃至国家领军人才和学术骨干，扩大研究生培养规模，提升人才培养质量，承担国家重大科研项目，产出一流科技成果，不断提高科技创新、解决重大国际问题的能力和水平。其次，学院要注重学科种类和学科层次的均衡协调布局，加强建设横向交叉学科，培育边缘学科，不断促进新的高水平学科产生，以交叉、边缘学科支撑核心、重点学科，增强核心、重点学科的厚度和深度。学院要发挥核心、重点学科的辐射作用，带动多门学科的共同发展，确保学院学科建设的协调、可持续发展。

（2）科教并重，互相促进。科研与教学互相促进，研究生教育的高素质人才培养和本科教育的宽口径厚基础的人才培养并举既是研究教学型学院健康发展的现实，也是研究教学型学院的本质要求。因此，学院要有意识、有组织地鼓励广大教师将学科发展的成果和理念转化为培养学生的内容和手段。第一，将科学研究的前沿成果融入教学内容，使学生尽快接触最新知识，缩短从学习到研究工作的适应过程；第二，将创新的理念和研究的方法融入教学的过程，让学生在掌握知识的过程中学会独立思考、学会综合分析、学会研究创新；第三，让学生直接参与教师的科学研究工作，以研究的方式来学习，通过研究掌握发现问题、分析问题、解决问题的方法，培养学生创新的思想、方法和能力。学科成果反哺教学，有利于教师梳理和总结学科知识，加深对学科知识的系统理解和把握，提高科学研究水平，同时，高素质的学生在学习、研究过程中，又会帮助教师进一步做好科研和学科建设工作。科研与教学相得益彰，相互促进，共同发展。

（3）服务地方，提高声誉。持续不断产出高水平的科研成果是研究教学型学院的重要标志，既是经济发展、社会进步的必然要求，也是学院办学水平高低的重要体现。因此，学院学科建设工作要以地方经济建设和社会发展为立足点，在学科的设置上符合区域的产业导向和发展重点，在学科建设的内容上解决地方的经济社会问题，在学科建设的价值取向上满足地方的要求，在学科队伍的组成和成员的知识结构上适应地方发展的特点，在融入地方发展中逐渐形成学科特色和亮点，在服务地方发展中不断寻找学科资源，在与地方合作中快速提高学科建设水平和学院声誉[①]。

六、研究型学院学科建设特点与发展策略

（一）研究型学院学科建设特点

（1）学科水平一流。研究型学院一般具有国家重点学科，学科在国际上处于先进地位、在国内排名居于同类学科的前列，有一级学科博士学位授权点、博士后流动站，取得了本学科领域人类知识观念的重大创新，有标志性的科研成果，能够服务、满足于国家目标和国家重大战略需求。

（2）师资力量雄厚。学院教师受过严格科学训练、执着于学术工作、富有学术创造力，学术团队能够代表国家参与国际竞争。学院一般拥有院士等该学科领域的杰出人物，有突出贡献的博士、硕士、青年教师等。他们始终与国际学术发展保持一致，注重与国内院校、国际同行间的学术交流、合作与开发。

（3）创新能力强大。创新知识是研究型学院的本质特征，是研究型学院区别于其他学院的标志。研究型学院一般拥有国家级重点实验室、工程中心，拥有大量教授、博士、硕士研究人员，拥有众多国家级重大科研项目，能够产出世界一流的科研成果，是国家科技创新的重要力量。

（4）学术资源丰富。研究型学院由于在学科领域方面具有优势与特色，往往在科研经费的争取、国家重点实验室等平台建设上占有优势，能获得国家的大量支持，因此，也往往拥有充足的科研经费、完善的实验室仪器设备和丰富的图书情报资料。

（5）学生素质优良。研究型学院录取的学生高考分数往往高于同校院系或同学科院系几十分，因此拥有相对优质的生源。学院重点发展研究生教育，以博士、硕士生培养为主，更加注重培养具有创新思维、勇于开拓、勇于为学术奉献的精神。学生结构合理，拥有一定数量的外国留学生。

（6）组织管理科学。研究型学院以为学术服务为目标，以柔性组织结构为依托，坚持开放办学，加强国际合作交流，为新的学术思想的孕育和形成、为学术

---

① 单佳平. 地方高校学科建设机制研究：兼以 N 大学为例. 华东师范大学硕士学位论文，2008.

新人的发展和成长营造宽松的制度环境。

（7）社会服务显著。研究型学院不仅承担社会服务职能，还有引导社会进步的作用。有学者指出，现在的研究型大学正经历着第二次学术革命，即把经济发展引入学术使命，研究型大学成为社会发展的"思想"或直接成为政府决策的智囊，成为社会进步的重要科技力量[1]。

（二）研究型学院学科发展策略

研究型学院以若干学科达到国家、国际同行列先进学科为最终目标，大幅度提高科研水平，保持学术竞争力，提升学术影响力，保持优势，彰显特色，在为社会发展做出贡献的同时，不断提高学院声誉[2]。

（1）创新制定学科建设规划。"凡事预则立，不预则废。"（《论语·中庸》）加强学科建设，必须制定既实事求是又体现出高水平、高质量的学科建设规划。制定学科建设规划的关键在于定位和创新。定位，就是要摸清家底，明确本学科在国内外同类学科中所处的地位，弄清自己所占的优势和劣势；创新，就是要有开阔的思路，超常规的举措，找准突破口，以特色求发展，以创新超一流。

（2）把握方向，瞄准前沿。研究型学院要依据自身学科特色和优势，建立若干有特点、有超前性且相对稳定的学科方向，不断跟踪本学科发展的最新动态，向学科的前沿方向发展。

（3）统筹规划，突出特色。研究型学院要坚持"四个面向"，统筹兼顾，考虑各个学科发展的先后次序，精选重点项目，突出特色发展，明确工作思路，制定出切实可行的学科建设的各项措施，集中人力财力，重点突破，既要有所为，又要有所不为，走有别于其他学院的学科发展模式。

（4）重点建设，整体推进。研究型学院要以博士学位授权点、学院重点学科、重点实验室为牵引，建立以某一学科为核心的学科群。通过抓学科建设，促进学科梯队、课程体系、学术科研和实验室建设整体推进，协调发展。

（5）与时俱进，开拓创新。研究型学院学科建设要确立"有所赶，有所不赶"的战略思想，要面向未来、面向国际、面向市场，立足高起点，组建大学科，要把学院学科特点和社会需求结合起来，把那些符合科技发展的总趋势和高等教育发展内在规律的学科作为重点建设学科，在"有所赶"的重点学科上有所为，不断实现学院学科建设的跨越式发展。

---

① 朱曼. 论研究型学院的本质特征. 华中农业大学硕士学位论文，2006.
② 于文波. 研究型学院学科建设研究. 华中农业大学硕士学位论文，2007.

（6）加强管理，健康发展。研究型学院要从"党的领导、内部治理、人事制度、人才培养"等方面进行大胆改革，打破壁垒，实现新突破；要始终坚持把党的领导贯穿办学治校的全过程，充分释放党委领导下的校长负责制的活力，不断创新内部管理体系，理性建构最适合的内部治理体系。研究型学院应通过人事制度改革和名师领航计划，优化队伍结构，建立教师发展长效机制，提高师资队伍水平；通过课堂教学和考试制度改革，提高学生的创新能力，探索出适合的人才培养模式；建立以提高人才培养质量为根本目标的考核评估机制[①]。

第四节　学院学科建设规划的制定案例

2003 年，河南科技大学农学院为加快学科建设的步伐，制定了学院学科建设五年发展规划（2003—2008 年），分析如下。

一、基本概况

目前，我国已进入全面建设小康社会。实现农业的全面、持续发展和现代化，是 21 世纪我国面临的一项伟大任务，也是新世纪高等农业教育肩负的历史使命。河南科技大学的成立，为农学院的发展提供了难得的机遇，形势的变化也对农学院提出了更高的要求。分析形势，抓住机遇，迎接挑战，加快农学院发展步伐，是历史赋予的重托。

学科建设是高等学校院系的根本建设，是学院一切工作的中心。学科建设可以带动其他各方面工作的开展，其结果不仅反映了院系的办学特色、学科优势，还在一定程度上集中体现了高等院校教学、科研工作的综合实力和水平。

农学院是在原洛阳农业高等专科学校农学系的基础上，广泛吸收有关人员重新组建的。截至 2003 年，学院有烟草科学、植物遗传改良、农业资源与环境、旱作生理生态、现代农业教育理论等 5 个研究所和 1 个实验中心，烟草、农业教育等 5 个专科专业、1 个农学本科专业；全日制在校专科生 946 人、本科生 63 人，硕士研究生 2 人。有教职工 56 人，其中教授 6 人，博士 1 人，副高职称人员 16 人，副高及以上职称人员占专任教师的 46.8%；硕士 12 人，在读硕士 12 人，在读博士 6 人，硕士及以上学位人员占专任教师的 34.4%。有省跨世纪学术

---

① 梁健，俞文萍. 新时代"双一流"建设的机遇、挑战与路径选择：以中西部高校为例. 教育教学论坛，2024（47）：13-16.

技术带头人 2 人，省优秀中青年骨干教师 2 人，市拔尖人才 1 人，市跨世纪学术技术带头人 4 人，硕士生导师 1 人。

"九五"期间，由农学院教师主持、参与的省市科研项目 56 项，完成科技成果 76 项，其中，获得省级科技成果奖 24 项，地厅级科技成果奖 19 项，通过鉴定科技成果 33 项；以第一作者公开发表论文 335 篇，正式出版教材、专著 46 部，其中主编 18 部，副主编 14 部。建有洛阳市绿野生物工程有限公司及海南、湖北、洛阳等多个校外实验基地，为河南省培养了大批农业高级专门人才。

经过广大教职工的不懈努力，农学院在作物新品种选育、种子生产技术体系、旱作农业技术研究、牡丹开花技术研究等一些学科、领域已基本形成特色，科研水平在全省乃至全国同类学校中居于前列。

然而，学院学科建设方面仍存在一些较为突出的问题：一是高水平、高学历人才的短缺，发展后劲不足；二是学科建设投入历史欠账太多；三是在新形势下农学类专业发展的阻力较大。

二、指导思想

围绕学校发展目标，农学院结合自己的实际，把握高等农业教育发展脉搏与国内外现代农业发展走向，以党的十六大精神和"三个代表"重要思想为指导，稳定专科教育，加强本科教育，大力发展成人教育，积极发展科技产业；以重点学科建设为龙头，以加强师资队伍建设为重点，以提高办学质量与效益为核心，以规范管理为基础，以深化改革为动力，以加强党的建设与精神文明建设为保障，高起点，严要求，艰苦奋斗，开拓进取，提升优势，办出特色，服务河南，影响全国，把农学院建成对河南农业现代化与可持续发展具有重大推进作用的高级人才培养基地与科技创新基地。

三、基本工作思路

以重点学科建设为龙头，切实抓好作物学学科建设；以加强师资队伍建设为重点，引进与培养并举，切实提高师资队伍质量。以人才培养为核心，切实提高办学质量和学院竞争力；以规范管理为基础，创造干事创业的良好氛围；以深化改革为动力，以加强党的建设为保障，开拓进取，不断强化学科特色，提升学科优势，在学校学科建设中不断提级进位，为学校学科建设做出农学院应有的贡献。

四、目标与任务

2003 年之后的 5—10 年是农学院加快创新、加快发展的关键时期。为实现发展的总目标，根据农学院的工作思路，提出如下 5 年具体目标与任务。

（一）教学

根据现代农业的要求及农业结构调整对人才的需求，抓住当前深化教学改革的机遇，牢固树立现代教育观念，以"三个面向"为指导思想，突出教学质量的提高，突出本科、研究生教育，实施专科、本科、研究生和成教的协调发展，加快实现教育现代化。

按照"稳定专科教育，加强本科教育，大力开展成人教育，积极发展研究生教育"的思路，多方努力，创造条件，力争在现有的 1 个本科专业的基础上，争取新上本科专业 2—3 个，每个专业形成 2—3 个招生方向，争取 1—2 个硕士学位授权点开点。逐步提升办学层次，减少专科招生规模，扩大本科、研究生培养规模。到 2005 年末，使本科生与专科生的比例达到 5：1，研究生与本科生的比例达到 1：60。

1. 办学层次、规模

（1）专科：逐年压缩专科招生规模，计划 2003 年招生 90 人，2004 年招生 60 人、2005 年招生 30 人，到 2005 年末全院专科规模降到 140—180 人。2008 年实现全部本科教学。

（2）本科：组织力量努力扩大本科专业数量和方向，计划 2003 年招生 150 人，2005 年招生 360 人，2008 年招生 500 人，到 2008 年末全院本科生规模达到 1000—1500 人。

（3）研究生：2005 年争取作物栽培与耕作学、作物遗传育种学等 1—2 个硕士学位授权点开点，2008 年争取生态学、植物营养学硕士学位授权点开点，招生规模逐年增加，到 2008 年末，全院在校硕士生达到 12—17 人。

（4）成人教育：本专科学生在册规模达到 200—300 人。联办农业推广专业硕士学位点 1 个，成人教育（简称成教）研究生在册人数达 50 人以上。

2. 专业建设

农学院按照培养基础扎实、知识面宽、素质高、创新与实践能力强的高级专门人才的总体要求，对现有的农学专业进行改造，拓宽专业口径，进一步扩大专业基础，灵活设置专业方向（增设新方向 2—4 个），实现纵向延伸，横向拓宽；加强对农学专业进行综合改革和重点建设，将农学专业建设成为具有明显特色、有一定影响的优势专业，推动全院更大范围、更深层次的教学改革实践。

根据社会发展对人才的需要，农学院优化教学资源，积极培育新的人才培养的生长点，在各方面的支持下，新增本科专业 2—4 个（农业资源与环境、农业师资、草业科学、农产品质量与安全等）；积极开办辅修专业，为外院开设选修课程。

3. 教研教改

农学院改革人才培养模式，不断提高教育教学水平，加强教学改革试点专业建设，将学生培养成为科学研究型、生产应用型、技术推广型与经营管理型等各种类型的合格人才。教学改革取得新突破，教学建设取得新进展，教学管理形成新机制。

农学院大力改革教学内容和课程体系，压缩传统学科内容，开创新的综合性课程和农业高新技术基础课，扩充当代科学技术前沿知识，增加新的教学实验、实习环节，使学生掌握最新的农业科技知识与方法，全面提高教学质量。不断改进教学方法和教学手段，努力实现教学方法和教学手段的现代化。利用综合性大学学科优势，加强素质教育，加强创新、创业精神和实践能力的培养。

4. 实验室和实验基地建设

农学院在研究确定本科实验教学大纲的基础上，添置和更新仪器设备，改善实验条件，使实验室建设达到本科教学的要求。按功能重组实验室，推进实验室管理体制改革。以植物生理生化实验室为重点，建成 1—2 个校级实验室，并争取建成 1 个省级重点实验室；通过努力，从根本上改变农科类专业实验室面积不足、实验设备陈旧的局面，使之适应农科类教学和科研水平提高的需要。

农学院在巩固与发展现有校外教学基地的基础上，各专业再建设 1 个以上校外教学实践基地；争取学校支持，在洛南新区高水平、高起点地建设 1 个现代化的实验农场。

5. 教学管理

农学院紧紧围绕人才培养目标，以完善和规范各项教学管理制度为基础，以加强教学过程管理、建立教学质量监控评价体系为手段，以明确院所教学管理职责、加强教学管理队伍建设（含学生工作队伍）为保障，实现教学管理的规范化、科学化，注重教学效果、教学质量的考核，确保教学质量的提高。专题研究学院教学管理工作，明确院、所教学管理体制及其工作职责，提高教学管理水平和工作效率；积极探索实施学分制后的教学管理、学生管理干部和教学辅助人员密切合作、分工负责、高效运行的教学质量保证系统。

6. 教育管理

农学院召开学生工作会议，专题讨论研究学生教育管理工作，寻找年级学生教育管理与系科教学工作的结合点和突破口，形成院、年级、系科教师齐抓共管的学生教育管理新体制。

（二）科研

（1）加强学科建设，优化学科结构，建成有我院特色的多学科交叉渗透的农业科技创新体系。农学院根据农业现代化对农业科学技术的需求，按照"加强基础学科、发展重点学科、扶持新兴学科、促进学科综合"的原则，以学科带头人为关键，以科学研究为动力，构建结构合理、层次清晰、融会贯通、发展空间大的学科专业体系，组建具有特色的、能够承担重大农村、农业研究课题和能够培养高层次复合型人才的学科群，即作物栽培与耕作学科群（包括生理、栽培学）、植物遗传育种学科群（包括遗传、生统、育种学）、农业资源与环境学科群（包括植物、土化、气象）和农业教育学科群（包括农业教育心理学、教育学、语言学）。采取"指导教师—青年教师—学生"三级人才培养模式，促进教师素质提高；通过组织精干力量，发挥群体优势，围绕重点攻关项目开展协作攻关，达到出成果、出人才、出效益的目的，以培养省内外知名专家教授为重点，带动学科的迅速发展。

（2）加强科研立项，形成研究特色。农学院组织力量，千方百计地多承担国家、部省级重大攻关项目，并力求在国家自然科学基金项目、863计划、973计划、948计划等高技术项目上有一定的进展；同时注重横向课题，取得明显的突破。

（3）进一步加强与国内有关高校、科研单位的协作研究以及与农业生产部门、农业科技企业的协作开发。特别要围绕农业现代化建设中具有重大社会效益和经济效益的关键问题，组织科技攻关，尽快取得新的重大突破，获得高效益。农学院大力提倡团队精神，组织集团军，开辟大战场，联合攻关，加强农业技术的组装配套，提高农业科技成果的集成度；采取具体措施活跃学术气氛，促进科技创新；对科研基础较差学科给予扶持。

（三）师资建设

农学院通过引进来和送出去相结合的办法培养和造就一批学术带头人和一支结构合理的学科梯队，逐步形成 10 名左右中青年学术技术带头人队伍，推出 5 名左右在省内甚至国内有影响的中青年专家；到 2008 年，院内硕士研究生导师达到 20 人左右，博士研究生导师 1—3 人；专业课教师中具有硕士及以上学位的人数比例在 90% 以上。

五、主要措施

（一）解放思想，更新观念，树立以素质教育为核心的教育理念

社会主义市场经济和农业产业化、市场化的迅速发展，对农业科技和高等农业教育提出了更高的要求。河南科技大学的组建，给农学院的发展带来了新的机遇。学院能否适应两个根本性转变的要求和搞好改革发展，关键在于转变教育思想，更新教育观念。学院要积极主动地面向社会、面向市场参与竞争，在竞争中求生存、求发展，不断强化为地方经济建设服务的办学方向，这是学院发展的生命力和前途所在。因此，必须摒弃陈旧的教育观念，形成以素质教育为核心的先进教育思想体系，树立新的人才观、质量观，努力实现教育思想现代化。进一步增强忧患意识和危机感，自我加压，奋发图强，破除"围墙"，拓展教室与实验室的"空间"，把学院融入世界、融入市场、融入农村与农民中，走产、学、研一体化发展之路。

（二）以选拔学科带头人为重点，加强师资队伍建设

高素质的教师队伍是学院发展的生命线，是学院发展的基本保证。学院将在学校的统筹下，常备人才忧患意识，以高度的责任感珍惜与爱护人才，以历史的紧迫感用好人才，以时代的使命感培养与引进人才。

（1）重视引进与培养国内外与省内外有影响的中青年学科带头人及学术带头人。

（2）多途径、大力度提高教师的素质，积极推行中青年教师"硕博化"工程，45 岁以下教师学位 50% 硕士化，20% 博士化。

（3）鼓励教师将教学、科研和社会服务紧密结合起来，所有教师都要具备教书育人素质和科学研究能力。部分教师具备开发能力，有 5%—10% 专职人员从

事科技开发。

（4）加强英语与计算机能力的培养，开设学者论坛，营造浓厚学术氛围。

（5）教师规模稳步增长，达到 60—80 人，其中正高职称人员达到 10 人，副高职称人员达到 25—30 人。

（三）以加强本科教育为基础，稳步提高教育教学质量

以教学研究促进教学改革是学院适应 21 世纪发展的主要措施。学院要发动广大教师积极参与教学研究和教学改革，紧密结合学院的实际，边研究边实践，努力探索提高农科人才培养质量的新途径，发挥综合性大学办学优势，在复合型人才培养上求突破、成特色，创造适应时代要求的农业高教新模式。

农学院要尽快研究制定农学本科教学大纲，分课程讨论确定教学内容；分类型加强本科生教育，鼓励学生个性发展；鼓励优秀教师上讲台，为本科生开设专题报告和选课；为优秀学生开放实验室，提高学生的动手能力；实行教考分离，采用重点农业院校的试卷考试；取消补考制，实行重修制；为优秀学生配备导师，参与科学研究，培养学生的创新意识和能力。

（四）实施科研带动战略，加强学科建设

农学院利用地处豫西的独特地理优势，紧紧围绕区域经济发展的需求，以高产、优质、多抗作物新品种选育为龙头，以旱作生态农业研究为重点，以农民增产增收为宗旨，以科技成果转化为桥梁，不断强化作物品种选育、旱作高产技术、植物脱毒快繁、牡丹产业开发等科研特色；制定措施，创造条件，加强科研立项，争取省内项目逐年增加，国家项目有所突破，横向联合大大加强；以组织申报和实施规模大、社会影响广、支持力度强的项目为核心，选拔和培养 5—8 名学科带头人，形成 4—6 个相对稳定、特色明显的研究方向，并争取建成 1—2 个省级重点学科、2 个校级实验室和 1 个省级重点实验室，不断提高学校和教师的知名度，不断推出技术含量高、经济效益好的成果，为区域经济发展服务。

（五）突出重点与特色，加强实验室和实验基地建设

基础设施落后一直是学院发展的"瓶颈"因素之一，严重影响了教学、科研质量的提高和科技开发的发展。农学院要积极争取学校的政策支持，重点加强本科教学实验室和重点实验室建设，根据重点学科建设与重点研究领域的需要，大力强化仪器设备的配套，改善教学科研的基本设施条件；抓住洛南新区建设的有

利时机，争取学校支持，多方筹措资金，高水平、高起点地建设现代化的实验农场，为形成特色提供物质上的保障。

（六）产学研结合，大力拓展办学空间

走产学研结合的道路，是面向社会办学、为地方经济建设服务的必然选择，也是学院生存与发展的必然选择。尽管农学院在农科教结合方面有一定的基础和影响，但在产学研结合方面还处于起步阶段，学院直接参与市场竞争的困难仍然相当大。学院要在学校的整体支持下，充分利用国家推动产学研合作的鼓励政策，利用自身的人才、技术、信息优势，选择 1 个地市，建设 1—2 个农科教结合创新示范基地；要结合自身优势创办科技企业，将科技成果转化为生产力，重视有形产品的开发；要与农业企业和其他企业联合，走出产学研结合的新路，在为农业、农村和农民服务的过程中寻找发展的动力，增强自我发展能力。

（七）加强内部管理体制改革，不断提高院内管理水平

实行校院两级管理体制后，深化内部管理体制改革，建立秩序良好的内部运行和保障机制，是搞好教育教学改革、提高教育质量和办学水平、增强社会服务能力的重要保证，也是顺利实现学院发展规划必须解决的重要课题，必须进行有效的探索和实践。学院充分发挥分党委和行政对学院工作的领导、管理作用，进一步加强对全院工作统筹规划的力度；要强化院级管理功能，加强院办公室的力量，加大为研究所服务的力度；统一院内政策，建立和完善有关制度；进一步发挥各研究所的作用。

（八）加强党的思想建设和干部队伍建设，充分发挥领导与保证作用

要以党的十六大精神和"三个代表"重要思想为指导，研究制定学院加强党建和思想政治工作的意见，制定学院关于发展党员工作和加强党员教育管理工作的若干规定；要进一步发挥分党委的政治核心作用，切实加强基层党支部的组织建设与思想建设，发挥党支部战斗堡垒作用；要加强教育、管理和监督，增强党员、干部讲政治、讲学习、讲正气的自觉性，充分发挥党员、干部的先锋模范作用；要进一步落实党风廉政建设责任制，不断加强对党员干部的警示教育。

（九）加强精神文明建设，保障学院事业健康、持续发展

农学院针对教职工和学生的特点，开展多方面、多层次、多形式健康有益的

活动，内练素质，外树形象，增强全院师生的凝聚力，促进全院师生以饱满的热情投身于学院的改革与发展之中；以全面提高大学生综合素质为目标，组织策划开展素质教育的系统工程，在广大青年学生中形成勤奋严谨的学习热情、实事求是的学习态度、勇于进取的创新精神，实现增进大学生身心健康的目标。

第五节　作物学学科建设的实践案例

一、作物学学科的起源与早期发展

（一）作物学学科的起源

农学院是在原洛阳农业高等专科学校农学系的基础上组建的。洛阳农业高等专科学校创建于 1975 年 11 月，当时从河南农学院和百泉农业专科学校抽调 38 名教师干部，先后到洛阳地区偃师县创办农业学校。1975 年 11 月 1 日，洛阳地革委洛革字〔1975〕30 号文件通知，决定成立岳滩农学院。该学院设有农学系和畜牧兽医系 2 个系，1976 年招收二年制"社来社区"大专班农学专业学员 129 人。当时的骨干教师有袁剑平、张万松、陈翠云、申林江、杨正申、李普安等，他们在努力完成教学任务的同时，还积极承担省、地区科委下达的科研任务。康孝国选育的"偃师 4 号"小麦新品种，最高亩产达到 550 公斤，已在偃师县示范推广，并参加了省小麦新品种区域试验。袁剑平、韩如岩、马庆华、杨正申、李普安 5 位教师进行的小麦、玉米套种高产栽培试验，在 5.5 亩试验地里，创造了平均亩产 1003.55 公斤的高产纪录，实现了亩产吨粮的目标，该项成果也在偃师县大面积普及推广。这些老一辈的专家开启了作物学研究的先河，成为作物学学科发展的先驱和奠基者，成为几十年后河南科技大学作物学学科发展中的原始基因，为学院发展积淀了深厚的教学科研基础，为社会培养了数以万计的农业专业技术人才，为豫西乃至河南农业的迅速发展做出了突出贡献。

（二）作物学学科的早期发展

1978 年 12 月，教育部〔78〕教计字 1427 号文件通知，将洛阳农业学校改为豫西农业专科学校，隶属河南省政府领导；1992 年 4 月，经国家计委审定更名为洛阳农业高等专科学校。

1. 豫西农业专科学校时期

农学系设有农学、农业教育 2 个专业，农学专业设置有烟草、农业科技管理、农业生态与环境保护及良种繁育与经营 4 个方向。

农学系始终坚持以教学为主、积极开展科学研究的指导思想，多方承担科研任务，多渠道筹措科研经费，集中力量开展科研协作攻关，加快科研成果向生产力的转化，为不断提高教学质量和服务河南省农业现代化做出了重要贡献。

1975—1984 年，韩如岩、李普安、马庆华、袁宝玉等参加了由河南省科委、河南农业大学、河南省农科院主持的小麦、玉米高产稳产低成本的研究与推广科研工作。1980 年，农学系参加完成的"河南省小麦高稳低生产模式研究"项目，获河南省小麦协作组二等奖和三等奖。1981—1984 年，参加完成的"实现夏玉米增产的途径：夏玉米高稳低研究与推广""夏玉米生长发育规律的研究""夏玉米不同产量水平三化技术开发研究""河南省玉米生态类型区划及栽培技术规范化研究""提高夏玉米制种产量的研究"分获农牧渔业部技术改进奖二等奖、河南省重大科学技术成果奖一等奖和河南省科学技术进步奖二等奖 3 个、三等奖 1 个。1984 年参加完成的"河南省小麦不同生态类型区划及其生产技术规程"研究，获河南省政府科技成果奖特等奖。

1984—1989 年，杨兆庚、陈六书、王澄澈等参加或主持完成的"河南省棉花生态区划及类型区划研究""棉花经济栽培技术规程开发研究""棉花优质栽培及其生理研究""河南省盐碱地植棉增产技术研究开发"，分获国家科学技术进步奖三等奖 1 项和河南省科学技术进步奖二等奖 2 项、河南省政府科学技术进步奖荣誉奖 1 项。

申林江、张万松等主持完成的"小麦新品种豫麦 10 号的选育"研究，1990 年获河南省科技进步奖三等奖。1991 年 5 月，国家农作物品种审定委员会命名为"GS 豫麦 10 号"，是国家审定的 6 个小麦新品种之一，也是近年来河南省唯一的国家级小麦新品种。1991 年，收获面积达 1530 万亩，平均每亩增产 31.4 公斤，共增收小麦 2.4 亿公斤，为河南省小麦生产做出了突出贡献。

1990—1992 年，李友军等参加完成的"河南省小麦两高一优五大技术系列开发与应用研究"，张泽民主持完成的"河南省玉米穗粒结构特征与高产杂交种选育研究"获河南省科技进步奖二等奖。韩如岩主持完成的"红薯与绿豆间作合理群体结构和配套技术研究"，获河南省科学技术进步奖三等奖。

胡公洛等主持完成的"甘薯根腐病病原菌及综合防治技术与推广"研究，于

1982 年获洛阳市科技成果奖一等奖。该项研究在国内首次发现甘薯根腐病病原菌镰孢菌的有性阶段，并研究推广综合防治技术，使这种病害得到了根治。"甘薯根腐病病原菌的研究"成果在《植物病理学报》发表后，美国路易斯安那州立大学 Ricaud Clock 教授来信询问，并将该项研究成果编入世界性的《甘薯病害》（*Diseases of Sugarcane*）一书。1989 年，胡公洛等与河南农业大学共同主持完成的"河南省小麦赤霉病的研究"，获河南省科学技术进步奖二等奖。

2. 洛阳农业高等专科学校时期

农学系设有农学、种子生产检测与经营、烟草、农业教育等 4 个专业，其中，农学专业是学校成立最早的两个专业之一，是河南省改革示范专业。创建的《农业专科学校农学类专业"三年三段三改"实践教学模式》和《指导教师-青年教师-学生人才培养模式》获河南省教学成果奖一等奖。特色教学体系的建立与实践，使毕业生的业务能力、政治素养、实践动手能力有了显著提高，毕业生受到用人单位的一致好评。

在洛阳农业高等专科学校时期，在老教授的带领下，一批学成归来的年轻教师成长起来，慢慢挑起了教学科研的大梁。他们在强化教学中心地位的基础上，积极开展科学研究，取得了一批学术水平高、经济效益大、社会效益广的科研成果。"九五"期间，主持、参与省市科研项目 56 项，获得省级科学技术成果奖 24 项、地厅级科学技术成果奖 19 项，通过鉴定科学技术成果 16 项；公开发表论文 235 篇；正式出版教材、专著 46 部。在农作物新品种选育工作方面取得重大突破，先后选育出小麦新品种 GS 豫麦 10 号、豫麦 46 号、豫西 981，玉米新品种豫玉 28 号和 LR963，大豆新品种 8921、8924 等。这些新品种都得到了大面积的推广，增产明显。在农业技术理论创新方面，主持完成的省科技攻关项目"农作物四级种子生产程序研究及推广应用"，与省种子部门共同研究出的农作物"四级程序"技术，创建了农作物良种繁育新体系。主持完成的省、市科委"种法结合提高旱地小麦水分增产效益的研究与应用"，确定了适宜旱地栽培的小麦新品种"郑旱一号"，示范推广了机械沟播技术，研究总结出旱地小麦"135"栽培技术，高产攻关和大面积示范获得成功，该项目获河南省科学技术进步奖二等奖。主持完成的省、市重大科技攻关项目"甘薯脱毒快繁及产业化开发应用"，有 12 个甘薯品种脱毒成功，增产幅度达 45%—268%，该项目获洛阳市科技进步奖一等奖、河南省第十届发明博览会优秀奖。

农学系自筹资金 50 万元开发研制了种衣剂生产技术，组建了"洛阳市绿野生物工程有限公司",产生了较好的经济效益。"豫玉 28 号"玉米新品种,成功实现了科技成果的有偿转让,上缴学校 18 万元。积极开展农业技术推广,组织专家举办科技讲座,参加大型科技咨询等,推动了地方经济发展和人民群众收入的提高[①]。

由此可见,农学系创建初期从河南农学院和百泉农业专科学校抽调的老师,作为高校教师有着良好的教学科研管理功底,他们为作物学学科的发展提供了较高的起点。学校重视青年教师的培养,一批学成归来的青年教师在老教师的指导下脱颖而出,为作物学学科的发展增加了活力和后劲。老中青教师结合,不断提高教学水平,高标准要求学生,为社会培养了一大批高水平的农业科研、推广和管理人才,也为其他大学输送了很多优秀学生。在加强教学的同时,他们围绕小麦、玉米、棉花、大豆等开展科研攻关,取得了丰硕的成果,使农学系从小变大,使作物学学科逐渐形成特色,为河南科技大学成立后农学院的发展和作物学学科的发展打下了较为坚实的基础。

二、作物学学科发展的几个关键点

(一)河南科技大学成立

进入 21 世纪,河南省委、省政府为优化高等教育区域布局,实施"科教兴豫"战略,决定在郑、汴、洛各建一所实力较强的综合性大学,形成 3 所大学竞相发展的战略格局,继新郑州大学、新河南大学之后,合并洛阳工学院、洛阳医学高等专科学校、洛阳农业高等专科学校,组建了以工为主的第三所综合性大学——河南科技大学。

2002 年 8 月 30 日,河南省省长的李克强同志为河南科技大学授牌。他说:"河南科技大学的成立,是我省高等教育管理体制改革和布局优化调整工作的一项重大举措,是省委、省政府实施'科教兴豫'战略的重大举措,是提升我省高等教育整体水平的必然要求……希望河南科技大学充分利用现有的教育资源进行优化配置,充分利用洛阳科研院所比较多的有利条件、充分利用洛阳工业基地的有利条件,把学校办成国内比较先进、居于省内高等院校前列,具有自身特色的一所综合性大学。"[②]

河南科技大学的成立,引起了社会的高度关注,《光明日报》《河南日报》等

---

① 河南科技大学. 河南科技大学史(1952—2012)(上卷). 郑州:河南科学技术出版社,2015:525-603.
② 河南科技大学. 河南科技大学史(1952—2012)(上卷). 郑州:河南科学技术出版社,2015:3.

数十家新闻媒体进行了广泛报道。其中,《大河报》还主办了"河南人终于圆了科大梦"高层论坛,与会专家学者围绕河南科技大学成立与河南高等教育实现新突破建言献策,并对学校的改革发展寄予厚望。

组建的河南科技大学,以本科教育为主,具备完整的学士、硕士两级学位人才培养体系。学校有 17 个硕士学位授权点,其中,工学有 10 个一级学科共 15 个点,理学 1 个点,管理学 1 个点。4 个学科具有工程硕士和同等学力在职人员申请硕士学位授权点。学校有 30 个本科专业,覆盖工学、理学、经济学、管理学、文学、法学、医学、农学 8 个学科门类。

（二）农学院成立

2002 年 11 月,在原洛阳农业高等专科学校农学系的基础上组建了农学院,由原洛阳农业高等专科学校工会主席任章留任院党委书记,原洛阳农业高等专科学校副校长李友军任院长。农学院设有植物生理生态研究所、农业资源与环境研究所、烟草研究所、植物遗传与改良研究所和农学与生物实验教学中心 5 个教学单位。

2002 年经教育部批准设立农学本科专业,2003 年设立生物技术本科专业,2004 年设立生物科学本科专业,2007 年设立资源环境科学本科专业,2011 年设立种子科学与工程本科专业,2022 年设立智慧农业本科专业。现有 6 个本科专业,本科学生人数由 2002 年 82 人增加到 2022 年的 1736 人,年招生人数 400 人左右。

（三）"1441 振兴行动计划"的制定

学院成立之初,面临着生源不足、就业存在一定困难,专业划分过细、专业面太窄、亟待整合,人才培养目标与社会需求存在较大差距,学科带头人缺乏的问题比较突出,实验实习条件相对薄弱等一系列问题,影响着学院的生存与发展。

学院在调研浙江大学、上海交通大学、西南科技大学等高校的基础上,经过教育思想、教育观念大讨论,于 2003 年起草制定了"1441 振兴行动计划"。该计划围绕 1 条主线（加快学科建设）依托 4 大优势（科大的品牌优势、科大的理工优势、学院的农科特色优势、学院的人才团队优势）,实现四大突破（办学层次的突破、师资队伍质的突破、人才培养质量的突破、科研服务的突破）,实施 10 大措施（解放思想、更新观念、图谋发展,将学院确定为农科院系综合改革试点单位，将学院更名为"生命科学与工程学院"，积极推进学科的整合与优化，改革人才培养模式、提高人才培养质量，加强课程体系建设、提高教学质量，汇聚学科队伍、形成梯队优势，构筑学科基地、打造高水平研究平台，凝练学科方向、争上硕士学位授权点，发挥自身优势、积极为地方经济建设服务）。

"1441振兴行动计划"的提出和实施，借鉴了国内外综合性大学农科院系的发展趋势，分析了学院振兴发展面临的形势，提出了切实可行的措施，在全院达成了广泛共识，凝聚磅礴的力量，为学院的发展指明了方向，对学院的发展振兴产生了重大而深远的影响。

（四）战略思想的确立

思想决定思路，思路决定行动。不同的学院，不同的时期，由于院情不同，所面临的问题不同，在学校院系中所处的位置不同，发展的重点不同，学院的战略思想也会有所不同。

2002—2005年，是农学院求生存的三年。学院制定了"1441振兴行动计划"，提出了以学科建设为主线的战略思想，达成了以下共识：第一，要转变"等、靠、要"消极等待的观念和闭关自守、固守传统农科的旧观念，以良好的心态，昂扬的斗志，勇于探索，大胆改革，拓宽农学学科发展的新路子。第二，要转变定位方式，要跳出农科办农科的思维定式，要摆正位置，把农学院放在河南科技大学这所综合性大学的大背景下重新定位，而不是放在农业大学的背景下来思考问题。立足现实不追求主导学科，而是努力成为优势学科，不求做大，但求做强。第三，要转变学科设置的思路，积极推进学科的整合与优化，要充分利用河南科技大学工科较强的优势，加强多科综合，优势互补，向交叉、边缘学科拓展。

经过3年的努力，学院发展有了一定的基础。学院本科招生专业由1个增加到4个，涵盖了农学、理学2个学科门类，2005年学院实现了全部本科招生，生源质量稳定。学院度过了生存危机，步入正常发展中的轨道。

2005—2008年，是农学院求发展的关键三年。学院确立了学科建设、队伍建设、条件建设、实力提升"四位一体"的发展战略，以科学发展观为指导，以加快学科建设为龙头，以提高综合实力为核心，以优化队伍建设为关键，以完善条件建设为保障，促进学院各项事业的快速发展。

到2008年，农学院共有农学、生物科学、生物技术、资源环境科学4个本科专业，拥有农学本科自考专业，年招生规模400人左右。2002级首届农学本科毕业生考研率达 32.8%，高出全校平均水平 20.2 个百分点，位居全校第一。2003 级农学本科毕业生考研率达 40.5%，其中 59.4% 考入 "211 工程" 以上大学，再创新高。就业率达到 97% 以上，毕业生就业形势良好。学院拥有作物栽培学与耕作学、植物学、生态学、植物营养学等 4 个二级学科硕士学位授权点，拥有的二级学科授权点总数进入全校前十的行列。拥有博士学位的教师 37 人，占学院专任教师总数的 44.0%。45 岁以下的博士、教授达 48 人，富有朝气和活力。2008 年 12 月 7—11 日，全国教学评估专家现场考察验收后，专家组给予高度评价，认为农学院经过近几年的教育教学实践和探索，紧紧抓住河南科技大学组建的发展契机，围绕学校的发展思路和办学指导思想，走出一条以人才培养为主，积极开展科学研究，努力提高办学层次的办学道路，并取得了明显的成效。

2008—2012 年，是农学院增实力的关键四年，学院确立了 "质量立院、科研强院、人才兴院" 的内涵式发展战略，以深化内涵建设为核心，以不断提高核心竞争力为目标，主动规划，重在建设，突出重点，全面推进，狠抓落实，全面加强人才队伍建设、教学质量工程建设、学科建设和党的建设，持续提高人才培养质量和科研水平。

到 2012 年，农学院形成了以农学学科为优势，生物科学和环境科学为两翼，多学科协调发展的格局，拥有农学、种子科学与工程、生物科学、生物技术、资源环境科学 5 个本科专业，有农学、生物技术（独立本科段）、生物工程（专科）3 个自考专业；拥有作物学、生物学 2 个一级学科硕士学位授权点，作物栽培学与耕作学、作物遗传育种、植物学、生态学、植物营养学等 5 个二级学科硕士学位授权点；有作物、农业资源利用、农业科技组织与服务 3 个专业硕士学位授权领域。学院全日制在读本科生、硕士研究生 1600 余人。学院在全校教学工作评估中多次获得优秀成绩，本科毕业生考研录取率连续多年稳居全校前列，学生就业率达 98% 以上；毕业生在教学、科研、技术推广、企业经营和党政管理岗位上，以专业基础知识扎实、实践操作能力强、综合素质高获得用人单位和社会各界的广泛赞誉。

2012 年，农学院有教职工 100 余人，其中专任教师 91 人；教授 11 人，副教授 38 人，高级职称人数占教师总数的 53.9%；有博士学位 53 人，占全院教师人数的 58.2%；有博士生导师 1 人、硕士生导师 27 人，省管专家 1 人、省学术技术带头人 2 人，省中青年骨干教师 4 人。拥有作物学省级一级重点学科、植物学省级二级重点学科；有洛阳市 "旱作与节水生理生态" "牡丹生物学" 2 个市级重点实验室及 "牡丹培育与深加工" 河南省高校工程技术研究中心。学院在小麦、玉米新品种选育、旱作与节水、牡丹生物学、农作物四级种子生产技术等方面已形成明显特色，在省内外具有重要影响。此外，农学院还不断加强同国外院校的合作与交流，同美国、荷兰、加拿大等国家部分大学建立了互访合作关系。

（五）学科发展

2008 年，作物学入选第七批河南省重点学科，成为学校 6 个入选河南省重点学科一级学科之一，学校同时入选的一级学科还有管理科学与工程、材料科学与工程、机械工程、仪器科学与技术、食品科学与工程。之后，作物学又连续入选第八批、第九批河南省重点学科。

2015 年，作物学入选学校学科振兴计划，是学校攀登计划 3 个学科（争创国内一流学科）、培育计划 8 个学科（争取博士学位授权学科）的第三层次的学科建设计划学科（争创省级重点学科）。

2020 年，"旱地绿色智慧农业学科群"获批河南省特色骨干学科建设学科（群），和机械工程、材料科学与工程同时进入河南省特色骨干学科。

2020 年，农业科学、植物学与动物学学科进入全球 ESI 前 1%。

农学院成立 6 年即进入省级重点学科，为作物学学科的发展提供了平台和快速发展的空间。

（六）学位点建设

2002 年，经教育部批准设立农学本科专业。

2003 年，经教育部批准设立生物技术本科专业。

2004 年，经教育部批准设立生物科学本科专业。

2005 年，经国务院学位委员会批准，获作物栽培学与耕作学、植物学、生态学、植物营养学等 4 个二级硕士学位授予权。

2010 年，经国务院学位委员会批准，获作物学、生物学 2 个一级学科硕士学位授予权。

2007 年，经教育部批准设立资源环境科学本科专业。

2011 年，经教育部批准设立种子科学与工程本科专业。

2011 年，经国务院学位委员会批准，新增生态学 1 个一级学科硕士学位授予权。

2017 年，经国务院学位委员会批准，作物学学科批获博士学位授权一级学科点。

2022 年，经教育部批准设立智慧农业本科专业。

2023 年，获批作物学博士后流动站。

学院用 5 年的时间，完成了从专科教育到本科教育的转变，用 6 年时间完成了从本科教育到硕士研究生教育的转变，用 15 年时间完成了从专科、本科、硕士研究生教育到博士研究生教育的转变，用 20 年的时间，拥有了本科、硕士、博士三级学位授予权和博士后科研流动站，健全了完备的人才培养体系，走出了一条综合性大学农科院系快速发展的新路子。

作物学博士学位授权点获批，是 2017 年学校获批的唯一 1 个博士学位授权点，是继学校 2008 年机械工程、材料科学与工程、信息工程 3 个一级学科博士学位授权点的第 4 个一级学科博士学位授权点，凝聚了学院几代人辛勤的努力和汗水。作物学博士学位授权点的获批，实现了三个突破：第一，是时间上的突破。河南科技大学农学院是 2002 年组建的，到 2017 年申报成功作物学博士授权一级学科，共用了 15 年的时间。15 年的时间，完成了从专科向本科、向硕士到博士的转变，这是一个很大的突破；第二，是综合性大学农科的突破。因为在综合性大学，办农科都比较困难。所以，在综合性大学农科怎么样发展，也是各个方面研究和关注的重点。所以这个突破，是在综合性大学的农科院系走出的一条快速发展的新路；第三，是学校学科提升计划的突破。从 2015 年开始，学校实施了学科提升计划，把全校的学科分成四大类进行建设。第一大类是攀登计划，攀登计划的目标就是建设成为国内的一流学科，包括机械工程、材料科学与工程和控制工程。第二类是培育计划，培育计划就是要争取博士学位授权学科，包括 8 个学科。第三类是振兴计划，振兴计划就是要争取省级重点学科，作物学属于这一类。第四类是发展计划，主要是一些新兴学科。作物学在未进入前 两类 11 个学科的前提下，申报成功了博士学位授权学科，是学校学科提升计划的突破。

三、作物学学科建设的思路

（一）强化地位

学科体现的是学院的整体办学实力、学术地位和核心竞争力，因此，学科建设是学院建设和发展的核心，是学院长期而艰巨的任务。学院要强化学科建设的龙头地位，以学科建设带动特色优势学科的发展、师资队伍建设、学科平台建设、教育教学改革和学位点建设。

不同层次、不同学科学科建设的具体做法有所不同，但基本上是选拔一些条件好、有特色、与地方或国家经济发展相适应的学科，投入经费进行重点建设。农学院通过学科建设，逐步形成在社会上有一定声誉和影响力的特色学科和优势学科，并带动相关学科的同步发展，提升学院学科建设的整体水平；通过学科建设，改善科研条件，吸引高水平的人才，促进学科带头人的迅速成长，优化学科梯队结构，提高师资队伍学术水平；通过学科建设，加大经费投入，弥补教学科研经费在购买大型仪器设备方面的不足，改善学科的科研条件，提高学科平台的建设水平，提高实验手段的现代化程度；通过学科建设，进一步带动教学工作，提高教育教学质量。学科建设提高了学院科研水平，促进了学院教材建设、课程建设；学科建设促进了学院学科平台建设，改善了学院实验实习条件；学科建设完善了师资队伍结构，从而提高了教学水平。通过学科建设，该学科的科学研究水平提高、教育教学不断深化、人才梯队结构更趋合理、实验平台条件大大改善，若干年后该学科的学位授权点才能水到渠成。

学科建设是提高学院办学水平和人才培养质量的关键，关系着学院的生存、发展和未来。只有抓住学科建设这条主线、这一龙头，才能作到纲举目张，统揽和推动学院各个方面的工作。

（二）错位发展

错位通常有两种基本含义：①一般指离开原来的或应有的位置，比如行政职责上的"错位、缺位、越位"。这是错位的基本含义，也可以称作本义。②指错开生态位，来源于生态学的生态位理论，是生物进化的一种自然规律。例如，鸟在天上飞，鱼在水中游，兽在地上跑；有的动物白天活动，有的动物夜间捕食；有食肉动物，也有食草动物；有的吃鲜肉，有的吃腐肉，有的吃骨头等。

生态位是指在生态系统和群落中，一个物种与其他物种相关联的特定的时间位置、空间区位和功能地位。生态位理论揭示，在自然界中，每个生物物种在长期的生存竞争中都拥有一个最适合自身生存的时空位置，一个生态位空间只能容纳一个物种。生态学发现一个规律：在资源短缺的情况下，如果同一生态位空间出现两个物种，就必然引发激烈的种间竞争，最终导致其中一个物种被逐出或者被淘汰。生态学的"耐度定律"表明，一种生物能够出现并且生存下来，必须依赖一种复杂条件的全盘存在，如果其中的一种因子超过它的耐度，就可以使这种生物消亡或灭绝。同时，生态学"乘补原理"证明，当系统整体功能失调时，系统中的某些成分会乘机膨胀成为主导成分，使系统畸变，有些成分则能自动补偿或替代系统的原有功能，使整体功能趋于稳定。著名的格乌斯法则已经证明这一现象。

"错位发展"战略就是源于生态学的生态位理论。在激烈的市场竞争中，为了求得生存和发展，特别是弱势的一方，通过生态位调适，错开与强势一方恶性竞争的生态位，根据自身的特质性优势，寻求新的生存发展空间。这样才能体现出自身的核心竞争力，从而强化生存力和发展力。

所谓错位是指竞争主体各寻其位，错落有致，顺利前行，其实质是要摆正位置、找准优势、发挥优势。错位发展就是要扬长避短，下大力气培育各自的比较优势，认准某些学科和领域做大做强，从而形成自己的学科特色，达到快速发展的目的。

（三）突出特色

特色是一个事物或一种事物显著区别于其他事物的风格、形式，是由事物赖以产生和发展的特定的具体的环境因素所决定的，是其所属事物独有的。

高校不在规模大小，关键在于优势和特色；学科建设不在齐全，关键在于实力和创新。重点学科建设必须突出特色，这几乎已成共识。但如何办出特色，则言人人殊、见仁见智。笔者以为，学科要办出特色，可以从三个层面加以努力：一是在学科整体结构上，做到"人无我有"。这是学科特色的特殊层面，只要人无我有，无论实力是否强，研究是否前沿，都可看作学科建设中的特色。这里的"有"，不是一种空头的标新立异，或刻意地填补什么空白，而是积极发展针对实际的、错位发展的新学科、新方向。对于人无我有的学科，最重要的是要看准学科发展方向，提出跨越式发展思路。二是在学科总体质量上，做到"人有我优"，这是学科特色的一般层面。这里的"优"，主要指学科建设的比较优势，强调在综合竞争中脱颖而出，创造学科核心竞争力。三是在学科未来发展上，做到"人优我新"，这是学科特色的最高层面。这里的"新"，强调学科的创新水平和领先地位。

（四）借势借力

学科建设是一项长期的、复杂的系统工程，单凭学院自身的努力是远远不够的，必须借势、借力，才能加快发展。

借势是由"借"和"势"两个字组成。包含两个层面的意思，一个是"借"，另一个是"势"。势包含强势、弱势、趋势三部分。"借势"一词源于《左传·襄公二十四年》："人无远虑，必有近忧；人无借势，必有借人。"这句话意味着如果一个人没有远见，只顾眼前利益，那么他就会遇到近期的困难；如果一个人没有借助外部环境的力量，那么他就会被别人所利用。借势是指借用外部环境的力量来获得优势或提升自己的实力。这种借势的方式可以是利用某种机会、趋势、形势等，来达到自己的目标。

学院作物学学科的发展，借了两方面的势：一是借河南科技大学成立之势。河南科技大学是河南省重点建设的 3 所综合性大学之一，省委、省政府高度重视，社会各界寄予厚望。二是借河南科技大学发展之势。河南科技大学是由原洛阳工学院、洛阳医学高等专科学校、洛阳农业高等专科学校组建的，原洛阳工学院是机械工业部直属高校，是具有较早硕士学位授权点的高校，2008 年成为博士授权单位，为作物学学科的发展提供了很好的基础和较高的平台，也为作物学博士学位点的申报提供了可能。

借力是指借助外部力量来增强自己的力量或能力，通过利用他人的力量或资源来达到自己的目标。借力一词源于《孟子·公孙丑上》中一则故事，讲述了一个农夫要移动一块很重的石头，他试图一个人去搬动，但无法成功。后来，他请来了几个人一起帮忙，共同用力，最终成功搬动了石头。这个故事表达了借助外力的重要性。

学院作物学学科的发展，借了三方面的力：一是借经验，借它山之石。在学院成立最困难的时期，学院分三路到浙江大学、上海交通大学、西南科技大学等高校学习调研，摸清了合并高校学院和学科发展的经验，确定了学院发展"1441振兴行动计划"。二是借智慧，借名人指点。聘任尹伟伦院士、徐明岗院士、张献龙院士、张新友院士等一批知名学者作为学校特聘教授，对学院发展、学科建设给予悉心指导。三是借河南科技大学综合性大学之力，利用学科门类齐全的优势，开展学科交叉融合，实现作物学产前、产中、产后协调发展。

四、作物学学科建设的策略

（一）牢固树立学科建设龙头地位

农学院"1441振兴行动计划"，是学院综观国内外综合性大学农科院系的发展趋势，分析了学院振兴发展面临的形势，在广泛调研、论证基础上达成的共识，是学院成立后学院发展的纲领和行动指南，对学院的发展产生了重大而深远的影响。"1441振兴行动计划"中提出，农学院振兴的总体思路是：以加快学科建设为主线，以高水平学科队伍和重大科研项目为支撑，凝练学科方向、构筑学科基地；以提升办学层次、提高办学质量为核心，"压专扩本争硕"；用现代生物技术和信息技术整合传统农学学科，努力办成特色鲜明、优势凸显、充满活力、校内居于前列、省内外有重要影响的现代生命科学学院。

农学院紧紧围绕学院的战略定位，清晰地认识到学科建设是学院建设的主线、核心，是学院发展振兴的龙头和根本所在，坚定不移地走以学科建设为核心的高质量内涵式发展道路，科学地制定了学院学科建设规划，奋发努力，开拓进取，不断提高学科核心竞争力。

农学院加强对学科建设的领导，成立了学院院长、书记为组长的学科建设领导小组，强化领导责任，完善学科建设工作机制，形成党政主要领导亲自抓、分管领导具体管、各系及中心相互配合、人人关注学科建设、各个努力为学科做贡献的良好局面。

学校聘请中国工程院院士、北京林业大学原校长尹伟伦教授为学院战略科学家，聘任徐明岗院士、张献龙院士、张新友院士等一批知名学者作为学院学科建设专家指导委员会成员，为学院学科建设把脉问诊，指引方向，制定务实举措，为学科建设提供了坚实的支撑和重要的保障。

（二）紧紧抓住学科人才这一关键

学科队伍建设是学科建设的主体，是学科建设水平的决定性因素。没有一流的人才，就不可能有一流的学科。

农学院成立之初，学院师资力量较为薄弱，不仅教师人数少，而且质量不高，没有一个博士学位的老师。同时，学院本科生人数较少，进教师会影响到在职教师的教学工作量，降低在职教师的津贴。尽管学校制定了引进人才的优惠政策，许多学院仍然不愿进教师。学院领导以敏锐的眼光意识到人才对学科建设和学院发展的重要性，顶住压力，以强烈的紧迫感和高度的责任心，加大了人才引进工作。建院20年来，农学院引进博士57人，占学院博士总人数的54.3%。引进的王发园、张联合、石兆勇等已成为学科方向的带头人；同时实施了"硕士博士化、博士国际化"培养工程，支持学院本科、硕士人员在职攻读博士学位，鼓励新引进的博士到国内外知名大学、科研院所读博士后、作访问学者；共有44人在职获得博士学位，占学院博士总人数的40.7%；有31人作博士后和海外访问学者，占29.5%；培养的博士侯小改、王春平也已成为学科方向带头人。农学院做到了引进和培养并重，提高了学院师资队伍的数量和整体质量，解决了学院没有学科带头人的问题。

农学院通过"软引进"，聘任中国工程院尹伟伦院士、张新友院士、张献龙院士、徐明岗院士、中国农科院何中虎研究员、夏先春研究员、中国农业大学王璞教授、王志敏教授、国际小麦玉米改良中心张学才研究员等为学校特聘教授，他们在学院教育教学改革、学科建设、科学研究、人才引进等方面发挥了重要作用。

（三）大力夯实学科优势这一基础

农学院在发展历程中积累了较为成熟的办学经验，在旱地农业和牡丹方面的研究与应用有着深厚的积淀和一定的声誉，形成了自身的学科特色与突出优势。

河南科技大学位于千年帝都、牡丹花城洛阳，属于半干旱半湿润的过渡地带，具有旱作的区位优势。豫西农业专科学校一成立，就在旱地小麦、甘薯、烟草、大豆等旱地作物的生长发育与产量形成及调控方面进行了大量的研究，取得了一系列研究成果，为豫西旱地农业的发展作出了突出贡献，也形成了作物学旱地研究的学科优势。

以张万松教授、申林江副教授、郑跃进教授等为代表的小麦育种课题组选育的"豫西832"，国家农作物品种审定委员会命名为"GS豫麦10号"，是当时河南省高校唯一的一个国家审定的小麦新品种，1991年收获面积达1500万亩以上。主持完成的"小麦新品种豫麦10号的选育"，1990年获河南省科学技术进步奖三等奖。研究提出的农作物"四级种子生产程序"，创建了农作物良种繁育新体系，被引入盖钧镒院士主编的《作物育种学》教材中。

以韩如岩教授、马庆华副教授、李友军教授、付国占教授等为代表的旱地小麦栽培研究课题组，在河南最早开展了豫西丘陵旱地小麦生育特点与增产途径研究（《豫西农专学报》，1987）、豫西丘陵旱地小麦耗水特性及看墒栽培技术研究（《河南农业科学》，1990），参加完成的"河南省小麦两高一优五大技术系列开发与应用研究"，获河南省科学技术进步奖一等奖。主持完成的"种法结合提高旱作小麦水分增产效益的研究与应用"，确立了适宜旱地栽培的小麦新品种"郑旱一号"，结束了旱地小麦无当家品种的历史，研究总结出洛阳旱地小麦"135"栽培技术，实现了"一种一法100斤"的增产目标，研究成果获河南省科学技术进步奖二等奖（1998）。主持完成的"豫西丘陵旱地小麦耗水规律及看墒栽培研究"，获河南省科学技术进步奖三等奖（1990）。

以韩如岩教授、李友军教授、孔祥生教授等为代表的甘薯栽培课题组，开展了甘薯脱毒快繁、甘薯与绿豆间作等技术研究，主持完成的"红薯与绿豆间作的合理群体结构和配套技术研究""甘薯脱毒快繁及产业化开发研究",获河南省科学技术进步奖三等奖(1992,2001)。

以刘镇平副教授、陈明灿教授、康业斌教授、李定旭教授为代表的烟草课题组对烟草生长发育、施肥调控、病虫害发生与防治进行了研究,发表了"豫西地区烟草侵染性病害调查分析"(《河南农业科学》,1995)、"豫西地区烤烟害虫发生特点及综合防治"(《河南农业科学》,1996)、"氮磷化肥施用量对烟草产量和品质影响的研究"(《豫西农专学报》,1992)等文章。

洛阳牡丹甲天下,牡丹是洛阳的一张名片。豫西农业专科学校自成立以来,依托洛阳牡丹的资源优势开展了牡丹的系列研究,形成了作物学学科发展的另一大优势。以杨正申教授、张益民教授、张赞平教授为代表的老一辈教师围绕牡丹花芽分化、牡丹核型分析进行了研究,发表了"牡丹花芽分化的观察"(《河南农业大学学报》,1987)、杨山牡丹的核型分析(《遗传》,1996)、"芍药属叶片解剖结构研究"等文章,为牡丹的开发利用提供了基础理论支撑。

以孔祥生教授、史国安教授、侯小改教授为代表的中青年教师,围绕牡丹衰老生理、牡丹和芍药切花保鲜、离体快繁进行了研究,发表了"牡丹、芍药切花保鲜技术"(《河南农业科学》,1988)、"牡丹离体快繁技术研究"(《北方园艺》,1998)、"牡丹开花和衰老期间乙烯及脂质过氧化的研究"(《西北农林科技大学学报》,1999)等文章,并获多项河南省科学技术进步奖,对洛阳牡丹花期调控、切花、快繁起到了巨大的推动作用,产生了较好的经济效益和社会效益。

农学院成立后,继续紧紧依托洛阳的区位优势和资源优势,不断加强旱作和牡丹研究,使其优势更加凸显,基础更为牢靠。

(四)持续强化学科特色这一核心

河南是农业大省,农业高校也较多,中部郑州有河南农业大学、河南牧业经济学院,豫北有河南科技学院,豫南有信阳农林学院,豫西有河南科技大学。河南农业大学、河南科技学院有着悠久的办学历史,在小麦、玉米、棉花等大宗作物的研究方面有着深厚的积淀和较强的学科优势,他们重点解决的是吃饱、穿好的问题。河南科技大学具有旱作的区位优势和牡丹的资源优势,在旱地小麦、烟草、甘薯、牡丹、中草药等方面的研究具有独有的优势和学科特色,重点解决吃好、吃健康的问题。河南科技大学的旱作与牡丹研究,既实现了与河南农业大学、河南科技学院的错位发展,也强化了河南科技大学作物学学科建设的特色。

农学院成立后,继续瞄准旱作与牡丹两个研究方向,不断拓宽学科研究领域，持续深化学科研究，久久为功，持之以恒，旱作与牡丹的研究特色更加聚焦和鲜明。

在农专时期已有研究的基础上，持续强化在旱地小麦、甘薯、烟草、牡丹等方面的研究，不断深化学科研究。

选育的科大 1026 小麦新品种，通过国家农作物品种审定委员会审定。选育的科大 111 小麦新品种，通过河南省农作物品种审定委员会审定。

农学院承担科技部"旱作区小麦夏玉米节水抗灾培肥一体化技术集成与示范""旱地小麦产量与品质协同提高的机理与调控技术"，以及河南省"旱地小麦'两高一节'耕作技术体系研究与应用"等项目，并出版了《河南旱地小麦栽培理论与技术》，主持完成的"河南小麦'两高一节'耕作技术体系研究与应用"获河南省科学技术进步奖一等奖，主持完成的"河南小麦节水高效技术和机具创新集成与应用"获全国农牧渔业丰收奖一等奖。在中国农业出版社出版的专著《保护性耕作理论与技术》，受到农业部及农业农村部的关注，应邀参加了现代农业产业技术一万个为什么、百名专家编写百本 100 问的工作，编写了《保护性耕作 100 问》。这些成果的推广应用，为洛阳市和河南省实现粮食持续增产提供了强有力的技术支撑。

农学院围绕产业链思维，深入开展了甘薯全产业链的研究与推广工作。主持国家自然科学基金项目"凝结芽孢杆菌 CGMCC9951 细菌素抑制甘薯采后黑斑病的调控机制研究""紫薯 IbMYB29 调控糖与花色苷消长代谢影响甜/苦味形成的分子机理"等，确定了适合豫西种植的甘薯品种，提出了"错峰销售"的理念，改革了甘薯栽培技术，用小红薯撬动了大产业，为脱贫攻坚和乡村振兴做出了突出贡献。侯文邦教授获全国创新争先奖，主持完成的"河南省甘薯全产业链融合发展模式构建与推广"获河南省农牧渔业丰收奖一等奖，"中原曙光：特色甘薯产业赋能乡村振兴"获全国文化科技卫生"三下乡"活动示范项目。

农学院主持河南、四川、广西、重庆、福建中烟横向项目多项，研究与推广的范围从河南走向全国。研究内容涉及烤烟品种筛选及配套技术、烟叶醇化与调控技术、绿色防控技术等种、收、调、控等方面。同时，农学院出版了《烟草土传菌物病害微生态调控理论与技术》，主持完成的"原生态优质烟叶生产技术研究"，获河南省科学技术进步奖二等奖。

农学院不断加强牡丹研究。研究团队从最初的几个人增加到近 30 人，学科方向带头人侯小改教授已成长为河南省杰出人才、中原学者，是河南科技大学 5 个中原学者中唯一的农科中原学者；主持国家自然科学基金重点项目"牡丹重瓣花型性状关键基因挖掘及分子机制解析"、国家重点研发计划"牡丹容器及栽培及花期调控技术集成与示范",以及一批国家自然基金项目和河南省人才、科技项目,选育的"华紫"牡丹新品种,通过河南省林木品种审定委员会审定;出版了《牡丹菌物病害与牡丹抗病性研究》,主持完成的"牡丹新品种培育及提质增效关键技术创新与应用""牡丹特色新品种选育及其综合利用技术"获河南省科学技术进步奖一等奖。

农学院在深化优势学科研究的同时,紧跟时代步伐和经济社会发展的需要,不断拓宽学科研究领域。

第一,加强谷子、豆类作物的研究。参与完成的"广适、优质、高产谷子新品种豫谷18选育与应用",获河南省科学技术进步奖一等奖。学院是河南省谷子产业科技特派员服务团团长单位。李春霞教授为河南省绿豆育种栽培岗位专家,选育了科大绿1号绿豆新品种,制定了"科大绿2号栽培技术规程"地方标准。

第二,加强甘薯、烟草等间轮作研究与推广。主持河南省科技攻关项目"豫西旱地甘薯—油菜间轮作模式和配套技术研究与应用",制定了"甘薯—烟草间作生产技术规程"河南省地方标准,主持完成的"洛阳烟区'烟—薯'产业综合体模式构建与开发",获河南省烟草系统科学技术进步奖二等奖。

第三,加强中草药的研究。豫西伏牛山区中草药资源丰富,为学院开展中草药研究提供了良好条件。侯小改教授为河南省中草药岗位科学家,农学院是河南省中草药产业科技特派员服务团团长单位,选育的伏牛山连翘1号、4号通过了河南省中药材品种鉴定委员会的鉴定。

（五）不断完善学科平台这一要素

搭建学科平台是学科建设的重要措施之一。学科平台在软硬件环境和保障措施方面为学科发展提供必要的支持和支撑。据不完全统计,国内某地方高校的教育部重点实验室为该学校进入 ESI 全球排名前 1% 的相关学科提供 80% 以上的贡献率[①]。由此可见,学科平台在重点学科建设发展过程中发挥着提高学科学术地位、提高核心竞争力的重要作用。基于学科平台,不仅能够开展基础研究和应用基础研究,还能够培养更多、更好的高水平科技创新人才。另外,在国家学科评估指标体系中,关于学科平台层次与数量的打分权重也很高,在学科评估中具有极其重要的地位和意义。所以,学科平台建设水平已成为学院学科建设的关键要

---

① 沈中辉."双一流"背景下高校科研平台在学科建设中的作用. 黑龙江教育（理论与实践）,2021（4）:91-92.

素，是学院提高学科综合竞争力的重要支撑和保障。加强学科平台建设，有利于将学科平台打造成为高水平科学研究的重要基地、高素质创新人才的培养重地和高水平科技成果的创造源地。

农学院自成立以来，高度重视实验室建设和学科平台建设，在周山校区办学期间，在条件困难的情况下，通过全天候开放教学实验室，利用办公室改造实验室，集中建设公用科研实验室，积极为教师科研、学科发展提供必要的试验条件。

搬迁到开元校区后，农学院有了独立的大楼，实验室面积大幅度增加。学院利用中央与地方共建项目、重点学科建设项目、学院自筹经费等资金，加大了学科平台的建设力度和水平。学院先后购买了多功能植物效率分析仪、便携式光合测定系统、便携式调制叶绿素荧光、植物根系分析系统、气象自动测定仪、实时荧光定量 PCR 仪、酶标仪、凝胶成像仪、元素分析仪、电感耦合等离子体发射光谱仪、气相色谱质谱联用仪、全能型成像系统、连续流动分析仪、激光扫描共聚焦显微镜、凝胶成像分析系统、微孔板发光检测器、倒置荧光显微镜和冷冻超速离心机等一大批大型、精密科研仪器，为作物学科的教学、科研和创新能力提升提供了硬件支撑。学院有河南省旱地农业工程技术研究中心、河南省旱地种质资源利用工程研究中心、河南省特色作物工程研究中心、河南省牡丹特色资源植物高效培育与综合利用重点实验室、河南省油用牡丹工程技术研究中心、河南省牡丹综合利用工程技术研究中心、河南省牡丹芍药特色资源植物工程研究中心、河南省药食兼用资源评价与创新利用工程研究中心、河南省乡村人居环境工程研究中心等 8 个省级科研平台和 9 个地厅级科研平台。建有农科教合作人才培养基地、卓越农林人才教育合作育人示范基地和农科类研究生教育创新联合培养基地等人才教育创新培养基地 3 个。

（六）科学运用学科交叉这一举措

学科交叉是科学发展的必然趋势，也是应对复杂问题和挑战的有效途径，在当前的科技革命和创新驱动发展的背景下，学科交叉具有重要的战略意义和实践价值。学科交叉，一是多学科协作，即不同学科之间保持各自的独立性和完整性，但在某些共同感兴趣或需要解决的问题上进行合作和交流，形成互补和互动的关系；二是跨学科融合，即不同学科之间发生深度的整合和创新，形成新的概念、方法、理论和技术，产生新的学科或子学科。

河南科技大学是河南省重点建设的三所综合性大学之一，与农业大学相比，具有学科门类多、学科较为齐全的优势，学科门类齐全为学科交叉融合提供了便利条件，也为学院借力快速发展提供了可能。同时，作物学研究的重点——旱地作物也面临着种植单一化、生态脆弱、机械化智慧化程度低、产业链短、效益低下等一系列问题。解决这一系列问题，仅靠作物学单一学科难以实现重大突破，必须运行学科交叉这一举措才能有效解决。

农学院抓住省特色骨干学科建设的机遇，实施作物学、生物学、生态学、植物保护学、食品科学与工程、农业工程及智能信息化等多学科交叉融合，建立了旱地绿色智慧农业学科群，以旱地作物"产前、产中、产后"全产业链为主线，以现代作物生物技术为主体，以农业现代化装备和农产品精深加工为两翼，开展了旱地作物种质资源创新与新品种选育、旱作生理生态理论与栽培技术、牡丹资源学、旱地作物机械化智能化信息化生产和旱地作物特色农产品加工等方面的研究，促进了学科群的发展。作物学第五轮学科评估获得历史性突破，入选软科2023 中国最好学科排名，获批作物学一级学科博士后科研流动站；农业工程、食品科学与工程、园艺学获批一级学科博士学位授权点，生态学、农业资源与环境入选省第十批重点学科，农业科学在 ESI 全球前 1%基础上实现大幅提升，植物与动物科学进入 ESI 全球前 1%；师资水平显著提高，获批中原学者 1 人、全国科普工作先进工作者 1 人、中原科技创新领军人才、省优青、杰青等河南省高层次人才 5 人、河南省高校创新团队 3 个、其他省市级人才称号 20 余人。科学研究取得重大突破，社会服务能力显著增强。获全国创新争先奖、全国农牧渔业丰收奖一等奖 1 项、河南省科技进步奖一等奖 3 项、二等奖 2 项。科普、培训、联盟多元发力，助推乡村振兴。近五年来，开展各类培训 5.5 万余人次，为 250 余家涉农知名企业提供服务，产生经济效益 20 多亿元。

（七）注重加强学术交流这一保障

学术交流是学科建设的重要保障，具有交流学术信息、拓宽国际视野、提升研究水平、扩大学院影响力的重要作用。对一个不在省会城市又处在综合性大学的农科学院来说，学术交流的意义和作用更为重大。

农学院连续参加"全国农林院系院校长联谊会议""全国农林院校办公室主任会议""全国农学院院长联谊会"，以及之后的"中国作物学会人才培养与教育专业委员会会议"，一方面学习了兄弟院校的先进管理经验和发展举措，另一方面积累了人脉，介绍和宣传了河南科技大学农学院，这使领导、专家知道农学院、支持农学院。

农学院派出在职硕士、博士到国内外知名大学科研院所攻读博士、博士后、作访问学者，提高学院教师学历、学位、提高他们学术水平，结交一批著名专家教授、院士，同时，起到宣传河科大农学院的作用。建院 20 多年来，共有 75 人次攻读博士、博士后、作访问学者，加上引进的 57 名博士，涉及的单位几乎遍布了全国有关高校和科研院所。

农学院加强国内外合作交流，2019－2024 年，先后与国际玉米小麦改良中心、美国爱荷华州立大学、美国北卡罗莱纳州立大学、美国宾夕法尼亚州立大学、美国阿拉加斯加大学、美国堪萨斯州立大学、瑞典农业科技大学等知名高校和科研机构深入开展交流；主办国际学术会议 1 次，承办全国性学术会议 2 次，参加国际、国内学术会议 303 人次，与国际玉米小麦改良中心（CIMMYT）联合培养 2 名博士研究生；邀请国际玉米小麦改良中心 Susanne Dreisigacker 博士、巴利阿里群岛大学 Marc Carriquí Alcover 博士等国际学者学术交流 20 人次；邀请尹伟伦院士、康振生院士、许为钢院士、徐明岗院士等包括院士、国家杰青、优青、学科评议组成员、国家自然科学基金会评专家等知名学者学术交流 50 人次。

第七章 学院专业建设

第一节 专业建设的内涵

一、专业

（一）专业的概念

我国高等教育"专业"一词，形成于 1952 年，即新中国成立后第一次院系调整时期，完全是模仿苏联教育的做法。专业，在当时的解释是"一行专门职业或专长"，是"培养高级专门人才的目标"。[①]

随着高等教育进入大众化，高校越来越注重专业建设，专业的内涵发生了新的变化。不同辞书和学者对"专业"内涵的界定不尽相同。

《现代汉语词典》对"专业"的解释是"高等学校的一个系里或中等专业学校里，根据科学分工或生产部门的分工把学业分成的门类。产业部门中根据产品生产的不同过程而分成的各业务部门"[②]。在《教育大辞典》里，"专业"译自俄文，指中国、苏联等国高等教育培养学生的各个专门领域。大体相当于《国际教育标准分类》的课程计划（program）或美国高等学校的主修[③]。通过查阅《词源》《辞海》《现代汉语词典》《教育学名词》和《教育大辞典》可知，作为名词，在古汉语里，专业就是指专门的学业或职业；在现代汉语里，专业是指学业的门类，其划分的依据是科学分工、社会职业分工、经济文化和社会发展的需要[④]。在潘懋元和王伟廉主编的《高等教育学》中，"专业"是指"课程的一种组织形

---

① 王伟廉. 高等教育学. 福州：福建教育出版社，2001：136.
② 中国社会科学院语言研究所词典编辑室. 现代汉语词典. 7 版. 北京：商务印书馆，2016：1719.
③ 顾明远. 教育大词典（第三卷）. 上海：上海教育出版社，1991：26.
④ 肖炜煌. 地方高校学科发展的动力机制研究. 江西财经大学博士学位论文，2023.

式"①。卢晓东和陈孝戴认为，专业就是课程的一种组织形式，学生学完所包含的全部课程，就可以形成一定的知识与能力结构，获得该专业的毕业证书②。

把"专业"界定为专门职业教育或专长教育等，这些内容是"专业"概念的形式内涵，无论是专门教育、专长教育还是定义为其他教育，人才培养目标的实现都必须依靠课程的有效组合。"专业"的本质就是课程的组合，通过课程的科学组合实现人才培养目标③。

（二）专业与学科的关系

"专业"与"学科"是高等学校中讨论最多的两个概念，而且在讨论中还常被连在一起，当作一个专门术语使用，政府机关颁发的一些红头文件也是如此。其实，两者是既有联系又有区别的。

1. 专业与学科的联系

（1）相互依存发展。专业以学科为依托，是学科人才培养的基地，学科是专业发展的基础。任何一个专业的知识构成，都需要相关的主干学科作为支撑，专业要以学科为依托。同时，只有学科的分化和综合达到一定高度，才有相应的高新技术专业的出现。

（2）功能相互交叉。专业和学科都有人才培养的功能，都与一定的知识相联系，都以一定的组织机构为依托，同时学科与专业之间相互交叉甚至重合。一个较大的学科门类，可以包含很多专业，一个专业又能涵盖许多学科的知识。有时候，某一个学科甚至就是一个专业。正因为如此，人们才很难把二者截然分开。

（3）以课程为中介。一方面，学科知识是构成课程的元素，课程是按教育学规律对学科知识的传播，同时，学科也要根据课程要求加强学科研究方向；另一方面，课程是构成专业的要素，课程支撑着专业。课程的编制是基于社会需求、根据对专业知识结构要求进行的。学科的人才培养功能是以课程为依托实现的。因此，专业和学科以课程为中介，实现了有机结合和联系。

2. 专业与学科的区别

（1）内涵、目标不同。专业是指课程的一种组织形式，学科是指对知识的分类；专业发展的核心是教学，是以为社会培养各层次的人才为己任，学科发展的

---

① 潘懋元，王伟廉. 高等教育学. 福州：福建教育出版社，1995：128.
② 卢晓东，陈孝戴. 高等学校"专业"内涵研究. 教育研究，2002（7）：47-52.
③ 王玉霞. 高校品牌特色专业建设研究. 扬州大学硕士学位论文，2009.

核心是科研，是以本学科研究的成果为目标。

（2）构成要素不同。专业构成要素是课程，是具体的专业培养目标、课程体系和专业中的人（教育者和受教育者）；学科的构成要素是知识单元，知识单元系统化便成了学科。

（3）划分原则不同。专业是根据社会对不同类型人才的需求来设计的。不同类型的人才所从事的实际工作需要什么样的知识结构，专业就组织相关的学科来满足，以学科为依托，有时某个专业需要若干个学科支撑。学科的划分则遵循知识体系自身的发展逻辑，因而形成树状分支结构。

（4）形成和发展动力不同。专业的设置主要取决于办学者对该专业人才社会需求的价值判断，一个新学科的形成主要表现为学科知识体系的成熟与完善；专业发展的动力是一元的，仅仅来自社会需求，而学科发展的动力则是多元的，主要来自学者的好奇心和社会需求。

（5）人才培养功能不同。专业主要用于本科生以下的专门教育，而学科主要用于研究生及以上的专门教育。

（6）稳定性不同。专业易于变化，专业随社会产业结构的调整和人才需求的变化而变化。新的专业不断涌现，旧的专业不断更新或淘汰。学科则具有相对稳定性，即使是一些交叉学科、边缘学科，也有自己相对稳定的研究领域。

二、专业建设

（一）专业建设的概念

国内学者对专业建设的研究大致分为两个方面：一是"要素构成说"，认为专业建设是由不同要素组成，主要的要素即人才培养方案、课程及教师；二是将专业建设的内涵分为广义和狭义，广义上是指满足社会需求，建立与区域经济发展相适应的专业体系；狭义上是指人才培养，即专业建设是高校为适应社会对不同领域的专门人才需求所进行的人才培养的实践活动①。

专业建设就学院、学校层面而言，主要指专业设置、专业布局、专业结构的调整优化、重要专业的建设与扶持等宏观层面的建设。就具体某一专业而言，主要包括社会发展需求的追踪，制定专业培养目标与规格，制定专业教学计划，进行课程建设、教材建设、实训基地建设、教学方法革新等内容，以提高专业建设

---

① 李诺奇. 地方本科院校工科一流专业建设策略研究. 东北石油大学硕士学位论文，2023.

水平和教学质量为目标。

（二）专业建设的任务

（1）调整优化专业结构。专业结构是一所学校、一个学院在长期的人才培养过程中形成的专业设置体系。专业结构是否合理直接决定着学校、学院所培养的人才能否满足社会发展的需要。所以，调整专业设置、优化专业结构一直是学校、学院专业建设的一项重要任务。要建设合理的专业结构，就必须处理好长线专业与短线专业、热门专业与冷门专业、传统专业与新兴专业的关系，及时淘汰一些陈旧、过时的专业，新上一些社会急需的新兴专业，以确保培养的人才"适销对路"。

（2）提高专业建设水平。加强专业建设是提高人才培养质量的关键。专业水平是一所学校、学院师资队伍水平、人才培养质量、专业装备水平的综合体现。高水平的专业一般具有以下特征：培养目标明确、具体，人才培养方案科学、合理，人才培养过程规范、完善，师资队伍素质好、水平高，教学条件好，设施精良，教学手段先进，毕业生就业率高，社会声誉好。

（三）专业建设与学科建设联系

学科建设和专业建设是高校发展中的两个核心部分，它们相互依存，但各有侧重。其中，学科建设更注重以知识为核心的学术研究，高校专业建设则更加聚焦于人才培养[①]。

（1）专业建设和学科建设可以共享人力、物力资源等。专业建设中的师资队伍建设和学科建设中的学术梯队建设的主体都是大学教师，在专业教学中，教师是某一专业教学计划内的教学工作者；在学科建设中，教师又是该学科领域的主要研究者和实践者。因此，加强专业建设，培养教学水平高、教学效果好的教学名师，一方面提高了教育教学质量、专业建设水平和人才培养质量；另一方面，促进了相关学科学术梯队的建设。学科建设通过学科梯队建设与科学研究工作，优化了学科学术队伍的构成，提高了教师的学术水平，科研反哺教学，也促进了一批教学名师的成长，提高了课程师资队伍整体水平的提高。在物力资源共享方面，学科实验室建设、研究基地建设通过资源共享能够改善相关专业、课程的实验条件。通过本科生及早参加教师科研项目，到学科实验室做实验，不仅能够培

---

① 槐福乐. 地方本科高校专业动态调整机制研究. 河北大学博士学位论文，2024.

养学生的实践创新能力，还为专业建设创造了一种学术氛围和探索研究环境。

（2）专业建设与学科建设相互促进。学科建设是龙头，专业建设是依托。专业建设是学科研究的助推器，它既要考虑到相关学科的建设，也要考虑到专业的社会适应性，还要不断地提高教育教学质量，进而提高人才培养的质量。学科建设和科学研究，促进了特定科学领域新知识的不断涌现，这些知识正是课程内容开发、课程教材建设的基础。学科知识的发展水平决定了专业建设课程开发与教材的建设水平。专业课程开发和教材建设，及时固化了教师科学研究中的一些前沿的科学成果，同时也促进教师加强对教材体系内学科的一些新问题的研究，为发展新的学科方向、开拓新的学科研究领域提供了可能。同时，科学研究还可以促进师生交流，为提高学生的创新与实践能力提供平台，形成办学特色与优势，提高人才培养质量。

（3）专业建设与学科建设具有人才培养的共同职能。人才培养是专业建设出发点和归宿。专业的本科人才培养为学科建设的研究生人才培养提供了优质生源。同时，这些人才通过参与科学研究进入相关学科，为相关学科的发展提供了智力支撑。学科最初就是为人才培养设立的，学科发展中高水平的师资队伍、教学与研究基地，包括学科发展最新成果的课程教学内容等建设，与专业建设、人才培养有着密切联系。

（四）专业建设与学科建设区别

（1）任务、目标不同。专业作为培养人才的教学活动平台，任务是制定符合社会需要的专业人才培养目标与培养方案，目标是培养符合社会需要的本科高级专门人才。学科是学术活动的平台，其核心任务是知识的发展和创新，并把这种知识系统化、理论化，其目标是取得高水平的学术研究成果和培养具有创新能力的学科人才。

（2）工作重点不同。专业的形成和发展遵循教育必须培养出适应及促进政治、经济发展所需人才的原则。因此，专业建设依据社会分工和人才培养的内在规律，根据专业人才培养目标与培养方案，采取必要的措施和手段，以建成一批精品专业、精品课程、精品教材为重点，培养符合社会需要的各类高级专门人才。学科的形成发展遵循的是科学研究的内在规律，重点是知识的发展和创新。因此，学科建设就是各个学校、学院根据自身的实际，采取若干措施和手段，以建成若干博士学位授权点、硕士学位授权点为重点，促进学科发展和提高学科水平，取得高水平的科研成果，培养创新人才。

（3）管理模式不同。专业建设遵循人才培养的基本规律，行政权力与学术权力并重的特点鲜明。因此，在组织建设和管理上强调学术权力和行政权力并重，专业设置、专业发展目标、专业建设任务由教务处和各级学术权力机构共同研究决定。学科建设则遵循学科发展的基本规律，组织建设和管理偏重学术权力。在组织建设上，通过设置研究所、建立学术团队等组织机构来进行学科组织管理，确认学科发展方向，在科研管理上，主要通过项目负责人制进行管理。

三、特色专业

"特色"，依照《现代汉语词典》的解释，是指事物所表现出来的独特的色彩、风格等[1]。经引申，特色的"特"意为"独特"或"杰出"，是指一事物与其他事物的本质区别；特色的"色"意为"出色"，在这里更多地体现为事物的质量与品质。故，"特色"具有三层不同的含义：一是人无我有，表现出独特性和个性；二是人有我优，表现出优越性和杰出性；三是人优我新，表现出创新性和开拓性[2]。任何特色的形成，都有一个积累和发展的过程。特色应能长期地显示、保持和发展，并能经受得住时间的检验，成为学校独特性的传统，具有较深的社会影响，它标志着教育个性的定型和成就[3]。

特色专业，是指在高校办学过程和专业建设过程中，其办学理念、培养模式、人才培养目标、专业教学内容及教学手段等方面具有明显特色，培养的学生具备比一般专业人才更为突出的综合能力，有独立个性的人才培养方案、较高社会声誉与较大社会影响，能够被社会和公众接受、认可的专业。具体地说，特色专业指办学条件、建设水平、教学管理、教学改革成果和人才培养质量等在国内外达到较高水平，或者在国内外具有影响和知名度的专业，具有人无我有、人有我优、人优我新等特征[4]。

特色专业是学校、学院发展的灵魂，是区别于他校、他院的鲜明办学亮点。有了特色专业，学院才能够在市场上占据稳定的份额，确立不败的地位，才能够健康发展；没有特色专业，学院在教育领域就会缺乏竞争力，毕业生的高质量就业率就无法得到充分的保障，学院的发展也会难以为继。

---

[1] 中国社会科学院语言研究所词典编辑室. 现代汉语词典. 7版. 北京：商务印书馆，2016：1281.
[2] 陈兰林，李忆华. 浅析高校特色专业建设的原则. 西北医学教育，2005（3）：249-257.
[3] 张金贵，宁宣熙. 论品牌（特色）专业与高校核心竞争力. 经济师，2005（8）：8-9.
[4] 陆为群. 地方高校品牌特色专业的打造. 南通大学学报，2006（4）：29-31.

四、一流专业

"一流专业"的定义在学术界还有争议，诸多观点尚在讨论之中。沈红指出，"一流"既是一个纵向的概念，英文为 first-class，也是最好的那一个层次。这个一流的层次包含的不是唯一的概念，当然更不是很多的概念，这是一个极少数优秀的概念。同时，"一流"又是一个横向的概念，是存在于一定范围之内的。比如世界一流、区域一流以及国家一流[①]。廖祥忠和谭笑认为，一流专业必然是特色专业，是具有优势，凝聚特色的专业。具有"小而精""小而特"的特点[②]。

关于一流专业的建设，刘炯天认为，一流建设的本质是内涵建设。不论是助推中国梦、教育强国的转变，还是支撑地方经济社会发展，归根结底都要落实在大学的内涵建设上[③]。陈治亚强调，一流专业的建设，是为国家、行业和区域培养一流人才，同时也是高校创办人民满意的高等教育、建设高等教育强国、参与创新型国家建设应承担的时代责任[④]。廖祥忠和谭笑认为，不论是入选"双一流"高校还是未入选的高校，建设一流专业都是各层次高校在面临"双一流"的大机遇之下的共同强力抓手。特别是未入选"双一流"的高校，若能在一流专业建设上下足功夫，特色发展，将为学校迈向"双一流"赢得机会。同时，他们还强调一流专业的建设并非朝夕之功，需要花大力气，下真功夫。各高校应着重处理好取舍关系，不可贪大求全，也不可面面俱到，要集中优势和资源，逐个打造一流专业[⑤]。

五、专业建设的目的和意义

（一）专业建设是教学改革的重要抓手

专业是学院人才培养工作的具体实施的载体，学生的专业知识、素质和能力的构建都是通过专业学习来完成的，因此，涉及专业建设的课程标准、师资队伍、教学模式、实践基地等主要内容的建设质量，势必影响人才培养的质量。专业建设是本科教学的基础，没有良好的专业建设，高质量的本科教育就无从谈起，也可以说，学校就成了科研院所。专业建设与进一步加强教学教研工作不冲

① 沈红. "双一流"：是什么、为什么建、怎么建. 教育经济评论, 2017 (4): 11-14.
② 廖祥忠, 谭笑. "一流专业"群：争创"双一流"的核心竞争力. 中国高等教育, 2018 (9): 43-45.
③ 刘炯天. 努力服务区域发展, 扎实推进一流建设. 中国高等教育, 2017 (19): 28-29.
④ 陈治亚. 高水平行业高校建设一流专业的思考. 中国高校科技, 2017 (6): 4-6.
⑤ 廖祥忠, 谭笑. "一流专业"群：争创"双一流"的核心竞争力. 中国高等教育, 2018 (9): 43-45.

突、不矛盾，是"本科教育是立校之本"①思想的一脉相承和具体体现，是落实建设教学研究型大学的发展目标的具体体现。

当今社会飞速发展，行业此消彼长，要培养社会所需要的合格人才，学院就必须适时依据社会和行业所需进行专业调整与建设。培养有就业前景的、能够胜任行业发展所需的专业人才，就需要从培养环节打通就业大门，生产社会所需的合格人才产品，实现产销一条龙。目前，总体而言，高校的人才培养工作基本能体现对学生知识、能力、素质的培养，但深入研究后就会发现，在培养和教育方面还存在许多问题，例如：教学模式如何更符合创新人才培养的规律；专业理论知识的学习，是否符合专业实际的要求；在能力培养方面，专业技能培养和创新能力培养如何相结合等。这些问题都是教学改革深层次问题，只有通过专业内涵建设才能解决。

（二）专业建设是学院办学特色的集中体现

一所学院有名气，通常在于它有特色专业、优势学科和一流的师资，这些特色和优势的形成与学院的办学历史、文化积淀、科研成果以及能够为社会输送优秀的人才是密不可分的。我们提到一所大学、学院，常会讲它的哪个专业强，哪个专业的教师有名气，这说明专业办得如何，对院校特色的形成有很大影响。专业建设的成就不仅关系到专业人才培养目标的实现，而且对学院的办学特色产生重大影响。

专业建设是学院内涵建设工作的深化和持续，既是学院内涵建设的重要组成部分，也是实现学院可持续发展的必然选择。在诸多内涵建设工作中，将专业建设作为学院的中心工作，不仅表明专业建设的基础性和重要性，还表明专业建设存在的问题具有关键性和紧迫性。因此，进一步加强专业建设，巩固现有成果，深化专业改革，既可以提高人才培养的质量和强化专业特色，也可以为学院的特色增添新的亮点，为学院的可持续发展提供保障。

（三）专业建设是人才培养质量的根本保障

生源质量对人才培养质量具有重要影响。目前，我国高等教育已进入普及化教育阶段，学生对学校的选择越来越多。学生是学校的生命源泉，好专业是吸引学生的关键，学生报考大学的目的通常是读一个好专业。在专业建设中，不断淘

① 李诺奇. 地方本科院校工科一流专业建设策略研究. 东北石油大学硕士学位论文, 2023.

汰落后专业，打造学校的品牌专业和特色专业，是招生中生源竞争的关键所在。

专业建设是一个系统工程，涉及教学、科研、管理等方方面面，专业建设的水平和质量直接影响着人才培养的水平及质量。因此，按照高等教育的特点和规律，进一步深化专业建设和改革，把专业做强、做精，把专业建设提高到一个新的水平，人才培养的质量才能上一个新的台阶，从而有根本保障，教学的内涵建设才会有新的突破。

第二节　学院专业建设的原则与要素

一、学院专业建设的原则

（一）需求导向

在市场经济背景下，我国大学生就业基本上走向市场。学生和用人单位之间实行"双向选择"，毕业生的一次就业率已经成了评价学院教学质量和综合竞争力的重要标志。要提高就业率和实现高质量就业，学院办学就必须瞄准社会、市场对人才的需求，专业建设也必须以社会、市场为导向，重视产业结构调整的趋势，培养社会、市场需要的专业人才[①]。

（二）突出特色

世界一流大学也不是所有的专业都是一流的，也是在某一专业上有自己的特色，有的以文科特色见长，有的以工科优势闻名，还有的理科方向著称。教育部"双万计划"面向各类高校，鼓励分类发展、特色发展。因此，专业建设不能贪多求全，应各具特色。学院要在市场导向的基础上，根据自身的办学条件和发展潜能，坚持有所为有所不为，集中力量重点建设专业的某一特色，并和其他高校的同一专业保持一定的差异，形成自身的专业特色。

（三）重点突破

特色专业是高校人才培养质量、教学水平和办学特色的集中体现和重要载体，是形成学院办学特色的最基本要素，在一定程度上影响着学院的办学类型和学科发展定位，决定着学院人才培养的学科领域和行业方向。因此，学院要首先

---

① 刘彬让. 试论高等学校对特色专业建设. 高等农业教育，2008（3）：56-58.

认真分析自身的比较优势，采取差异化发展策略，即根据专业办学历史、现有条件和发展潜能，做好特色专业的筛选工作，把那些社会需求旺盛、师资队伍结构优良、学术研究氛围浓郁、生源与就业前景良好、人才培养质量和社会声誉高、专业建设基础厚和发展后劲足、具有较强竞争力的专业作为特色专业来建设，不搞平均主义，优化办学资源配置，集中力量重点发展特色专业，积极探索专业人才培养规律，使特色专业成为学院教学改革的实验区，成为推进教育创新、培养创新型人才的示范工程，并通过特色专业的建设带动相关专业的建设和发展，达到扶强带弱的目的，提升专业建设的整体水平。

（四）协调发展

学院要以特色专业建设为契机，结合既有优势及潜在优势，适时调整专业结构及特色专业建设的方向，优化人才培养方案与模式，赋予原有专业新的内涵和更优的品质，并创造条件发展出一批新兴品牌、特色专业，以不断提高专业的办学水平和竞争力，形成可持续发展的专业结构。

特色专业建设还要坚持与时俱进。特色专业建设是我国高等教育教学改革的一项新内容，其本身具有探索性、创新性，加上院校各自内外部条件不同，更无先例可循，因此，学院在教育观念、培养模式和评价标准等方面，不能因循守旧，要锐意改革，大胆创新，凸显专业建设的独特个性和特色。

（五）服务社会

服务社会，服务地方经济建设，是地方高校的基本职能，也是高校自身建设与发展的一条有效途径，地方经济建设与高校特色专业建设紧密结合是一个双赢选择。特色专业建设与地方经济发展是相互影响的，对各自的发展都起着重要的促进作用。因此，地方高校学院要依托和面向地方经济建设，面向经济主战场，在服务地方经济发展的同时，促进特色专业的建设和发展。

二、学院专业建设的要素

（一）人才培养目标

专业的人才培养目标是各个专业基于学校人才培养总体目标定位，结合社会实际需求、自身特点与现有条件而确立的，为专业建设其他工作的开展提供了基本遵循。具体而言，高校专业建设需要以最新的国家政策（诸如新工科、新医科、新农科、新文科建设）为指引，积极对接地方主要产业，结合学校人才培养总体定位，明确各专业希望培养的人才的类型和层次，其所应具备的知识、能力与素质，其未来的就业面向与范畴、专业的特色等，为后续课程设计、教师队伍建设、实践基地建设等提供指引。

专业定位要明确。服务面向要清晰，要适应国家和区域经济社会发展需要，符合学校发展定位和办学方向。培养目标内容要明确清晰，毕业要求能够支撑培养目标，并能够在人才培养全过程中分解落实。专业办学特色要鲜明，在本行业、本区域，办学优势要明显、突出。

（二）课程设置

课程是人才培养的主要载体，也是专业建设的核心内容。课程虽是教育最微观的问题，但解决的是教育的最根本问题。课程是中国大学带有普遍性的短板、瓶颈、关键问题。课程是"以学生为中心"理念的"最后一公里"。课程是落实"立德树人成效"根本标准的具体化、操作化①，关乎人才培养目标的实现以及专业建设的实际成效。

当前，我国各高校坚持人文教育和科学教育相结合，宽口径专业教育与个性化培养相结合，课程设置大体上遵循"三类课程组合模式"，即公共基础课程、学科基础课程、专业课程。公共基础课程是学生接受全面素质教育所必需的基础知识，不同高校和专业的差别甚微；学科基础课程由于不同高校相同专业所依托的学科基础、学术水平和社会认可度等各不相同，专业特色差异较大，是体现专业厚基础、宽口径的重点；专业课程是专业知识和技能训练课程，是根据社会需求设置的。

2019年10月出台的《教育部关于一流本科课程建设的实施意见》明确提出，"树立课程建设新理念，推进课程改革创新，实施科学课程评价，严格课程管理，立起教授上课、消灭'水课'、取消'清考'等硬规矩""形成多类型、多样化的教学内容与课程体系"。其目的是通过提高课程质量提升大学的人才培养质量。因此，学院在专业课程设置时，需要基于专业人才培养目标与定位，充分考虑当前地方产业、行业对人才所应具备的专业知识和技能的需求，设计与之相匹配的课程体系，合理设置课程结构，尽可能体现专业特色；同时，也要体现面向学生的理念，开设创新创业相关课程，培育学生的创新思维和创造能力，并扩

---

① 吴岩. 做好课程思政这件大事、天大的事、伟大的事. 中国教育在线，2021-11-26.

大学生的课程选择范围，为学生的个性化成长创设环境。

课程设置要突出学生创新精神和实践能力培养这个关键，按照系统优化、知行统一、个性发展和可持续发展的原则，基于创新人才培养的整体目标，强化"三个突出"①。一要突出夯实基础。学院应按学科大类培养，打通基础平台，整合优化平台课程体系与教学内容，强化学科基础和公共基础课程教学质量，增强发展后劲。二要突出专业主干课程。学院应按照专业人才的核心要求，形成"强大的"专业主干课程体系。柔性设置专业方向，增加选修课程数量和比例，鼓励学生根据自己兴趣和特长，做到"术业有专攻"，实现个性化培养。学院应设立和完善研究方法课程群，帮助学生构建知识体系和活的整体概念、学科研究方法；通过开设前沿课程、特色课程，及时将相关行业的新科技、新理念等学科前沿内容引入课程，促进学生在现代化、国际化视野下发展自我。三要突出实践环节。学院应在进一步整合优化实践教学体系的基础上，将基础性、提高性、综合性三个层次大学生创新试验计划项目固化到培养方案中，系统地进行科学研究训练，培养学生实践能力和初步的科学研究能力。课程设置要洞察学科发展前沿与发展动向，体现社会对本专业人才需求的动向，注重前瞻性和专业特色鲜明性的有机结合，为培养厚基础、宽口径的人才服务。

（三）教育教学改革

教学是人才培养的核心环节，开展教学建设、实施教育教学改革是推进专业建设、提高人才培养质量的重要手段。

1. 教育理念

学院要转变观念，更新教育教学理念。牢固树立"三个不合格"理念，竖起"高压线"，不抓本科教育的高校不是合格的高校，不重视本科教育的书记校长不是合格的书记校长，不参与本科教学的教授不是合格的教授。推动课程思政的理念形成广泛共识，构建全员全程全方位育人大格局。确立学生中心、产出导向、持续改进的理念，提升课程的高阶性，突出课程的创新性，增加课程的挑战度。

2. 课程建设

学院要依据高校办学定位和人才培养目标定位，应建设适应创新型、复合型、应用型人才培养需要的一流本科课程，实现不同类型高校一流本科课程建设

---

① 王玉霞. 高校品牌特色专业建设研究. 扬州大学硕士学位论文，2009.

全覆盖。重视特色课程建设，实现一流本科课程多样化。

（1）提升课程目标。课程目标要坚持知识、能力、素质有机融合，重点培养学生解决复杂问题的综合能力和高阶思维。

（2）更新课程内容。课程内容要强调广度和深度，突破习惯性认知模式，培养学生深度分析、大胆质疑、勇于创新的精神和能力。教学内容要体现前沿性与时代性，及时淘汰陈旧落后或者远远脱离生活生产实际的教学内容，及时将学术研究、科技发展前沿成果引入课程。

（3）改革教学方法。学院要以提升教学效果为目的创新教学方法，教学方法要体现前沿性与时代性；强化课堂设计，解决好怎么讲好课的问题，杜绝单纯的知识传递、忽视能力素质培养的现象；强化现代信息技术与教育教学深度融合，解决好教与学模式创新的问题，杜绝信息技术应用的简单化、形式化；强化师生互动、生生互动，解决好创新性、批判性思维培养的问题，杜绝教师满堂灌、学生被动听的现象。

（4）优化评价制度。学院要以激发学生学习动力和专业志趣为着力点，完善过程评价制度。加强对学生课堂内外、线上线下学习的评价，强化对学生阅读量和阅读能力的考查，扩大课程学习的广度；加强研究型、项目式学习，丰富探究式、论文式、报告答辩式等作业评价方式，提升课程学习的深度。加强非标准化、综合性等评价，增强课程学习的挑战性。"双一流"建设高校、部省合建高校要扩大学生课程学习选择面，加大课程难度与挑战度。

3. 教材建设

2019年12月，教育部印发的《普通高等学校教材管理办法》明确提出，高校教材必须体现党和国家意志，把教材建设作为高校学科专业建设、教学质量、人才培养的重要内容，纳入"双一流"建设和考核的重要指标，纳入高校党建和思想政治工作考核评估体系。学校要高度重视课程教材建设，要建立优秀教材编写激励保障机制，给予政策和资金支持，将教材编写工作纳入单位工作量考核，作为职务评聘、评先评优、岗位晋升的重要指标。学院应组织知名专家教授编写有学科特色、行业特点的规划教材，着力打造精品教材。学院要优先选用国家和省级规划教材、精品教材及获得省部级以上奖励的优秀教材。

4. 课程思政

课程思政影响乃至决定着接班人问题，影响着国家的长治久安、民族复兴和国家崛起。课程思政是贯彻落实习近平总书记重要讲话精神的应有之义，是落实立德树人根本任务的战略举措，是全面提高人才培养质量的重要任务。目前，课程思政还存在以下三大问题：教学实践中还存在"表面化""硬融入"的问题，教师深入挖掘课程所蕴含的思想政治教育资源不够，教师课程思政育人意识和能力需要进一步提升①。学院要高度重视课程思政工作，坚持"坚定学生理想信念、爱党、爱国、爱社会主义、爱人民、爱集体"这一主线，突出"习近平新时代中国特色社会主义思想、社会主义核心价值观、中华优秀传统文化、宪法法治、职业理想和职业道德"五个重点②，坚持党委统一领导，党政齐抓共管，教务部门牵头，相关部门联动，院系落实推进，使课程思政全覆盖，使思政工作落地见效。

（四）师资队伍建设

师资队伍是专业建设的重要保障，各专业必须承担起以"金师"培养为导向的师资队伍建设重任，并充分发挥"金师"的引领作用。

1. 锻造中国"金师"

教育部副部长吴岩指出，"教师是人才培养的决定力量，要锻造中国'金师'"③。从高校的发展来看，有了"金师"，就会有重点学科、重点专业、重点课程，学校就会有品牌和名气，能办出特色和优势，对学生的吸引力会增强。"金师"从事本科教学，以三尺讲台为根基，直接面向本、专科生传授知识，对夯实本专科生的理论基础、培养其创新精神、发展其实践能力意义非凡。

习近平总书记强调，"教师要成为大先生，做学生为学、为事、为人的示范，促进学生成长为全面发展的人"④。"做好教师，就要执着于教书育人，有热爱教育的定力、淡泊名利的坚守，就要有理想信念、有道德情操、有扎实学识、有仁爱之心。"⑤习近平总书记的重要讲话精神和指示批示为高校师资队伍建设提供了理论指导和实践遵循。

吴岩副部长强调，"金师"具有四大条件：政治素质强、教育站位高、国际

① 吴岩. 做好课程思政这件大事、天大的事、伟大的事. 中国教育在线, 2021-11-26.
② 吴岩. 全面推进高校课程思政高质量建设. (2021-11-26). https://www.eol.cn/news/yaowen/202111/t20211126-2179306.shtml.
③ 吴岩. 打造"金专""金课"，锻造中国"金师". 中国青年报, 2022-08-08.
④ 习近平. 在清华大学考察时的讲话（2021.4.19）. (2023-09-10). http://www.chinanews.com.cn/gn/2023/09-10/10075173.shtml.
⑤ 习近平. 看望参加全国政协十三届四次会议的医药卫生界、教育界委员时的讲话. (2021-03-06). http://www.chinanews.com.cn/gn/2023/09-10/10075173.shtml.

视野宽、五术要求精。①政治素质强，就是要学深悟透习近平总书记教育重要论述，深刻把握总书记对高等教育的要求、对高校发展的要求，以及对教师的期望和要求。②教育站位高，就是要把握高等教育发展新阶段（普及化）、锚定高等教育发展新目标（高质量）、落实立德树人新要求（课程思政）、把握高等教育培养新范式（"四新"）、聚焦高等教育教学新基建（专业、课程、教材、技术）。③国际视野宽，广大教师要深切关注和研究世界高等教育发展趋势，在国际视野中精准把握中国高等教育发展。④五术要求精：道术要精，要有大境界、大胸怀、大格局；学术要精，要学科深厚、专业精湛；技术要精，要育人水平高超、方法技术娴熟；艺术要精，要有滋有味、有情有义；仁术要精，要坚守仁心仁术、以爱育爱①。

在师资队伍建设中，学院要以锻造"金师"为重点，以培养骨干教师和专业带头人为重点，建设学历结构、职称结构和专业结构合理的高水平师资队伍。

（1）积极培养和引进"金师"。学院要加大对"金师"的锻造和引进力度，尤其是要加大对科研水平高的中青年教师的培养。让更多的"金师"给本科生上课，特别是基础课，加强对"金师"教学经验与资源的总结、研究和推广，不断提高学院教师的教学水平。

（2）大力培训青年教师。学院应通过规范管理，加强青年教师的教学工作培训，尽快提升青年教师的教学水平，确保教学质量；支持在职教师外出进修，提高学历层次。

（3）专兼职教师相结合。学院要聘任全国知名的专家为兼职教师，开阔学生的视野，加快建设兼有教师资格和其他专业技术职务的"双师型"教师队伍。

（4）充分发挥老教师的作用。学院应选聘部分学术造诣较深、教学经验丰富、教学效果突出的老教师作为青年教师的指导教师，充分发挥老教师在青年教师培养和人才培养中的作用，为本科教学和人才培养工作的可持续发展奠定坚实的基础。

（5）构建学习型教师团队。学院要把学习型教师团队建设作为一项系统工程来抓，并形成长效机制，强化教师自身的学习，不断提升教师的理论水平、求实创新精神和实践能力，及时更新教学理念、教育手段、教育方法，为提升学院的整体核心竞争力打下坚实基础。

---

① 吴岩. 打造"金专""金课"，锻造中国"金师". 中国青年报，2022-08-08.

2. 建立激励制度

学院应制定切实可行的激励制度，提高高级人才的待遇，吸引一流的大师和教师任教，并确立教师在学校中的核心地位。教师不再仅仅是传道、授业、解惑的教书匠，学院要积极鼓励教师参政议政，参与学校的管理，担任咨询、决策、执行和监督工作，为教师创造民主宽松的生活、工作空间，不断激发师资队伍的活力和创造力。学院应扩大学术自由空间，利用访问学者计划、国际研讨会、科研合作等渠道，加强国内外学术交流和科研合作，通过国内外学术交流活动，开阔教师视野，使其博采众长，接触新的资讯和新的学术流派，提高素养，增强教学和科研能力。

（五）实践能力培养

实验、实践教学对提高学生的综合素质、培养学生创新精神和实践能力具有特殊作用。目前，学院在专业建设中，普遍存在"重科研、轻教学""重理论知识传授、轻实践能力培养"的倾向，这直接影响到大学生的应用能力、实践能力，以及教育教学质量。

（1）加强专业实验室建设。学院要制定并实施与学科专业建设规划相配套的实验室建设规划，根据学科专业建设的要求，有计划、有重点、分步骤地建设一批设施齐全、装备先进、管理规范的专业实验室，不断完善实验条件，满足实践教学需要。

（2）改进实验教学。学院要注重实验教学内容与方法、实验考试方法改革，通过精选实验内容，为学生留有发展个性、开拓思维的空间；通过基础实验，培养学生科学实验的精神和方法，训练严格严谨的工作作风；通过开发综合性和设计性实验教学项目，以实验任务书取代实验指导书，增强学生自主学习的能力；采用实验室开放形式，做到内容开放、时间开放，学生自主选题，在教师指导下完成设计，以多种手段培养学生的实践创新能力。

（3）强化实验教学与科学研究的结合。学院要及早让本科生进入教师科研团队和专业实验室，让其参与教师科研攻关，并且较早地参与科学研究和创新活动。

（4）加强产学研结合。产学研结合是充分利用社会资源、培养高级专门人才的重要途径，是专业建设的重要措施。学院要通过企业参与人才培养方案的制定和实施，及时将行业发展对专业人才的需求情况反馈到教学环节中，使教学计划中的各个环节既符合教学规律又满足行业需求。企业要提供稳定的校外实习、实训基地，以及先进的设备、技术和工艺，使学生能够及时地学习和掌握先进的专业技术知识与技能，培养其综合运用理论知识解决实际问题的能力，充分发掘其创造潜能，培养其创业、创新精神和实践能力，进一步优化人才培养效果。通过产学研结合，生产一线的高层次人才能够参与到教学工作中，有利于培养"双师型"人才，加强教师队伍建设。同时，企业还可以为毕业生提供就业岗位。通过建立校企合作的有效机制，专业能够为行业、企业提供技术和服务，行业、企业参与到专业教学改革的全过程中，使专业建设更具时代感和前瞻性，真正实现校企互惠双赢。

（六）教学管理制度

学院的生存和发展最终体现在一流的教学质量上，没有一流的管理水平，就不可能有一流的教学质量。规范有序的管理是提高专业建设质量、促进专业形成自我发展和自我约束的良好运行机制的重要保证。

教学管理要以学生为主体、教师为主导，同时，要赋予院、系更大的专业建设和教学管理自主权，以保证专业有创新、有成效、有特色。

（1）加强教学管理队伍建设。教学管理者要改变传统的管理理念，做懂行的教学管理者；要以教师为本，以学生为本，凸显人性化，通过较为完善的政策和激励机制，激发师生的积极性和创造性，特别是通过有效管理，集合全校育人力量，形成提高教学质量的合力。

（2）完善教学督导制度。应建立校、院两级督导队伍。教务处负责完善教学督导制度工作，充实校级督导队伍，完善督导方法。学院要挑选业务能力强的教师担任督导员，全面加强学院教学督导工作。

（3）建立学生信息员制度。学院要建立学生信息员队伍，定期收集、处理、反馈、公布各种信息和意见。

（4）制定教学主要环节质量标准。院、系要经常开展教学检查工作，加强教学主要环节质量检查。每学期初做好检查计划，每学期末形成检查报告上报教务处。教务处要进行随机检查。

（5）改革教师教学质量评价方案。学院要加大教学质量评价方案改革力度，建立按照不同课程类别设置的评价指标体系，并依托网络实现全院实时教学质量评价。

（6）健全切实有效的教学质量保障和监控体系。学院要建立健全教学管理机制和运行机制，推进教风和师德建设；推进教学管理信息化，全面提升教学管理能力，向管理要质量，向管理要效益。

（7）及时反馈与调整。学院要定期进行专业建设主要环节、内容、活动的信息反馈与沟通，及时收集学生和用人单位的反馈意见和建议，监督专业人才培养目标的实现情况，及时修订培养方案和培养措施。

专业建设是一个持续性的、不断改进和提高的过程。建设一流专业需要很长时间，需要持续的全方位组织运作和长年累月的坚持，更需要一定数量的资金投入。同时，学院要建立一套科学的专业评价体系，以实现对专业的评定、反馈和预测，进而保证一流专业的建设成效和专业特色。

第三节　学院专业建设的策略

一、学院专业建设存在的主要问题

（一）人才培养理念不够先进

培养具有专业素质、能适合地方经济社会发展需要的一流人才，是地方高校专业建设的根本目的，也是其专业建设的效益追求。由于不同高校所处地区的人文环境、经济领域、产业类型和市场需求不同，其办学优势、办学实力、办学定位及办学水平也存在差别，其专业建设也是多层次、多样化的。一方面，一些院系在专业建设时，人才培养的目标定位不够准确，专业建设与本地区产业需求的契合度低，培养目标未能契合社会对新型人才培养目标达成的需求，以至于出现有些专业供大于求、有些专业却供不应求的问题，出现毕业生失业与岗位空缺并存的现象；另一方面，有些院系在专业设置上一味地参考或复制一些重点院校的设置和专业建设模式，未从学校的发展定位和建设基础出发，与办学条件和人才培养能力错位，好高骛远、脱离实际，导致一些人才需求量已处于饱和状态的专业进行重复性建设。

（二）专业设置同质化严重

部分高校，特别是一般本科院校，由于自身资源和条件所限，在特色专业设置中，与"双一流"等重点院校相比，其专业趋同现象严重。在专业设置和建设上，这些院校没有认真考虑自身的资源、生源条件、师资、经费支持等方面的差别，没有实施差别化办学，从学生培养方案到基本的课程体系设置、人才培养模式大都参考一些重点院校的做法，难以体现自身的优势和特色，且没有长期的专业建设理念，热衷于新上一些专业，希望通过新、特专业扩大招生，但由于其办学条件较差、师资力量匮乏，因此难以形成自身的优势和特色，在特色专业建设上仅仅是简单模仿别人，劳而无功，导致特色专业建设无特色①。

（三）师资队伍水平不高

一流专业建设离不开职称、年龄、学历、学缘结构合理的高水平的师资队伍，师资队伍建设已成为影响一流专业建设最为关键性的因素。教师的教学实践能力和科研创新能力对一流专业建设具有重要的影响及作用。对于学院而言，拥有知名教师通常是提升学术声誉和综合实力的重要因素。纵观世界高等教育史，许多顶尖大学通过汇聚学术大师形成学科优势。

地方高校在师资队伍建设中面临结构性困境：其一，地理位置的天然劣势导致人才虹吸效应明显，许多地方高校坐落在中小城市，交通不便，信息闭塞，地理位置的差异导致优秀的人才难以引进；其二，地方高校的资金短缺又导致自身培养的人才不稳定，师资队伍的质和量难以适应形式发展的要求。这种师资困境与专业建设需求之间的矛盾，在地方院校转型升级过程中尤为突出。

同时，现行评价体系进一步加剧了师资效能的失衡。重科研轻教学的现象突出，教师科研考核压力较大，疲于应对科研考核，教学动力不足，部分教师反映具有职业倦怠，难以投入精力进行教学改革和创新，对院系一流专业建设形成了较大制约。

（四）学科专业建设滞后

一流专业离不开一流学科、一流教师、一流课程、一流教材，学科建设和课程建设对一流专业影响巨大。

学院办学水平的标志是学科建设水平，学院人才培养质量和水平的标志则是专业建设水平，学科建设有效地支撑了专业建设。学科的学术梯队建设可以培养大批学术水平高和教学水平高的学科领军团队，促进一批教学名师和学术骨干的成长，从而提高课程师资队伍的教学水平和科研能力。学科的方向建设和科学研究，使教师能够对特定科学领域的新知识进行探索，是专业建设中课程开发、教

---

① 闫俊周. 高校特色专业建设的问题及对策. 平顶山学院学报，2013（1）：118-120.

材建设、教学方法改进的基础。高水平的学科基地为学生的课程设计、生产实习、毕业论文（设计）等提供了良好的实习实践平台。另外，学科建设中的学术氛围建设可以带动学校的教风和学风建设。校院学科建设滞后，导致建设水平不高，进而严重影响一流专业的建设水平。

课程是校院为实现其人才培养目标而设立的学科总和及其进程安排，是推动本科教学改革的根本着力点。科学合理的课程设置、明确的课程目标以及课程内容可以有效支撑课程目标的实现，课程实施与课程评价符合规范是保障人才培养质量的前提。一些院系课程设置得不合理，实践教学课程比例偏低，难以有效支撑应用型人才培养目标的实现。一些院系"以本为本"的理念还没有落到实处，对教学的激励政策不到位，仍有部分教师没有及时改进教学态度、教学方式方法、教学内容等方面，没有想方设法激发学生对学习的兴趣，课程教学质量还没有得到实质性提高。还有一些学院对教材建设重视不够，没有参编高质量的规划教材，选用一流教材的比例偏低。

（五）产学研融合不够深入

近年来，我国高等教育经历了由校企合作到产教融合再到产学研融合协同育人的不断发展和深入推进，对解决高校人才培养的供需错位、服务能力逐渐弱化以及人才培养中出现的创新意识、解决实际问题能力弱等问题起到了巨大的推动作用，已积累了丰富的经验，产生了一定的效果和影响。但在实际工作中，首先，一些院系对产学研融合的理解还不够全面，简单地认为产学研融合就是校企合作，把产学研融合仅仅当成有效完成实习实践的一个工作方式，未能认识到产学研融合、协同育人对提高人才培养质量的重要推动作用。其次，企业对产学研融合的认识不足。企业往往只重视科研合作和自身效益而忽视产学研融合协同育人，真正接收学生顶岗实习的企业较少，双向互聘机制运行还不通畅。最后，产学研三方未能将各自在产品开发、科研项目、研究生培养等方面的优势移植到本科生培养、教师发展和企业员工技术提升中，没有形成三方互动互赢的局面。

（六）支持保障力度不到位

良好的实验和实习基地条件、充足的图书资料，是实现专业培养目标、保证人才培养质量、提高学生实践动手能力、增加学生知识储备的重要保证。充足、持续的支持与保障在一流本科专业建设工作中起着稳定全局的作用，对专业建设的硬件建设具有十分重要的影响。受区域经济发展的影响，各地政府对当地高校的教育投入差异较大，中西部地方高校的建设经费相对有限，且主要集中在建设部分优势学科上，导致其非优势学科的建设投入长期不足。经费投入不足将直接制约专业建设发展，具体表现为师资队伍薄弱，科研平台缺失，实验设备不完善，实习基地缺乏，图书资料不充足，这些直接影响新办专业的人才培养质量。

（七）评价机制不够完善

教师教学评价工作，既是对教学质量进行宏观管理的重要手段，也是对教师教学过程进行检查的有效措施。客观、公正的教学评价机制，不但可以使教育管理者更好地了解教学状态，有效地实施教学管理，而且能够帮助教师发现和诊断教学工作中存在的问题，为教师自身的发展和改进教学提供具体的反馈信息，能够督促教师增加教学投入，改进教学方法，进而对提高教学质量具有重要的现实意义。教学评价主要包括实施教学督导制度、教学例会制度、听课制度、学生教学信息员制度、学生代表座谈会、教师代表座谈会、课堂教学评价、常规教学检查等内容。

由于我国教学评价工作起步较晚，加上学院自身的原因，其教师教学评价工作存在一些问题，具体表现为：评价工作局限于期末学生评教、教学督导等，评教工作缺乏连续性，没有形成完整的体系；用于评价的量化或定性指标缺乏科学性，有的过于笼统，不易把握。此外，一些学院还存在机构不健全、评价方式单一等问题。

二、学院专业建设的思路

《教育部办公厅关于实施一流本科专业建设"双万计划"的通知》（简称"双万计划"）中，规定了一流本科专业的申报条件，共有 5 条，分别是：专业定位明确，服务面向清晰，适应国家和区域经济社会发展需要，符合学校发展定位和办学方向；专业管理规范，切实落实本科专业国家标准要求，人才培养方案科学合理，教育教学管理规范有序，近三年未出现重大安全责任事故；改革成效突出，持续深化教育教学改革，教育理念先进，教学内容更新及时，方法手段不断创新，以新理念、新形态、新方法引领带动新工科、新医科、新农科、新文科建设；师资力量雄厚，不断加强师资队伍和基层教学组织建设，教育教学研究活动广泛开展，专业教学团队结构合理、整体素质水平高；培养质量一流，坚持以学生为中心，促进学生全面发展，有效激发学生学习兴趣和潜能，增强创新精神、实践能力和社会责任感，毕业生行业认可度高、社会整体评价好。

国家相关的顶层制度设计为一流本科专业的建设指明了基本方向。它要求基于整体思维和关系思维，关注本科专业建设的各方面要素，保证通过一个建设期，使该专业建设点的人才培养质量有显著提升。当然，整体优化的思路，并不意味着一流本科专业建设点要在各个专业要素上均衡发力，不同出身、具有不同办学定位的一流本科专业建设点，应从自身实际情况出发在某些方向上形成自己的合力和优势。具体而言，应侧重把握好以下四个方面①。

（一）明确"一个中心"

"一个中心"就是以本科专业所培养的人才的品质和规格为中心。专业建设的要素很多，专业的人才培养目标和定位是专业建设的灵魂所在，对其他专业要素发挥着引领作用，要求专业的其他要素都围绕人才培养的目标和定位来构建及优化。因此，专业建设首先要严谨、准确、慎重地确立自己专业所培养的人才的品质和规格；其次要充分发挥学科专家、骨干教师、对应行业人士等核心利益相关者在人才培养目标优化中的作用，要多样化地开展区域人才培养需求调研，科学预测本专业人才培养的走向，要弄清自己的家底，促使专业培养目标能建立在本专业办学实际和办学优势的基础之上；最后，在培养目标制定过程中，还要处理好传承与创新的关系、当前对应行业人才培养的需要和未来行业人才培养需要之间的关系。

（二）把握"两个方向"

"双万计划"在申报和遴选一流本科专业建设点时明确指出，要分部属高校和地方高校两类建设国家一流本科专业，鼓励把握学术型与应用型两类建设方向，分类发展，特色发展。一流本科专业建设到底是学术型还是应用型，既取决于该专业的学科性质和办学实际，又受制于该专业所在高校的发展定位。

首先，从专业自身特性来看，许多工学、医学、农学专业以应用见长，直接对应的是相关行业的技术岗位，自然应以应用型为建设思路；有些专业，如文史类专业，原本就是学术偏向的研究型专业，自然应坚持学术型的发展取向。

其次，从专业所在高校的定位来看，部属高校为研究型大学，其一流本科专

---

① 梅雪. 一流本科专业建设：何去何从. 江苏高教，2021（8）：66-71.

业建设可以学术型思路为主导，当然也不排除少数专业依据自身实际情况，把培养应用型人才作为主打方向。地方高校的一流本科专业建设，则应该把应用型作为建设的主导路径。当然，也不排除部分地方高校的一流本科专业因人才集聚和办学优势明显，可以选择学术型的发展定位。

（三）实现"三个突破"

（1）专业保障制度的突破。地方教育行政部门和高校要围绕一流专业建设的目标指向，秉持不同专业错位发展的原则，在适当控制与压缩现有专业数量、保障所有专业基本建设经费的前提下，集中办学资源，为一流专业建设提供充足的经费保障，优先发展学校的优势专业，对本校的一流专业建设点给予重点扶持，将其办成学校的专业品牌和特色产品，杜绝"撒胡椒面"式平均分配资源；要切实解决院系重科研轻教学、重数量轻内涵的倾向，切实改变现有的评价考核机制，形成学校、学院重专业建设、重教学工作的浓郁氛围。从一流本科专业建设的视角出发，无论是哪一层级的评价考核，均应重视专业绩效与教学绩效的考评，大力提高专业建设与教学工作在绩效考核中的占比，高度关注专业内涵建设的成果和效果。

（2）专业教师队伍建设的突破。专业建设的最大制约是教师，一流本科专业建设首先要推动教师的转型与发展。一流专业需要具有从事教学工作的良好态度、敬业精神和主动作为的优秀教师。因此，院系要想方设法推动教师的分层分类发展，鼓励一批教师静心研究教学问题，鼓励一批热爱教学工作的教师安心从事教学工作；建立教学激励机制，让广大教师相信，潜心教学不仅能取得突出业绩，还具有与科研同等获得职称晋升与专业发展的机会。

（3）专业教学条件的突破。目前，新工科、新农科、新医科、新文科等对专业实验实训条件的要求都非常高。因此，院系要摒弃"空手"办专业的传统思想，从传统的重视科研仪器设备投入转向重视改善教学实验实训条件；要紧盯专业认证中有关教学条件的指标体系，在确保达到底线要求的前提下，力争根据自身的人才培养特点，建设一批高标准、高质量的教学实验实训平台。

（四）打造"四类特色"

在一流本科专业建设过程中，尽力避免"千校一面"的办学模式，要坚持"人无我有、人有我优、人优我新"的建设思路，努力打造本专业的优势和特色。特色就是学院根据自己的优势与特点，逐步形成不同于其他院系的独特教育模式。

（1）培养目标的特色。一流本科专业应具有明显的服务区域经济社会发展需求的特点，尤其是地方性大学，更应该立足于为区域社会经济发展培养卓越人才的理念，通过广泛的需求调研，确定适应性与前瞻性有机结合的人才培养目标，从人才定位、职业特征、能力特征等方面构建和充实本专业人才培养目标的基本要素。

（2）实践能力与创新能力培养的特色。一流本科专业建设要强调"能力为本"，不同一流本科建设专业，其人才的培养目标有所不同，对实践能力和创新能力的要求也应该有所侧重。因此，相关专业要努力形成相应的教学特色和文化特色，努力营造良好的创新教学实践环境，积极探索学生实践能力与创新能力发展的途径和方式。

（3）教学资源应用与开发的特色。一流本科专业建设要坚持适切性的原则，以区域应用型人才或学术型人才的培养目标为导向，积极推动校本课程与校本教材的开发和运用，重视发挥信息技术、人工智能在教学资源应用与开发中的作用，强化基于本专业需要的课程资源库和案例库建设。

（4）专业人才培养的研究特色。研究本科专业的教学问题，不仅仅是教育研究工作者的分内之事，更应该成为一流专业建设所有专业教师的重要职责。本专业的教师最了解本专业的优势、特点和存在的问题，他们对本专业的学生如何发展、如何成长也最有发言权。学院要切实加大对专业教育教学改革的研究，鼓励一批教师去主动研究人的培养问题，教育教学的难点、痛点、堵点的改革问题，以及研究的深入推进，才有利于教学质量的提高和人才培养特色的形成。

三、学院专业建设的具体策略

（一）更新专业建设理念

一流本科专业建设，要坚持以人才培养质量为导向，以学生卓越体验为引领，实现三个理念的转变，即教学内容由"教什么"转变为"学什么"，教学方法由"怎么教"转变为"怎么学"，教学评价由"教得怎么样"转变为"学得怎么样"。具体而言，在教学内容上，要将课堂教学目标由传授知识拓展为培养学生知识、能力和人格的协调发展，强调学生的个性化成长和全面成长；在教学方法上，要将灌输式教育升级为研究性教学、实践性教学、探究式教学等多种新型教学方式，强调从"有效教学"到"卓越教学"的升华；在教学评价上，要从结果性评价转向过程性评价，从单维评价转向多维评价，从静态评价转向动态评价，从量化评价转向画像评价。一流本科专业建设，要聚焦其社会服务职能的需求导向性、形式多样性和履职有效性等特点，深化供给侧结构性改革，从国家战略需要、区域经济社会发展需要、学生成长成才需要等角度出发，实施"育人质量工程"，把人才培养质量作为专业建设的出发点、发力点和落脚点[①]。

（二）优化调整专业结构

高等教育人才自主培养质量以及服务国家和区域经济社会发展能力的高低，首先体现在学科专业的结构和质量上。国家高度重视学科专业设置工作，强调要优化同新发展格局相适应的教育结构、学科专业结构、人才培养结构[②]。

2023 年，我国高等教育毛入学率达到 60.2%[③]，进入了普及化深入发展的阶段。随着我国高等教育普及化水平的不断提升，必须推动从规模增长向质量提升转变。学科专业是人才培养的基础平台，是开展有组织培养、构建高质量人才培养体系的四梁八柱。面向普及化背景下的多样化、个性化发展需求，高等教育需要进一步加强学科专业建设，全面提高人才自主培养质量，以更好地服务和支撑中国式现代化建设。

学科专业是高等教育体系的核心支柱。院系要加强学科专业设置调整优化，就必须统筹结构和质量，通过"新增设置，压缩停撤，交叉融合，改造提升"方式，新增设置一批急需、紧缺专业，限制压缩一批饱和、过剩专业，停办撤销一批错位、低质专业，交叉融合一批新兴、特色专业，改造提升一批传统专业，从而合理优化专业结构。

院系要突出优势特色，以服务经济社会高质量发展为导向，以新工科、新医科、新农科、新文科建设为引领，做强优势学科专业，做优特色学科专业，建好建强国家战略和区域发展急需的学科专业，实现学科专业与产业链、创新链、人才链相互匹配和相互促进。

（三）强化师资队伍建设

成为"大先生"，打造"金师"，是专业建设高质量发展的关键要素。院系要

---

①　张旭，王承堂，陈秋苹. 地方综合性大学一流本科专业建设的思考与实践. 黑龙江高教研究，2022（12）：149-153.

②　教育部高等教育司负责人就《普通高等教育学科专业设置调整优化改革方案》答记者问.（2023-04-04）. http://www.moe.gov.cn/jyb-xwfb/s271/202304/t20230404-1054223.html.

③　2023 年我国高等教育在学总规模 4763.19 万人.（2024-03-01）. http://www.moe.gov.cn/fbh/live/2024/55831/mtbd/202403/t20240301-1117760.html.

充分利用丰富的学科专业资源，为教师卓越发展、全面发展提供更为广阔的空间，强化教师的交互理论与实践，推动贯通学习、实习与研究，培养具备不同学科专业教学能力的师资队伍。

院系要加强省级、国家级教学名师培养，强化重点支持，安排特殊支持经费，落实特殊支持政策，支持组建创新团队，营造潜心教书育人良好氛围，锻造专业教学名师；要加大青年教师的培养力度，实施"硕士博士化、博士国际化"工程，鼓励青年教师到国内外攻读博士学位、做博士后和访问学者，常态化开展教学沙龙、教学观摩、教学研讨、教学竞赛、国内外访学等活动，不断提高他们的科研水平和教学能力；要发挥骨干教师的传帮带作用，推广优秀教学经验，发挥优秀教师的引领示范作用；定期开展"本科教学节"等活动，搭建集校内多元协同、学科专业互补、优质课程开放、教学成果展示、学业成果展现、高端讲堂等于一体的综合教学平台，拓宽教师卓越发展的多元路径。

（四）打造一流学科专业

（1）打造一流学科。大学学科发展与专业建设是相互统一、相互协调的关系，院系要根据自身实际情况动态把握与处理好学科与专业的关系，探索学科发展与专业建设的内在规律，不断找到学科发展与专业建设的非对称平衡点。要强化顶层设计，科学制定契合国家与区域发展战略需求、符合学校办学定位与发展规划的学科专业建设目标，坚持学科专业一体化建设，摒弃"重科研轻教学""重学科建设轻专业建设"的思想，加强教学与学科的联动、专业建设与学科发展的互动，推动高水平科研资源转化为优质本科教学资源和专业建设资源。

（2）建强一流课程。教学改革，改到深处是课程；专业建设，建到实处是课程。作为人才培养最基本的单元，只有把课程建设好，才能有力支撑专业建设。建强一流课程，第一，要加强课程思政。学院要挖掘课程内蕴的"思政"元素，探索"知识传授与价值引领相结合"的有效路径，强化课程的价值引领。第二，要优化课程设置。学院要把"培养什么人"转化为"要具备哪些能力""要开设哪些课程"，优化各类课程学分和课时比例结构，适时增设新技术、新产业、新业态、新模式课程模块，完善课程的体系结构。第三，要增强课程的高阶性。学院要注重对学生知识、能力和素养的整体性培养，课程内容注重反映学科前沿动态与社会发展需求，体现多学科思维融合、产业技术与学科理论融合、跨专业能力融合。第四，要增强课程的创新性。学院要注重体现现代信息技术与教育教学的深度融合。第五，要提升课程的挑战度。学院要定时修订本科教学大纲和课程标准，打破传统思维束缚，构建多维立体的考核方式。

（3）建设一流教材。教材作为课程实施的关键载体，在落实立德树人和国家人才强国战略中具有重要的基础性地位和作用。教材建设要坚持党对教材工作的全面领导，贯彻德智体美劳五育并举理念，全面推进"马工程"重点教材的使用，鼓励教师主编和参编"马工程"重点教材，保障教材的底色。学院要建立教材管理机构，强化教材建设与规划，严格教材编写、选用与审核，健全教材质量监控和评价机制；发挥学科专业优势，强化经典教材的传承推广，建设一批体现学校学科优势、专业特色的经典教材，突出教材的亮色；要发挥资源优势、强化学科交叉，推进教材建设改革创新，建设一批聚焦"四新"建设发展要求、服务"一带一路"倡议需要的新兴领域教材、交叉学科教材、双语教材；打造新形态教材，建设结合现代信息技术，融入在线教学资源，配合混合式、研讨式、案例式、项目化教学方式的新形态教材①。

（五）创新人才培养模式

（1）强化第一第二课堂协同育人。"第二课堂"是从传统第一课堂中衍生出的新的教育空间与方式，具有鲜明的内在价值和丰富的外在价值。学院可以成立各类"书院""创新创业学院"，加强对第二课堂工作的领导；要制定第二课堂学习实践内容、考核办法等，抓实抓细第二课堂；实行集"书院制、导师制、学分制，小班化、个性化、国际化"于一体的"三制三化"人才培养模式，通过再构教学组织体系、学术组织体系、管理组织体系，为不同学科专业学生的全面发展提供广阔的空间；加强教学、学工、团委等部门联动，把专业教师、辅导员、教学管理人员和学生有机联系起来，促进学生全面发展。

（2）推动科教协同育人。学院要让学生尽早参与和融入科研，早进课题、早进实验室、早进团队；加大各级各类科研基地、实验室等平台向本科生的开放力度，加强创新创业教育，完善"国-省-校-院"四级大学生创新创业项目实施管理体系；完善"教授讲授-师生研讨-学生探究"的教学模式，畅通"本—硕—博"贯通式培养路径。

（3）实施产教融合协同育人。学院要发挥人才优势、科技优势和资源优势，推动服务国家重大战略和支撑地方支柱产业、优势产业和新兴产业的发展，着力提高对产业转型升级的贡献率，促进教育链、人才链与产业链、创新链的有机衔

① 张旭，王承堂，陈秋苹. 地方综合性大学一流本科专业建设的思考与实践. 黑龙江高教研究，2022（12）：149-153.

接。企业要拓展参与学院人才培养的广度和深度，在人才培养方案修订、课程讲授、实践能力培养等方面深度参与，广泛合作，通过产教协同、产学研融合，不断提高人才培养质量。

（六）加大支持保障力度

学院应广开经费渠道，加大资金筹措力度，加强对专业建设的经费支持；进一步加强实验室建设，积极申报高层次的实验室建设项目，争取与企业联手创办校企合作的实验室，多渠道筹措资金，有重点地建立设备齐全、管理规范的专业教学实验室和学科实验室，提高实验教学设备的利用率，加强实验室开放；加快校内外实习基地建设步伐，积极主动与企业、科研院所联系，在教学与科研、产品的开放等方面开展多方位的合作，建立稳定的校外实习基地，保证实习工作的正常开展；加大专业图书资料的购置投入力度，购买充足的、直接服务于本专业学习的图书资源，多方位地拓宽学生专业视野。

（七）完善管理体制机制

本科专业建设，关键是形成闭环式的质量提升长效机制。目前，在专业建设过程中，质量监控机制、评价机制、反馈机制已逐渐完善，但作为闭环式质量提升的关键环节，持续改进机制仍是短板。如何更好地运用学生评价、教师评价、第三方评价、用人单位评价、专业认证和评估反馈等手段推动专业建设，提高专业建设质量，并建立"三全一化、四位一体"的教学质量提升长效机制尤为重要。教学质量提升长效机制的建立要以"全员参与、全程监控、全面落实"为基础，以"常态化运行"为机制，以"与时俱进更新目标定位、立足前沿完善教学内容、深化改革创新培养模式、精准对接提升适应能力"为核心。学院应建立各教学环节质量标准，强化教学质量监控；开展课程目标和培养目标达成度评价，建立和完善专业教学质量信息监测与改进机制，不断提高人才培养质量①。

（八）重塑卓越质量文化

2014年，我国第一份《中国工程教育质量报告》问世，首次尝试将工程教育培养目标达成度、社会需求适应度、办学条件支撑度、质量监测保障度、学生和用户满意度作为分析指标，提出进一步提高工程教育质量的对策和建议。一流

---

① 张梅，荆国林，吴玮. "双万计划"背景下专业建设的探索与实践：以应用型本科高校为例. 高教论坛，2022（29）：7-9.

本科专业建设，可借鉴《中国工程教育质量报告》中提出的五个评价维度，并从教师角度增加对其卓越成长成就度的考量，从这六个维度重塑卓越质量文化①。

一是主动契合培养目标的达成度，尤其针对综合性大学多学科多专业的实际情况，面向不同学科、不同专业分类制定不同的培养目标；二是主动契合人才培养的适应度，培养出的人才要满足行业产业和用人单位的实际需求；三是主动契合办学条件的支撑度，强化教学资源内涵式建设，创新人才培养模式机制；四是主动契合教学质量监测的保障度，健全用于专业自我评价与监测的内部质量保障体系，尤其是构建闭环式质量提升长效机制；五是主动契合学生本人和用人单位满意度，注重学生的在校体验，提升学生专业能力和非专业能力，从而全面提升学生的岗位胜任力；六是主动契合教师卓越成长的成就度，关注教师的卓越成长，并把教师成就作为专业建设效果的重要考量标准，构建"师生共长、双向互动"的高质量综合平台。

第四节　学院传统农科专业改造的实践案例

一、研究的目的与意义

以农学为代表的传统农科专业是高等农林院校最基本、最具有优势和特色的专业，对农业和农村社会的发展做出了积极贡献，是高校发展的重要支柱。随着我国市场经济体制改革的不断深化与完善，现代农业的快速发展和社会需求的多样化对农科专业的人才培养质量提出了更高的要求，传统农科专业的教学体制和人才培养模式面临着前所未有的挑战，传统农科专业与社会经济发展不相适应的问题日渐突出。为了适应我国社会经济又好又快发展的总体要求，就必须及时调整与优化专业设置，使之与社会经济发展相协调，寻求教书育人与经济效益的结合点，进而从总体上保证人才的培养质量和适销对路。

但目前的状况是，传统的农科专业普遍存在着不符合时代发展要求、专业设置不合理、学科发展不平衡、学科建设与管理不健全、师资队伍层次不高和学生专业思想不稳定等问题。这就要求高等院校重新定位农科专业人才培养目标，积极推进专业结构调整与改革，构建多层次多环节的人才培养模式，用现代生物科技改造和提升传统农科专业水平，培养具有系统基础理论知识、实践能力和创新

①　张旭，王承堂，陈秋苹. 地方综合性大学一流本科专业建设的思考与实践. 黑龙江高教研究，2022（12）：149-153.

精神、综合素质较高的应用型、技能型、创造型人才。这是传统农科专业适时发展、创出特色的必由之路。

河南科技大学农学院在借鉴华中农业大学、上海交通大学等高校宝贵经验的基础上，就如何运用现代生物科技改造传统农科专业进行了初步的探索与实践，即转变教育思想，在明确办学定位，面向交叉学科，推进学科专业整合与优化，实施"宽口径、厚基础、个性化"的培养方案，促进学生综合素质的提高，加强实践教学环节的落实和监管，培养学生实践能力和创新精神等方面进行了探讨，取得了宝贵的经验，获得了明显的成效。

二、研究的方法

用现代生物科技改造传统农科专业的探索与实践总体研究思路为，分析探讨传统农科专业存在的问题、了解现代生物技术发展的趋势以及对传统农科专业的影响、提出改造传统农科专业的具体措施并加以应用与实践、总结传统农科专业改造的应用效果及经验。

整个研究过程分为四个阶段：

第一阶段，对华中农业大学、上海交通大学、浙江大学、广西大学等高校农科专业人才培养模式进行调查研究并进行深入分析，在此基础上对目前传统农科专业存在的共性问题进行总结。

第二阶段，针对传统农科专业存在的共性问题，提出一些相应措施，并在实际中加以应用，取得阶段性的经验。

第三阶段，对第二阶段的工作做进一步归纳总结，在后续的应用和实践过程中，对各项措施进行不断的调整和完善。

第四阶段，在系统总结的基础上，提出用现代生物科技改造传统农科专业的具体措施。

三、用现代生物科技改造传统农科专业的探索与实践

（一）传统农科专业存在的问题

经过认真的分析总结，我们认为传统的农科专业主要存在以下问题：

1. 不符合时代发展要求

近些年来，我国农科高等教育的改革不断深化，学科交叉不断加快，专业设

置和教学模式发生了较大变化。但从整体上看，农科专业的人才培养仍然没有完全脱离计划经济时代的传统方式，与社会经济发展不相适应的问题日渐突出，主要表现在缺乏办学特色、学科结构单一、专业范围狭窄、课程体系不合理、教学内容陈旧、教学条件落后、师资力量薄弱、培养模式单一等方面，这些方面的不足严重影响了农科专业的办学水平和社会声誉，使农科专业的招生和就业工作处于被动的局面。时代的发展和社会的进步，离不开科学技术的推动，这就要求学院必须用现代生物科技来改造传统的农科专业，使之适应时代和社会发展的要求，同时也必须使农科专业人才培养模式向市场化转变，如果缺乏市场观念，培养的人才可能是社会所不需要的人才，学生毕业后就无法适应现代社会的需求，跟不上时代前进的步伐。农科专业在办学特色、课程设置以及教学内容上有很多地方已经不符合时代发展的要求，到了非改不可的地步。

2. 专业设置不合理

我国农科专业起步相对较晚，现有的许多专业设置参照的是苏联的传统教学模式。这在计划经济下具有较强的优越性，但这种专业设置模式已经不符合社会主义市场经济的发展要求。

（1）专业设置过细，专业口径过窄，并且各自制定一套教学计划与教学大纲，如原来单独设置的果树、蔬菜和观赏园艺 3 个专业。专业设置过细、过专会导致学生的知识面狭窄，其视野不开阔，其创新能力不强。

（2）专业老化严重，仍然以传统的农科专业为主，缺乏专业创新。专业老化使学生所学到的知识不能紧跟时代前进的步伐，无法适应现代农业生产的要求，最终导致毕业生的知识结构和能力素质不能满足用人单位的需要，进而导致学生难以就业。

（3）一些学院设置的农科本科专业偏少，主干学科的覆盖面狭窄，没有形成优势互补的专业群；学科专业基础相对薄弱，整体实力有待加强。一些学院的专业设置方向没有考虑到地区经济、科技、文化和教育发展的实际水平，盲目扩大专业范围。此外，还有为数不少的农业院校不允许学生转专业、转系或跨专业学习，更不允许在本科专业与研究生专业之间互通，这样的做法很难适合复合型人才和贯通型人才的培养需要。

3. 学科发展不均衡

合理的学科结构、先进的学科水平所构成的学科环境，是推动农科专业持续发展的核心力量。目前，农业学院建设中的普遍状况如下。

（1）农科专业学科个体之间发展不均衡，新学科梯队建设和硬件建设步伐较慢，优势学科多集中在农业传统学科。

（2）基础课程教学与应用课程教学不平衡，部分毕业生专业基础不够厚实，部分毕业生实践操作能力不足，未能实现全面发展。

（3）有特色的学科较少，已具特色的学科还需要进一步加强建设，使其特色更加突出。

4. 学科建设与管理不健全

许多学院并没有一贯强调把农科专业的学科建设作为头等大事来抓，对学科建设没有实行整体规划，缺乏有重点和合理的实施步骤，未能形成结构合理、特色鲜明的学科体系；同时缺乏健全的学科建设质量评估指标体系，对科学研究、人才培养、学术队伍建设和实验室建设等的管理不够到位，资源配置不够优化，学科建设效益不高。

5. 师资队伍层次不够高

多数学科缺少高水平、高层次的中青年学术带头人，尤其缺少一流水平的年轻学科带头人。一些学科师资队伍断层问题依然存在，学术梯队结构不尽合理，或新建专业的学科梯队尚不健全，只能维持在本科教学职能上，没有科研课题，尚不具备科研能力。此外，传统性、基础性学科专业的师资过剩，应用型、高新技术型的师资较为匮乏，加上人才引进措施不十分得力，导向不明确，部分学院难以吸引高层次人才。师资问题的存在使得教学质量和科研水平均难以提高，学科难以实现跨越式发展。

6. 学生专业思想不稳定

过去，农科专业的学生大多来自农村，他们普遍关注自身的未来发展，通常会提早准备、积极面对，努力提高学历层次和就业层次。但目前部分农科专业大学生就业心理十分复杂，他们缺乏吃苦耐劳的精神，担心就业困难，而且不愿到农村和基层工作。一些农科专业学生自卑心理较强，思想不稳定，学习热情不高，没有充分的准备和足够的信心去面对现实社会，这些问题积累的结果就是学生的实际能力相对较差，知识面相对狭窄。

（二）现代生物技术发展的趋势及对传统农科专业发展的影响

1. 现代生物技术发展的趋势

现代生物技术是 20 世纪 70 年代在分子生物学、生物化学、生化工程、微生物、细胞生物和计算机技术的基础上形成的综合技术，主要包括基因工程、细胞工程、酶工程和发酵工程等方面的内容。现代生物技术已成为推动经济发展、社会进步的一项关键技术，在解决人类社会面临的一系列重大问题，如粮食、健康、环境和能源等方面已经取得并将继续取得重大进展，对促进社会经济诸领域的发展有着不可估量的影响。

（1）农业生物技术。与常规育种相比，目前，分子育种逐渐体现其优势，它可以缩短育种时间，克服有性杂交的限制，使基因交流的范围无限扩大，可将细菌、病毒、动物、远缘植物、人类乃至人工合成的基因导入植物，其应用前景十分广阔。今后的一段时间内，转基因植物研究在抗虫性、抗病性、抗逆性、提高产量及品质等方面将继续深入。

组织培养技术已广泛应用于各个领域，它为植物生长发育、抗性生理、激素及器官发生与胚胎发育等研究提供了良好试材和有效途径：由于组织培养在人工控制的条件下进行，容易掌握花芽分化和开花的成因，在试管内人工授精，获得杂种或自交种；通过分离单倍体细胞，能培育纯合的二倍体优良品系，缩短育种时间；通过选择突变体，能够提高植物的品质，增强抗盐、抗旱和抗寒等方面的能力，扩大植物的生长范围。

随着化肥施用量的增加和农药的大量使用，一些生态环境问题不断出现。生物技术的发展使得生物有机肥和生物农药的发展成为可能，为缓解乃至解决土壤板结、富营养化、农产品品质下降等问题提供了可行的途径，它是农业发展的趋势。

（2）食品生物技术。生物技术已广泛应用于食品发酵剂和添加剂所涉及的微生物菌种改造与构建领域。通过生物技术，可以筛选并生产改良后的微生物，如改造传统的工业酶和定向改造自然界原本不存在的新型酶制剂，从而提高食品生产效率。此外，生物技术在食品保鲜领域也有广泛应用。对食品生物保鲜剂的开发和耐储性农产品的新品种选育仍有很大发展空间，特别是可以对信号传导控制的程序性细胞凋亡进行研究，开发抗衰老、保鲜期长的新一代基因工程品种。

（3）疾病与健康生物技术。人类社会的发展过程离不开与疾病的斗争，生物技术在疾病与健康领域已经得到了广泛应用，并且其产业规模持续增大。在生物医学制药方面，已经有百余种生物科技药品或疫苗被美国食品药品监督管理局批准上市，并用来治疗糖尿病、心脏病、癌症和艾滋病等疾病。

（4）能源和环境生物技术。利用微生物技术，可以将大气污染、生产废物进行改造治理，变有害为无害，变无用为有用，不仅保护环境，还可获得可观的经济效益和环境效益。用生物制取乙醇、利用天然气来改造汽油燃料，这种制取新能源的方式所显示的优越性使其必将兴盛起来。

2. 现代生物技术对传统农科专业发展的影响

（1）生物技术不断发展使得改造和提升农科专业成为必然选择。生命科学代表着 21 世纪自然科学的前沿，生命科学的迅速发展对传统农科专业的人才培养提出了更新、更高的要求。因此，我们必须借鉴国内外先进的人才培养模式和一切好的经验，顺应时代和社会发展的要求，用现代生物技术对传统农科专业进行改造和提升，使之焕发新的活力，培养与我国经济发展和产业结构调整相适应、与新兴和交叉学科相适应的各类专业人才，实现传统农科专业新的发展。

现代农业的发展不仅要求农业科技人才具有传统专业知识和技能，而且对人才总体素质和实践能力，包括目前最前沿知识的掌握，提出了更高的要求。因此，高等院校必须用现代生物技术改造和提升传统农科专业，必须重新对自己的人才培养目标及培养模式进行审思、定位。人才培养目标要围绕创新精神和实践能力这条主线，突出基本素质、专业素质、人文素质、综合素质和基本技能、专业实践技能、适应社会的能力及个性化的培养，要体现重视新兴学科、交叉学科与边缘学科的发展趋势。

传统的高等农业院校学科设置基本上是以生物学理论学科为基础的，而现代生命科学技术正对农业产生深刻的影响，高等院校必须及时抓住机遇，对传统农科学科和专业实施纵向延伸和横向交叉改造、整合和提升，及时把握新的学科增长点，发展边缘学科、交叉学科和新兴学科。同时，为适应农业现代化的需要，高等农业院校还应该依托现代科学技术的新发展，积极发展与农业产业化密切相关的学科，要进一步拓宽专业口径，灵活专业方向，注重学生素质培养。综合性大学更要进一步淡化专业，拓宽和夯实基础，加强学生素质教育和能力培养。

（2）生物技术的不断发展为农科专业的发展提供了很大的契机。生物技术依托农科专业，为研究工作提供了坚实的基础和明确的目标。同时，生命科学的不断发展，又能辐射到传统农科专业上，带动这些传统优势学科的发展，使其不断获得生机和活力。

第一，拓宽学科领域，促进学科建设。通过传统农业与现代生物科学的结合、交叉，为传统农科专业的建设发展提供了新的发展机遇和空间。由于老牌农业院校有较好的办学条件和较高的办学水平，通过传统农科专业间的交叉将培育新的专业增长点，往往有较大的发展后劲，效果十分明显。

第二，改善课程设置，更新教学内容。设置公共基础课、专业基础课和基础课，对现有课程体系进行重新组合，结合学科专业，制定了新的教学计划和教学大纲，将现代生物技术理论、方法和技术与农业应用基础课程充分结合起来，既注重农业传统基础学科的教学，又丰富了教学内容，拓宽了学生知识面；还可增设选修课，开设能够加深、拓宽基础知识和专业知识的课程，或与专业有关的现代技术、交叉和边缘学科前沿知识课程。

第三，优化资源配置，发展科研方向。将现代生物技术与传统农业科学相结合，根据自身情况，凝练科研方向，对人员和资源重新组合与配置，利用有限资源满足各种研究层次需要，发挥最大效益，进而建立实验室研究平台。相互交叉课题的实验室还可统筹安排，相互开放，优化配置实验室资源，能有效避免重复建设和重复投资现象出现，提高科研资源利用率，降低科研成本；同时，也促进了学科及课题之间合作，推动学科建设，促进产学研结合，为农业生产和社会经济发展提供了强大的技术支撑。

（三）用现代生物科技改造传统农科专业的具体探索与实践

针对传统农科专业存在的问题，紧跟现代生物科技发展的趋势，充分利用大学的多学科优势，在强化农学特色的基础上，不断拓宽专业面，用现代生物科技对传统农科专业进行了系统的改造，在专业方向、教学内容、课程体系上做了大量的变动和改革，取得了明显的成效。

1. 用现代生物科技改造传统农科专业的途径

（1）拓宽专业口径。随着社会主义市场经济体制的确立，沿用苏联模式设立的农科专业口径过窄的问题也愈来愈突出，因此，拓宽专业口径就显得日益迫切。专业口径的拓宽首先是横向不断拓宽专业面。例如，农学院将农业资源与环境专业的口径横向拓宽，申报了资源环境科学专业，研究确定了专业教学计划，对课程体系、课程结构、教学内容和实践教学体系进行了相应的改革。此外，还可将农学专业拓宽为植物科学与技术专业等。

（2）设置专业方向。近些年来，社会对人才需求的多样性与专业教学模式的单一性的矛盾突出。因此，根据社会需求，灵活设置特色专业方向，可以有效地改进专业教学模式单一性的问题。例如，农学院在农学专业中设置了资源环境科学方向和种子科学与工程方向，使农学专业增添了活力，也使培养的人才更加符合社会的需求，为传统农学专业找到了一条健康、快速发展的新路径。

（3）学科交叉融合。学科的高度分化和交叉融合是现代学科发展的重要趋势，将传统学科进行交叉融合，既符合时代发展的潮流和社会的需要，又为传统专业的发展提供了新的发展机遇和发展空间。例如，传统的植保专业和动物医学专业属农业院校的长线专业，其招生和就业均有一定的困难，农学院将二者交叉融合，设立了动植物检疫专业，学生报考的第一志愿率和招生最低分数线大幅度提高，学生到校后专业思想也更加牢固，学科的交叉融合效果良好。

（4）深化专业内涵。深化专业内涵是拓宽专业口径、增加服务社会面向的重要途径之一。例如，传统的农学专业由于教学过程仅局限在生产环节（即产中），加之社会存在一定的偏见，在综合性大学中面临招生困难的问题。学生专业思想不够稳定，就业面也较窄，进而导致就业困难。为此，农学院不断调整培养目标，将培养过程和服务面向由产中向产前和产后进行延伸，用现代生物科技改造课程设置、课程内容和实践教学体系，将教学、研究内容从作物向植物方面拓展，培养基础好、会生产、懂管理、善经营的高级复合型人才。

2. 用现代生物科技提升传统农科专业的措施

（1）转变教育思想，明确目标定位。在指导思想上，学院突出强调"加强基础、拓宽专业、强化能力、提高素质"的人才培养思想，通过课程学习、教学实习、专业实习和毕业论文等实践技能训练，使学生具有扎实的农业生物基础知识和实践技能，并具有一定的创新能力。

在目标定位上，农学院根据社会需求，不断调整农科专业的人才培养目标。学院要培养具备扎实的生物农业基础理论和基本技能，能够在农业及相关部门或行业从事农业技术与设计、推广与开发、经营与管理、教学与科研等工作，具有创新精神和实践能力的应用型高级专门人才。为了达到这一目标，学院进一步扩大学生的专业知识面，在课程设置上进一步提高对学生的要求，增设微生物学、分子生物学、生物化学、生态学、细胞生物学等理科课程及实验（实践）；开设农业推广学、农业经济与管理等应用性较强管理类课程，实现由教学和研究从"作物"向"植物"的转变，从"理论"向"应用"的转变，整体上提高学生的专业素质和应用能力。

（2）面向学科交叉，优化学科专业。在学科专业建设上，农学院充分利用大学的多学科综合优势，积极面向交叉、边缘学科求发展，在专业设置上坚持"大调整""宽口径"，主动适应生命科学发展与经济全球化的新形势和现代农业发展的需要，用现代生物科技对原有农科专业进行实质性改造，进而提升专业人才培养质量。

第一，整合专业资源，增加服务面向。农学院对分布在不同学院的生物科学、生物技术、植物生物技术和动物生物技术专业进行资源整合，统一学院管理，统一教学计划，统一教学研究平台。

第二，根据现代农业生物科技发展的需求，增设生物科学、资源环境科学、动植物检疫等专业。农学院新设专业与传统农科专业相互交叉，相互渗透，优势互补，为农科专业的发展提供了重要支撑。

第三，以现代生物技术和信息技术为核心，农学院对传统农学专业进行改造，将主干学科从作物学一个一级学科扩展到作物学和生物学两个一级学科。

（3）改造课程结构，完善课程体系。为了保证课程体系的合理性，农学院利用现代生物技术对传统农科专业课程结构进行改造，使农科专业的课程体系进一步得到完善。

第一，农学院以生物学、农学、经管三个学科的课程为基础，构建了农业生物学科基础课程平台，设置了生理学、生物化学、遗传学、微生物学、生态学、试验统计方法、农业经济管理、农业推广学等农业生物基础课程。

第二，农学院结合现代生物技术发展趋势，设置一些与生物技术相关的新课程，如分子生物学、细胞生物学、植物实验原理与方法等。

第三，农学院以现代生物技术为主要内容，在农学专业中将研究对象从"作物"扩展到"植物"；在专业基础课中，将土壤学和农业化学整合为土壤肥料学；在专业课中，用植物生产原理更新作物栽培学，用植物生物技术提升作物育种学；结合区域气候经济特点，将农业气象学与作物栽培学、耕作进一步延伸，增设旱农学课程。

第四，对于培养计划中的专业特色和前沿课程，农学院重新审视教学内容，提高教学起点，以新的科技和社会发展成果不断充实教学内容，以有限的课程来覆盖学生日益拓宽的知识面。例如，在课程设置中增设特种经济植物栽培、作物育种进展、作物栽培进展等课程。

第五，为了拓宽学生的知识面，使所学专业知识相互衔接更具系统性，农学院将课程的研究范围扩展为"产前、产中与产后"，相应的课程设置为遗传学、作物育种学、农业推广学、农产品储藏与加工等。

（4）紧跟时代前沿，更新教学内容。农学院不断加强课程教学内容的研讨与更新，淘汰植物学、植物生理学、生物化学、遗传学等课程的一些传统的、过时的教学内容，充实补充学科前沿、新方法、新手段和新成果的教学内容。例如，农学院将稳定性同位素技术的研究成果应用到植物生理学和生态学的教学中，扩展了植物光合途径的判别方法，探索了食物链和食物网研究的新方法，扩大了学生的知识面。通过改革教学方法，提高学生学习兴趣。又如，在生物化学教学中，采用列表对比、反映异同以及启发式教学等方法，收到良好的教学效果。

农学院紧跟学科发展前沿动态，增加植物生产的新理论、新技术和新方法。例如，在遗传学中，学院增加了现代遗传工程的内容，使学生在充分认识植物生理代谢过程的基础上，了解和掌握利用现代遗传手段对农作物的产量、品质进行改造，利用转基因植物生产药用蛋白和分子生物学手段，对与产量相关的生理生化过程进行修饰等。在作物育种学中，学院增加分子育种的理论与方法；在作物栽培学中，增加了精准农业、作物品质形成的生理机理及调控技术、作物超高产栽培的原理与技术等内容，开阔了学生的视野，增强了学生的创新意识和创新能力。

（5）配置实验资源，构建实践平台。为了不断增强学生的创新意识、创新精神和动手实践能力，并使有限的资源得到充分利用，实现资源共享，在教育资源比较紧张的情况下，农学院按照功能对实验室进行合理配置，提高了资源的使用效率。例如，农学与生物实验中心按功能设置了显微观测实验室、开放实验室、资源环境实验室、生育形态实验室、气象生态实验室、生理生化实验室、分子生物学实验室 7 个功能实验室，有效地满足了农科专业学生的实验教学和参加科研创新活动的需求，还保证了这些实验室向学生全天候开放。

根据农科人才的培养目标和学科专业特点，农学院注重实践教学的内容更新，增设综合性和设计性实验，科学地构建实践教学内容与体系；并利用各种发展机遇，加大实验室建设和生物教学科研仪器设备的更新力度，加快对实验教学资源的进一步整合，构建了农业生物实践教学科研平台，下大力气创建了特色优势学科实验室。同时，农学院加强校内外实践教学基地建设，为学生理论联系实践创造条件，使其将所学的生物与农业知识充分结合，全面学习和实践现代生物科技在农业中应用的最新成果。例如，农学院在新校区建立了具备晒场、库房、干旱防雨棚、现代化玻璃温室、塑料大棚、水泥试验池、排灌完善试验田等在内的功能设施，以及占地在 300 亩以上的实践教学农场，为学生学习和实践提供了良好的平台。

（6）激发学生热情，培养创新能力。在素质教育的今天，教学的最终目的是使学生掌握基本学习方法，具备独立思考能力和创新能力。所以，农学院在教学过程中以学生为主体，最大限度地激发学生的学习热情，并进一步挖掘学生的学习创新潜能。

第一，以生物农业发展的前沿为中心，明确学习目的。李友军教授在教学中将农学学科的应用前景和生物技术中的前沿问题介绍给学生，讲述该课程的重要性，学生带着感兴趣的问题进入课程学习，培养了自己独立思考能力和系统分析能力。

第二，将最新科研成果引入教学，增强学生的学习兴趣。例如，王黎明博士和易现峰博士在遗传学和植物生理学教学中，为了激发学生的创新活力，将当前最新的分子遗传成果和稳定性同位素技术引入教学，以现代生物技术中的最新科研成果充实课堂，对教学内容进行重点讲授，突出知识主线，启发学生自主思考，同时，运用启发式教学方法（如让学生自学探究等），激发了学生的学习兴趣，培养了学生的创新意识和创新能力。

第三，重视实践教学环节，提高学生动手操作能力。农科专业是应用性较强的专业，实验和实践是课程学习中举足轻重的环节，因此，加强实践教学环节是培养应用型复合人才的重要一环。赵威博士在农业生态学教学中，通过实验揭示一些原理和现象，而不是口头描述，使学生深刻体会到，一些测试方法只有通过亲手实验或实际操作，才能真正掌握；此外，对于一些生态学模型，采取了超越课堂和超越教材的讲授方法，带领学生现场参观农户的沼气池，培养了学生的观察能力和分析问题、解决问题的能力。

（7）加强师资建设，保障培养质量。没有一流的师资，就没有一流的教学和一流的人才培养质量。因此，加强师资队伍建设，建设一支高水平的师资队伍，是用现代生物科技改造传统农科专业的关键。

近些年，农学院以学科建设为龙头，以培养中青年学术骨干为重点，采用送出去、引进来和在职培养等措施，建设结构合理、素质良好的高水平师资队伍。2002年以来，学院先后从国内重点大学、综合性大学、中国科学院等机构引进人才，其中具有博士学位的高学历人才24人，显著改善了学院教师队伍的学缘结构，提高了教师队伍的硕博率，进而使师资队伍整体素质大幅度提高。截至2025年5月，具有博士学位的教师总数达93人，占专任教师总数的92.08%。其中，具有生物学背景的博士教师分布在生物化学与分子生物学、植物生理学、生态学、植物学、发育生物学、细胞生物学等众多专业，有力地保障了农科专业学生的综合素质培养，并对传统农科专业的改造起到了重要作用。

（8）教学结合科研，科研促进教学。坚持教学、科研、生产相结合，使产学研不断深化，提高了教师的业务水平和综合能力，更新了教学内容，为学生毕业设计提供课题和资金支撑，有利于提高人才的培养质量。

截至 2025 年 5 月，农学院教师主持或参加国家、省部级科研课题达 350 余项，其中，国家自然科学基金项目及科技部项目 85 项。获得国家级奖励 4 项，省部级一等奖 14 项，省部级二等奖及三等奖 12 项，地市级科学技术成果奖 20 余项；以第一作者公开发表学术论文 690 余篇，其中被 SCI、EI 收录 220 篇，授权国家发明专利 160 余件，实施成果转化 34 余项，获省部级、校级教学成果奖近 20 项。高水平的科研项目和强有力的经费支持，有力地促进了学院学科的发展，促进了用现代生物科技改造传统农科专业的步伐。

张万松教授、王春平副教授发明的"四级程序国家标准"已通过国家组织的专家审定。目前，国内已有十余部科技专著、教材把"农作物四级种子生产程序"技术列为最新科技成果收录和应用。农学院以技术入股的方式组建的"洛阳市绿野生物工程有限公司"，已成为学院学生的重要实践基地，同时公司设立了"绿野英才奖"奖学金，形成了产业反哺科研和教学的良性循环。

（四）现代生物科技改造传统农科专业的应用效果

用现代生物科技改造传统农科专业的途径与措施自 2004 年在农学院实施以来，已在学科建设、教学平台和人才培养方面取得了良好的成效，2017 年，作物学一级学科博士学位授权点获批；2022 年，农学专业入选国家一流本科专业建设点。

1. 形成各个学科协调发展的新局面

农学院经过多年的学科专业布局调整，已拥有农学、种子科学与工程、生物科学、生物技术、资源环境科学 5 个本科专业，专业设置涵盖农学和理学两大学科门类，体系完善，布局合理。其中农学专业和生物技术专业分别入选国家和河南省一流本科专业，农学专业入选教育部、农业部、国家林业局首批"卓越农林人才教育培养计划"。

截至 2025 年 5 月，农学院有作物学一级学科博士学位授权点，作物学、生态学、生物学、农业资源 4 个一级学科硕士学位授权点；有农艺与种业、资源利用与植物保护 2 个农业硕士专业学位授权领域；学院"旱地绿色智慧农业学科群"为河南省特色骨干学科建设学科（群），作物学、生态学为河南省一级重点学科，农业科学学科、植物与动物科学 2 个学科进入全球 ESI 前 1%。

专业结构和布局体现了学院学科特色和优势，形成了以作物学一级学科博士学位授权点及河南省特色骨干学科建设学科（群）为依托和优势，以生物科学和资源环境科学为两翼，农学、生物学和资源环境科学协调发展的新局面。

2. 师资队伍建设取得新成效

经过大力引进和重点培养，农学院建成了一支结构合理、富有朝气、素质优良的教师队伍。截至 2025 年 5 月，学院有教工 114 人，专任教师 101 人，其中教授 19 人、副教授 51 人，具有博士学位教师 93 人、海外留学背景教师 31 人，博士生导师 11 人、硕士生导师 42 人。有全国创新争先奖 1 人，国务院政府特殊津贴专家 2 人，国家级模范教师 2 人，中原学者 1 人，河南省跨世纪学术技术带头人、河南省高校科技创新人才及洛阳市优秀专家等 20 余人，以及河南省创新型科技团队 2 个。

3. 理论与实践教学平台日趋完善

在农科专业培养计划中，农学院设置了公共基础课、专业基础课和专业课、专业基础选修课、专业选课和实践教学环节等 5 个教学平台。学生不但要学习作物栽培学、耕作学、作物育种学、土壤肥料学等基础农科课程，而且要学习植物生理学、生物化学、遗传学、生态学、细胞生物学等理科课程，以及农业经济管理和农业推广学等经管课程。

学院农学与生物实验中心下设 7 个功能实验室，实验教学平台齐全，功能完善，可满足学生的实验实践教学。实验农场可为学生提供设施齐全的实践教学场所，并为教师的科研工作提供服务。农学院现有 9 个省级科研平台；有洛阳市旱作与节水生理生态重点实验室、洛阳市牡丹生物学重点实验室、洛阳市特色植物资源研究和创新利用重点实验室、洛阳市农产品质量安全检测与评估重点实验室、洛阳市作物遗传改良与种质创新重点实验室、洛阳市牡丹精深加工重点实验室、洛阳市作物分子育种工程技术研究中心、洛阳市植物营养与环境生态重点实验室、洛阳市道地药材繁育创新与利用工程技术研究中心、洛阳市共生微生物与绿色发展重点实验室等 10 余个地厅级科研平台。

农学院建有植物脱毒快繁中心、洛阳市农业科学研究院、洛阳市绿野生物工程有限公司、洛阳君山制药公司、天池山国家森林公园、洛阳市王城公园等校内外实习基地 14 个，为本科生和研究生的教学与科研工作提供了较为先进的实践平台和条件保障。

4. 创新人才培养模式初见成效

农学院用现代生物科技改造传统农科专业的探讨与实践和一系列个性化培养

措施的实施，大大提高了农科人才的培养质量，提高了学院的社会知名度和办学声誉，学生以"基础好、肯吃苦、善钻研、能创新、重实践"深受研究生培养单位和用人单位好评。2002 级和 2003 级毕业生的一次就业率均在 95%以上。

农学院进行的专业结构调整，拓展了本科生教育的发展空间，增强了办学活力和竞争力。本科生招生规模不断扩大，2002 年，农学院仅有一个农学本科专业，招生人数为 60 人，2007 年增长至 377 人，其中农学专业 156 人，生物科学专业 95 人，生物技术专业 126 人。学院办学声誉不断提高，生源质量好、报到率高。2005 年、2006 年的第一志愿上线率分别达 199.52%和 176.30%，比全校平均值分别高 86.28 和 52.31 个百分点；报到率达 92.61%和 88.82%，比全校平均值高 1.36 和 3.68 个百分点。2007 年报到率达 92.5%。2002 级首届农学本科生的考研录取率达 32.8%，位居全校第一位，其中 40%考入"211 工程"大学；2003 级农学本科生的考研录取率达到 40.51%，位居学校前列。

考研学生专业选择更加多元化。2002 级考研学生专业选择多为农科类专业，仅有个别同学考取理科类专业；2003 级毕业生考研录取总数为 32 人，有 13 名同学考取了理科类专业，占总录取比例的 40.6%。专业录取包括生物化学、分子生物学、植物学、生态学、生理学等，专业选择更加多元化。

用现代生物技术改造传统农科专业的探索与实践，使学院的人才培养目标更加明确、教学体系更加完善、课程设置更加合理、实践平台更具特色，为培养高素质的农科人才奠定了坚实基础，极大增强了学生的社会竞争力，同时也在农科专业人才培养质量的再提高方面取得了宝贵的经验。

第八章 学院人才培养

第一节 人才培养的内涵

一、人才的概念

"人才"一词源于《诗经·小雅》，据《钦定古今图书集成·经济汇编·选举典》卷十八载"《小雅》：菁菁者莪，乐育材也。君子能长育人才，则天下喜乐之矣。"此诗是用生长茂盛的植物来比喻人才的茁壮成长，希望人才能够成为天下人民喜爱的有华彩的人中精华，《诗经》是谈人才最早的一部著作。此后几千年，谈人才问题的著作很多，但较少对人才下定义。

1979年11月，在中国首届人才学术讨论会上，研究人才学的专家学者对什么是人才这个问题提出了许多看法，归纳起来大致有10种：①谁能解决问题谁就是人才；②人才是指有潜在能力的人；③人才是指出类拔萃的人；④人才是指有特殊才能的人；⑤人才是指有超群才能的人；⑥人才是人中优秀者；⑦人才是指对现代化建设做出贡献的人；⑧人才是指智能较高、可能对人类做出贡献的人；⑨人才是指智能较高、有义务感等素质的人；⑩人才是指智能较高、创造力较强、对社会做出贡献的人。

《现代汉语词典》将人才解释为"德才兼备的人；有某种特长的人"①。人才学专家王通讯在《宏观人才学》一书中，对人才的定义是：社会上一般将德才兼备的人或有一定专长学问的人叫作人才；教育学上将经过学校教育，在德智体诸方面具备了一定素质，基本上可以适应某种工作的人叫作人才，实际指获得了中专、大专及大学本科以上学历的毕业生②。在叶忠海等主编的《人才学概论》

---

① 中国社会科学院语言研究所词典编辑室. 现代汉语词典. 7版. 北京：商务印书馆，2016：1096.

② 王通讯. 宏观人才学. 北京：人民出版社，2001：67-71.

中，人才指那些在各种实践中具有一定的专门知识，较高的技能和能力，能够以自己的创造性劳动，对认识、改造自然和社会，对人类进步做出某种较大贡献的人。人才是群众中比较精华、先进的部分，是人民群众推动历史前进的代表①。张苗苗认为，人才是指在一定条件下，具有较高的整体素质，通过创造性劳动，取得创新性劳动成果，对人类社会的发展产生较大进步影响的人②。

1982 年，劳动人事部第一次对"专业人才"的概念进行了界定，即"具有中专以上学历或初级以上职称的人员"③。

《国家中长期人才发展规划纲要（2010—2020 年）》提出，人才是指具有一定的专业知识或专门技能，进行创造性劳动并对社会作出贡献的人，是人力资源中能力和素质较高的劳动者。人才是我国经济社会发展的第一资源。该纲要赋予人才概念新的内涵，主要包括以下四个方面：一是具有一定的专业知识或专门技能，这是对传统人才概念只强调知识水平的一个新的突破。二是进行创造性劳动。这是人才获得社会承认的关键。三是对社会作出贡献。这是对人才价值属性的界定，是对人才德才素质的核心要求。四是人才是人力资源中能力和素质较高的劳动者。这一界定体现了人才蕴藏于广大人民群众之中，人人可以成才的科学人才观思想。

总之，人才都具有以下共同特征：杰出性、相对性、广泛性、社会性、动特性。

二、人才类型的划分

人才的分类即人才类型的划分。人才分类的方法多种多样，科学合理的人才分类有利于制定和实施人才开发战略和高校制定分类人才培养方案和策略。

（一）常用的人才分类

根据人才所从事的专业性质，人才可分为党政、科技、教育、法律、艺术、军事、外交、金融等人才，这是一种无限量的分类方法，有多少种专业，就有多少类型人才；根据人才成长和发展过程，可分为准人才、潜人才、显人才；根据才能表现，可分为早熟型、多艺型、多产型、晚器型人才；根据人才的思维类

---

① 叶忠海，陈子良，缪克成，等. 人才学概论. 长沙：湖南人民出版社，1983：25.
② 张苗苗. 浅析"人才"含义的界定. 江西广播电视大学学报，2013（2）：1-4.
③ 四川劳动保障编辑部. 什么是人才？ 四川劳动保障，2010（10）：17.

型，可分为线型、平面型、立体型人才或艺术型（善于通过形象思维进行创造的人）与逻辑型（善于通过抽象思维进行创造的人）人才；根据人才的才能特点，可分为发现型人才、再现型人才、创造型人才；根据人才的才能高低和贡献大小，可分为一般人才、杰出人才、伟大人才；根据知识面大小，可分为通才和专才；根据社会分工，分为政治、军事、文化、教育、科技、工业、农业、商业、服务业、艺术等 10 个类型；根据双轨制运行的状况，可分为体制内人才和体制外人才等。这些方法从不同方面和角度反映了我国人才的不同性质和特点①。

（二）复合型的人才分类

为体现党的新型科学人才观以及涵盖全面、广泛适用、切实可行的人才分类原则与人才分类依据，从我国人才结构现状出发，本书将人才划分为党政管理人才、企业经营管理人才、专业技术人才、社会自主创业人才四大类。

对这四类人才的考核和评价各有侧重点，党政管理人才的评价重在群众认可，企业经营管理人才的评价重在市场认可，专业技术人才的评价重在业内认可，社会自主创业人才的评价重在社会认可②。

（三）高等教育人才培养分类

从高等教育的角度来讲，人才一般可分为两大类：一类主要从事理论研究工作，旨在发展理论并对实践中的有关现象问题进行深层次的研究探讨，并通过抽象概括来揭示事物的特性和规律，称为学术型人才；另一类是应用客观规律为社会谋取直接利益的人才，称为应用型人才。应用型人才又可依据不同的工作范围分为工程型人才、技术型人才和技能型人才。当然，随着科学技术的迅速发展以及学科分化与综合水平的不断提升，各专业之间、各岗位之间的交叉渗透也日益增多，因此，社会对未来人才知识能力的复合性要求日趋强烈，相应地出现了许多复合型人才，在具体实践中很难将这些人才截然归为学术型人才或应用型人才，这说明，学术型人才和应用型人才的划分只是在一定范围内具有相对的意义③。

这人才所具备的知识、能力和素质是不同的。一般来讲，学术型人才主要是

---

① 徐庆东. 新形势下的人才分类. 前沿，2005（11）：210-211.
② 徐庆东. 新形势下的人才分类. 前沿，2005（11）：210-211.
③ 刘维俭，王传金. 从人才类型的划分论应用型人才的内涵. 常州工学院学报（社科版），2006（3）：98-100.

发现和研究客观规律，其素质要求主要体现在有较深厚的理论基础和独立研究问题的能力及创新精神；工程型人才是运用科学原理进行工程（或产品）设计、工作规划与运行决策，要求具有一定的理论基础、较宽的知识面，以及开发设计和解决实际工作问题的能力；技术型人才主要是使工程型人才的设计、规划、决策变成物质形态，技术型人才侧重于一线操作，主要是依赖技能进行工作；技能型人才主要依靠操作技能完成一线生产性工作任务，技能型人才主要侧重于对生产技术的把关和对一线工人的技术指导，如工厂技术员、施工工程师、车间主任等。

董立平根据有关研究，将我国高等教育的培养人才类型分为三类：学术性人才、专业性人才和职业技术性人才[①]（表 8-1）。

表 8-1　高等教育的人才类型及特征

比较项	学术性人才	专业性人才	职业技术性人才
学校	研究型大学	应用型本科院校	高职高专院校
功能	从事科学理论研究和发现客观规律的工作	从事设计、规划、管理、决策等工作	在生产第一线或工作现场从事为社会谋取直接利益的工作
目的	不直接获取经济利益	不直接获取经济利益	直接获取经济利益
需求量	小	大	巨大
培养方式	普通高等教育（学术性、理论性、研究性）	专业高等教育（理论性与实践性并重）	职业高等教育（以实践应用为主、理论学习为辅）
主体能力	学术能力 相关基础学科能力	专业能力 相关应用学科能力	职业能力 相关技术学科能力
边缘能力	普适性能力	普适性能力	普适性能力
主体知识	基础科学知识	应用科学知识	技术知识
边缘知识	应用科学知识	基础科学知识、技术知识	应用科学知识、基础科学知识
岗位举例	哲学家、法学家、语言学家、经济学家、化学家、数学家、生物学家、物理学家、外交家、政治家等	工业产品的开发设计师、农艺师、建筑工程师、医师、精算师等	工厂技术员、车间主任、护士长、数控机床

根据有关专家研究，结合不同类型学校定位及人才培养目标，作者认为，可将我国高等教育人才培养分为四类：拔尖创新型人才、复合型人才、应用型人才和技能型人才。

---

① 董立平. 研究型大学的本科质量观研究. 中国高教研究，2009（1）：53-56.

三、创新型人才

创新起源于拉丁语"innovare"，英文是"innovation"，包含 3 层含义，一是更新；二是创造新的东西；三是改变。1912 年，熊彼得从经济学的角度最早提出了"创新"概念[1]。

涂娟娟认为，从语义上讲，"创新"是相对于"守旧"而言的，只要是在旧的基础上进行改造、革新生成新的有价值的东西即创新。创新与"创造"类似，只不过创造强调从无到有、推陈出新的过程，而创新的外延更宽泛，它还包括变化和变革。从社会发展角度讲，创新不同于一般的周而复始的人类劳动，它使人类社会的发展出现或多或少质的飞跃，是现代社会不断向前发展的重要因素。从个体的角度来讲，创新即个人用自己的积累，根据社会的需要进行反传统的思考，把业已形成的知识体系进行重组，进而提出有价值的想法。创新具有独创性、先进性、非拟性的特征[2]。

创新型人才与常规人才是相对应的。常规人才是常规思维占主导地位，习惯用常规方法思考问题和解决问题的人才。创新型人才则是创新精神、创新能力、创新人格的集合体，是能够用新的思维在原有知识和技术基础上，经过思考、分析和实践而有所发明、有所突破、有所创造的智能型人才。创新型人才遍布各行各业中，包括通常所说的学术型人才、应用型人才、技能型人才，他们的共同点是具有创新意识、创新精神、创新能力。

胡锦涛在中国科学院第十三次院士大会和中国工程院第八次院士大会上的讲话中，深刻、全面地论述了创新型人才应具备的素质和品格。"一是具有高尚的人生理想，热爱祖国，热爱人民，热爱科技事业，努力做到德才兼备，坚持在为祖国、为人民勇攀科技高峰中实现自己的人生价值。二是具有追求真理的志向和勇气，坚持解放思想、实事求是、与时俱进，保持强烈的创新欲望和探索未知领域的坚定意志，对新事物新知识特别敏锐，敢于挑战权威和传统观念，为追求真理、实现创新而勇往直前。三是具有严谨的科学思维能力，掌握辩证唯物主义的思维方法，善于运用科学方法和科学手段，坚持终身学习，不断更新知识，夯实理论功底，构建广博而精深的知识结构，养成比较全面的科学文化素质。四是具有扎实的专业基础、广阔的国际视野、敏锐的专业洞察力，能够准确把握科技发展和创新的方向，善于对解决重大科技问题提出关键性对策。五是具有强烈的团

① 约瑟夫·熊彼得. 经济发展理论. 叶华译. 北京：商务印书馆，1990：74.
② 涂娟娟. 我国高水平大学培养本科创新型人才研究. 武汉理工大学硕士学位论文，2009.

结协作精神，善于组织多学科的专家、调动多方面的知识，领导创新团队在重大科技攻关和科技前沿领域取得重大成就。六是具有踏实认真的工作作风，淡泊名利、志存高远、坚忍不拔，不怕艰难困苦，不畏挫折失败，勇于在科技创新的实践中经历磨炼，不断攀登科学技术高峰。"①

2024 年 6 月，全国科技大会、国家科学技术奖励大会和中国科学院第二十一次院士大会、中国工程院第十七次院士大会在北京人民大会堂隆重召开。习近平总书记在会上强调，"要深化教育科技人才体制机制一体改革，完善科教协同育人机制，加快培养造就一支规模宏大、结构合理、素质优良的创新型人才队伍"②。

四、人才培养与人才培养目标

（一）人才培养

《高等教育法》第三十一条明确规定，"高等学校应当以培养人才为中心，开展教学、科学研究和社会服务，保证教育教学质量达到国家规定的标准"，凸显了高校人才培养的核心功能。人才培养作为高等学校的根本任务，成为高校办学的中心和根本，是大学的本质属性，是大学的存在价值，因此人才培养水平成为衡量高校办学水平的根本标准。

在国家战略层面上，高校要坚持立德树人，不断增强学生的社会责任感、创新精神和实践能力，这是为国家培养合格的建设者和接班人的根本要求；在价值层面上，人才培养的本质是培养人，即培养学生的完整人格，引导青年学生塑造正确的人生观和价值观，对学生进行人格教育、科学教育，引领学生追求真理、辨识善恶，培养青年学生"可持续"的学习能力、批判性思维能力及创新能力，为之后的工作与生活打牢基础。因此，人才培养在本质上是学校教育、社会教育有机融合，是青年个体的人生目标与信仰，以及社会及政治理想培养并走向社会实践的关键环节，它既是目标，更是过程。

（二）人才培养目标

人才培养目标是高等学校教育目的的具体体现形式，是依据大学所承担的任

---

① 在中国科学院第十三次院士大会和中国工程院第八次院士大会上的讲话.（2006-06-06）. https://www.npc.gov.cn/zgrdw/npc/xinwen/szyw/zhbd/2006-06/06/content_349595.htm.

② 全国科技大会国家科学技术奖励大会两院院士大会在京召开.（2024-06-25）. https://jhsjk.people.cn/article/40263596.

务和办学目标定位而确定的，集中体现了所要培养的人才的根本特征。高校的人才培养目标规定了人才的规格和发展方向，决定了一所学校的整体水平、发展前景和人才质量。培养模式的建立与运行、课程体系的构建与优化、教学内容的选择与重组，无不依据培养目标而确定，因此，制定科学、合理的人才培养目标是一所学校办学成功与否的关键环节。

要确立科学、合理的人才培养目标，应正确把握人才培养目标的内涵和结构，科学表述人才培养目标。培养目标是在展开教育活动之前，在教育管理者的观念中存在的教育结果，是对教育结果的一种设想，主要体现在三个方面：一是所要培养人才的层次，即专科、本科、研究生等。二是所要培养人才的质量标准。人才培养质量主要体现在人才的知识、能力、素质结构上。高校所要培养的人才的知识、能力、素质结构，不仅要满足社会对人才的需求，而且要符合高等教育发展的规律和人才自身的发展规律。三是所要培养人才的功能和类型。按人才的功能和类型，可将人才分为学术型、应用型、技能型等①。

五、人才培养机制

除了教育思想、教育理念之外，人才培养机制是影响高等院校办学特色与活力的重要因素。高等院校要着力实现人才培养机制的创新，以全面提升人才培养质量②。

（一）建立人才培养的教学机制

（1）建立人才分类培养机制。根据人才培养目标和知识、能力与素质结构特征，学院要对研究型、应用型、技能型等不同类型的人才，分别采用不同的人才培养模式实施分类培养：对于学术型人才，采用学科的人才培养模式，以知识为中心，注重学科知识的系统性和完整性，以及创新意识、创新精神和创新能力的培养；对于应用型人才，采用专业人才培养模式，以技术为中心，注重专业知识的掌握和专业实践能力的培养；对于技能型人才，采用岗位人才培养模式，以技能为中心，注重岗位技能训练和经验积累。

（2）建立多学科培养机制。学院要逐步减少单科专业人才的培养，积极发展复合专业，由两个或两个以上的学科或专业联合编制人才培养方案。人才培养以

---

① 吴菲菲. 教学研究型大学的人才培养目标与途径研究. 内蒙古农业大学硕士学位论文，2007.

② 张弛. 高等学校人才培养创新机制研究. 高等建筑教育，2017（4）：5-9.

某个学科或专业为主,其他学科或专业配合,培养学生在复杂职业环境中解决实际问题的能力。

(3)建立目标导向的人才培养机制。学院要依据经济社会发展和学院自身情况对人才培养目标进行定位,专业依据人才培养目标定位制订人才培养目标和培养规格,设置课程,做到课程建设目标与专业人才培养目标一致、专业人才培养目标与学院整体人才培养目标一致。

(二)建立人才培养的管理机制

(1)建立本科教学保障机制,以及经费投入保障机制。学院要明确教学经费生均投入最低标准,教学经费由学校下拨学院,学院统筹安排,并加强对教学经费的审计,杜绝挪用教学经费,建立教授为本科生上课教学机制。教授必须为本科生上课,且将承担本科教学的任务作为教授聘任的基本条件,不能以讲座或报告代替。学院应设立教学型教师职称系列,鼓励一部分教授潜心教学,引导教师将主要精力用在教学资源建设、教学方法优化、教育教学理论研究和交流上。学院应实行教师淘汰制,对考核不合格的教师予以警告、暂停教学、调离教师岗位处罚,不断优化教师队伍。

(2)建立教学促进机制。学院要将教师科研成果与社会服务成果引入教学的情况、教师吸纳学生参与科研和社会服务的情况纳入教师教学考核内容,引导和鼓励教师不断更新教学内容,在科研实践中为学生提供科研实践的机会、在社会服务中为学生提供接触社会的机会,保证教学内容的前沿性、动态性、延展性和应用性,激发学生课堂互动热情,训练学生的科研意识、创新思维和研究能力,培养学生融入社会的能力。

(3)建立人才培养考核与淘汰机制。学院要按专业定期对人才培养绩效进行考核,检验人才培养目标实现程度,同时,找出影响人才培养目标实现的因素,为人才培养方案的修订以及教学模式的完善、教学内容的更新和教学方法的改进提供依据。学院要严格执行毕业与学位授予标准,提高淘汰率,形成积极向上的学习氛围,促进优良学风的形成。

(三)建立社会广泛参与的办学机制

(1)建立人才培养社会参与机制。学院要出台办法,将政府部门、行业协会、企业等社会各单位参与人才培养成为常态。学院要通过社会各单位参与人才培养方案的编制、修订与实施,增强人才培养方案的科学性和针对性;与社会联合培养人才，将社会对人才知识、能力、素质所需融入人才培养方案，有针对性地培养社会所需人才；校企联合，实行订单式培养，促进校企产学研合作的深入开展。学院要全面实行教学质量年度报告制度并向社会公开，接受社会监督。

（2）建立人才培养社会保障机制。国家通过立法等途径，明确人才培养不仅是高校的责任，更是全社会应承担的责任。企业、政府部门、科研院所、公益性组织都应成为高校人才培养的实践教学基地，为高校人才培养提供实践实习条件和便利；应引导高校从企业中选拔具有丰富实践经验和一定学历的工程技术人员到高校任教。政府应单列专项资金，鼓励高校派教师到企业进行实践，加大"双师型"教师的培养力度。

（3）建立办学水平社会评价机制。政府组织第三方机构定期对高校办学水平、人才培养质量进行评价。高校根据评价结果，制定改进方案，形成以评促建、以评促改的良好局面，不断提高高校人才培养质量和办学水平。

第二节　人才培养模式

一、人才培养模式的内涵

（一）人才培养模式的概念

人才培养模式是高等教育领域的基本问题，从已有资料看，这一问题最初是在 1983 年由高校提出的。

"人才培养模式"这一概念最早见于文育林 1983 年发表在《高等教育研究》第 2 期的文章《改革人才培养模式，按学科设置专业》中，其内容是关于如何改革高等工程教育的人才培养模式[①]。之后，一些高校实践工作者也撰文分别探讨了高等理科、医学及经济学等各类人才的培养模式及其改革，但对"人才培养模式"的概念和内涵都未给出明确解释。1993 年，刘明浚在《大学教育环境论要》中首次对这一概念作出明确界定[②]。1985 年发布的《中共中央关于教育体制改革的决定》提出，要针对现存弊端，积极进行教学改革的各种试验，例如改变专业过于狭窄的状况，精简和更新教学内容，增加实践环节。直到 1994 年，国家教委启动并实施的《高等教育面向 21 世纪教学内容和课程体系改革计划》，才

---

① 文育林. 改革人才培养模式，按学科设置专业. 高等教育研究，1983（2）：22-26.
② 转引自刘献君. 院校研究论. 武汉：华中科技大学出版社，2021：214-234.

明确提出了"培养模式"的概念。1996 年,《中华人民共和国国民经济和社会发展"九五"计划和 2010 年远景目标纲要》中提出,要"积极推进教学改革。改革人才培养模式","人才培养模式"则第一次出现在国家重要的规范性文件中。1998 年,教育部印发《关于深化教学改革,培养适应 21 世纪需要的高质量人才的意见》,提出"人才培养模式是学校为学生构建的知识、能力、素质结构,以及实现这种结构的方式,它从根本上规定了人才特征并集中地体现了教育思想和教育观念",这是教育行政部门首次对"人才培养模式"的内涵作出直接表述。

20 世纪 90 年代以来,随着人们对人才培养模式关注度的增强,相关的研究迅速增多。截至目前,教育行政部门及学术界对人才培养模式的内涵还未形成统一的看法。

董泽芳将人才培养模式的表述概括为人才培养规范说、人才培养系统说、教育过程总和说、培养活动样式说、教育运行方式说、目标实现方式说、人才培养结构说、教学活动程序说、整体教学方式说、人才培养方案说等 10 种。这是目前国内最全面、最具体的概括[①]。

刘献君认为,较为典型的界定有以下 6 种:①所谓人才培养模式,实际上就是人才的培养目标、培养规格和基本培养方式(周远清)。②人才培养模式是学校为学生构建的知识、能力和素质结构,以及实现这种结构的方式,它从根本上规定了人才特征,并集中体现了教育思想观念(钟秉林)。③培养模式的内涵,是指在一定的教育思想和教育理论指导下,为实现培养目标(含培养规格)而采取的培养过程的某种标准构造样式和运行方式。培养模式是一种对培养过程的设计,一种对培养过程的建构,一种对培养过程的管理(龚怡祖)。④培养模式指在一定的教育思想、教育理论和教育方针的指导下,各级各类教育根据不同的教育任务,为实现培养目标而采取的组织形式及运行机制(阴天榜)。⑤人才培养模式是为实现一定的人才培养目标的整个管理活动的组织建构方式(陈世瑛,张达明)。⑥培养模式是教育思想、教育观念、课程体系、教学方式、教学手段、教学资源、教学管理体制、教学环境等方面按一定规律有机结合的一种整体教学活动,是根据一定的教育理论、教育思想形成的教育本质的反映(刘红梅,张晓松)[②]。

刘忠喜将人才培养模式归纳为以下 6 种:①"标准+变式"论。人才培养模式是指以一定的教育思想理念为灵魂,以高等教育人才培养活动为本体或原型,

---

① 董泽芳. 高校人才培养模式的概念界定与要素解析. 大学教育科学, 2012 (3): 30-35.

② 刘献君. 院校研究论. 武汉: 华中科技大学出版社, 2021: 214-234.

围绕人才培养目标这个中心而对人才培养活动全过程进行设计所形成的某种标准构造样式和运行方式（杨杏芳）。②"理念+目标+方式"论。人才培养模式是指高等学校根据一定的办学理念，根据学校的办学定位，为培养学生所设计的知识、能力和素质结构，以及实现这种结构目标的组织形式和运行方式（周升铭）。③"人才培养系统"论。人才培养模式是一个系统，包括培养模式和成长环境两部分。人才培养模式是核心，人才成长的环境是保证（朱宏）。④"人才培养方案"论。人才培养模式是在一定的人才观和教育价值观指导下形成的教育活动-人才培养方案，它是在大学理念和大学制度有机结合下才能实现的一个过程（邬大光）。⑤"整体教学方式"论。培养模式是教育思想、教育观念、课程体系、教学方法、教学手段、教学资源、教学管理体制、教学环境等方面按一定规律有机结合的一种整体教学方式（刘红梅、张晓松）。⑥"结构+方式"论。人才培养模式是在一定教育理论指导下，在实践中形成的将教学活动诸要素联结起来的结构和实施教学的程序和方式（刘智运）①。

赵红霞通过对人才培养模式理论发展的总结，将人才培养模式定义为：根据特定教育理念进行人才培养活动的实践范式与实施方法②。

综合各位专家的说法，所谓人才培养模式，是在国家相关方针政策和一定教育思想、教育理念指导下，以人才培养活动为本体，为实现理想的培养目标以及实现培养学生所设计的知识、能力和素质结构而形成的标准模式与运行方式。

人才培养模式是理论与实践的接壤处。人才培养模式要反映一定的教育思想、教育理念，是理想人才的培养之道，是理论的具体化。人才培养模式同时要具有可操作性，是人才培养的标准样式，但它又不是具体的技术技巧或实践经验的简单总结。人才培养模式是一个诸多要素组成的复合体，又是一个诸多环节相互交织的动态组织。其中涉及培养目标、专业设置、课程体系、教育评价等多个要素及制定目标、培养过程实施、评价、改进培养等多个环节。

（二）人才培养模式的层次

人才培养模式是有层次的。周升铭将人才培养模式分为广义、中义和狭义三个层次。广义的人才培养模式是指一个学校整体的人才培养模式、方式、方法；中义的人才培养模式，是某一层次或某一类专业的人才培养模式；狭义的人才培养模式，仅指某一个专业的人才培养方式。这种分类忽略了国家层面相关政策理

---

① 刘忠喜. 人才培养模式概念、层次及构成要素. 海南广播电视大学学报, 2014（3）：107-110.

② 赵红霞. 地方本科院校个性化人才培养模式研究. 华中师范大学博士学位论文, 2024.

念对人才培养模式的重要影响。中义和狭义的人才培养模式在具体实施方面差异不大①。

刘忠喜归纳的 6 种人才培养模式，关注重点可以分为国家、高校和专业三个层面。"标准+变式"论更多关注国家和高校两个层面；"理念+目标+方式"论、"人才培养系统"论和"人才培养方案"论关注的则是高校层面；而"整体教学方式"论和"结构+方式"论关注的则是专业层面②。

刘献君把人才培养模式分为三个层次：第一层次即最高层次，是主导整个高等教育系统的模式，如通才教育模式和专才教育模式；第二层次的人才培养模式是各高校所倡导和践行的培养模式；第三层次则是某专业独特的培养模式③。

（三）人才培养模式的构成要素

根据人才培养模式涉及范围，人才培养模式可分为国家、高校和专业 3 个层面，每个层面的构成要素是不同的。

1. 国家层面

人才培养模式的国家层面，是指国家对人才培养模式顶层制度设计和提倡的教育理念，包括教育方针政策、国家所倡导的教育理念等，如招生制度、课程质量标准、培养拔尖创新型人才、培养复合型人才、培养应用型人才等。

2. 高校层面

人才培养模式高校层面，是指高校在国家教育制度和教育理念的指导下，根据一定办学理念和办学实际进行人才培养的具体运行方式。构成要素包括教学理念、专业设置模式、课程设置模式、学校制度体系、教学组织形式、教学管理模式和教学评价方式等。

3. 专业层面

人才培养模式专业层面，是指相关院系在学校相关管理制度框架下，具体对本专业人才培养进行专业设置、课程设置、教学方式、课程评价等方面所进行的具体设计和实施方式。构成要素说法不一。有"两要素说"④，即培养目标和培

---

① 周升铭. 高等教育国际化对中国高校人才培养模式的影响及对策研究. 南昌大学硕士学位论文，2008.
② 刘忠喜. 人才培养模式概念、层次及构成要素. 海南广播电视大学学报，2014（3）：107-110.
③ 刘献君. 院校研究论. 武汉：华中科技大学出版社，2021：214-234.
④ 朱晟利. 论人才培养模式的概念及构成. 当代教育论坛，2005（3S）：28-29.

养措施；有"三要素说"①，即培养目标、培养规格、培养方式；有"四要素说"②，即培养目标、培养过程、培养途径、培养方法或培养目标、培养过程、培养制度、培养评价；还有"五要素说"等。

笔者比较倾向于"五要素说"，即人才培养模式包括教育理念、培养目标、培养过程、培养制度和培养评价。

（1）教育理念。人才培养模式是在一定教育理念指导下构建的，贯穿于人才培养活动的整个过程，因此，教育理念是人才培养模式的第一构成要素。教育理念是人们对教育领域内的各个运行要素（如教育制度、人才培养目标、人才培养方式）、制度和现象的理解、看法、观点及价值选择的总称。教育理念是人才培养活动所尊崇的教育观念和原则，它规定着人才培养活动的性质和发展方向，是一定人才培养模式建立的理论基础和依据。人才培养模式是教育理念的具体体现，是教育理念的具体化和实践化。对于教育理念的内涵，学者有着不同的观点。有的学者认为，教育理念是关于教育发展的一种理想的、永恒的、精神性的范型，它反映教育的本质特点，从根本上回答为什么要办教育③；有的学者认为，教育理念是指学校的高层管理者以学生前途与社会责任为重心，以自己的价值观与道德标准基础，对管理学校所持的信念与态度④；还有的学者提出，在某种意义上说，教育理念是教育思想家乃至整个民族的教育价值取向的反映⑤。韩延明从本质上全面概括了教育理念的内涵，认为教育理念是指人们对教育现象（活动）的理性认识、理想追求及其所形成的教育思想观念和教育哲学观点，是教育主题在教育实践、思维活动及文化积淀和交流中所形成的教育价值取向与追求，是具有相对稳定性、延续性和指向性的教育认识、理想的观念体系。教育理念具有民族性、国际性、指导性、前瞻性、规范性特征。建立在教育规律基础之上的先进的教育理念作为一种远见卓识，反映教育本质和时代特征，蕴含着教育发展的思想，是指明教育前进方向、引导和鼓舞人们为之长期奋斗的教育理想⑥。

（2）培养目标。有学者指出，培养目标，是人才培养的标准和要求，是人才

① 赵红霞. 地方本科院校个性化人才培养模式研究. 华中师范大学博士学位论文，2024.
② 林玲. 高等学校"人才培养模式"研究述论. 四川师范大学学报（社会科学版），2008（4）：110-117.
③ 姜士伟. 人才培养模式的概念、内涵及构成. 广东广播电视大学学报，2008（2）：66-70.
④ 罗海欧. 通识教育与大学文化发展：海峡两岸跨世纪大学文化发展研讨会综述. 高等教育研究，1999（4）：54-56.
⑤ 朱永新. 中国古代教育理念之贡献与局限. 教育研究，1998（10）：56-61.
⑥ 韩延明. 理念、教育理念及大学理念探析. 教育研究，2003（9）：50-56.

培养模式构建的核心，对人才培养活动具有调控、规范、导向作用[①]。

（3）培养过程。培养过程是为实现一定的人才培养目标而实施的一系列人才培养活动的过程。培养过程决定着人才培养目标的实现与否，决定着人才培养活动的成功与否，因此培养过程的优劣、科学与否至关重要。培养过程主要包括培养方案、培养措施两个方面。培养方案是为实现人才培养目标的要求而制定的一系列静态的培养措施和培养计划，是人才培养模式的实践化形式。人才培养方案主要内容包括人才培养目标的定位、教学计划、课程设置、教学大纲的设计和非教学途径的安排等。培养措施是指人才培养过程中为实现人才培养目标，按照一定的人才培养方案的要求，所采取的一系列途径、方法、手段的总称，它是人才培养方案的具体落实，是人才培养过程中最为重要的组成部分，包括课堂教学、实践教学等不同教学环节、教学管理的各项制度与措施及具体的操作要求[②]。

（4）培养制度。培养制度是人才培养行为得以稳定存在并受到尊重和延续的行为模式，具体表现为"有关人才培养的重要规定、程序及其实施体系，是人才培养得以按规定实施的重要保障与基本前提，也是培养模式中最为活跃的一项内容。培养制度包括基本制度、组合制度和日常教学管理制度三大类"[③]。

（5）培养评价。培养评价是人才培养活动中的最终环节，也是衡量和评判人才培养活动成败的关键环节。培养评价是"依据一定的原则建立的与培养目标、培养方案、培养过程、培养策略相适应的评价方法与标准，以保障培养目标的落实、完成"[④]。具体来讲，人才培养评价是通过收集人才培养过程中各方面的信息并依据一定的标准对培养过程及所培养人才的质量与效益作出客观衡量和科学判断，并对人才培养活动的过程实施全面监控，及时进行反馈与调节。

二、影响人才培养模式创新的主要因素

院校人才培养模式应随着高等教育的发展、社会经济的进步而调整、变化，但是，人才培养模式的调整又面临着许多束缚和制约。

（一）社会经济发展是影响人才培养模式创新的根本因素

人才培养模式受社会政治、经济发展等因素的制约。采取何种人才培养模

---

① 张相乐. 关于本科专业人才培养模式改革的思考. 石油教育，2004（1）：31-34.
② 姜士伟. 人才培养模式的概念、内涵及构成. 广东广播电视大学学报，2008（2）：66-70.
③ 文汉. 人才培养模式探析. 高等农业教育，2001（4）：16-18.
④ 张相乐. 提高高等教育质量，培养创新人才. 中国电力教育，2010（34）：1-3.

式，取决于社会对人才培养规格的需求、社会知识发展程度、教学资源的丰富程度和人类交往方式。

　　在不同的时代，大学具有不同的人才培养模式：在农业社会，以分散经营、小生产的农业经济为特征，人们交往范围狭小，知识发展缓慢，社会需求的是有经验的体力劳动者和维护私有者统治的官吏。劳动者经验的再生产主要靠师徒间言传身授，大学的人才培养以绅士、官吏为目标，以知识的传授为导向，采用的是原始的个体化人才培养模式。在工业社会，以有分工的机器大工业生产为特征，以科技的发展为基础，社会知识更新的速度较慢，社会需求的是大批有一技之长的机器操作工，大学的人才培养以科学知识为目标，以学科为导向，采用的是批量生产的应试人才培养模式。在信息社会，以知识爆炸且扩散迅速化、资源全球化、交往网络化为特征，生产技术的发展以知识创新为基础，社会需求的是大批能协同工作会创造解决问题的脑力劳动者，大学的人才培养以创新为目标，以素质和能力为导向，采用的是创新个性人才培养模式。

　　同样，时代的发展变化要求学院的人才培养模式与时俱进：一是要以国家社会发展需要为标准与时俱进，不断调整大学的专业设置以及专业培养目标和规格，以适应国家经济与社会发展的需要；二是要以大学的人才培养目标为基础与时俱进，不断调整专业的培养方案、培养方式与培养途径，不断提高人才培养质量与人才培养目标的符合程度，不断提高培养的人才与社会需求的符合程度[①]。

（二）教育理念更新是影响人才培养模式创新的直接因素

　　人才培养模式受社会发展对人才需求制约，但直接的因素是在一定的教育思想与教育观念的指导下进行演变的。在学院，教育思想表现为教育理念。学院人才培养模式是教育理念的具体化，是在一定教育理念指导下进行的。

　　教育理念对人才培养模式的影响很大，目前院系中存在的主要问题表现在以下三个方面。

　　（1）院系领导对办学理念重视不够。在计划经济时代，我国实行政府直接管理、封闭与集中相统一的高等教育体制，高校没有自主性可言，按照政府的规定办学，难以形成自身的理念。《中共中央关于教育体制改革的决定》发布之后，高校的办学自主权增大，但院系作为学校二级教学单位，承担着教学科研任务，办学的自主权却不大，院系依然按照学校的规定办学。院系领导通常重视硬件建

---

　　① 王彦锐. 高等教育人才培养模式影响因素及特征研究. 网络财富，2010（2）：19-21.

设而忽视软件建设，重视规模扩大而忽略理念提升，缺乏探索，从而难以形成自己的办学理念。

（2）院系对教学改革缺乏整体思考。长期以来，院系重科研轻教学的问题较为突出。院系领导研究教学的少，一些领导没有把立德树人的根本任务放在重要位置，对学院到底应培养什么样的人才、怎么样去培养这样的人才缺乏深入和系统的思考；对人才培养定位、培养体系建立缺乏顶层设计，没有从体制机制方面引导教师深化教学改革和人才培养模式改革。部分教师重视科学研究，投入教学的精力不够，不熟悉高等教育教学规律，没下功夫进行教育教学改革，教学内容陈旧，教学方法不能适应信息社会发展的要求，教学效果不理想。部分学生上课积极性不高，对老师的讲授缺乏兴趣，严重影响了教学效果和人才培养质量。

（3）院系新兴办学理念缺位。进入 21 世纪，科技革命更加迅猛，全球化趋势更加明显，信息流动更加迅速。身处这样的社会，院系需要进行相应的变革，对人才培养模式进行调整，以创新型人才培养为目标，突出学生的国际视野、信息素养、学习能力及全面素质的培养，教育理念也从素质教育理念、通识教育理念进入了创新教育理念。但是，一些学院还没有转变教育理念，尚未形成学术自由、国际化、多样化、以人为本、终身学习等教育理念，更无法将这些理念付诸实施。

（三）管理制度完善是影响人才培养模式创新的重要因素

管理制度是影响人才培养模式创新的一个重要制约因素，学院在管理制度建设上主要存在以下两个问题。

（1）学校管理重心没有下移。当前，高校管理体制和运行机制主要集中在学校，不能完全适应学校发展形势和任务的要求。一方面，学校管理重心过高，资源配置权过于集中，各职能部门高负荷运转，站在全局高度谋划、指导、监督、服务的功能发挥不够；另一方面，学院管理自主权、资源调配权不足，制约了办学主体积极性的发挥，影响了干事创业、推动发展的活力和动力，制约了人才培养模式的改革和创新。

（2）学院行政权力与学术权力失衡。由于管理重心没有下移，学院管理权限不足，学院大多还是按照行政管理的思维和模式进行管理，学院行政权力与学术权力配置失衡。学院基本上遵循行政部门的安排和要求运行，多数事务由学校行政部门进行管理，学校行政权力过大。同时，学院设置的学术委员会、教学委员会等，其组成人员多数是学院领导、院系主任等，较少有"布衣教授"参与，因此，委员会更多的是从行政的角度考虑问题，而对学术考量不足，导致学术权力在一定程度上虚置。人才培养模式的改革是一项重要的学术事务，需要教师的广泛参与，学术权力的缺失阻碍了教师主动性、积极性的发挥，导致人才培养模式改革创新流于形式。

（四）教育资源支持是影响人才培养模式创新的客观因素

人才培养模式离不开强大的资源支持，缺乏资源的支持，不足以支持人才培养模式的创新。资源不足客观影响了学院人才培养模式的创新，具体表现在以下几个方面。

（1）教育经费不足。教学改革需要相应的经费保障，随着我国高等教育进入普及化阶段，教育经费不足的问题突出。自 1998 年始，我国高等教育大规模扩招，高校规模迅速扩大。为应对学生规模扩大的形势，不少学院贷款购置校园用地、修建"大楼"、增添设备，不得不负债运行。同时，国家专项资金主要用于重点高校，地方高校获得较少。资金不足严重影响了教学投入，用于人才培养模式改革的经费则更少。

（2）师资力量不足。由于连年扩招，学院生师比普遍偏高，需要学院加大人才引进与培养。同时，受思想观念和评价体系的影响与制约，教师真正投入教学、潜心教学改革和真正研究教育教学这门"大学问"的数量不足，部分教师缺乏从事人才培养模式改革的动力。一些教师觉得教学改革的推动应该是领导的工作，是教务处、人事处和学院的工作，自己没有责任去推动教学改革，且投入与回报不成比例，让他们觉得得不偿失。

（3）课程资源不足。课程是人才培养的核心要素，是人才成长的载体。人才培养模式的改革要以优质、丰富的课程资源为基本条件。有学者研究发现，我国高校的课程资源存在严重不足，做得最好的北京大学和清华大学，也仅有 3000门左右。而美国多数高校几乎达到人均一门（次）课程，即 5000 人规模的本科院校要开设 5000 门（次）左右的课程[①]。同时，还存在着课程教材陈旧、教学内容落后的问题。因此，学院要加大对教育部规划教材和获奖教材的选用力度，组织力量编写有特色的教学参考书及选修课教材；创造条件，引进有特色的原版教材，推进双语教学，让学生尽可能多地接触学科发展最新动态信息；通过教学与科研的结合，将教师研究成果充实到教学内容中。

---

① 刘献君. 院校研究论. 武汉：华中科技大学出版社，2021：214-234.

（4）现代教学资源不足。随着现代信息技术的发展，教育技术的应用方式也在不断发展。现代教育技术的应用不仅仅是教学手段的变革，从长远发展来看，它更将对教学内容、教学方法及人才培养模式的改革产生深远的影响。然而，一些学院对信息化重视不够，多媒体教室、智慧教室数量不足，影响了讨论式教学的开展。同时，部分教师应用信息化教学手段不熟练、电子教学资源开发不够，存在教学方法落后的问题。

三、不同类型学院的人才培养模式

（一）当代高校人才培养模式的基本特征

创新教育理论是在 21 世纪加强从人力资源大国向人力资源强国转变的背景下提出的。在创新教育理念的指导下，学院在建立创新人才培养基地、改革教学内容方法、优化课程体系和人才培养模式方面展开了积极的探索和实践，在人才培养模式上体现出以下特征[①]。

（1）在教育理念上，体现"素质教育"主导的教育思想观念。重建教育理念，注重大学生素质培养。学院不仅有发展科学文化的科学追求，更有"人文养成"的人文理想，为使科学技术的发展为造福人类服务，应注重将人培养成人才，而不是"工具"。学院迫切需要转变注重科学教育轻视人文教育、重专业技能训练轻综合素质培养的教育观念，改变那种片面按照市场的需要塑造现代大学教育的观念，把追求自由、追求科学、追求创新精神作为现代大学的精神，把人格的培养和人自身的完善作为教育目标，树立起全面的素质教育观念，培养和谐的、全面发展的人。

（2）在培养目标上，突出"知识、能力、素质相融合"的人才质量标准。学院根据国家的教育方针与高等教育目标，以正确的教育思想和教育观念为指导；根据学校办学目标定位、专业特征、社会需求、毕业走向、生源状况以及学校办学条件，按照知识、能力、素质相融合的原则，对专业的人才培养目标进行恰当的定位。学院在人才培养上，以促进学生全面发展为逻辑起点，实现三大转变：一是从以传授专门化的学科知识为主向培养学生能力为主转变，在软化学科界限的基础上加强对大学生基本素质、基本知识、基本能力的培养；二是从学生一次受教向学生终身学习转变，使学生在高等教育阶段获得终身学习的能力和意识；

---

① 王彦锐. 高等教育人才培养模式影响因素及特征研究. 网络财富，2010（2）：19-21.

三是从单一关注学生认知性发展向促进学生整体人格发展转变，注重学生人文素养和科学方法的培养。学院应通过人才培养模式的变革，融传授知识、培养能力、提高素质为一体，培养"学会认知、学会做事、学会做人、学会与人相处"的复合型高素质人才。

（3）在培养方向上，注重"基础扎实、知识面宽、能力强、素质高、适应性强"的人才培养规格。根据专业人才培养目标，学院要加强对专业人才培养规格的合理设计，特别是对人才培养的知识、能力、素质结构进行合理设计；要加大课程设置的调整力度，强化通识教育，要求学生选修一定比例的外专业课程，通过"引文入理、引理入文、文理渗透"，使大学生的知识结构不仅具有知识的时间深度，而且具有不同学科间知识的跨度，使学生综合素质得到全面提高，知识、能力、素质得到和谐统一的发展。

（4）在培养方式上，强调"科学教育与人文教育相融合"的人才培养方式。科学教育和人文教育是构成完整教育所不可或缺的部分，科学教育与人文教育日趋融合，代表了世界教育发展的方向。科学教育与人文教育既各有价值，又各有局限性，如果将它们割裂开来，就会造成人与社会发展的失衡。没有纯粹的科学教育，也没有纯粹的人文教育，完整的教育应该是一个科学教育和人文教育所共构的整体。人文教育与科学教育的融合是全方位的，是教育思想、教育价值观与功能观、教育制度和课程设计等方面的根本改变。学院的人才培养应将科学教育与人文教育相融合，使学生在接受科学教育的同时，提升自己的人文素质，并努力提高自己的社会素质。

（二）不同类型学院人才培养模式确定的原则

不同类型的学院，其人才培养定位是不同的。学院在确定人才培养模式时要遵循以下原则[①]。

（1）国家需要是前提，学院定位是关键。不同类型的学院应根据国家和经济社会发展对人才的不同需求，以及各学院的自身条件，在履行高校职能的同时找准自己的办学定位、发展目标、办学性质和服务方向，确定人才培养的目标和规格，构建合理的知识、能力、素质结构。学院应将本科教育作为办学的基础和重点，努力培养面向国家急需的拔尖创新型人才和面向基层的复合型、应用型人才。

（2）社会需求是导向，培养模式是核心。不同类型的学院，尤其是教学型和

---

① 杜彦良，张爱淑，任波，等. 对不同类型高校定位与人才培养模式的思考. 中国教育报，2009-03-03.

教学研究型学院，在构建各自的人才培养模式时，必须满足市场需求，即以市场需求为导向。一般来说，研究型学院以培养拔尖创新型、复合型人才为主要任务，教学研究型学院以培养复合型、应用型人才为主，教学型学院培养的是面向基层、面向生产第一线的应用型人才。由于学院自身的条件不同，定位和服务对象也不同。教学型学院和教学研究型学院必须面向社会、面向产业构建人才培养模式，培养社会、产业急需的有一定理论基础、较强的动手能力和二次开发能力的应用型人才。

（3）通识教育是基础，能力培养是本位。不同类型学院的人才培养模式是不同的，但是人才素质的基本结构是相似的，这就需要学院在实践中正确处理好能力教育、通才教育和专业教育三者的关系，必须以通识教育为基础，构建学生的综合能力和宽泛的知识基础，为学生的可持续发展奠定基础；以能力培养为本位，构建学生应用知识和技术解决生产、服务、管理等方面的实际能力，包括专业能力和综合能力等。

（4）知识应用是基础，创新能力是目标。高校的职能客观上要求学院培养出的人才，既要有"知识"，又要有"能力"，更要有使知识和能力得到充分发挥的"素质"，他们应当具备基础扎实、知识面宽、能力强、素质高四个突出特点，尤其是要具备较强的创新能力。

（三）不同类型学院人才培养模式的构建

1. 研究型学院

研究型学院是国家高层次人才培养的重要基地，是培养政治、经济、科技和文化等领域精英人物的场所，是国家知识创新和技术创新的中心，是科学技术的重要发源地，能够产生重大原创性研究成果，能够在基础研究方面对人类知识大厦的构筑做出重要的贡献；能够提供良好的社会服务；通过培养众多的精英人才和创造重大的科研成果和社会服务，对国家的政治和文化产生影响。在人才培养模式上研究型大学及学院对学生的知识、能力和素质结构的构建与实现方式有自己的特色。

在知识和能力构建方面，研究型学院以培养高素质复合型、拔尖创新型的精英人才为目标，知识结构以"坚、宽、深、交"为特点；重视通识文化教育，加强基础学科、基础理论课程和学科交叉的课程模块的建构，努力实现学生的知识体系精深、广博与学科交叉的协调统一，本科生与研究生课程学习的有机统一和衔接，旨在培养理论基础厚、综合能力强、人文修养底蕴深厚的研究型人才。

在素质和能力培养方面，研究型学院将本科教育与研究生教育有机结合，突出强调本科教育的基础地位。在人才培养目标和专业课程设置上，研究型学院以培养基础知识宽厚、创新意识强烈、具有良好的自学自主研究能力和动手能力的通识性人才为目标，实施通识教育基础上的宽口径专业教育。

2. 教学研究型学院

教学研究型学院是介于研究型和教学型之间的学院，其主要任务是培养有研究潜力、具有一定的复合知识、以技术应用、技术开发为基础的高级人才；在培养的层次上本科教育占比较大的比例，一般是研究生教育与本科教育并重；科学门类以多科性和综合性为主，学历教育一般涵盖博士、硕士和学士完整的层次。

找准教学研究型学院本科教育的人才培养定位，使学院形成各自不同的人才培养特色，是教学研究型学院发展的关键。各学院要根据各自的办学定位、发展目标、办学性质和服务方向，将本科教育作为办学重点，努力探索培养面向基层的高质量的具有创新思维、复合型、开放型和应用型人才。

教学研究型学院在人才培养的模式构建中，必须适合社会对人才知识面宽、应变能力强、开拓能力强、具备多种素质特征的要求，培养的人才既要具有共性，又要具有个性，还要具有较强的知识基础、创新精神和实践能力。因此，人才培养模式构建应以通识教育为基础，以传授知识、培养能力和提高素质作为构建人才培养模式的主线。

3. 教学型学院

教学型学院是我国高等教育的主力，量大面广、层次多、类型多，教学型学院是培养应用型高级人才的主要力量。长期以来，教学型学院普遍存在注重在单一学科领域中培养人才，使人才的知识结构单一，知识面狭窄，适应性较差等问题。因此，教学型学院人才培养模式的构建要以培养应用型人才为出发点，按照"基础扎实，知识面宽，应用能力强，素质高，有较强的创新精神"的要求，在学生的知识构建上把握好通识教育与专业教育的关系，知识面宜宽不宜窄，不能把专业看得太重，同时为终身教育做准备、打基础，努力形成人才培养上的应用性特色，培养学生"会学习""会创新""会做人"。教学型学院应主要注意以下几个方面。

（1）培养目标。教学型学院培养的是具有创新潜力的技术和技术开发的应用型人才，体现为以通识为基础的技术应用人才。

（2）知识构建。教学型学院强调为学生搭建具有可塑性的知识框架，对学生掌握知识的要求较高，强调知识体系的完整性、系统性和科学性，强调学生应以通识为基础的深厚专业理论基础、宽广的专业知识面和较强的科学创造能力。

（3）素质和能力培养。教学型学院强调的是综合素质的培养，重视的是知识和技术的应用能力培养，同时培养学生应用知识进行技术创新和技术二次开发的能力，既重视实践教学，也十分重视理论教学[①]。

不同类型学院人才培养模式如表 8-2 所示。

表 8-2　不同类型学院人才培养模式

比较项	研究型学院	教学研究型学院	教学型学院
培养类型	拔尖创新型人才 复合型人才	复合型人才 应用型人才	应用型人才
科技贡献	技术创新研究和基础理论原创性研究为主	技术应用研究和技术创新研究为主	技术应用研究为主
社会服务	培养精英人才和高素质技术创新人才 技术创新贡献和理论原创	培养高级技术应用和技术创新人才 技术应用和技术创新贡献	培养生产、服务和管理的各类技术应用型人才 一定科技贡献
人才培养模式	拔尖创新型人才培养模式 复合型人才培养模式	复合型人才培养模式 应用型人才培养模式	应用型人才培养模式

第三节　拔尖创新型人才培养

一、拔尖创新人才的概述

（一）拔尖创新人才概念的提出

"拔尖创新人才"是高等教育领域适应形势变化而提出的新的人才目标追求。"拔尖创新人才"作为一个整体概念，最早出现在 2002 年党的十六大报告中，该报告提出"要大力发展教育和科学事业……全面推进素质教育，造就数以亿计的高素质劳动者、数千万计的专门人才和大批拔尖创新人才"。

2005 年 7 月 29 日，钱学森在与国家领导人的谈话中谈道："现在中国没有完全发展起来，一个重要原因是没有一所大学能够按照培养科学技术发明创造人才的模式去办学，没有自己独特的创新的东西，老是'冒'不出杰出人才。这是

---

① 杜彦良，张爱淑，任波，等. 对不同类型高校定位与人才培养模式的思考. 中国教育报，2009-03-03.

很大的问题。"①"钱学森之问"是关于中国教育事业发展的一道艰深命题，需要整个教育界乃至社会各界共同破解。为此，2009 年，由教育部、中共中央组织部、财政部联合启动"国家拔尖人才培养计划"，旨在立足于中国的未来，为国家经济社会的发展培养一大批拔尖创新人才②。之后出台的《国家中长期教育改革和发展规划纲要（2010—2020 年）》中也多次提到，要培养信念执着、品德优良、知识丰富、本领过硬的高素质专门人才和拔尖创新人才③。党的二十大报告强调，"着力造就拔尖创新人才，聚天下英才而用之"。拔尖创新人才培养已经跃居国家发展战略高度，对高校人才培养提出迫切的任务和要求④。

（二）拔尖创新人才的概念

关于"拔尖创新人才"，学者从不同的角度进行了剖析。郝克明认为，拔尖创新人才是"在各个领域特别是科学、技术和管理领域，有强烈的事业心和社会责任感，有创新精神和能力，为国家发展做出重大贡献，在我国特别是在世界领先的带头人和杰出人才"⑤。高晓明提出，"拔尖创新人才意指在各行各业那些试图通过变革来引领发展，从而为整个社会经济的顺利转型做出突出贡献的杰出人物"⑥。徐昕认为，拔尖创新人才"是各个专业的领军人物，有较强创新精神和创新能力，为社会发展和科技进步做出杰出贡献的人"⑦。

从以上学者的不同表述可以看出，拔尖创新人才的内涵包括"拔尖""创新""杰出贡献"3 个关键词。"拔尖"是指出众，超出一般。"拔尖人才"，从个人角度来说，是在某些方面具有突出的特长或潜质的人才；从社会角度来说，是在不同领域取得突出成就的人才。"创新"是指抛开旧的，创造新的。学者普遍认同"创新意识、创新精神和创新能力"等特质，但对"创新"的层次、深度、分类等则存在不同看法。比如，阎光才提出，"拔尖创新型学术人才是指那些在学术

①　文摘报."钱学森之问"到底问什么. 文摘报，2023-03-29.

②　唐芊尔. 基础学科拔尖人才培养能力显著提升. 光明日报，2024-07-10.

③　顾明远，石中英. 国家中长期教育改革和发展规划纲要（2010—2020 年）解读. 北京：北京师范大学出版社，2010：248.

④　姜淑杰. 协同与贯通：美国研究型大学拔尖创新人才培养机制研究——基于卡内基梅隆大学的案例考察. 江南大学硕士学位论文，2023.

⑤　郝克明. 造就拔尖创新人才与高等教育改革. 中国高教研究，2003（11）：7-12.

⑥　高晓明. 拔尖创新人才概念考. 中国高教研究，2011（10）：65-67.

⑦　徐昕. 拔尖创新人才本科阶段的培养模式探索：基于国内高水平大学实验班的研究. 华南理工大学博士学位论文，2011.

上尤其是基础理论领域取得重大原创性成就的学者"①。对于如何判断拔尖创新人才，研究者认为，最重要的标准是他对社会是否做出了"杰出贡献"②。

（三）拔尖创新人才的特征

拔尖创新人才是否有类型之分？其主要特征是什么？徐晓媛和史代敏认为，"拔尖创新人才是多种类型创新人才的总称，包括复合型、学术型、管理型和应用型等多种类型人才"③。

拔尖创新人才的基本特征涵盖身心素质、知识体系、创新能力等方面。沈蓓绯认为，拔尖创新人才"既有健康的体魄和丰富的文化知识，又有高尚的道德修养和思想情操；既有较强的创新精神和创新意识，又有初步的独立进行科学研究的能力；既有优良的心理素质，善于独立思考，又有合作能力"④。张伟则认为，拔尖创新人才①具有扎实的基础知识，包括语言基础、数理基础以及计算机基础等；②具有较强获取知识的能力，善于对所搜集的知识进行分析、综合与归纳，并具有初步的知识鉴别和选择能力；③具有较强的综合相关知识来进行应用研究的能力；④具有一定的创新和创造能力；⑤具有团队协作精神⑤。

有的学者还认为个性的自由发展是创新人才成长与发展的前提，并强调人才的全面发展。例如，高晓明认为，"必须要转变传统的人才观念，即在各方面都能够均衡发展的是优秀人才，而在某个方面拔尖，在其他方面达到基本要求的也应该是优秀人才。人才的培养不能求全责备，没有多样性和个性，就谈不上拔尖人才"⑥。

黄海鹏认为，"拔尖创新人才"是指具备一定的创新精神和专业素养，并且具有相对完备的独立人格和综合素质，有强烈的事业心和社会责任感，能够在某一领域起到带头引领作用，对社会有着突出贡献的特殊人才⑦。

综上所述，拔尖创新人才是具备创新精神和创新能力、对社会发展具有突出贡献且能够引领社会进步的人。其主要特点可以是全面均衡发展，具有强健的身体素质和心理素质、完善的基础知识结构、强烈的创新精神和能力以及较好的组

---

① 阎光才. 从成长规律看拔尖创新型学术人才培养. 中国高等教育，2011（1）：37-39.

② 曾德军，柯黎. 近十年拔尖创新人才培养问题研究综述.高等理科教育，2013（4）：1-8.

③ 徐晓媛，史代敏. 拔尖创新人才培养模式的调研与思考. 国家教育行政学院学报，2011（4）：81-84+57.

④ 沈蓓绯. 荣誉学院：美国高校本科生"拔尖创新人才"培养模式研究. 高教探索，2010（4）：59-63+91.

⑤ 张伟. 华中科技大学培养拔尖创新人才的案例研究. 华中科技大学硕士学位论文，2007.

⑥ 高晓明. 拔尖创新人才概念考. 中国高教研究，2011（10）：65-67.

⑦ 黄海鹏. 高等中医药院校拔尖创新人才培养模式研究. 东北师范大学博士学位论文，2023.

织协调能力，也可以是在某一个方面拔尖并有突出成就的人。

二、国内外大学拔尖创新型人才培养的经验

综合分析国内外大学人才培养方案和美国麻省理工学院、哈佛大学等优秀人才培养计划（Honors Program）实施方案，拔尖创新型人才培养具有以下经验值得借鉴。

（一）先进的办学理念

拔尖创新人才的培养理念，大多数高校采取"精英教育"的理念。姚期智认为，"精英教育是时代的诉求，精英教育的存在有一定的必要性。在国家处于经济转型时期时，通过开办精英班的方式，能够集中力量培养少数杰出人才"[①]。根据"精英教育"的培养理念，许多高校针对拔尖学生设立了专门的实验学院、实验班、试点班、特色学院、基地班等平台。例如，清华大学清华学堂、浙江大学竺可桢学院、武汉大学弘毅学堂等，都是针对本科生进行精英培养建立的。由精英教学带来的是对优秀学生的单独组班，小班授课，高水平的师资配备，为其提供的是最优越的学习条件和环境。

拔尖创新型人才培养的另一个重要的办学理念是通识教育。张大良概括了钱学森教育思想的要点：应该对拔尖人才实施"通才教育"，使之掌握马克思主义哲学原理；理、工、文、艺相结合，有智慧；政治可靠、道德纯洁、文理并重、古今融会、中西贯通。具备博与专辩证统一素质的人才有战略眼光，必会有大成就。他同时提到，拔尖创新人才培养要文理并举，注重科学与艺术的结合[②]。西南联大提倡和践行培养通才的教育理念，由一流的教授给本科生上基础课，牢固的基础知识，为西南联大学子更好地学习专业知识和毕业后进一步发展打下良好的基础，培养了大批拔尖人才[③]。浙江大学对拔尖创新人才培养进行了长期且深入的探索与实践，形成了鲜明的改革思路：①以知识、能力、素质并重的教育理念，培育具有高尚人格、创新创业能力和开放性知识结构的人才；②以自由选择专业和个性化培养的完全学分制取代按专业招生、按专业培养的传统模式；③以让学生在不断变化的世界中具有持久竞争力为培养目标，使知识的培育走一条

① 姚期智. 拔尖创新人才培养新思路. 计算机教育，2011（23）：1-3.
② 张大良. 学习践行钱学森教育思想，大力培养拔尖创新人才. 中国高教研究，2012（1）：15-17.
③ 张笑予. 西南联大拔尖人才培养研究. 学理论，2012（20）：190-191.

宽、专、交之路；④以营造良好的学术环境和学习气氛为重点，激发学生的热情、激情和创造力①。

（二）严格的选拔与分流制度

大学拔尖创新人才培养重视生源的选拔，可谓百里挑一，宁缺毋滥，因为它是高水平研究型大学实施拔尖创新人才培养的第一个重要环节。无论是美国还是中国，拔尖人才的生源选拔都十分严格，都有一套完整的选拔制度并按此严格执行。美国大学荣誉学院学生的选拔，采取竞争性或选择性招生的办法，主要考虑学生在高中班级的排名，以及 ACT 和 SAT 成绩，即大学入学考试成绩和学术能力评估测验水平，而且重视对学生写作能力的考察。对于有特殊才能的学生，荣誉学院招生委员会也会略微降低录取标准，创造条件，促进有特殊才能学生的发展。我国对拔尖创新人才的选拔分数的要求则更为严格，主要是考虑学生的大学入学成绩，只有在达到分数要求的基础上的学生，才能进入面试环节。在分流制度方面，美国荣誉学院以及我国实验班一般针对不适应荣誉学院或者实验班培养模式的低年级学生，采取淘汰制度，安排其转入普通学院专业继续学习。

（三）一流的师资队伍

高水平研究型大学依靠各自学校的优势，使专业教育师资队伍集中了国内高等教育的优秀师资，在师资队伍上具有其他一般学校不可比拟的优势，为学生的培养起到了至关重要的作用。此外，高水平研究型大学重视导师的作用，由导师完成对学生的个性化培养和生涯规划，促进通识教育和素质教育的发展，强化学生的实践能力和综合素质，进而将人才培养目标落到实处。学院选取知名教授担任导师，借助知名教授的人格魅力、严谨的学术态度以及专业优势等影响学生，使学生在获取思想道德教育的同时，获得专业能力的提升，取得良好成效②。

（四）模式化的课程体系

课程是人才培养中极其重要的一部分，完善的课程体系是培养拔尖创新人才的核心。学科的科研能力越强，所开设的课程及授课教师的水平就越高。所以，

---

① 潘云鹤，路甬祥，韩祯祥，等. 拔尖创新人才培养二十年的探索与实践. 中国大学教学，2005（11）：21-23.

② 董瑞. 国内高校拔尖创新人才培养模式改革研究. 高等理科教育，2011（6）：66-70.

拔尖创新人才的培养应当建立在优势学科上。

美国荣誉学院课程内容丰富,授课方式灵活,形式多样。通识教育课程包括写作类、艺术人文类、自然科学类和社会科学类。荣誉课程是荣誉学生课程体系中的核心部分,荣誉课程包括专业基础课、专业核心课和选修课。专业基础课主要传授学生学科专业领域的基本理论和方法论知识,引导学生迈入专业领域的大门,为其奠定专业基础和知识结构框架。专业选修课是为拓展学生的专业知识面而设的,学生可以根据导师的建议和自己的需要进行选择。选修课往往采用研讨课的方式,激发学生的创新意识,使其产生更多的思维碰撞,有利于学生在学科专业领域进行创新。研讨课程除了普通选修课之外,还有独立的学习研讨课。荣誉学院的学生还可以在导师的指导下,根据自己的兴趣选修难度更大、程度更深的研究生课程来替代普通通识课程[①]。

浙江大学竺可桢学院强调培养理工科学生的人文素养,学生既要精于理工,也要对文史哲有所了解[②]。该学院在本科生中实施博雅教育,鼓励学生博览群书,成为高素质的综合性人才;建立了重基础、宽口径、模块化的新型课程体系;设立了学院一级平台必修课程、选修课程体系,以及文、理、工三大类的二级平台必修课程、选修课程体系。学院一级平台上设置了数理化生物等通识课程以及英语课程和人文社科类课程两个特色模块,突出基础宽泛、文理渗透和强化英语能力的培养。文、理、工三大类二级平台上设置了一系列专业基础模块,如在工科类的二级平台上设置了数学、电类和计算机课程等模块,加大了学生的自主性选择空间。

(五)系统化的创新能力培养

(1)实行专业导师制。学院应选拔知名教授作为本科生的专业导师,实行导师指导下的个性化培养。导师根据学生的特点、特长和志向指导学生制订专业学习计划,加强对学生自主学习的指导。通过导师制,学生的学习不再是单一的课堂教学,课堂外的学术活动、课题研究、工程设计或参加社会实践成为开发学生潜力、培养综合能力的有机组成部分。

(2)实施学科交叉培养。加强学科交叉培养,注重知识交叉复合、培育创新创业能力是培养拔尖创新人才的有效途径。例如,浙江大学组织的"创新与创业管理强化班",以现代企业家精神的培育为核心,围绕创新、创业所需的经营管

---

① 扶慧娟. 地方综合性大学拔尖人才培养模式研究. 南昌大学硕士学位论文,2011.

② 潘云鹤,路甬祥,韩祯祥,等. 拔尖创新人才培养二十年的探索与实践. 中国大学教学,2005(11):21-23.

理知识结构搭建和领导、组织能力的培养，提出挑战性案例，让学生走出课堂开展调研活动，回到课堂汇报、辩论。除组织名师授课外，学校还通过教授介绍、学生主动跟进的方式，广泛联系高新技术园区和一流企业，打造了强化班见习平台，新颖的教学方式和有效的社会实践极大地激发了学生的创新潜力。

（3）第一第二课堂贯通。学院应推进课堂教学模式改革，构建以学生为主体的教学模式，鼓励并推广研讨型课程，改变传统呆板的、仅由教师宣讲的教学模式，让学生真正参与到课程的核心，推进建立教学思想、教学方法、教学内容、考核方式在内的新的教学体系。

学院应加强第二课堂的设计和指导，建立"客观记录+学分认定+综合评价"的第二课堂考核评价机制。第一课堂与第二课堂相互配合、相互补充，有利于促进拔尖创新人才的全面发展和个性化培养。第一课堂对人才的培养提出普遍性的要求，解决共性的问题，第二课堂则发展人才的特长，解决特殊的、个性的问题。第二课堂开展的有教育意义的健康的活动包括政治性的、学术性的、知识性的、健身性的、有偿性的（如勤工俭学）、服务性的等活动，形式灵活、内容多样、覆盖全面。比如，美国大学生在课外，除了个人学习，还积极参加各种社团活动，在活动中激发了创新精神，强化了实践能力。

（六）国际化培养

全球化已经成为世界发展的趋势，学院只有加强国际交流合作，才能培养出高水平的拔尖创新人才。

美国荣誉学院设有海外留学专项奖学金，供荣誉学生申请，学生在申请海外留学项目时可以优先获得各类奖学金资助，学院为学生提供多项海外学习项目，既有短期的中国探险、探秘非洲、交换学习等项目，也有长期的留学项目，多样化的海外交流项目为学生提供了多种选择。

浙江大学竺可桢学院的为学生提供的"Melton Fellow""爱因斯特项目""卓越人才培训计划""中国企业体验实习奖励计划"等交流项目，时间从1周到1年不等。同时，学院还为学生提供各种奖学金和基金资助，免去学生的后顾之忧。通过参与这些项目，学生不仅增长了异域普通文化知识，积累了专业实践知识和技能，而且开阔了视野，丰富了学习经验，提高了观察、思考、交流、实践和协作的能力[①]。

---

① 潘云鹤，路甬祥，韩祯祥，等. 拔尖创新人才培养二十年的探索与实践. 中国大学教学，2005（11）：21-23.

（七）竞争合作的成长空间

高素质创造性人才不仅仅是在智力和学术上的拔尖，更需要在生活、工作等各个领域表现出出色的合作能力、竞争能力以及沟通交往能力，因此，在人才培养过程中，国内外高校都非常重视非智力因素的影响和培养。

例如，浙江大学竺可桢学院引入竞争机制，实行"滚动制"培养，在前两学期每学期结束后进行分流培养和择优递补。这一管理机制使学生对竞争观念有了充分认识，使被动地吸收知识变为主动地汲取知识，并为他们日后在各个工作学术领域成为拔尖人才营造了良好的心理氛围。在激励竞争的同时，学院推崇和鼓励学生加强合作，通过引导学生自主成立"多学科交流组""灵韵艺术团"等学生社团，使其成为学生团队协作精神和综合素质培养的重要渠道①。

（八）完善的管理机制

科学有效的管理机制是实施拔尖创新人才培养、落实各项方案措施的重要保证。北京大学、浙江大学、四川大学、南京大学、复旦大学分别成立了元培学院、竺可桢学院、吴玉章学院、匡亚明学院和复旦学院，学院建制给人才培养模式改革的统筹管理、资源调配、教育方案的执行带来了很大的便利。

例如，浙江大学教务处专门设立教学二科，负责协调竺可桢学院计划实施和其他相关工作。教学计划的制订、任课教师的聘任等由专门的教学委员会负责，学校拨专款用于课堂教学和试验条件的改善。此外，学校制定了拔尖创新人才教学管理、学生培养与管理、教师政策以及经费等管理办法，涵盖培养的各个环节，以保证拔尖创新人才培养工作的有效推进。

三、拔尖创新型人才培养的主要问题

为回应"钱学森之问"，我国已经推行一系列面向拔尖创新人才培养的计划和举措，如"基础学科拔尖学生培养试验计划"（简称"珠峰计划"）、"基础学科拔尖学生培养计划 2.0"（简称"拔尖计划 2.0"）、"基础学科招生改革试点"（简称"强基计划"）等。高校在政策驱动和自主探索的进程中创新体制机制、整合优质资源、注重科研育人和大师引领，积累了丰富的实践经验，形成

---

① 潘云鹤，路甬祥，韩祯祥，等. 拔尖创新人才培养二十年的探索与实践. 中国大学教学，2005（11）：21-23.

了多种培养模式。同时，高校在拔尖创新人才选拔和培养过程中也受到多种因素制约。

（一）生源选拔标准单一

生源是拔尖创新人才培养的关键因素，很大程度上决定着人才的产出质量。我国研究型大学在创新人才选拔模式和选拔标准上基本上是延续高考的路线，以考试进行人才选拔，或直接以高考为标准。如北京大学元培计划实验班2001—2008届入学新生，只有2001届是采用面试的方式进行录取的，从2002届开始就采取在高考志愿中直接填报、直接录取的方式进行选拔。2002年，元培计划实验班直接进入北京大学招生计划，从全国各省录取了121名新生，其中包括3名省文理科状元。此后，招生逐年递增，主要将目标对准高考中的高分考生。可见，拔尖创新人才的选拔跟传统的人才选拔方式相差无几，主要关注学生的知识结构，而对其非知识能力和素质结构、创新思维和能力的考察基本没有[1]。同时，研究型大学在自主选拔环节时间较短，评价方式的科学性还有待提高，拔尖学生早期选拔的通道还不畅。

（二）教学资源投入不足

相对于世界知名大学，我国研究型大学的教学资源相对短缺。首先，在生师比上，美国著名研究型大学生师比大都控制在10：1以下，如耶鲁大学为5：1，哥伦比亚大学为7：1，宾夕法尼亚大学为1.4：1。2001年，我国部属71所大学的生师比达18.18：1（其中20：1以上的20所，25：1以上的6所，还有30：1以上的）。2006年，我国高校的生师比仍然高达17.93：1，教师数量的增长速度远远落后于学生数量的增长速度。其次，在生均资源占有上，美国最为"富裕"的斯坦福大学，每千名学生约1.071亿美元，最差的伊利诺伊大学厄伯纳–尚佩恩分校为2890万美元。我国最"富有"的北京大学，每千名学生仅为1080万美元。从投入力度上来看，美国社会对哈佛大学、加州大学伯克利分校的投入力度分别是2.09和1.31，我国社会对北京大学的投入力度是0.92，美国为我国社会对北京大学的投入力度的2.3倍和1.4倍[2]。经费投入不足不仅直接影响研究型大学的教学和科研条件，还会影响教师待遇、学生课堂条件、实验基础设施以及各项社团活动、社会实践活动的开展。

---

① 刘珍. 我国研究型大学本科拔尖创新人才培养质量保障体系研究. 华中科技大学硕士学位论文，2011.
② 刘珍. 我国研究型大学本科拔尖创新人才培养质量保障体系研究. 华中科技大学硕士学位论文，2011.

（三）人才培养模式趋同

在拔尖创新人才培养上，各高校采用实验班培养方式，基本上遵照统一的办学模式，在课程设置、内容改革和教学方式等因素上呈现趋同性，校际差别和特色无法得到充分体现。统一模式是在政策的刺激下，采用工程化的培养路径对人才进行批量的生产，而不是大学在自身的发展中自然孕育生成的人才培养模式和风格。人才培养模式的趋同，不利于拔尖创新人才的脱颖而出，导致我国多数研究型大学培养的创新人才"平而不尖"，缺乏特色和国际竞争力。

（四）个性发展空间有限

在我国现行的高等教育中，学生主体性原则尚未得到充分体现，个性发展空间有限。主要表现在学生自由选择的空间较小，学生通常升入某大学进入某专业，接受同样的教学内容。目前，高校培养计划大都有三类课：公共课、专业基础课和专业课。其中绝大多数是必修课。学生通常是被动地接受各种课程，其个性受到一定程度的压抑，可能导致部分学生形成依附性人格，唯师、唯书，无法形成独立思考的能力，进而丧失潜在的创新精神和创新能力。部分院校开设的选修课形同虚设，不仅选修课比例小，而且有些选修课要求学生必选，于是选修课成了名义上的选修、事实上的必修。在这些院校中，讲授方式大多数是大课，形式像做报告。而且有些院校不把选修课成绩计入总学分，使一些学生不看重选修课。课程设置的不合理制约了以自由选课为基础的学分制的运行，直接影响了学生的学习自由度和学习兴趣。没有兴趣的强制性学习，只能扼杀学生求真创新的欲望①。另外，校际学分承认还不到位。目前，虽然部分研究型大学开始尝试学分互认制度，但是具有较为严格的限制条件，通常局限于本校，且尚未制定学分互认的标准和程序，即使制定的院校，在实行上也存在不够到位和不够彻底的问题，这不利于优质教学资源的共享，忽视了学生的个性化需求。

（五）科研训练强度不够

与国外研究型大学相比，我国研究型大学的本科拔尖创新人才科研训练强度不够，主要表现在：一是缺乏科研管理。部分院校没有制订拔尖创新人才科研计划，有的科研计划没有经过相关部门组织的科学论证；科研计划的实施缺少来自国家、企业、社会的资金支持，仅仅依靠大学有效的资源进行本科生科研保障，

---

① 涂娟娟. 我国高水平大学培养本科创新型人才研究. 武汉理工大学硕士学位论文, 2009.

使其实施效果大打折扣。在科研管理上，只注重对科研立项和结题答辩的管理，而对过程的管理不够细腻，加上教师资源缺乏这一现实因素，学生的科研很难达到预期的效果。二是参与科研的面向不够广泛。我国研究型大学利用实验班模式，只对少数经过学校认定的学生提供较好的科研条件和科研项目。在美国顶尖大学科研针对的是 100% 的本科生，只要有潜质和兴趣，学生就可以申请和导师一起进行科研项目的攻关，也可以独立申请科研项目。三是科研经费不足。我国研究型大学的本科拔尖创新人才，科研尚缺乏专门的资金来源渠道和保障，以校内支持为主，校内资金大部分向教师科研倾斜，对难以产生重大科研成果的本科生科研投入较少。四是科研训练形式、方法较为单一。受条件的限制，大部分院校无力为本科生独立开展科研活动提供支持，我国研究型大学的拔尖创新人才主要参与导师申请的科研项目，在项目中大多扮演参与者和"技术学徒"的角色，往往无法以独立主体的身份参与研究过程，也难以对研究成果进行分享。科研形式和方法的单一，通常无法激发和保障学生的科学热情，导致他们难以产生奇思妙想，也难以保障科研的高质量。更重要的是，这不利于培养他们对科学探索的持续性兴趣。

（六）管理机制同质严重

各研究型大学在教师和学生管理上基本沿用传统手段，管理体制机制雷同，同质化程度高。具体表现在：一是缺乏对教师激励机制的改革，未将教师的业绩和培养拔尖创新学生的投入结合起来。二是采用统一的学生管理办法，缺乏专门的专业教师和专业管理人员对学生进行个人辅导及个性成长方面的关怀，导师制往往流于形式；学籍管理过于死板，没有实现真正的学分制，缺失校际学生转换和交流制度。三是单独的住宿管理，截断了实验班学生和普通班以及其他院系学生之间的交流，使其缩小了交流范围，可能使部分实验班学生滋生骄傲心态。同时，管理机制的同质化影响了学生管理的改革，不仅不利于学生的个性培养和潜能的挖掘，还阻碍了教学改革的步伐。

四、拔尖创新型人才培养体系的构建

党的十九届五中全会把"建成教育强国"列为 2035 年基本实现社会主义现代化的重要目标；党的二十届三中全会提出，"教育、科技、人才是中国式现代化的基础性、战略性支撑""建设教育强国，龙头是高等教育"；《中共中央关于制定国民经济和社会发展第十四个五年规划和二〇三五年远景目标的建议》更明确了"建设高质量教育体系"的政策导向和重点要求。这些都为新时代高校拔尖创新人才培养体系构建提供了方向指引与实践遵循。

（一）完善拔尖创新人才选拔制度

2003 年，我国开始进行自主选拔录取试点工作，教育部要求，试点学校应积极探索以统一考试录取为主，与多元化考试评价和多样化选拔录取相结合的新机制。

传统的选拔机制强调人才的普遍性，它更适应大面积培养人才的一般大学的需要。新型选拔机制要选拔有创新能力、有发展潜力的人才。因此，其选拔的整个过程要自始至终地体现大学自身特色、精神和素质教育的理念。报名条件中要体现对综合素质的要求，要求学生在思想政治品德和社会活动方面表现突出，在各科学业、科技创新活动和实践活动方面成绩优异，或者在其他方面有特殊才能。测试命题应包括中学多个学科的基础知识，打破文理分科的传统，将文理知识融入一张考卷。面试题目要略有难度，为引发思考的问题，由知名教授在有准备的情况下设问、引导考生的质疑精神、批判精神。录取标准衡量的是考生的整体素质[①]。

（二）贯通拔尖创新人才培养体系

成为拔尖创新人才是一个长期且动态的成长过程，其培养也是一个超常规、长链条且一体化的过程，在此过程中，其优势逐渐被发现、得到培养并最终显露出来[②]。这种培养主要有两种方式：一是贯通本科教育和研究生教育培养。落实拔尖型、复合型、应用型人才培养目标，推进本硕博一体化设计和贯通性培养，避免本科与硕博培养断裂。建立本科生纵向跨层次选课制度，鼓励学有余力的本科生选修研究生课程，落实长周期个性化培养；建立本科生学业导师制度，将研究生培养中的"师徒制"精英化培养模式延伸到本科教育阶段，推进学术型高端人才培养阶段前移；建立本科生科研兴趣培养制度，把本科生的创新思维、科研能力培养纳入日常教学体系和培养方案中，鼓励本科生参与科研活动。加快人才培养体系的供给侧结构性改革，推进从本科推免生中选拔"直博生"，完善博士研究生招生"申请-考核"制。二是学科贯通培养。以"新文科"建设为契机，

① 张慧洁. 自主招生改革：探索一流大学选拔机制的尝试. 中国高等教育，2006（17）：37-38.
② 钟祖荣. 基于拔尖创新人才特征和成长规律的培养策略研究. 中国人事科学，2024（12）：22-31.

推进专业优化、课程提质、模式创新。积极探索跨学科、跨学院、跨专业人才培养模式，深度融合文史哲各专业、融会贯通人文科学与社会科学；积极推动文理交叉融通，用人文社会科学回应新技术出现的新问题，用新技术推进人文社会科学发展，培养具有家国情怀、堪当民族复兴大任的新时代文科人才①。

（三）重塑拔尖创新人才目标体系

学院要深入开展教育思想、教育观念大讨论，围绕"深化教育综合改革、培养一流创新人才"主题，针对一流教育理念、一流办学定位、一流培养目标、一流培养模式、一流改革路径和一流保障体系等拔尖创新人才培养的核心瓶颈问题，开展专题研讨会、座谈会和互动活动，经师生全方位、多视角的广泛研讨、专家反复酝酿、学校多轮论证，确立有自身特色的人才培养目标，实现从传统的以知识为主向以创新教育为主的目标转变，从以教师、教材为主向以个体需求、以学生为主的模式转变，从以知识讲授为主向研讨为主的方式转变。

哈佛大学提出，学校要从根本上解放学生的思想，致力于创造知识，并利用这种知识陶冶学生的心智，使学生最大限度地利用教育机会；鼓励学生尊重思想和自由表达，乐于发现和进行批判性思考；鼓励学生去探索、创造、挑战、领导。加州大学伯克利分校对本校学生的培养要求是，能够理解研究过程并了解如何创造新知识。斯坦福大学更是将具有探索和创新精神作为培养目标的核心。这种教育目标强调探索、创新精神的培养，促使教育对象不断学习、不断渴求新知识，要求他们具有好奇心和勇于探索的精神②。东南大学提出，以强化内涵建设为根本，以重构知识体系为重心，以深化模式改革为推力，以完善体制机制为保障，"培养具有家国情怀和国际视野，担当引领未来和造福人类的领军人才"的人才培养目标③。

这种全新的培养目标，让国内外一流大学的本科生具备了解决复杂问题和创造新知识的能力。

（四）重构拔尖创新人才知识体系

学院在通识教育、宽口径、个性化专业培养理念指导下，按照"厚基础、宽口径、重交叉、强创新"的培养路径，在国家本科专业质量标准基础上，要认真审视

---

① 张政文. 构建新时代拔尖创新人才培养体系. 中国教育报，2020-12-10.
② 张晓鹏. 美国大学创新人才培养模式探析. 中国大学教学，2006（3）：7-11.
③ 孙伟锋，邱文教，邓蕾，等. 一流本科大学人才培养体系的内涵和重构. 中国大学教学，2019（3）：25-28.

各专业知识体系与经济社会发展和学生发展需求的契合度、课程体系与培养目标和毕业要求的耦合度、教学大纲与思想政治教育元素的融合度，重构具有自身院系特色、符合拔尖创新人才培养要求并逐步与世界一流大学接轨的本科人才培养方案。

学院要实施按大类招生，全面实行大类培养。学院可以构建相近学科共享的大类学科基础平台课程，增强综合课程设计和专业综合设计，每个设计至少要涵盖 3 门专业课程内容。培养方案要明确每位学生必须修读 2 门及以上跨学科专业课，必须修读一定学分的贯穿育人全程的学科前沿、科研课题、科技开发、工程实践等系列研讨课，鼓励学生进行自主学习和主动学习，挖掘学生的个性潜质，强化学生解决复杂问题的能力。学生要在导师的指导下形成个性化学习方案。这些措施都致力于发挥每一位学生在不同领域的创新潜能和创新活力。

课程建设既是人才培养的核心，也是学院人才培养改革的重心。培养拔尖创新人才关键在于建立一个内容广泛的课程体系，形成由核心课程、专业课和选修课组成的课程体系，使之涵盖自然科学、社会科学和人文科学三大领域，克服大学教育过分专业化的倾向，实现普通教育与专业教育的平衡，为学生的发展打下坚实、宽泛的知识基础。同时，在课程体系的构建上，学院要加强学科交叉融合课程的开发，设立较多的跨学科专业课程模块，鼓励学生跨学科专业辅修，加强跨学科教育。

学院要加强思政课程与课程思政建设，深入落实立德树人的根本任务。思想政治理论课程实施中班上课、小班研讨，着力加强与第二课堂融通、与社会实践联通、与学生党建工作贯通，增强其亲和力与针对性，满足学生成长发展需求和期待。学院要加强课程思政示范课建设，充分挖掘通识课程与专业课程的德育内涵和元素，将其"基因式"地融入课程教学大纲，并贯穿到课堂教学主渠道中，推动"课程思政"与"思政课程"同向同行，实现全员、全程、全方位的"三全育人"新格局。

学院要加大课程教学内容的更新和优化力度，结合专业人才培养目标和特色选用精品教材，并与国际接轨，引入国际前沿知识和高新技术，开阔学生的国际视野。学院应提倡教师将科研成果转化为教学成果，激发学生学习研究兴趣和潜力，以及在教学相长中学习生成性知识，提高学生问题敏感性以及解决复杂问题的意识和能力。

（五）创新拔尖创新人才培养模式

按照大类招生、大类培养的整体规划，学院要构建由拔尖创新人才培养特区、试验班、主辅修专业等多种形式构成的人才培养体系，实施小班化，加强个性化培养，积极探索导师制、学分制、国际化等人才培养模式改革，提升学生探究学习和创新实践能力，激发学生创新创业潜能，全面提高学生的综合素质。

（1）实施全员导师制。学院可以选择教学科研能力突出的教授、博士担任学生的导师，实施全员、全程导师指导；在培养方案中，独立设置导师学分，学生接受导师学业指导，制定个性化的学习方案，参加学术讨论、研究交流和真实的科研与实践，同时建立研究学分与课程学分的替换办法。例如，华盛顿大学荣誉项目为荣誉学生分别配有专业导师（faculty advisor）和"同伴荣誉导师"（honors student leader）①。

（2）实行完全学分制。学院应以学生学习与发展为中心，建立"专业准入准出标准"，使学生具有选择专业的权利；以学生选课为基础，以学分作为学生学习分量和学业进程的衡量标准，达到毕业和学位授予条件的即可获得证书。

（3）加强国际化培养。学院应制定国际化培养管理办法，加大对本科生出国交流学习的支持力度，通过设立国际交换生项目、联合学位项目、博士生联合培养、国外暑期学校、合作研究、重大国际比赛项目、国外攻读学位、国外实习、参加国际学术会议等培养项目，鼓励本科生到国外一流大学交流学习研讨，培养具有国际视野的拔尖创新型人才。

（六）深化拔尖创新人才培养机制

学院应坚持统筹规划，以人事制度改革为突破口，深化人才培养治理结构与管理体制改革，增强教师教育教学的内生动力与活力，激发学生的学习活力与潜力，激励广大教师员工潜心教书育人。

（1）构建部门协同联动机制。学院可以构建适合大类招生和大类培养的纵横交叉、运行高效的管理结构，加强对教务处、实验与设备管理处、学生处、团委、教师发展中心等承担人才培养任务的关键部门的统筹和领导，创新多部门协同育人模式，提升协调联动工作效率，汇聚一流人才培养强大合力。

（2）完善教师管理机制。一是完善教师培训机制。重点围绕教师成长发展轨迹链、教师专业发展进阶链和教学专题活动载体链3条主线，加强"教学基本理论、教学基本技能、专业提升技能"系列培训和信息化教育技术培训，不断提升教师教学能力。二是优化教学奖惩机制。设立教学杰出奖、教学优秀奖、教学新

---

① 武慧芳. 基于荣誉项目的华盛顿大学拔尖创新人才培养机制研究. 河北大学硕士学位论文, 2024.

秀奖，激励教师潜心本科教学、开展教学改革与研究，增强其从事教育事业的成就感，形成尊师重教、爱岗敬业的教学文化和育人氛围。教学考核不合格的教师，必须重新参加学校组织的教师教学能力培训，经考核合格后方能授课，否则取消其教师任职资格。三是完善职称晋升制度。修订和完善职称晋升等相关规章制度，加大教学效果考核评价结果在教师专业技术职务晋升、岗位聘用、评优评先中的运用力度，激励教师不断提高教育教学质量。

（3）改革学生管理制度。一是书院制管理。进一步健全和完善书院制的功能定位和管理模式，营造舒适温馨的生活和学习环境，促进不同专业背景的交叉、不同思维模式的碰撞、不同兴趣爱好的交融。二是学分互认。国外实行学分制的大学，校际学分互认已成为普遍认可的制度，跨校选课、跨校选择辅修专业既能保障学生的学习自由，又能发挥各学校优势资源，推动拔尖创新人才的培养进程。三是学生过程评价。建立学生发展动态信息收集和监测系统，全面采集和记录学生的实时信息，收集学生在学习和解决问题过程中的资料，依靠信息技术进行统计和科学分析，对其学习新知识和解决问题的全过程做出评价。

第四节 复合型人才培养

一、复合型人才的内涵

（一）复合型人才的概念

对于"复合型人才"，有两个比较典型的定义。较为简明的定义，是指具有两个或两个以上专业（或学科）的基本知识和基本能力的人才[①]。更为全面的是指高等院校在一定时间与学历层次条件下，将具有一定跨度的专业知识进行有机交叉与渗透，从而使受教育者的知识结构与能力结构得到优化组合，成为专业迁移能力较强、一专多能型人才的教育过程，具备这种知识、能力与技能的人才。复合型人才是知识复合、能力复合和思维复合的人才。复合型人才是具有多种专业思维的，知识结构以一种专业知识为主、以多种专业知识为辅，并形成专业能力的复合人才[②]。

复合型人才培养与我国目前推行的素质教育人才培养理念是吻合的。素质教

---

① 耿华萍. 复合型人才培养的理论依据实践意义. 扬州大学学报（高教研究版），2003（4）：11-13.

② 赵长江. 复合型理科人才培养策略研究. 兰州大学硕士学位论文，2012.

育是指一种以提高受教育者诸方面素质为目标的教育模式，它重视人的思想道德素质、能力培养、个性发展、身体健康和心理健康教育。复合型人才培养与素质教育都是为了提高受教育者多方面的能力与素质，促进受教育者多方面的发展，使人才的发展由"I"字字形向"T"字字形转变，由专才教育向通才教育转变。

（二）复合型人才的类型

复合型人才主要有 3 种类型[①]。

（1）跨一级学科的复合型人才。例如，1993 年，武汉大学创办的人文科学试验班，融合了文学、哲学和历史学三大学科门类，目的是培养一批专业基础宽厚、创新能力强、综合素质高的人文复合型人才。

（2）跨二级学科的复合型人才。例如，1997 年，西南科技大学创办的国际贸易 3+2 班，从在校工科专业的三年级学生中选拔出一部分基础知识扎实、英语好、综合素质高的学生到经济管理学院学习两年的国际贸易专业，将他们培养成既懂工程技术又懂管理和国际贸易的复合型人才。

（3）一专多知的复合型人才，即引导其他专业的学生选择学校优势特色专业的相关课程，促进各相关学科的交叉渗透和融合，改善学生的知识结构，培养以一个专业为主、兼有多门学科知识的复合型人才。

（三）复合型人才与专才、通才

新中国成立后，我国的高等教育学习的是苏联的人才培养模式，即专才教育。所谓专才，是指掌握某一专业系统知识和专门技能、精通某个专业的专门人才；通才则是打破传统意义的专业模式，培养的具有宽广的学科基础知识和能力的人才。

从人才的规格和内在素质看，专才所掌握的是一个专业内的较系统的知识和能力，其结构较简单，是"单一型结构"；通才接受的是某一领域宽泛的基础教育，知识和能力结构具有多元化和基础性特点，所涉及的知识领域较广，是"多元型结构"；复合型人才掌握两个或两个以上专业或学科的较完备知识体系和能力，同时具有两个或两个以上联系比较紧密的专业素质，是"复合型结构"。

随着科学技术的不断发展，学科分化、交叉融合趋势加快，各种边缘学科、交叉学科不断出现，专才教育模式已经很难适应现代社会发展的需要，高等教育人才培养亟须转变教育模式，更加注重复合型人才的培养。

---

① 李纯光. 高校复合型人才培养管理研究. 西安科技大学硕士学位论文，2015.

（四）复合型人才的特征

复合型人才除了具备一般人才的共同特征外，还有以下特点。

（1）知识面宽阔。复合型人才一般具备两个或两个以上专业的知识和技能，因此拥有宽厚的知识基础、扎实的专业知识、广泛的文化教养和较深的专业造诣。这种多重整合的知识与能力结构，既避免了专才知识面"过窄"的问题，又避免了通才知识体系"过宽"的不足，从而使其更具创造性和适应性。

（2）综合素质高。复合型人才在心理、生理和社会文化这三个层次的素质方面，通常表现得很出色。而且，他们的智商与情商的综合指数相对较高，特别是情商，往往要比其他类型的人才高出不少。这类人才具有丰富的想象力和创造性思维能力，还善于及时且有效地把社会行为规范、社会实践经验和社会科技文化知识转化为自身的个性心理品质。

（3）思维辐射广。复合型人才的思维方式主要为多维性、非线性型和发散型思维，他们学习兴趣广泛，善于从多个层次、多个方面及多个角度去探索解决问题的方法，敏感地认识和把握事物之间的内在联系与运动规律。

（4）适应能力强。复合型人才一般具有知识面宽广、基础扎实、综合素质高等特点，所以普遍具有较强的适应能力，能够在复杂的人际交往中和社会生活中应对自如，进而弥补了过去一些专才适应力差的不足。

二、复合型人才培养存在的问题

（一）教育理念不先进

高等教育对推动科技进步及社会、经济的发展具有重要的作用，随着我国高等教育进入普及化阶段，社会对复合型人才的需求更为迫切。为此，大部分高校对复合型人才的培养进行了不断的探索和改革，并推出了相应的培养方法，如双学位制、主辅修制等，但是在培养过程中却出现了复合型人才对高校的诸多不满，这也就意味着培养管理出现了问题。不得不说高校复合型人才培养理念的缺失和不先进是造成这些问题的主要因素。近年来，国家出台了一系列与复合型人才培养相关的政策与文件，在业界形成了非常浓厚的复合型人才培养氛围。然而，部分高校依然没有改变以往研究型人才培养的模式[①]，缺乏培养复合型人才的理念和价值观。有什么样的理念价值观，就有什么样的方法论和重视程度、执

① 马立艳. 一流应用型高校复合型人才培养探索与实践. 大学（研究与管理），2024（8）：110-113.

行力。教育理念的更新，是优秀复合型人才培养的前提和基础，必须受到重视。

（二）培养模式较单一

以知识传授为中心的人才培养模式，其衡量人才的标准就是分数。这种实行统一教育、统一考试、统一思想的单一培养模式，容易把学生培养成擅长考试、只知记忆现成知识和标准答案的人，使学生丧失独立思考的能力，缺乏想象力、批评性思维和创新能力。人才标准统一化、采取"一刀切"的做法，导致学生"千人一面"。在清华大学的一次调研中，有学生提出，清华大学的新生都是来自全国各地的尖子学生，"进来时我们五颜六色，出校门就成了'清一色'，我们的个性在哪里？"[①]这种单一的人才培养模式妨碍了复合型人才的培养，影响了学生个性和创造性的发展。

（三）课程设置不合理

我国大学课程设置按课程层次，可分为公共课、基础课、专业基础课、专业课4大类。这种课程设置模式重视专业素质的培养，忽视了综合素质的提高，已不能很好地适应社会发展、学科渗透对高素质复合型人才的培养要求。具体表现在：一是必修课偏多。目前，我国高校的必修课仍占主要地位，一般达70%—80%，远远高出国外50%的水平。调查表明，专业人才一生所需知识只有20%—24%从学校获得，76%—80%的知识是离校后通过自学获得的，即使四年时间都为必修课，也未必能获得更多知识，反而造成知识狭窄、单一[②]。必修课过多，严重影响学生的全面发展，不利于复合型人才的培养。二是分科知识课程多，交叉学科课程少。各学科课程知识间绝对隔离，严重阻碍了学生精深广博知识结构的形成和创造性思维能力的提高。三是跨学科选修课程资源有限。学院开设的跨学科选修课程通常较少，学生的选择余地不大，甚至选不到理想的课程；开设的选修课程也未能体现学校的学科专业优势，选修课程模块或者个性化课程模块不能体现学科课程的相关性；对学生选择跨学科课程缺乏系统性指导和管理。

（四）创新能力培养不够

学生的创新精神和创新能力，必须通过一系列高质量的实践性教学环节的训

---

① 黄江美. 高校复合型人才培养模式改革的研究. 广西大学硕士学位论文，2008.
② 章芮. 产教融合背景下应用型人才培养创新路径研究. 产业创新研究，2024（22）：193-195.

练，才能得到有效培养，实践教学是培养复合型人才十分重要的组成部分。理论教学和实践教学相脱节，实践教学质量不高，是当今高校教学中存在的普遍问题。实践条件差、实践内容落后于社会实际、学生参与科研环节锻炼少等问题，严重地影响着学生实践能力的锻炼和提升。学院应重视学生实践能力的培养，让其真正具备复合型能力，这样才能使其立足社会，服务社会。

（五）教师能力不适应

教师是办学的主体，复合型人才培养的成效取决于教师队伍的能力和素质。在复合型人才的培养过程中，有些学院不太重视"双师型"师资队伍建设，导致教师的能力和素质存在不适应的情况。首先，问题表现在知识结构不合理上。部分教师知识面过窄，仅熟悉自己所学专业。理工科教师缺乏必要的教育学、心理学、人文社科等方面的知识，难以适应形势发展的需要，不利于复合型人才的培养。其次，表现为教师知识老化。随着世界经济一体化进程的不断推进，要想培育具有全球视野、有能力走向世界的复合型人才，教师自身必须先吸取人类文明的优秀成果，在教学内容中适当地融入世界科学技术的最新成就，将本学科国际前沿的科学知识、技术传授给学生。然而，一些教师平时不注重新知识的学习，对高新技术的前沿知识掌握甚少，对世界上其他国家的优秀文化吸收不足，知识过于老化，这严重影响了复合型人才培养的质量和成效。

（六）管理机制不完善

实行第二学位或双学位、主辅修制等举措，是教学改革的系统工程，这将打破高校原有的学院-专业-班级管理模式。同时，在制订教学计划、排课、考试、认定成绩等方面，学院需要做出相应的变化和调整。现阶段，有些学院在培养复合型人才时，学分制实施方案和选课制度还不够完善，这导致学生选课受到限制。此外，复合型人才培养的管理机制还不健全，表现为目标与市场脱节；部门职责不明、跨学科协调难；教学与实践制度不完善；师资与资源分配欠合理；评估指标单一、反馈不畅；师生激励措施缺乏，影响培养质量与积极性等。

三、复合型人才培养的路径

（一）大类招生、分流培养模式

按学科大类招生，学生入学后前两年接受通识教育，后两年接受专业教育，学生可自主选择专业。这种培养模式可以避免学生过早地进入专业领域学习而形成狭窄的知识面，不仅有利于培养学生形成学科基础的复合型知识结构和能力、素质，还有利于学生今后的专业深入和创新发展。

（二）通识教育课程模式

2015 年起，北京大学、清华大学、复旦大学和中山大学四所高校发起成立了"大学通识教育联盟"，之后浙江大学、上海交通大学等纷纷加入该联盟①。各高校在全校范围内开设通识教育选修课，规定学生必须在数学与自然科学、语言文学与艺术、社会科学、历史学、哲学与心理学五大模块中各选修一定学分的课程。通过通识教育，大幅度地提高学生的通识教育素养，更好地帮助学生找到适合自己发展的专业。通过开设跨学科选修课和设置不同学科的选修课程模块，学生可以根据自己的兴趣和发展方向，从其他学科类专业中选择课程修读，进一步扩展学科知识面，提高综合素质。这就形成了"厚基础、宽口径、个性化"的复合型人才培养模式。

（三）实验班、学院模式

创办跨学科的实验班、学院，是高校培养复合型人才的有益尝试。试点班有多种模式，在综合性课程设置和师资队伍建设方面突出特色，有些试点班与企业合作，把实践能力培养作为复合型人才培养的一个重要方面。例如，1991 年，武汉大学创办了物理学人才培养试验班，目标是培养具有坚实的物理学理论基础、广阔的知识面的复合型创新人才。之后，武汉大学又创办了数理金融、中西比较哲学等跨学科实验班。此外，还有华东师范大学的"佛年班"、中山大学的"逸仙班"、清华大学的"生物学基础科学班"等。这些实验班通常通过宽口径大类平台课程，对优秀学生实行跨学科交叉培养②。

成立荣誉学院是复合型人才培养的另一种模式。1999 年，浙江大学创建"竺可桢学院"，录取的主要是学校大二年级非本专业学生，学员来自不同专业，为跨学科学习与交流奠定了一定基础。学院依据复合型人才培养目标，突破学科边界，为强化班配置优秀师资，强调案例教学方式，将学生深入企业调查、挖掘一线案例和撰写调研论文作为毕业要求，以避免发生"混学分"现象，强化学生

---

① 张庆君. 高校复合型人才培养变革：逻辑、实践与反思. 现代教育管理，2020（4）：47-53.

② 金一平，吴婧姗，陈劲. 复合型人才培养模式创新的探索和成功实践：以浙江大学竺可桢学院强化班为例. 高等工程教育研究，2012（3）：132-136+180.

在本专业学习基础上对第二专业的认识、理解与掌握①。优秀的生源与师资，注重实践对学生理论知识的检验与强化，是学院复合型人才培养的显著特色。

（四）双学位、主辅修模式

高校实行第二学位或双学位、主辅修制等，是为了发挥综合性学科优势，探索建立跨学科的复合型人才培养模式。本科学生学有余力，在主修一个本科专业之外，跨学科修读另一个本科专业，完成第二学位或双学位、辅修专业教学计划规定的主要课程学分，并获得相应的本科专业证书。

北京大学为培养跨不同学科的复合型人才，开设了诸多可供学生选择辅修的专业，如经济学、国际政治、计算机软件、心理学、哲学等。厦门大学双学位教育的培养模式，允许学有余力的本科学生跨学科门类（哲学、经济学、法学、教育学、文学、历史学、理学、工学、农学、医学、管理学）在主修专业之外，辅修另一个本科专业，完成辅修专业规定的不低于 45 学分的要求与考核，即可获得辅修专业的学位证书。主辅修模式，允许学有余力的本科学生跨一级或二级学科辅修第二个本科专业，完成辅修专业不低于 30 学分的要求，可获得辅修专业证书②。

这种双学位、主辅修模式能够使学生掌握系统的学科专业知识，有利于扩大学生的学科知识面，更新优化学生的知识结构，增强学生的社会适应性。

（五）跨学科专业培养模式

设置跨学科专业是大学适应知识经济时代到来而选择的办学策略，也是发达国家高校本科人才培养的共同趋势。如 2008 年，北京大学开设了第一个本科跨学科专业"古生物学"，培养的人才具备生物学、地质学、环境科学等多个学科专业的知识。2016 年，北京大学、对外经济贸易大学开设了"数据科学与大数据技术"专业，课程涉及计算机、数学与统计交叉学科知识。美国耶鲁大学设立"种族与移民研究""数学与哲学"跨学科专业，英国牛津大学设立"生物科学"跨学科专业，谢菲尔德大学设立"自然科学和考古学"跨学科专业等③。

---

① 张庆君. 高校复合型人才培养变革：逻辑、实践与反思. 现代教育管理，2020（4）：47-53.
② 张庆君. 高校复合型人才培养变革：逻辑、实践与反思. 现代教育管理，2020（4）：47-53.
③ 吴璇，陆雨薇，毛成芳. 新工科背景下复合型人才培养模式探究：以机械工程专业本科生培养方案为例. 大学教育，2024（23）：140-144.

四、复合型人才培养的对策

（一）更新教育理念

教育理念的更新既是教育行为实践的思想基础，也是培养优秀复合型人才的前提条件。随着科学技术的发展，过去的专才培养模式已经不能满足社会的实际需要，具有综合素质的复合型人才越来越受到社会的重视。要培养复合型人才，学院必须树立"促进人的全面发展"的教育价值观，将传统的知识教育模式和能力教育模式向综合素质教育模式转变。学院把个性发展纳入培养目标，树立"以人为本"的教育理念，注重学生个性的自由发展，切实解决过去我国高校在人才培养的目标上总是强调全面发展，对人才素质的要求过于模式化和理想化的问题，坚持不同的培养方式和评价标准，使每位学生都能享受到适合自己的教学模式、教育内容和教学方法，找到自己的学习兴趣，真正做到全面发展和个性发展相统一。学院要转变传统的教学质量观，关注学生身心的健康发展和综合能力的提高，建立与学生发展、社会要求相适应，符合教学规律的多元质量观。学院应积极引导学生转变学习观念，学会主动学习，学会发展与创新，倡导终身学习，形成不断更新和调整的知识结构。

（二）优化培养方案

人才培养方案是培养人才全过程的总体设计和实施蓝图，是人才培养的关键。学院要根据办学实际，突出自身办学特色，制定具有自身特色的人才培养方案。一要明确复合型人才培养目标。在人才的培养定位上，要突出"复合"，包括专业的复合、知识的复合、综合能力的复合和素质的复合。二要科学构建课程体系。①加强基础理论课程。在课程体系中进一步增加培养学生能够更好适应社会、经济与科学技术发展的基本素质、扩大知识面的基础课程，基础课程体现素质教育的全面与综合，体现复合型人才"宽口径，厚基础"的目标；加强通识教育，为学生成才打下宽厚、坚实的基础。②加大实践教学的比例，建立"高校+企业"产教融合实践教学体系，突出应用能力与实践能力的培养，强化学生动手能力、运用知识解决实际问题的能力和创新精神、创业的能力。③灵活设置专业方向，使专业方向模块更加符合复合型人才对专业的要求和学生个性化发展的需要。④增加跨学科选修课程。为了开阔复合型人才的视野，拓宽复合型人才的知识面，解决知识结构的个性问题，适应各种生源、不同类型的培养模式和专业研究方向的需要，学院在教学计划中要提高选修学分的比重，最大限度地开设交叉渗透、门类齐全、质量高的跨学科选修课程供学生选择，并采取相应的措施鼓励复合型人才选课，为复合型人才提供更大的选择余地。学院可以通过开设第二课堂，让学生可以利用课余时间，参与到其他专业的学习和科研活动中，实现书本知识储备和实践能力的双重提高。

（三）深化课程改革

（1）开设综合课程。用集成的方法开设综合课程，是科学技术和社会发展的必然要求，是课程结构改革的关键，也是培养复合型人才的要求。构建课程范围内合理的知识体系，开设多种课程形态结合的综合课程，有利于帮助学生形成多角度的认知方式和整体性思维，拓展学生的学习空间，促进学生知识学习和实践能力的协调发展。

（2）突出研究型课程。所谓研究型课程，是学生在教师指导下，根据各自的兴趣爱好和条件，选择不同的研究课题，独立自主地开展研究，以培养学生的创新精神和实践能力的一种课程。学院要将本科生科研工作纳入课程体系，突出本科教育中研究型课程的地位。

（3）加快从知识传授为中心向学生为中心的转变，改革教学方法。学院应鼓励教师采用针对问题的案例教学、启发式、讨论式教学等，给学生预留充分的自学、独立思考问题的空间和时间，让学生发挥自身潜质。这有利于改变教师教授和学生学习的方式，优化教学效果。学院应鼓励教师不断改革教学手段，深化现代化教育技术手段与教学的深度融合，提高教学效率和教学效果。

（四）注重能力培养

不同院校培养复合型人才的模式虽然不同，但是复合型人才素质的基本结构相同，这就需要学院在教学实践中正确处理好能力教育、通才教育和专业教育三者的关系。学院应以基础教育为根本，着重培养学生的综合能力和扎实的基础知识，为学生的进一步发展打下坚实的基础。同时，学院应重视学生能力的培养，即培养学生应用知识和技术、解决问题的专业能力和综合能力。学院应提高实践性教学的比例，认真组织学生参加各种实习、课程设计、毕业设计、社会实践和科研活动，坚持传播知识与培养能力、学校教育与社会教育有机结合，使学生在实践中养成科学的思维方法，树立科学创新意识，提高学生适应未来科技革命挑战的能力。

（五）构建优质师资

师资队伍的水平直接关系到所培养学生的质量，培养复合型人才对师资队伍的整体水平提出了更高要求。学院要打造学科专业领军人物，就要打破学科专业界限，组建复合型教学团队；通过培训、交流等学习形式，优化教师知识结构，提高教师复合型专业技能；鼓励教师开展跨学科科研交流与合作，通过跨学科研究贯通知识连接，帮助教师形成复合型知识结构和复合型科研能力，并指导学生用多学科的观点认识和解决复杂事务；建立相应的管理机制，鼓励高级职称教师开设跨学科选修课程，并鼓励学科带头人或专家结合学科前沿做综合学科领域的学术讲座，以拓展学生的知识领域，激发学生的学习兴趣。对于与行业领域或企业联系密切的专业，学院要加强兼职教师队伍建设，聘请行业领域或企业有实践经验的专家进入教学团队，开设课程、举办讲座，并对学生的学习与实践进行指导。

（六）完善管理机制

（1）不断完善学分制。学院应制定"学分制实施办法""学分制管理规定""学籍管理规定"等相关制度政策和重修重考制度、免修免听制度等教学管理制度；放开本科固定学制的限制，实行弹性学制，扩大复合型人才培养规模效应，保证教学目标的实现。

（2）实行导师制。实行导师制，有利于导师指导学生制订学习计划和选择课程，以及指导学生学习、科研、生活，进而促进学生的全面发展。

（3）改革教学评价机制。学院应建立以学生主动学习为根本的教学质量过程评价标准，把注重结果评价转到注重过程评价，侧重基本知识和能力考核转到侧重应用知识能力的综合素质考核上。在考核内容上，应减少纯记忆性考题，增加独立思考分析题，以激发学生独立思考的能力。

（4）建立毕业生社会评估制度。学院可以通过对用人单位和毕业生访谈、召开座谈会、发放毕业生质量问卷调查等形式，加强学校、用人单位和毕业生之间的联系与交流，建立全面、科学的毕业生培养质量反馈系统，实现产出导向、持续改进的目标。

第五节 应用型人才培养

2021 年 3 月 25 日,"习近平来到闽江学院考察调研。闽江学院前身是福州师范高等专科学校和闽江职业大学。在福州工作期间,习近平曾兼任闽江职业大学校长 6 年时间,提出的'不求最大、但求最优、但求适应社会需要'的办学理念影响深远。"习近平肯定学院在坚持应用型办学、深化产教融合等方面取得的成绩。习近平指出,要把立德树人作为根本任务,坚持应用技术型办学方向,适应社会需要设置专业、打好基础,培养德智体美劳全面发展的社会主义建设者和接班人。"①立德树人是高校最重要的使命和任务。学院要重视对学生做人的教育,给予学生最基本的素养和能力,加强理想道德信念教育,不断提升学生的情商和智商、使学生身心健康,德智体美劳全面发展。要加强基础,把基础打牢,从适应社会需要出发,培养学生适应社会能力和创造能力,使学生到社会后能适应快速变化的、多元的社会,受到社会欢迎,能在社会中成长,为实现中华民族伟大复兴,为建设中国特色社会主义现代化强国做出历史性贡献②。习近平总书记的讲话,为应用型高校在新时代的高质量发展指明了发展方向,为应用型本科高校立德树人、应用型人才培养提供了根本遵循和理论指导。

一、应用型人才的内涵

(一)应用型人才的概念

应用型人才,是指具有一定的基础理论知识、能力、素质和职业所需的专门知识和实践技能,为职业生涯做准备的,并在某一领域或行业对社会做出一定贡献的高层次人才。相对于学术型人才,应用型人才更强调实践技能,强调对理论知识的科学运用和专业技能进行职业再发展的潜力。

应用型人才具有不同的层次和水平。按照在生产活动过程中所运用的知识和能力所包含的创新程度、所解决问题的复杂程度,可以将应用型人才进一步细分为工程型人才、技术型人才和技能型人才。工程型人才主要指依靠所学专业基本

① 习近平在福建考察时强调 在服务和融入新发展格局上展现更大作为 奋力谱写全面建设社会主义现代化国家福建篇章.(2021-03-25). https://jhsjk.peoplc.cn/article/32060807.
② 洪艺敏. 新时代高质量应用型人才培养的几个重要问题探讨. 应用型高等教育研究,2021(4):10-13+25.

理论、专门知识和基本技能，将科学原理及学科体系知识转化为设计方案或设计图纸；技术型人才主要从事产品开发、生产现场管理、经营决策等活动，将设计方案与图纸转化为产品；技能型人才则主要依靠熟练的操作技能来具体完成产品的制作，把决策、设计、方案等变成现实，转化为不同形态的产品，主要承担生产实践任务。

按照所受高等教育的学历层次不同，应用型人才可以分为专科层次、本科层次、研究生层次等。目前，普通本科院校所培养的应用型人才主要定位在工程型和技术型人才上，着眼于培养有理论、有技术的本科层次的应用型人才，对应的是职业群和行业。开展的专业学位研究生教育，如工程硕士、临床医学硕士、工商管理硕士、建筑学硕士、法律硕士、教育硕士等，属于高层次的应用型人才。高等职业技术学院主要培养技能型人才，大多对应的是岗位或职业。本节讨论的主要是本科层次的应用型人才。

应用型人才具有三个属性：一是职业性。不同于学术型人才导向为从事科学研究做准备，应用型人才主要面向职业，是为职业生涯做准备的，因此职业性是应用型人才的根本属性。二是专业性。应用型人才培养必须满足社会发展的需要，具有满足企业专门知识和技能发展的需求，具有专业性。专业性是应用型人才的内在属性。三是基础性。应用型人才的职业性和专业性要以知识基础为根基，因此，基础性是应用型人才的发展属性。应用型人才的职业性和专业性要以市场发展和职业变动为导向。三种属性之间具有相互联系、相互依存的关系。

（二）应用型人才相关概念辨析

（1）应用型人才与应用性人才。型指类型、式样；性即性质，指事物本质特征。应用型人才是指拥有相同本质特征的人才构成的一种类型人才，而应用性人才是以人才特殊性作为种差定义，强调人才所具有的本质特征。二者具有不同内在含义和指向性。从概念发展逻辑来看，应用性人才相关概念先于应用型人才这一具体概念的形成，应用型人才既可以是传统精英大学所培养的，也可以是新型大众化高等教育阶段的人才培养目标。应用型本科人才是在大众化阶段之后所形成的一种新型人才培养类型。应用性人才是更上位层次、概括性更强的人才概念，而应用型人才是指向性、针对性更加明确的人才概念。

（2）应用型人才与学术型人才。与应用型人才相对应的是学术型人才，二者具有不同的内涵和特征。应用型人才是指一切从事非学术研究性工作的实际操作的人才，把科学原理或相关理论运用到生活实践中，直接创造经济利益和物质财富，所展开的活动常与职业应用密切相关。学术型人才是指用抽象的价值符号系统，构建某一学科概念或学说，从事与科学研究或知识创新相关、揭示事物客观规律的人才。应用型人才与学术型人才是相对的，不是绝对的。在本科阶段，二者间的差异较为显著；在研究生阶段，二者之间差异非常小。

（3）应用型人才与技能型人才。广义上来说，技能型人才是应用型人才一种表现形式，应用型人才包括工程型人才、技术型人才和技能型人才。从狭义角度来看，应用型人才指从事实践一线具体工作或直接服务生产实践的人才，主要运用自己所掌握的理论知识来解决现实问题，也从事理论性的工作。技能型人才则是指在生产和服务等领域岗位一线，掌握专门知识和技术，具有一定的操作技能，并在工作实践中能够运用自己的技术和能力进行实际操作的人员。

（三）应用型人才的主要特征

（1）一专多能的知识结构。应用型人才具备相应领域的综合职业能力和全面素质，在专业理论、知识和实践技术技能等各方面具有应用和复合的特征，具有适应社会行业职业或技术岗位水平的一专多能的知识结构。应用型人才具有扎实的专业基础理论，具有一般的人文、社会和自然科学知识，还有突出的面向生产、建设、管理、服务第一线的应用性知识和实践技能，知识面宽，结构合理。这是应用型人才成才的基础，也是应用型人才持续发展和适应能力强的关键。

（2）突出的实践应用能力。应用型人才区别于学术型人才的显著特征之一，是他们具备较强的实践能力和操作技能，能够在生产、管理、服务第一线敏锐地发现眼下存在的问题和潜在问题，并熟练运用各种知识和技术技能解决实际问题。应用能力的提高是在解决问题的过程中逐步实现的，发现问题是解决问题的先决条件。因此，通过实践教学培养学生发现问题和解决问题的能力，是培养应用型人才的重要途径。

（3）勇于开拓创新。随着经济社会的迅速发展和全球化进程的加快，各种工作岗位的技术含量日益提高，实际工作中碰到的许多新问题是前所未有的，其技术难度大、复杂程度高，且很难从教科书上直接获得答案，需要从业人员在实践中总结和发现规律。因此，从业人员必须具有一定的综合应用能力和开拓创新能力。创新不仅是这个时代的要求，还是应用型人才必须具备的核心特征。应用型人才对知识、技能技术的应用并不是单纯的、继承性的应用，而是创造性的应用，是通过不断学习新知识、新技术、新方法，在应用中创造性地处理新情况、解决新问题。

（4）上手快、发展后劲足。应用型人才不仅有专业技能，能够很快适应和满足职业岗位的需要，而且由于知识面广、结构合理，因而发展后劲足，既纠正了传统学术型和理论型本科人才理论思维能力强、实践动手能力弱的缺点，也弥补了低层次应用型劳动者上手快而后劲不足的缺陷。

（5）良好的团队精神和身心素质。应用型人才承担着工程或工作的设计、规划、决策、组织实施和评估评价等职责，需要依靠团队成员的合作与创造才能顺利完成。因此，应用型人才不仅要有较高的专业素养，还要有良好的团队精神和社会责任感。良好的身心素质是其他素质的载体，提高身心素质，尤其要强调情商方面的修养，即保持人的情绪和心理的良好状态，而不是单一地过分注重智商。应用型人才通过自身素质的培养，可以实现与社会、他人、周围环境的和谐相处，达到知识、能力、素质的统一。

二、应用型人才培养的特点

应用型人才培养与学术型人才培养相比较，具有以下独特的特点。

（一）低重心的培养目标

低重心的培养目标是突出应用性，培养的重心着眼于理论的运用，而不像学术型人才教育那样偏重理论的探讨和学术素养的培养，是依托一定的学科平台，充分重视学生实践能力的培养。这是地方高校办学的核心主线，要贯穿人才培养过程。因而，应用型人才的培养目标也应该是这一主线的完好体现，即面向生产建设、管理服务等行业，培养具有坚实理论基础、较高实践能力及知识转化能力的高层次专门人才[1]。

（二）实用性的培养方案

应用型人才培养的专业设置与行业需要对接，着重考虑短线专业，注重长短结合，强调专业的灵活性和适应性，强调培养方案与实际需求对接，课程设置与职业需要对接，以应用为主线构建学生素质结构和人才培养方案，使学生具有基础扎实、适用面宽、实践能力强、素质高等特点。课程体系的设计以提高行业应用能力和实际动手能力为导向，在课程设置上考虑专业所对应的职业需要以及职业发展的特定的知识和技能要求。课程体系不追求学科知识的系统性和完整性，

---

[1]　秦学. 地方院校本科应用型人才培养模式研究. 哈尔滨师范大学硕士学位论文，2011.

在保证知识易被接受的前提下，追求实际应用的适应性和针对性。

（三）强能力的实践体系

低重心的培养目标并不意味着低要求、低水平或低质量，而是对培养规格提出了更高、更切实际的要求，最重要的是对能力特别是实践能力提出了更高要求。能力本位是 21 世纪人才观的重要内涵。应用型人才教育对能力培养提出的更高要求：首先，这种能力建立在宽厚的素质基础上，要求学生具备基础理论向应用转化的综合素质；其次，能力在特定的范围内通过实践才能形成，既要求学生形成基本能力，又要求学生必须具备某种特长。学生所形成的基本能力必须能举一反三，进而实现解决实践中遇到的问题并进行创新。学生所具备的特长可以适应未来职业岗位的需要，能在竞争中找到自己的位置，能在岗位上发挥其独特的作用，进而为地方经济建设和社会发展做出自己特有的贡献。

（四）双师型的师资队伍

应用型人才的培养注重理论教学与实践训练并重，以应用能力培养为主线，突出工程实践。因此，要求专业课教师不仅具备扎实的理论知识和较高的教学水平，还具有丰富的实际工作经验，即具备"双师型"教师素质。应用型本科高校应以高学历、高水平的学科梯队建设与"双师型"教师素质培养并重，加强教师队伍建设。

（五）产学研的培养途径

应用型人才培养的核心是培养学生的实际动手能力和创新精神。产学研可以密切高校与企业及科研机构的合作。产学研合作是培养应用型人才的重要途径。高校通过与企业合作，获得丰富的生产实践资源，弥补自身资源的不足，使人才培养处于真实的实践情境之中，有利于人才的培养和成长，还可以通过为企业服务了解最新的技术需求，以改进自己的教学和科研。高校通过与科研机构的合作，让学生参与科研项目，科研活动可以培养学生的创新意识和科研能力。

（六）能力主导的评价体系

应用型人才培养实施的是能力为本的教育，其人才考核与评价也应改变传统的仅凭试卷成绩评价学生质量的做法，应实行知识、技能、能力的综合考核，充分重视企业技术人员的参与，重视学生实践能力的评价，建立一种开放式、灵活性、个体性、以应用能力考核为主的质量考核和评价体系。

（七）学术与职业教育并重的培养体系

随着全球经济一体化进程的加快，横断学科、边缘学科、交叉学科大量出现，这就要求培养的应用型人才必须具备广博和相对深厚的学术理论基础，以利于今后潜力的发挥和可持续性发展。同时，学院应提升应用型人才职业教育的比重，加强其职业技能的培养，提高其解决实际问题的能力。因此，应用型人才培养既要重视学术教育，特别是应用性研究和开发性研究，也要重视职业教育，在实践能力培养方面对学生提出更高的要求。

三、应用型人才培养的主要问题

（一）人才培养定位不够准确

人才培养的定位是人才培养的前提。一些院校不能准确把握应用型人才、学术型人才与技术型人才的内涵，不能正确理解应用型人才所特有的人才品格、知识规格和能力结构。其定位要么偏低，把应用型教育理解为实施职业技术的教育，低的人才培养定位不但会使学校丧失原有的大学传统，而且会降低人才培养的规格，对本科高校和专科的职业技术学院双方的发展及竞争都是不利的；其定位要么偏高，将人才培养目标锁定在造就高层次的学术人才上，舍不得学术性殊荣，还想一味地追求人才培养的精英化，重视学术而忽视应用和技术的教育成果，造成人才培养与大众化发展不协调。在人才培养模式的构建上，部分院校提出的也是千篇一律的一般性要求，如厚基础、宽口径、高素质等，宽泛又空洞，没有结合学校自身优势和培养目标设定具体的育人模式，没有突出具体的实践性和应用性的相关特色，导致在人才市场上其毕业生没有多样性、发散性和独特性，"千人一面"，缺乏创新开拓精神和独到的见解，以及竞争优势。

（二）实践教学成效不明显

应用型人才不仅要有扎实的理论基础、良好的职业素养，更需要具备创新能力与实践能力。部分院校在应用型人才的培养过程中未能构建科学完善的实践教学体系，未设置充足的专业实践课，导致理论知识难以与实践活动相结合，各学科知识难以融会贯通。部分教师在教学活动中存在"重理论、轻实践"的情况，不利于学生实践能力的提高和知识结构的优化。一些院校实验实习实训基地建设滞后，表现在实验室面积不足，实验设备台套数不够，设备老化、退化现象突出；校外实践基地少、条件差，难以满足学生毕业设计和实践锻炼的需要。

（三）"双师型"队伍建设薄弱

应用型人才的培养，教师是关键。学院不仅需要不断充实师资力量，降低生师比，还需要教师更新知识结构，具有丰富的学科知识及实践技术。但从学院应用型教师队伍的实际情况来看，优质应用型教师稀缺。很多学院的专业教师是在校内任职的专职教师，大多没有企业工作的实践经验，只是根据自身掌握的理论知识选定教学模式和方法，无法根据实践经验编写案例素材，更未在教学活动中应用到真实案例；部分学院虽然安排了企业的管理者或技术人员为学生提供实践指导，但他们仅掌握实践技能，不懂得如何进行高等教育。因此，学院要建立"双师型"教师培训和长效激励机制，鼓励教师到企业挂职，丰富教师的实践经验，持续提升教师自身实践和创新能力，同时，加强对企业指导教师的教学技能培训，加大兼职教师队伍的建设力度。

（四）产教融合深度不够

应用型人才的培养需要多个主体相互配合，既需要校企相互配合，也需要社会各界携手合作。通过产教融合，才能不断提高应用型人才的培养质量。从目前情况看，部分学院设置专业时考虑得不够全面，未能突出专业化办学特色，也难以提高技术研发水平，部分学院甚至未根据地方经济发展情况设置专业，很难在校企合作期间为企业提供专业的科研技术。地方行业较少发布用人标准，更少设立相应机制，学院通常无法基于地方经济的变动调整专业设置，也未根据区域经济的变动调整人才培养方案，更未基于用人标准培养人才，因此，人才的培养难以满足地方经济社会发展的需求。在诸多层面难以衔接的影响下，各利益主体协作意识难以形成，统筹配合难以进行，产学研合作力度、深度不够。

（五）人才培养评估机制不够完善

应用型人才的培养重在应用、实践和创新能力的培养。学院往往缺失以能力评价为主的实践评价机制，使得学生实践技能的评估难以进行，其职业素养、能否适应社会环境也无从得知。应用型人才的培养需要各方利益主体协同完成，因此，需要建立涉及各个方面的保障机制，全面监督应用型人才培养的每一个环节，并提高监管效率。校企合作经常会因双方在利益和投入方面存在不同的期求而出现问题，如果政府无法统筹协调并妥善解决与权利、责任、利益相关的问题，就会影响校企合作的成效，也影响学院对地方经济发展的作用的发挥。产教融合期间，为发挥相关利益主体的作用，政府需要根据校企合作的具体情况制定合理的机制或制度，以约束或引导校企设立有利于培养人才的评价管理体系，鼓励企业配合学院的育人计划，改善"学院热、企业冷"的现象，学院则需根据应用型人才的特征制定培养保障机制。

四、应用型人才培养的策略

教学研究型大学和教学型大学（学院）要以培养生产、工程、管理、服务等一线的应用型专门人才为根本任务，以建设既能从事教育又能从事工程实践的"双师型"教师队伍为关键，以应用为主线，构建学生知识、能力、素质结构和人才培养方案，以突出实践能力为主旨，构建课程结构和教学内容体系，以深化产教合作为路径，建立健全评价考核机制，培养具有基础扎实、适用面宽、实践能力强、素质高等特点的应用型人才。

（一）科学制定人才培养目标

培养目标是应用型人才培养的前提，是培养应用型人才的基本依据和必要步骤。培养目标是为解决什么样的人才培养，起着方向性和引领性的作用，是学院开展一切人才培养活动的出发点，也是培养内容、培养方式和培养条件的依据。目标明确，才能培养出具有地方特色的应用型人才。学院制定科学的人才培养目标要遵循三个原则：一是以人为本的原则，即满足个人需求，满足学生个性发展和自主发展的原则；二是社会化原则，高等教育的基本职能之一是培养社会和市场所需要的人才，它不能脱离社会和市场的需求；三是职业化原则，即本专业培养的毕业生应掌握今后工作的基本知识和技能。根据以上原则，应用型人才的培养目标，在知识结构中，强调其应用性。知识传授以应用为主线，知识结构构成要以行业或职业所需要的实践能力为依据。在能力方面，学院要注重学生综合职业能力的培养，将专业知识转化为专业技能，有较强的解决现实问题的专业实践能力。在素质结构方面，学院要注重职业道德素质。这些培养目标经过分解转化为课程目标和具体教学目标中，进而有针对性地开展应用型人才培养活动[①]。

（二）构建多元协同培养机制

应用型人才的培养需要利益主体的多方协同，必须走产教协同育人的途径。政府作为产教融合的主导者，通过持续推广、加大关注度、制定倾斜政策等方式提高产教融合度；学院要时刻关注市场动态，坚持内涵式发展，在实现可持续发展的同时，不断提高自身的创新能力，以各地发展的实际情况为基础进行特色办学，设置与当地产业需求相符的专业，根据产业发展方向与需求制定贴合当地社会发展目标的人才培养方案；相关主体要通过协同合作的方式提高人才链、教育链、创业链及产业链的融合度，以加快校企融合[②]。产教融合协同育人既有利于高校落实人才培养计划，持续优化实践体系，为社会输送更多优秀的应用型人才，并发挥自身为社会服务的特殊职能，又有利于相关主体在创新链上发挥各自优势，进而形成协同效应。

（三）强化应用实践教学体系

学院要根据各行各业的人才需求调整人才培养方案，设置更加合理的教学体系，突出实践教学环节，增强应用型人才培养体系的实效性；对已设立专业进行全面梳理，明确关键专业、特殊专业和新兴专业，找出符合产业需求的专业，发挥核心专业的最大化作用，在产业链中创建可融合多门学科、具有独特优势的专业集群；根据职业能力设立课程体系，突出应用，重点设置以创新或实践为主题的课程，使课程内容和职业标准密切相连，真正做到根据社会需求培育创新能力、实践水平较强的人才；通过设立定制化人才培养机制、现代产业学院、校企合作的产教融合协同育人基地等方式，持续推进产学研协同育人计划，把实践教学应用在应用型人才的培养计划中。学院应建立循序渐进、层次分明的实践教学体系：在理念上，把实践教学提升到与理论教学并重的地位，坚持实践教学四年不断线；在内容上，对生产劳动、课程实验、教学实习、科研训练、社会实践等进行整合，独立设置课程模块；在方法上，应对不同年级学生实践教学活动，按照基础实践、专业实践和综合实践三个层次进行统筹安排，相互融合[③]。

① 卿灿. 地方本科高校应用型人才培养质量影响因素的实证研究. 沈阳师范大学硕士学位论文, 2018.
② 谢添. 高校深化应用型人才培养的路径研究. 创新创业理论研究与实践, 2023（8）: 1-3.
③ 丁小明. 大学本科应用型人才培养研究. 广西师范大学硕士学位论文, 2006.

（四）培育高素质"双师型"师资

应用型人才的培养离不开高素质的"双师型"教师队伍。一方面，学院要加强在职专业教师的实践技能培训。学院通过构建"双师型"教师实践教学培训平台，为专业教师提供培训机会或建立产教融合创新平台，围绕教师构建可评估其综合素养的评价指标体系，以期提高教师的知识结构和综合素质；依据企业需求，安排教师参与企业的科研创新或研发工作，针对核心领域或关键问题进行实践活动与课题研究，在提高科研成果转换率的同时，为专业教师提供更多实践机会，不断提高教师的实践能力和创新能力，以及教学水平。另一方面，学院要加强兼职教师队伍建设，聘请"会教学、有理论、精技术"的行业或企业专家担任学校指导教师，突破传统师资队伍结构单一的问题，解决教师工程创新能力欠缺且与产业需求不匹配的问题①，为学生开设专业课程，指导学生专业实践、毕业设计、毕业论文，提升其实践与理论的衔接度。

（五）完善应用人才评价机制

学院应建立应用型人才多元化评价机制，对应用型人才的培养质量进行动态监督；建立应用型人才培养过程评估机制，从设置实习实训基地、专业课程、编写应用型教材等方面评价应用型人才的培养成效；建立毕业生质量评估机制，围绕就业情况、应届生的实践能力及就业趋势、企业对毕业生的满意度等方面评估应用型人才的培养效果；建立切实可行的监督管理机制，由政府及校企等参与主体组成产教融合管理委员会，围绕产教融合设立平台与评价体系，评估各参与主体在协同育人过程中的表现与贡献。学院要重视相关主体的评价报告，根据各参与主体的评价掌握人才需求变化，通过评估相关参与主体在产教融合期间的表现及成果，优化实践教学评价体系，改进人才培养模式与具体措施。

第六节　学院新农科多样化人才培养的实践案例

河南科技大学农学院承担的教育部新农科研究与改革实践项目"地方综合性大学新农科多样化人才培养模式创新实践"，2020 年获河南省教学成果奖一等奖，出版专著 1 部，即《新农科人才培养理论与实践》②。

---

① 李佩娟，盛云龙，陈国军，等. 产科教融合应用型本科人才培养改革创新. 中国现代教育装备，2024（23）：132-134.

② 李友军，王贺正，黄明，等. 新农科人才培养理论与实践. 北京：中国农业出版社，2023.

一、选题的意义

国家实施乡村振兴战略，关键在科技、在人才。涉农高校作为农科人才的摇篮，承载着支撑"三农"的使命，其人才培养质量直接关系着"三农"问题的解决和乡村振兴的实施。我国已掀起新农科人才培养"质量革命"。2018 年 12 月，在中国农业大学召开的"新农科"建设研讨会提出以现代科学技术改造提升涉农专业的目标。2019 年 4 月发布的"双万计划"提出优化农科类人才培养模式、全面提升农科类专业人才能力的目标。2019 年 7 月，"安吉共识"提出了新农科建设的"四个使命"和"四个面向"。2019 年 9 月，习近平总书记给全国涉农高校的书记校长和专家代表的回信中强调，"希望你们继续以立德树人为根本，以强农兴农为己任，拿出更多科技成果，培养更多知农爱农新型人才"[①]。随后，"北大仓行动"推出新农科教育改革的"八大行动"，"北京指南"规划了实施新农科研究与改革内容与项目。因此，涉农高校应以推进新农科建设为契机，培养"三农"和乡村振兴伟大事业所需的农科高素质人才。

新农科人才需求形势对传统农科专业的人才培养提出了挑战。涉农专业人才培养在新形势下必须紧扣行业发展，加快教育改革，注重创新培养，突出实践环节。然而，我国涉农高校的人才培养还普遍存在培养模式固化、趋同、针对性弱等问题，已不能适应新农科建设的需要，迫切需要创新改革。因此，涉农高校应深度剖析现有人才培养中存在的问题，研究和构建新农科人才培养的新模式，对培养新型农业人才具有重要的指导意义和实践价值。

二、研究现状概述

面对科技革命和产业变革的新浪潮，传统农科人才培养模式已很难适应"三农"事业发展新要求，主要存在以下问题。

（一）教学理念落后，培养目标单一

新农科强调打造人才培养新模式，对接农业创新发展新要求，着力培养一批"一懂两爱"（即懂农业，爱农村、爱农民）的现代农业人才。传统农科人才培养目标缺乏特色，规格单一，层次偏高，类型模糊，模式趋同，多倾向于研究型以及理论型人才培养，忽视了应用型人才、实践型人才、创新型人才的培养，人才

---

① 习近平给全国涉农高校的书记校长和专家代表的回信.（2019-09-06）. https://jhsjk.people.cn/article/ 31340883.

的综合素质未能得到全面发展。

（二）学科交叉推进缓慢，专业知识结构孤立

新农科建设要解决课程体系陈旧、重专业教育轻通识教育、人文素养欠缺、基础学科知识薄弱、运用现代科学技术的能力不足等问题，必须进行多学科交叉融合。当前，农学专业与经济学、管理学、信息学等学科知识结合不足：一是理论知识缺乏对新动态、新科学、新技术的融合；二是实践教学比重低，环节少，内容较单一，部分环节由于学生人数多、条件限制，流于形式，教学效果差。

（三）产教融合不足，实践平台单一

新农科注重服务农业新发展。然而，目前农科人才培养对实践能力的锻炼、创新精神的培养和过程评价考核还不够重视。多数校院间互不融通，制约了不同学科、专业间的融合联动，同时还存在教学与产业相融合、高校与企业共合作、主动对接乡村产业、邀请相关企业参与培养的校企协同育人体制机制不足等问题。

（四）实践教评考欠佳，难符培养需求

当前的实践性教学评价考核办法已无法满足新农科人才的培养目标：一是实践教学目标较为单一，与政府、产业、社会的多元化需求不一致；二是评价指标侧重于实践结果，而对实践过程关注不足；三是实践教学内容较为单一，实践场地不足，教学方法陈旧，教学质量不高；四是缺少对学生职业素质和社会化技能的质量评价。

（五）教师投入不足，"双师型"教师缺乏

在新形势下，存在教学单位和教师不重视实践教学的现象，实践教学内容、实践场地往往由教师确定，缺乏与现代农业、生态乡村发展相匹配的实践项目，这些都无法满足新农科教学目标。实践指导教师大多是理论教学教师，其生产实践经验、技术应用基础、经营管理能力往往不足，不具备"双师型"教师素质。

（六）学生重视不够，实践意识淡薄

学生参与实践的积极性和自觉性不够。究其原因，第一，当前学生就业压力

较大，多数学生把考研作为学习目标，重视对理论知识的学习，而对实践能力的锻炼重视不够；第二，部分学生的专业思想不牢固，进而影响了参与农业生产实践的积极性；第三，一些教师不注重对学生实践能力的考核，即使进行实践能力考核，考核的内容也过于简单，考核方法也不够严格。

三、研究的内容和目标

（一）研究内容

（1）转变教育观念，实现农科人才培养的创新发展。利用地方综合性大学的优势，要以现代信息、生物、工程技术做强农科教育，在保持农科特色的同时加强学科融合，形成特色鲜明的培养模式，培养现代农业创新人才。

（2）优化培养目标，明确新农科人才培养的目标导向。以引导学生的思想意识、学习规范、学习动因、价值取向和行为准则，帮助学生明确发展目标，在此基础上明确新农科背景下农科人才应具备的知识、能力和素质结构。

（3）重构课程体系，打造新农科人才培养计划的升级版。研究如何打破固有学科边界，构建科学的课程体系，让课程理念新起来、教材精起来，提高农林课程的"两性一度"，打造新农科人才教育培养计划的升级版，推进人才培养从同构化向多样化转变，实现多类型多层次发展。

（4）创新教学方法，构建新农科人才教育教学模式。深入研讨以学生自主讨论和教师重点讲授相结合的方式，着力探索利用互联网技术开展网络教学，创新教育教学方法，培养复合型拔尖创新人才。

（5）强化实践教学，创建产学研一体化实践教学体系。研究校内实践教学基地与校外实习基地协同联动的实践教学机制，探索建设一批区域性共建共享实践教学基地，让实践教育走出教室、走进山水林田湖草。开展协同育人研究，创建产学研合作办学、育人，推进人才培养与教育资源、科研资源、产业链对接融合。推进实践教学的项目化改革，将学生创新能力的培养立足于产教融合平台、产业示范基地，根植于乡村振兴。

（6）改革保障体系，建立新农科人才质量评价标准。明确与新农科人才培养要求、目标相一致的人才培养质量考核目标、内容、方式、方法及评价指标。建立校内相关部门共同参与的新农科人才质量保障体系，探索形成自觉、自查、自纠与全程质量监控结合的农林教育质量文化和评价体系。

（二）研究目标

摸清当前农科类人才培养中存在的问题，明确新农科人才应具备的知识、能力和素质结构，制定符合新农科要求的人才培养目标；重构与培养目标符合的课程体系及教学案例；构建适应新农科发展的实践教学模式；强化新农科人才培养质量的核心定位，改革新农科教育教学的评价监督体系，实现人才培养和人才需求吻合，为提升新农科人才培养质量提供理论指导和经验借鉴。

四、研究思路和方法

（一）研究思路

围绕新农科建设任务和目标，剖析地方综合性大学涉农毕业生的就业去向，明确新农科人才所需知识、能力和素质要求，将学生按照为科研型、管理型、经营型和创业型分类培养，科学构建新的培养目标和课程体系，努力打造高水平的师资队伍和实践平台，积极推进教育教学改革，全面加强专业内涵建设，创新实践地方综合性大学新农科多样化人才培养模式，助力"三农"发展和乡村振兴。

（二）研究的基本方法

（1）问卷调查。研究涉农专业人才应具备的课程知识、能力和素质结构。
（2）市场分析。研究涉农专业的培养目标。
（3）实地调研。研究人才培养中存在的问题。
（4）比较分析。研究人才培养的成功经验与发展趋势。
（5）实践反馈。通过应用研究成果，不断丰富、发展、完善研究成果。

五、研究成果

课题组在深入研究国内外涉农专业人才培养的发展趋势、当代农业院校相关专业教育教学改革特点、相关科学（如信息科学）的发展对农科人才培养的影响等基础上，提出了一系列的改革措施，并取得了一定成效。

（一）明确多样化人才培养目标

通过剖析河南科技大学农学院 10 年农学专业学生就业数据，基于就业去向及逐年变化，将人才培养目标分为科研型、管理型、经营型和创业型。通过对毕业生、科研机构、企事业单位的回访调查，明确了不同类型人才所需知识、能力和素质要求，在"以本为本、任务引领、能力本位、理实一体"理念的基础上，确定了多样化的人才培养目标。

（二）建设"双师型"师资队伍

农学院通过多种形式培养一支实践经验丰富的教师队伍。第一，青年教师通过老教师的培养指导，学习实践技能；第二，教师到教学基地、企业、管理部门接受实践锻炼；第三，与资源丰富的教学科研单位合作，将项目优势融入到教学中，提高实践教学与技术服务水平；第四，面向社会行政部门、工业企业和社会团体，聘请一批高技术人才为兼职教师，指导专业实践。

（三）完善多学科交叉的课程体系

农学院在通识教育阶段，增加了人文素养类、多学科交叉类课程模块，增设了农艺农机融合理论、生态农业、信息技术、功能农业、有机农业、智慧农业的知识模块；在分类培养阶段，分类设置岗位实践模块，科研型学生由科研导师一对一的进行前沿理论和实验技术培训，管理型学生到乡村挂职实习锻炼，经营型学生到涉农经营公司、农业经营主体参与实践，创业型学生到多样化的创业创新基地实地培训。

（四）打造产教融合的实践平台

农学院创建了课外培训品牌项目——"农创书院"。"农创书院"依托校内外优秀的人才资源和良好的科研平台，构建并运行"学院-企业-农业产业"人才培养机制；成立了"创业辅导团""创业导师团""创业朋辈团"，并建立了教育教学、科技创新和社会服务三大实践平台。"农创书院"已成为学院新农科人才培养的特色品牌。

（五）构建多元化实践教学模式

农学院积极采取措施，构建多元化实践教学模式：一是将教学内容与当地、周边地区和对口实习基地生产实际紧密结合，建立与生产实践相结合的实践教育模式；二是建立与科研创新相结合的实践教育模式，鼓励教师积极分享个人的科研经历及已取得科研成就，鼓励学生参与教师科研项目；三是在产教融合平台上，积极推进实践教学项目化改革，建立与创新创业实践相结合的实践教育模式。

（六）推进实践教学项目化改革

农学院与省内外多家企事业单位和科研院所建立了联合人才培养机制。在该机制建立两年的时间，就有 20 个项目获国家和省级奖项，特别是"薯道香"项目团队以推广甘薯脱毒快繁的技术为抓手，为洛阳市及其周边地区的供应脱毒薯苗，并提供栽培技术指导，为乡村振兴做出了突出贡献，在中国"互联网+"大学生创新创业大赛中获铜奖。

六、成果的特色与创新性

（一）成果的特色

（1）创建"农创书院"，助力人才培养。农学院创建了创新创业教育基地——"农创书院"，按照"宽口径、厚基础、重质量"人才培养理念，依托学院现有教师和优秀毕业校友，构建了"学校-学院-校友企业-大农业产业"创新创业教育人才培养工作机制。搭建了"农创书院·三三制"教育教学平台，即成立企业家组成的"创业辅导师团"、校内外知名专家组成的"创业导师团"、大学生创客组成的"创业朋辈团"，搭建了教学实践平台、科技创新平台和社会实践平台。学生从学习者转变为参与者，将所学专业知识运用到生产实践的积极性增强。据统计，"农创书院"成立以来，在各级各类竞赛和实践活动中，有千余人参加，百余项作品获奖。

（2）坚持产学研协作，推进实践教学项目化改革。农学院创建了产学研合作办学、合作育人模式，推进实践教学的项目化改革。项目组与河南君品生态农业开发有限公司等单位建立了联合培养机制，使学生有较多的机会参与科研领域，并加入实践创新项目中，提高组织协调能力及创业创新能力，树立合作意识，培养团队精神。每年有近 30 个团队、200 名学生通过"互联网+"大学生创新创业大赛、大学生生命科学竞赛等全国和河南省赛事中参与到教师的科研项目中。

（二）创新性

农学院认真落实立德树人根本任务，积极发挥学科优势，认真设计个性化教育方案，努力培养专业基础牢固、适应性强、实践与创新兼具、综合素质突出的农业现代化建设人才。本成果立足地方高校办学实际，为新时代办好中国特色的高等农林教育提供本土实践范式。

（1）需求导向，确立了多类型的人才培养模式。从面向新农业、新乡村、新农民、新生态，推动我国由农业大国向农业强国迈进，助力乡村成为安居乐业的美好家园，服务脱贫攻坚、乡村振兴、生态文明和美丽中国建设的需求出发，把人才培养模式分为科研型、管理型、经营型和创业型四种类型。农学院通过对毕业生、科研机构、企事业单位的回访调查，明确了不同类型人才所需知识、能力和素质要求，在"以本为本、任务引领、能力本位、理实一体"理念的基础上，确定了多类型的人才培养模式。

（2）协同创新，构建了多元化的育人模式。农学院以学生为中心，通过产学协同、研学协同、赛学协同建立多元化协同育人模式，建成多维协同的创新实践教学平台。通过产学协同，转化社会优势资源为育人资源，拓展训练的深度和广度；通过研学协同，促进优势科研方向与课程模块、标志性成果与专业课程、科研平台与创新实践教学一体化育人模式；通过赛学协同，培养跨学科应用、自主学习、团队协作及创新能力，积极组织学生参与互联网+、挑战杯、生命科学等各级各类竞赛活动，营造赛学结合的创新氛围。

（3）依托项目，培养了多层次的实践创新能力。农学院实施"兴趣激发—项目实践—能力培养"的"三阶递进"全过程创新人才培养路径，以探究性教学方法激发学生学习兴趣，积极引导学生主持申报大学生创新创业项目、社会实践项目，鼓励他们参与教师的科研项目、企业合作项目等，将学生创新能力培养配置到产教融合的平台上、配置到产业示范基地中，根植在乡村振兴的土壤里。通过项目实践，以动态化的教学策略应对个性需求和社会需要，实现因材施教推动了创新创业教育与学风建设相融合，促进了创新创业实践与乡村振兴战略、精准扶贫相结合，提高了新农科人才培养质量。

七、应用成果取得的成效

（一）培养基础稳步提升

农学院立足新形势下新农科的培养方案，依托作物学，并充分融合生物学、生态学、植物保护学、食品科学与工程、农业工程及智能信息化等学科知识，全方位培养新农科人才。2018－2020年，新增"河南省牡丹高效培育与综合利用重点实验室"和"河南省甘薯产业工程研究中心"，"作物栽培学"被评为河南省一流本科课程，"生物信息学"被评为河南省精品在线开放课程并被编写为河南省

规划教材，另有 3 门校级精品在线开放课程、1 门课程为校级双语课程，自编教材
6 部。

（二）专业建设扎实推进

农学院的专业内涵建设全面加强，师资队伍、人才培养、教研条件、培养研
究生和服务地方效果显著。2020 年，农学院农学、生物技术专业双双入选河南
省一流本科专业建设点；2022 年，农学专业入选国家一流本科专业建设点，为
新农科人才培养奠定了坚实基础。

（三）教学研究有序开展

农学院的"地方综合性大学新农科多样化人才培养模式创新实践"获批教育
部新农科研究与改革实践项目，"卓越农科人才培养过程中创新创业教育模式的
构建与应用"获批河南省高等学校教育教学改革项目。新农科建设成果获河南科
技大学教学成果奖 3 项，发表论文 7 篇。

（四）培养质量明显提高

2018－2020 年，教学运行日趋规范，双创能力明显增强，培养质量稳步提
高，学生毕业率、学位授予率 100%，一次就业率 94.3%；获中国"互联网+"大
学生创新创业大赛铜奖 3 项，全国大学生生命科学竞赛二等奖 1 项、三等奖 2
项、优胜奖 4 项，获国家级大学生创新创业训练计划项目 5 项，河南省"互联
网+"大学生创新创业大赛一等奖 4 项，"创青春"河南省大学生创业大赛一、
二、三等奖各 1 项，河南省大学生生命科学竞赛一等奖 1 项、二等奖 4 项、三
等奖 4 项。

第九章　学院教师队伍建设

第一节　学院教师队伍建设概述

一、学院教师队伍建设的重要性

清华大学原校长梅贻琦曾说:"所谓大学者,非谓有大楼之谓也,有大师之谓也。"[①]教师作为学院发展的核心资源,对学院的发展至关重要。学院只有拥有一批有名望、有实力的大家、学者,才能加快建设优势学科,从而吸引到优秀学生,培养出优秀人才,产出重大科研成果,提高学院的办学质量和水平。

(一)高水平的教师队伍是学院人才培养的关键

学院承担着人才培养、科学研究、社会服务等重要职能。学院的科学研究往往离不开教师,社会服务主要通过知识和技术创新进行,知识和技术创新同样需要依靠教师队伍,人才培养更是与师资队伍息息相关。学院人才培养的质量关乎国家建设与经济发展,新时代,国家对学院人才培养的质量提出了更高的要求,学院需要培养出更多具有创新能力和创新精神的人才。教师作为传道受业解惑者,是培养高素质人才、提升教育教学质量的关键,师资队伍建设成果如何在某种程度上决定了学院的整体实力和人才培养质量。学院只有建设一支数量充足稳定、结构合理、具有国际视野的现代化师资队伍,才能满足学生全方位发展的需求[②],从而为社会培养出大批量、高素质的优秀人才。

---

① 转引自王志英."双一流"背景下Z大学师资队伍建设研究. 郑州大学硕士学位论文,2018.
② 郑静,王建明,丁晓芳,等."双一流"背景下高校师资队伍建设的路径分析. 医学教育管理,2024
(4):473-478.

（二）高水平教师队伍是学院学科建设的核心

学科建设是学院建设的重要任务之一，加强优势学科或特色学科的建设与发展，对提高学院整体竞争力至关重要。优势学科或特色学科的建设和发展需要一支高水平的师资队伍，通过引进和培养一批高水平的师资队伍，促进优势学科群的形成和发展。例如，华中农业大学生命科学学科在全国占据领先地位，关键就在于其实行的人才战略取得了明显的成效[①]。华中农业大学生命科学学科在 20 世纪 80 年代抓住历史机遇，瞄准生命科学发展前沿抢先起跑，培养和引进了学科带头人张启发院士，先后引进多名杰青等及学科带头人，快速组建了张启发团队、邓子新团队、张红雨团队等多个高水平的学科团队，奠定了生命学科的优势地位，并进一步将其发展成为具有国内外影响力的学科。1994 年 10 月，华中农业大学生命科学技术学院成立。从这个个案中可以看出，师资队伍对学科建设发展的重要性：一方面，高水平的师资队伍为学院建立优势学科增劲助力；另一方面，优势学科的发展也会带动其他相关学科的发展，逐渐形成优势学科群，稳住现有人才，吸引更多优秀人才，逐步提升学院的影响力，进而增强学院的整体竞争力。

（三）高水平教师队伍是科学研究的支柱

科学研究是高校的重要职能之一，对研究型大学来说更是如此。研究型大学最根本的任务就是探索高深学问，培养社会需要的高级人才。要开展高水平的科研工作，单一的优秀人才既难以承担完成高水平的科研项目，也难以产出高水平的科研成果，必须有一支各有专攻的优秀人才组成的高水平的科研团队。研究型大学学科门类齐全、师资力量雄厚、基础条件扎实，与其他类型大学相比，在学术氛围、学科建设等方面具有较大优势，为教师的成长提供了发展的空间和机遇，成为教师（尤其是青年教师）快速成长的沃土，同时这种独特的学术氛围也带动了整个师资队伍的发展，对培养高水平的师资队伍有着重要意义。高水平的科研团队一方面提高了科研效率，另一方面能产出高水平的科研成果。例如，到 2023 年底，中国科学院大学有博士生导师 8482 名、中国科学院院士 239 人、中国工程院院士 39 人，在拥有众多优秀人才的基础上，产出的高质量的科研成果在全国也是名列前茅[②]。

---

① 蔡琳. 一个优势学科的成长过程研究：基于华中农业大学生命科学学科的个案研究. 华中科技大学硕士学位论文，2017.

② 中国科学院大学. 学校简介.（2023-12-31）. https://www.ucas.edu.cn/xxgk/xxjj/index.htm.

（四）高水平教师队伍是学院办学特色的保障

百年大计，教育为本；教育大计，教师为本。习近平总书记强调，"教师重要，就在于教师的工作是塑造灵魂、塑造生命、塑造人的工作。一个人遇到好老师是人生的幸运，一个学校拥有好老师是学校的光荣，一个民族源源不断涌现出一批又一批好老师则是民族的希望"[①]。哈佛大学原校长科南特（Jams B. Conant）说过："大学者，大师云集之地也。如果学校的终身教授是世界上最著名的，那么这所大学必定是世界上最著名的大学。"[②]拥有一支高水平的教师队伍是成为一流大学的关键，也是学院办出特色的保障。建设高水平有特色的大学，不仅应吸引国外学术大师，而且应产生本土的学术大师，大学需要大师，大师的周围同样也需要团队。如果无法整体提升师资队伍水平，不仅难以引进高端人才，而且引进的人才难以充分发挥作用而易于流失或被同化，最终无法建成高水平大学。因此，高水平大学建设与师资队伍的培养是相辅相成、相生相长的。拥有一支良好的师资队伍是学校、学院高水平、有特色建设的保障。

二、正确处理教师队伍建设的几个关系

（一）引进与培养的关系

高校师资队伍建设是一个长期积累的过程，引进与培养是加强师资队伍建设的两个主要方面，二者互相联系，不可分割。"人才引进好比是为身体输血的过程，那么对现有教师进行培养则可以说是一个身体自我造血的过程。"[③]

目前，高校都十分重视人才引进工作。毫无疑问，引进人才能够快速壮大师资队伍、完善师资结构，并能够有针对性的统筹学科布局，对师资队伍建设能产生立竿见影的效果。需要注意的是，要引进人才，就需要为人才提供优越的薪酬待遇及工作、生活条件，没有这些条件，在当前激烈的竞争中，高校就难以引进高水平的人才。同时，高投入意味着高风险。部分高校过于重视引进人才，对引进的人才十分珍惜爱护，认为"外来的和尚好念经"，而对本校培养的人才过于冷淡疏忽，造成学校原有人才大量流失的尴尬境况，出现"招来女婿，气走儿

---

① 努力造就一支党和人民满意的教师队伍：深入学习贯彻习近平总书记同北京师范大学师生座谈时的重要讲话精神. 人民日报, 2014-09-19.

② 转引自王玫, 王晓辉. 借鉴哈佛大学师资队伍建设先进经验：研究民办大学师资队伍建设发展新趋势. 神州, 2013（23）：117.

③ 唐新平. 地方高校师资队伍建设应处理好的几个关系. 人才资源管理, 2012（7）：200-202.

子"的现象。

因此，学院在处理人才引进与人才培养关系时，要注重权衡利弊，既要加强对外来人才的引进，也要注重对原有人才的培养，对两者一样关心、一样信任、一样重用，做到"引进与培养并重"。学院要从自己的实际情况出发，因地制宜，有计划性地制定人才规划，有针对性地出台人事政策，切忌盲目跟从潮流，以致顾此失彼；要真正使引进的人才发挥作用，使学校原有的人才生根发芽、茁壮成长，做到"引进与培养双赢"，达到"1+1>2"的效果。

（二）数量增长与结构优化的关系

近年来，随着逐年扩招，学院需要更多的教师进行教学，教师规模不断扩大，这就对学院师资队伍建设提出了新的要求。一方面，学院要注重师资结构的优化。学院在加强师资引进的同时，要注意教师的毕业院校、年龄时段、学科类别，不断改善学院师资队伍的学缘结构、年龄结构和学科结构；同时，要注意教师与职工的比例结构，着力解决职工数量过多、机构臃肿、分工不明确、个别人员工作态度消极、主动性不高等问题。另一方面，学院要着力提高教师和职工素质及其工作效率。学院要建立合理的绩效和职称晋升机制，充分调动教师教学科研的积极性，对工作突出的教师给予充分的肯定和奖励，对工作懒散、积极性不高的教师给予严厉的惩罚。学院要明确各部门的职责，做到分工明确、各司其职，提高其办事效率，激发职工的工作热情，以更好地服务学院师生。

在师资队伍壮大的同时，学院必须对其进行结构优化，唯此，才能使整个师资队伍得以高效率地工作，进而有利于高校和学院蓬勃发展。

（三）稳定与流动的关系

稳定是人才充分发挥其作用的前提条件。稳定使人才能长期处于一个相对稳定的环境中，安心投入工作，愿意谋划并努力实现长远目标。流动是高校发展的内在动力。一定程度的人才合理流动，是人才成长和社会经济发展的客观需要，也为高校吸引和稳定优秀人才提供了条件及可能。

人才的稳定与流动是一对矛盾。要充分发挥教师的作用，学院就必须为教师提供一个相对稳定的环境。学院若想在竞争中实现发展，就必须建立"能者上，庸者下"的机制，在保证稳定的同时促进人才流动。对于教师而言，个人要充分施展才能，需要有一个相对稳定的环境；教师个人若要更好地发挥作用，又必须寻求一个更能让自己施展才华的环境，这就需要在流动中寻求稳定。

学院要处理好人才稳定与流动的这一对矛盾，就必须推进人事管理体制改革，积极开拓人才流动渠道，构建合理的人才流动体系，从制度规范、实际操作等多个层面尽量减少和避免人才流动带来的负面效应，按照"给天才留空间、给中才定标准、给庸才谋出路"的思路，探索相对稳定、流动有序的师资队伍建设模式，建立一个既有利于人才资源的开发及利用，又有利于保障高校和教师双方的合法利益，更有利于人才作用发挥和教育事业发展的人才流动机制[①]。

（四）教学与科研的关系

教学工作是立校之本，科研工作是强校之路，教学与科研具有辩证统一、相辅相成的关系。①教学促进科研。一方面，教师的教学成果是开展科学研究的基础和前提，没有扎实的基础理论知识，教师很难开展高水平的科学研究；另一方面，教师在教学中与学生产生互动，有利于拓展学生的思维，同时，学生活跃的思维反过来会进一步推动教师科研工作的开展。②科研反哺教学。教师将科研成果带入课堂，应用于教学，成为他们的授课内容，将最新知识、理论、技术和信息传递给学生，不仅丰富了教学内容，还拓展了教学广度和教学深度，使学生能够接触、了解学科前沿动态，进而激发学生的学习兴趣。

学院的根本任务是为国家培养人才，这一根本任务必须通过教学这一环节来实现。作为一名合格的高校教师，首先必须过教学关。上至教授，下到助教，如果教学不过关，就不是称职的教师。同时，科研是教学内容创新的源泉，其成果不仅可以为学生提供本学科的学术前沿知识，补充和丰富教学内容，达到理论指导实践的目的，而且是学院提高办学层次和社会声誉、获得社会资源的重要因素。学院中优秀的教师往往将教学与科研相结合，因为他们深知教书育人是教师的天职，学术研究是教师的生命。教师应当处理好教学与科研的关系，使教学工作与科研工作协调发展、相互促进。

学院在加强师资队伍建设过程中，既要加大对教师教学能力的考查力度，又要对其科研能力和水平进行认真分析。只有坚持正确的用人导向，才能使教师把主要精力放在传道、授业、解惑上，把自己的研究成果用在课堂教学上，把教书育人的根本任务扛在自己肩膀上。

---

① 潘洪冰，黄薇. 一流大学师资队伍建设应处理好的几个关系. 高教论坛，2016（3）：89-92.

三、学院教师队伍建设存在问题

（一）专任教师总量不足

1998 年之后，随着高校扩招，在校生数量不断膨胀，但专任教师数量并没有实现同步增长，与高水平高校教师总量规划仍有较大差距。另外，行业的特殊性、社会需求量大以及行业待遇差距明显，使得部分紧缺专业对应的高校岗位缺编严重，人才引进难度较大。

生师比是反映师生交流频率、体现对学生关照关怀程度的关键指标。在高校教学质量评估体系中，国际常用的生师比为 14∶1，认为此比例对办学效益和质量最为适宜，如果高于这一比例，办学效益可能提高，办学质量却难以保证[①]。

泰晤士报高等教育 2017—2018 学年的统计数据显示，世界大学排名前 600 的高校生师比均低于或等于 8.5∶1，排名前 800 名的大学生师比也低于 16.5∶1。美国 2002 年在有权授予博士学位的高校中，居前 10 位的 11 所院校的平均生师比为 6.73∶1，在北、南、西、中西部四个地区有权授予硕士学位的高校中排前 10 位的院校平均生师比为 13.4∶1，有权授予学士学位的前 10 位综合学院的平均生师比为 13.45∶1[②]。2022 年《全国教育事业发展统计公报》数据显示，普通本科学校生师比为 17.65∶1[③]。与国际标准特别是世界发达国家和世界一流大学相比，我国高校的生师比仍然偏高，教师队伍缺口仍然较大。

（二）结构比例不合理

高质量师资队伍的一个基本特征就是具有合理的学历、学缘、职称和年龄结构。综观我国高校师资队伍的现状，其内部结构并不尽如人意。

第一，学历结构偏低。教育部曾经于 1999 年明确提出了获得博士或硕士学位的教师占师资总数的比例要求[④]，目前，一些高校师资队伍中具有博士学位的教师数量不多，比例为 50%甚至更低。国外一流大学博士学位获得者达到 96%

---

① 王利爽，阳荣威."双一流"建设背景下"C9 联盟"高校师资队伍及结构调查研究. 大学教育科学，2017（6）：32-37.

② 教育部直属高校工作司. 教育部直属高校：二〇〇八年基本情况统计资料汇编. 北京：中国人民大学出版社，2009：3-8.

③ 王亚男，丁坤，李佳恒. 新时代高校教师队伍建设现实困境与优化路径研究. 中医药管理杂志，2024（7）：198-200.

④ 姜建明. 关于高水平大学师资队伍建设的思考. 大学教育科学，2009（6）：41-44.

以上，美国加州理工学院、西北大学等甚至达到了100%①。第二，职称结构不合理。45岁以下的中青年教师中正高职称比例不高，冲击高层次人才项目上的人才储备不足。第三，年龄结构失衡。教师队伍年龄结构能够直观体现出一所学校发展潜力。均衡的年龄结构比例呈正态分布曲线，46—55岁年龄段是教师科研创造力的黄金期②。一些学院的某些学科教师年龄偏大，青黄不接的现象没有能得到明显的改善，这部分学科发展后劲明显不足。第四，学缘结构同缘化。地方学院受地理位置、资金的影响，在人才引进方面面临困难，只得持续性地选择本校博士留校任教。长此以往，同一学科或同一研究机构的大部分人员"师出同门"，进而导致研究方向单一、知识视野狭隘等问题。第五，师资队伍的国际化水平偏低，人才队伍整体创新能力、工程实践能力、国际学校交流能力尚须进一步提升。

（三）高层次人才缺乏

一是具有国际影响力的领军人才总量不足，"大师级"人才严重缺乏。2008年，教育部直属高校拥有中国科学院院士256人，占全国的37.21%；拥有中国工程院院士303人，占全国的25.70%。目前，国内实施的诸多"计划"和"工程"，目的就是打造大师级人才。例如，清华大学的"百名人才引进计划"、复旦大学的"世纪之星计划"、西安交通大学的"腾飞人才计划"、上海交通大学的"辉煌工程"、华中科技大学的"113"人才工程、四川大学的"214"人才工程等，反证了国内高水平大学领军人才比较缺乏的现实③。

二是高层次人才的学科分布不均衡，自主培养领军人才、后备人才的能力和国际化水平有待进一步提高。不少高校有竞争力的青年优秀学者储量明显不足，杰出人才和领军人才平均年龄偏高，40—50岁高端人才短缺，梯队断档明显，同时人才主要集中在几个优势学科和特色学科，难以支撑自主建设的学科群向国家"双一流"学科提升。

三是高层次人才的引进培育聚焦不够，学院未能把高层次人才的引进聚焦在国家战略和学校发展重点方向，优势学科和高水平平台汇聚人才的能力不足，教师队伍科研能力有待提升，在解决国民经济关键领域"卡脖子"问题方面，所发

① 李子江，李子兵. 国外高校教师队伍建设的经验与特色. 大学教育科学，2006（1）：59-61
② 邬晓娟，湛文龙，艾新港，等. "双一流"背景下地方高校师资队伍结构优化与对策研究. 大学（研究与管理），2024（3）：51-54.
③ 蒋华林. 全球化背景下高水平大学师资队伍建设的路径. 大学（研究），2011（1）：20-25+12.

挥的作用不够显著。

（四）激励机制不够完善

一是没有建立能进能出的用人机制。近年来，不少学院实施了人事代理、人才派遣等改革举措，但只要是正式事业编制的教师，一般来说不会被辞退，进而出现"进来的人出不去""请神容易送神难"的现象。人员能进能出、职务能上能下、待遇能高能低的灵活用人机制尚未完全建立。

二是考核激励机制不完善。以"代表性成果"为核心的科研评价体系需要进一步完善，考核评价的激励惩戒效果不明显，人才考核指标仍须细化，考核结果的利用不够充分。综合性大学须进一步关注其理、工、文、医等不同学科差异，开展分类评价。学院对教师教学考核重视度还有待提高，考核体系尚不健全，容易造成教师重科研、轻教学。学院往往注重当期激励，缺乏长效激励机制，也容易导致教师关注短期且功利化的成果。

三是教师绩效分配机制须进一步改革。一些学院绩效工资过低，弱化了院内绩效分配的激励功能，导致人才与师资队伍的创新热情和活力未能得到最大限度的激发。

（五）师资培训不够系统

随着人才竞争的白热化，加之引进见效快、培养周期长等原因，"重引进、轻培养"已经成为我国高校普遍存在的现象[①]。

一是教师培养培训缺乏系统规划。一些学院教师发展中心建设薄弱，对教师发展不够重视，缺乏培训的系统规划，部门间未形成合力，协同作用未能充分彰显。师资培训方式较为传统，尚不能完全契合当前教师的发展需求，亟待创新。此外，教师培训过于侧重理论学习和知识补充，其有效性、针对性和适切性都有待加强。

二是教师专业发展和终身学习缺乏系统支持。部分教师，特别是一些新任教师，缺乏教育学等相关知识背景，缺乏系统的教育教学训练，面对社会发展对知识和创新能力的需求，其教学设计、教学研究、教学改革等教学能力难以适应教学工作要求[②]。

---

① 陈育芳. "双一流"建设背景下高校师资队伍建设研究. 福州大学学报（哲学社会科学版），2023（4）：164-169.

② 吴英策，周海涛，朱泽峰. 高校教师队伍建设的现状与对策：基于7所高水平大学师资队伍建设的调研分析. 西北工业大学学报（社会科学版），2020（2）：38-43.

四、学院教师队伍建设的基本要求

纵观国内外高水平大学的发展过程，其师资队伍建设的一些共性[①]。

（一）高水平大学师资队伍数量合理

师资队伍数量合理是保证高水平大学人才培养质量的基本前提。2004 年教育部下发的《普通高等学校基本办学条件指标（试行）》对不同类型高校的生师比提出明确的合格标准，其中综合、师范、民族院校、工科、农、林院校、语文、财经、政法院校生师比最高，为 18：1，医学院校为 16：1，最低的是体育院校、艺术院校，为 11：1。高水平大学应依据各级各类学生数量的要求，保证专任教师总数能够满足教学、科研和社会服务的需要，并立足生师比优秀的水平。

（二）高水平大学师资队伍业务水平整体优秀

高水平大学应当在保证高校教师总数合理的基础上，致力于师资队伍业务水平的整体提高，使师资队伍中拥有更多的学术大师和学术骨干。因此，努力提高师资队伍的整体业务水平，形成包括学术大师和学术骨干的师资队伍是高水平大学师资队伍建设的重中之重。

（三）高水平大学师资队伍结构合理

高水平大学师资队伍建设既注重量、质并重，还十分重视结构合理。一是注重学历结构合理。世界上第一流的顶尖高校师资队伍中博士学位获得者几乎达到 100%。二是注重年龄结构合理。国内外高水平大学，其师资队伍年龄结构无一例外地都保持在一个合理的范围内。一般来说，专任教师平均年龄在 40 岁以内，正教授平均年龄在 50 岁以内，副教授平均年龄在 40—45 岁[②]。三是注重职称结构合理。国内外高水平大学师资队伍成功经验表明，教师总数中高级职称的教师比例在 60%左右，正高、副高职称教师比为 1：1.5 左右[③]。四是注重学缘结构合理。国外高水平大学严格避免留用本校博士学位获得者，尽可能多地吸收其他高水平大学的博士学位获得者，或者直接招聘其他单位的优秀在职人员，努力避免"近亲繁殖"，以保持师资队伍的活力和创造性。

---

① 姜建明. 关于高水平大学师资队伍建设的思考. 大学教育科学，2009（6）：41-44.
② 姜建明. 关于高水平大学师资队伍建设的思考. 大学教育科学，2009（6）：41-44.
③ 张轶坤. 高校师资队伍结构优化对策分析. 黑龙江教育（高教研究与评估），2008（4）：13-14.

（四）高水平大学师资队伍具有不断自我完善的效能

世界上高水平大学师资队伍都具有自我完善的功能。师资队伍能够和谐竞争，分工有序，自我激励，调适工作重点，进行自我激励，保持理想的工作效益；同时自觉地审时度势，在恰当的时候引进合适的人才，为整个师资队伍注入活力和新鲜力量。这样的教师群体，拒绝干预，追求真理，富有魅力。

五、学院教师队伍建设的主要举措

（一）坚持兴国必先强师，深刻认识教师队伍建设的重要意义

教师承担着传播知识、传播思想、传播真理的历史使命，肩负着塑造灵魂、塑造生命、塑造人的时代重任，是教育发展的第一资源，是国家富强、民族振兴、人民幸福的重要基石。党的十八大以来，以习近平同志为核心的党中央将教师队伍建设摆在突出位置并作出一系列重大决策部署，各地区、各部门和各级各类学校采取有力措施认真贯彻落实，教师队伍建设取得显著成就。

当今世界正处在大发展、大变革、大调整之中，新一轮科技革命和工业革命正在孕育，新的增长动能不断积聚。中国特色社会主义进入了新时代，开启了全面建设社会主义现代化国家的新征程。我国社会主要矛盾已经转化为人民日益增长的美好生活需要和不平衡不充分的发展之间的矛盾，人民对公平且有质量的教育的向往更加迫切。面对新方位、新征程、新使命，教师队伍建设尚不能完全适应。随着高校扩招和教师规模增大，数量不足与质量不高的矛盾并存。学院要从战略和全局高度充分认识教师工作的极端重要性，把全面加强教师队伍建设作为一项重大政治任务和提高学院办学质量的根本性措施，切实抓紧抓好这项工作。学院要以习近平新时代中国特色社会主义思想为指导，坚持和加强党的全面领导，全面贯彻党的教育方针，坚持社会主义办学方向，落实立德树人根本任务，遵循教育规律和教师成长发展规律，加强师德师风建设，培养高素质教师队伍。

（二）坚持数量质量并重，适度扩大师资队伍规模

数量与质量是辩证统一的关系，没有数量就谈不上质量，没有质量的数量也没有意义。为此，学院要正确处理师资队伍数量与质量的辩证关系，加大优秀教师的引进力度，通过适度扩充教师队伍总量，降低生师比。当然，生师比并非越低越好，生师比过低会影响办学效益甚至公民受教育权。学院要严把教师选聘入

口关，实行思想政治素质和业务能力双重考查；严格教师职业准入，将新入职教师岗前培训和教育实习作为认定教育教学能力、取得高等学校教师资格的必备条件。学院要适应人才培养结构调整需要，优化学院教师结构，加大聘用具有其他学校学习工作和行业企业工作经历教师的力度；同时，在引进教师的过程中，还要注意其年龄、学历和毕业院校，通过师资引进，逐步优化师资队伍的年龄结构、学历结构和学缘结构，提升师资队伍的整体素质。同时，师资队伍建设有其自身的规律性，学院不仅要根据自身的办学目标、办学思路来确定数量与质量，还需要相应的政策和资金给予保障；经过一定的培养周期，通过适当的人才流动，形成合理的教师梯队。

（三）坚持引进培养并举，全面提高整体教师质量

引进与培养是高水平大学师资队伍建设的两条渠道。一流大学输出人才，二流大学既输出人才也引进人才，三流大学只能引进人才。作为国内高水平大学，如果只培养不引进，短期内难以有大的提高；只引进不培养，不可能持续发展；同时，培养并非只为"内销"，还要"转出口"，向世界高等教育领域输出人才。

人才引进和培养必须结合学院的实际情况，围绕办学目标和办学任务，统筹兼顾，协调发展。高水平学院的人才引进，应当主要瞄准全球高端人才，坚持引进人才和引进智力并举的原则，通过全球公开透明招聘，引进高端人才和领军人才，建立一支相对稳定的高水平海外兼职教授队伍和一流的外籍全职专任教师队伍。一般学院要加大优秀博士的选拔和引进力度，通过凝练学科方向，汇聚学科队伍，组建高水平的学术创新团队。同时，学院要加大现有教师的培养力度，推进"硕士博士化、博士国际化"工程建设，促进和帮助中青年教师尽快成长成才，形成人才辈出的氛围和机制。

（四）切实理顺体制机制，深化教师管理综合改革

教师队伍建设的核心要素是教师与制度，制度又是关键所在。因此，学院要深化教师管理综合改革，为教师成长成才提供体制机制保证[①]。

（1）进一步完善教师选聘机制。一是建立科学、全面、精准的选聘机制，拓宽选人用人渠道，加大从国内外行业企业、专业组织等吸引优秀人才的力度。二是坚持引育并举，点面结合，构建"重点人才—拔尖人才—普通人才"梯队式培

养体系格局，重点培养、大胆使用、及早储备一批高层次人才。三是科学制定各类各级教师的岗位聘用条件和聘期考核指标，科学设岗，精准引才，完善"预聘""准聘-长聘"管理机制，为人才的发展提供晋升通道。

（2）进一步深化职称制度改革。一是畅通重点人才绿色通道，构建优秀人才尤其是青年人才的"直聘""竞聘"的多元晋升体系。二是完善岗位管理制度体系，创新岗位编制管理，健全总量管理、动态调整机制，强化晋升后聘期管理，利用聘期考核打破岗位聘用终身制，建立"能上能下、能进能出"的用人机制。

（3）进一步深化绩效分配制度改革。一是做好绩效分配顶层设计，高绩效高薪酬，低绩效低薪酬，充分发挥绩效考核的激励作用。二是建立"保证性绩效、竞争性绩效和激励性绩效"分配体系，在保证一般人员绩效的基础上，鼓励竞争，绩效分配向关键岗位、高层次人才、业务骨干和作出突出成绩的人员倾斜，加大对教学型名师的岗位激励力度。三是保障二级单位绩效分配自主权，增强绩效分配的针对性和科学性，调动二级单位管理的积极性。

（4）深入推进教师考核评价制度改革。学院要突出教育教学业绩和师德考核，制定科学合理的考核指标和评价体系。具体而言，将教授为本科生上课作为基本制度，不仅要明确教授的授课课时要求，还要对其授课质量进行严格评估，确保教授们能够全身心投入到本科教学中，推动学院教育教学水平不断提升。

（五）凝聚造就领军人才，加强师资队伍团队建设

学院师资队伍建设，领军人才的引进和培养是重点，整体素质的提高是核心，团队建设是关键。

领军人才靠引进，学院不仅要千方百计地引进领军人才，更重要的是自己培养人才，在创新实践中凝聚和造就人才，在实践中培养出大师级领军人才。学院要完善竞争机制和激励机制，破除阻碍人才发展的各种观念和体制束缚，摒弃"门户意识"，大胆培养和使用中青年人才，充分调动教师队伍的积极性和主动性，在创新实践中发现、遴选和培养领军人才。学院要对优秀人才及其团队、国家级科研平台的队伍建设实施个性化支持措施，加快形成引进和培养高水平领军人才、优秀青年人才的制度优势。学院吸引人才，稳定人才，一靠事业，二靠待遇，三靠感情。学院要高度重视教师的个人事业发展，做好教师个人职业发展规划，确定教师个人的奋斗目标，为教师实现这一目标做出相应的安排，并提供相应的条件保障。教师要将个人发展与学院整体发展有机结合起来，实现个人发展与学院整体发展的统一。学院要深入推进与国外著名大学、知名科研机构的

深度合作，提高师资队伍的国际化水平，切实提升学术竞争力和国际影响力。

学院要全面提高教师质量。学院要搭建校级教师发展平台，组织研修活动，开展教学研究与指导，推进教学改革与创新；加强学院系、所、中心等学习共同体建设，建立完善传帮带机制；全面开展教师教学能力提升培训，重点面向新入职教师和青年教师，为高等学校培养人才培养生力军。

学院要加强团队建设。科学发展到今天，"单兵作战"已不适应高水平大学教学科研工作需要，必须组建团队，实现教师之间的"取长补短""传帮带""抱团作战"共同发展。团队建设包括科研团队和教学团队建设，既要注意分类指导，还要注意团队形成机制，"自上而下"和"自下而上"相结合。

（六）提升思想政治素质，全面加强师德师风建设

（1）教书育人，师德为先。习近平总书记在北京师范大学的讲话中突出强调了师德的重要性，提出"全国广大教师要做有理想信念、有道德情操、有扎实知识、有仁爱之心的好老师"[①]等明确要求，这就要求广大教师以德施教、以德立身，做中国特色社会主义共同理想和中华民族伟大复兴中国梦的积极传播者，帮助学生筑梦、追梦、圆梦，让一代又一代的年轻人都成为实现我们民族梦想的正能量[②]。

（2）实施师德师风建设工程。学院要加强师德师风教育，发掘师德典型，讲好师德故事，加强引领，注重感召，弘扬楷模，形成强大正能量；注重加强对教师思想政治素质、师德师风等的监察监督，强化师德考评，着力解决师德失范、学术不端等问题。

（3）加强教师理想信念教育。在师德师风建设中，理论武装是首要位置。学院要引导教师深入学习领会习近平新时代中国特色社会主义思想，树立正确的历史观、民族观、国家观、文化观，坚定中国特色社会主义道路自信、理论自信、制度自信、文化自信。学院要创新教师思想政治工作方式方法，开辟思想政治教育新阵地，利用思想政治教育新载体，强化教师社会实践参与，增强思想政治工作的针对性和实效性。

（4）健全师德建设长效机制。学院要推动师德建设常态化长效化，创新师德

---

① 习近平在北京师范大学考察 号召全国广大教师做党和人民满意的好老师.（2014-09-10）. https://jhsjk. people.cn/article/25629944.

② 邓军，何芬芬，王彩萍. 发展新质生产力背景下高水平教师队伍建设：应为、难为、可为. 中国大学教学，2024（8）：4-9+15.

教育，完善师德规范，引导广大教师以德立身、以德立学、以德施教、以德育德，坚持教书与育人相统一、言传与身教相统一、潜心问道与关注社会相统一、学术自由与学术规范相统一，争做"四有"好教师，全心全意做学生锤炼品格、学习知识、创新思维、奉献祖国的引路人。

第二节 学院人才引进

一、人才引进的概念

人才引进的概念有狭义与广义之分。狭义的人才引进指人才的招聘与录用。人才招聘与录用的程序包括人才需求诊断与预测、制订人才队伍建设规划、招募求职者、招聘测试与面试、岗前培训、任职考核、正式聘用上岗。

广义的人才引进是狭义的人才引进与后续管理的结合。高校人才引进是一项系统的管理工作，招聘与录用只是其中的一部分，后续管理是人才能否稳定地发挥作用、实现人才引进目的的重要环节。广义的人才引进包括"引得进、留得住、用得好"三个环节。如果只是暂时"引得进"，却做不到"留得住"，则人才引进工作就等于做了无用功甚至做了负功，最终结果是"引不进"。如果人才引进工作做到了前两项——引得进、留得住，但没做到"用得好"，则会严重浪费学校的对人才工作的投入和人才资源，从根本上来说，并未达到人才引进目的。

二、人才引进的重要性

（一）人才引进是高校扩招的迫切要求

当今社会正处于知识经济时代，经济发展突飞猛进，科技进步日新月异，人才资源日益成为社会的第一资源。高校既是高素质高层次人才的培养者，也是高素质高层次人才的使用者，同时还肩负着全面提高劳动者素质、促进人的全面发展的重要历史使命。随着社会主义市场经济体制的建立和科教兴国战略的实施，我国高等教育事业的发展取得了重要成就，高校的师资队伍建设在知识水平、学科分布、学历层次等方面都有较大改进。但同时，自1999年高校开始大规模扩招以来，一些高校出现了师资队伍总量不足，特别是优秀的中青年教师缺乏，师资队伍结构不合理，高学历人才比例偏低，学科梯队、创新团队尚未形成，教师队伍的激励竞争机制尚不健全等问题，已严重影响了教育教学质量的提高，亟须通过人才引进增加教师数量，降低生师比。因此，认真做好人才引进工作，尤其是积极吸收和接纳各类高素质高层次人才，是改善高校和学院师资队伍整体状况、提高高校和学院师资队伍整体水平和素质的重要途径。

（二）人才引进是优化师资队伍结构的重要途径

随着社会经济的发展和科学的进步，社会对优秀人才的需求越来越迫切，这就需要学院根据社会的需求，不断改革教学内容和教学方式，提高教学质量，培养出适合社会需求的优秀人才。而从目前教师队伍现状来看，有的新兴学科紧缺专业教师，有的学科缺乏学历层次较高、专业知识较强的领军人才和学科带头人。此外，扩招导致的师资结构不合理的问题也十分突出，亟须通过人才引进改善教师学历结构、职称结构、年龄结构、学缘结构等。因此，大力加强紧缺人才和高层次人才的引进工作，是学院优化师资队伍结构，促进教学、科研工作"上档次、上水平"的内在要求。

（三）引进人才是促进学科发展的重要方法

学科建设是学院工作的龙头，教师队伍的建设应围绕学科建设进行，为学科建设服务。当今世界正处于重大变革过程中，经济的发展和科技的进步使学科发展呈现新的趋势，各门学科、各层次分支学科不断交叉的同时又加速综合，使学科朝着一个领域内不断地深入和多个领域综合交叉的整体化方向发展。这就要求学院根据社会需要和自身的特点，对原有的学科结构、学科体系、学科分布进行调整，通过交叉、重组、发展，保持现有优势学科和特色学科，合理地建设新的前沿学科，构建合理的学科人才梯队。要实现这些目标，学院既要靠稳定和培养人才，更应注意引进优秀人才，以迅速弥补人才空缺。尤其是一些新组建的学科或亟须发展的薄弱学科，引进优秀人才将促进学科的跨越式发展。

（四）引进人才是学院可持续发展的重要手段

高校是传播知识和培养人才的重要阵地，是促进科教兴国和知识创新的重要力量。人才是先进生产力和先进文化的重要创造者和传播者，人才资源是第一资源，人才优势是最大优势，高素质高层次人才在传承文明、创新知识、服务社会中发挥着不可估量的重要作用。在21世纪社会竞争日益激烈的背景下，学院能否科学准确定位，找准自己的发展空间，确定自身的发展模式，实现跨越式快速发展，关键在于是否具备一支高水平高素质高层次的师资队伍，因此，人才引进是促进高等教育改革和院校可持续快速发展的重要手段。

三、人才引进的原则

人才引进既能节省人才培养的时间和费用，弥补高校教学、科研中的薄弱环节，又能形成竞争机制，改善师资队伍结构，带动高校人才的培养和成长，使高校人才使用机制更趋合理，运行更为高效。但引进人才也会有风险，若引进人才操作不当，也会造成人力、物力、财力的浪费，错失发展机遇。因此，学院在引进人才时应遵循以下原则[1][2]。

（一）科学规划原则

学院的人才引进工作应有自己的人才引进长期和短期规划，这是做好人才引进工作的基础。学院在制定具体的人才引进规划时，首先要研究分析国家和高校所在地区与人才工作相关联的政策法规，以及当地人才引进的优惠政策以及相关制度，为人才引进提供政策保证；其次，学院要研究自身的发展，对办学主体方向、专业设置情况、实验室人员配备、师资队伍年龄层次结构以及在校生的人数和变化情况进行深入、准确的了解，明析人才需求的数量、层次及学科分布等，明确人才引进的目标、原则、计划、考核标准与办法、保证措施，以及人才引进后的主要管理方式等，制定高层次人才引进规划和具体工作方案。这样，在科学的规划的指引下，学院高层次人才的引进工作就会有的放矢，避免盲目和浪费，确保高层次人才教师队伍的健康发展。

（二）适用适度原则

对于学院来说，引进人才的水平越高越好。但从现实和发展的角度来看，学院引进人才应遵循适用适度的原则。

所谓适用，就是人才引进应以低成本和适用为主导。在人才引进的过程中，学院应从实际情况出发，克服一些不合实际的想法和盲目引进的做法，引进符合学院实际情况的适当人才。如果不考虑学院的客观事实而一味追求高层次人才，其效果可能适得其反。对学院而言，支付了较高的工资成本，提供了丰厚的物质条件，但未必能达到预期的目的；对引进的人才而言，他们的智慧才能则因受限

---

① 王敏，张蕙. 高校人才引进应遵循的原则. 番禺职业技术学院学报，2004（2）：25-27.
② 梁朦朦. 地方高校高层次人才引进与开发研究. 长江大学硕士研究生学位论文，2012.

于客观环境而无法充分地发挥出来，这就造成了资源浪费。同时，适用还包含适应的意思。师资队伍的建设必须适应知识经济时代的要求，引进人才要适应学院的短期、中期、长期发展规划和目标，要有所侧重。

所谓适度，就是引进人才的数量、质量结构要与学院的现有发展水平和社会发展背景相符合，引进的人数不宜过多，同时又要有一定的超前性，适当引进在未来几年可能发挥作用的人才。所以学院坚持适用适度的原则，有目的、有针对性地引进人才，才能使有限数量的引进人才充分发挥作用。

（三）效益成本原则

学院引进人才的成本高。投入必然要求有相应产出，人才的价值体现在其劳动能直接或间接创造显著效益，包括经济效益和社会效益。若人才未能产生经济效益或社会效益，学院将难以获得合理的回报；若引进人才的效益未能超过成本，学院将在市场经济的竞争中处于劣势，可能面临被淘汰的风险。因此，学院在人才的引进、利用和开发过程中，必须核算人力成本，确保人力资本发挥最大效益，这是市场经济对人才管理的内在要求。国外高校已普遍开展人力资本核算，国内学院则因财政资金紧张，更需要在引进人才时权衡投入与产出，根据贡献价值确定待遇。此外，学院需要将与人才引进相关的配套设施和辅助人员纳入成本核算范围，以有限资金投入实现最大效益。

（四）择优引进原则

在引进人才时，学院要依组织程序公开、公正地对应聘人员思想、学历、专业技能、工作实际等方面进行考察评价，既要看其学历水平，又要看其开拓创新的实际能力，然后根据实际需要择优录用。

学院坚持择优引进原则，一要善于发现人才。"千里马常有，而伯乐不常有"，学院在引进人才时，应将不拘一格选人才作为一个重要准则，在认识、发现与评价人才方面一定要有海纳百川的眼界和胸怀。人才的引进，除了需要高学历和高职称外，更需要注重真才实学，确保所引进的人才适合于学院教学科研工作。二要引进师德高尚的人才。"师德兴则教育兴，教育兴则民族兴"，引进人才的师德直接影响着学生的素质，所以，在人才引进工作中，学院要引进那些政治素质高、职业道德好、爱岗敬业、责任心强的优秀人才。三要引进业务素质一流的人才。一流的业务素质包括超前的教育思想、渊博的专业知识、高超的教学技能、较强的科研创新能力和成果转化能力。只有引进业务素质一流的人才，才能有效提高师资队伍的整体素质，才能培养出高素质的人才。学院要大胆改革一切不合时宜的人才制度，尽快形成一整套有利于人才引进、培养和使用，使更多的优秀人才脱颖而出的富有生机、活力的用人机制和管理体制。

（五）柔性灵活原则

"不求所有，但求所用"的柔性聘用方法为解决地方学院高层次人才不足问题提供了有效解决路径①。对学院发展急需而暂时又不能全职报到的高层次人才，学院可以先聘用、给予合同薪酬，而后办理相关入职等手续；对于不愿意放弃原有职位和工作环境的海外高层次人才，学院可以考虑淡化身份的引进，不求为我所有，但求为我所用，聘其为特聘教授或兼职教授等，以此进行学术交流和科研合作；学院也可以聘请国内外知名教授作为学校名誉教授，不定期地来校开设讲座或短期来校讲学，联合开展博士、硕士研究生的培养等。通过柔性灵活的方式引进智力资本，不仅可以实现国内外高层次人才资源的共享，还可以降低学院对高层次人才引进的投入成本。

四、人才引进存在的问题

当前，很多学院大力实施人才强校战略，不遗余力地引进各种人才。但是，由于种种原因，人才引进过程中也出现了一些问题，在不同程度上制约了学院的人才引进工作，具体表现主要有以下方面。

（一）重引入轻流出

一些学院十分重视人才引进，制定了一系列极其优惠的人才政策，但在人才引进后就认为完成了任务，忽视了对他们的培养和支持，造成现有人才因种种原因流向其他单位。人才引进固然重要，更重要的是稳定现有人才。人才流动是暂时的，人才稳定才是长久之计。现有人才稳定不了，即使引进了新的人才，也可能带来新的人才流出。学院在重视人才引进的同时，也要高度重视人才的流出，认真分析人才流出的内、外部原因，从人才需求角度积极采取有效措施，为现有人才和引进人才构建良好的生态环境，真正做到待遇留人、事业留人、感情留人、环境留人。

---

① 陶天云，杨泽峰. 地方高校高层次人才柔性聘用研究. 扬州大学学报（高教研究版），2024（6）：43-53.

（二）重学历轻能力

人才的基本要素概括为知识、能力和素质。一些学院在引进人才时，缺乏合理的科学的评价体系，只对应聘者的学历、专业、技术职务以及年龄提出要求，而对人才的实际水平和发展潜质要求不多、考察不够，认为高学历就代表了高素质，名校的工作经历就代表了高水平。一些学院在人才引进时不结合本校实际情况，求贤若渴，贪图名誉，造成水平高的人才发挥不了自己的能量，形成所谓的"庙小容不下大和尚"现象，极大地浪费了高水平的人才。例如，某高校一位博导，被一所专科学校作为高级人才引进，但是学校没有高水平的学科支撑和相应的实验设备和科研条件，所以没有多久，这位博导又跳槽到了另外一所学校。因此，学院引进人才时，不能只看引进人才的学历、经历，还要根据自己的实际发展需求对其进行全面的考察和评估，尤其应对其政治素质、知识水平、教学科研能力等进行全面考核，只有符合实际需要的方可引进。

（三）重引进轻管理

一些学院在引进人才时求贤若渴，满怀热心，不惜重金，但是在人才引进以后，却对其缺乏后续的跟踪管理。例如，有些学院博士、博士后等高层次人才引进后，没有明确相应的岗位和职责，使这些人才看不到事业发展和实现自我的前景，造成人才使用上的巨大浪费。有些学院对引进人才的管理缺少有效的评价机制，难以对人才做出正确的评价。这种只重视引进时物质的、外在的激励作用，忽视引进后精神的、内在的激励管理的做法，其结果往往不尽如人意，从而造成人才引进的负面效应。

（四）重投入轻产出

学院引进人才也是一种投资行为，应遵循市场经济的规律，研究人才引进的成本结构，分析潜在产出，进行投入产出核算，以实现效益最大化。然而，一些学院未真正评估引进人才的效益，未侧重投入重点学科人才引进，导致投入产出不匹配。所以，学院在引进人才时，需要认真研究有限资金是否实现效益最大化，人才带来的显性效益（如科研成果、教育质量提升）和隐性效益（如学术声誉、学科发展），以及对现有人才和引进人才进行二次培养等问题。

（五）重刚性轻柔性

一些学院只重视刚性人才引进方式，引进人才时把所需人才连同档案、户口、工资关系甚至家属都引进来，而忽视了柔性人才引进策略，忽视了聘请知名专家和学者做兼职教授、设立教授流动工作站、与企业或科研院所进行广泛的产学研合作等柔性人才引进方式对学院发展产生的巨大作用。有些学院由于没有建立和健全柔性人才引进策略，政策不配套，使得柔性引进人才的责、权、利不统一，从而达不到应有的效果。因此，学院要坚持以我为主、按需引进、突出重点、讲求实效的方针，进一步研究和制定"双聘"或"多聘"等人才管理办法，积极引进校外各种人才和智力资源，鼓励和吸引校外各种人才为学院全方位的发展服务

五、人才引进的策略

（一）更新人才引进观念

首先，要树立"人才引培并举"观念。一方面，学院要加强对海内外高层次人才的引进；另一方面，更要注重现有人才的培养和使用，做到引进和培养并举。一些学院有"外来的和尚会念经"的想法，对引进人才珍惜爱护，而对本院培养的现有人才冷淡，造成原有的学术骨干教师流失等现象。因此，学院要有针对性地出台相关政策，处理好引进和培养的关系，在做好引进人才的同时，加大现有教师的培养力度，如攻读博士学位、做博士后、出国留学等，做到吸引高层人才、用好现有人才、培养关键人才、储备未来人才，全面稳定学术、教学骨干人才队伍。

其次，要树立"人才为我所用"观念。人才关键在我所用，而非为我所有。学院要在注重人才刚性引进的同时，建立富有弹性的柔性灵活引人机制，最大限度地发挥人才作用。在无法全职引进高层次人才时，学院可以通过借用、聘用等方式先开展工作，再办理正式手续；确实不能全职来校工作的，可以短期签约，来院讲学、合作科研、指导研究生与开展学科建设，建立合作关系等。灵活的用人机制可以缓解高层次人才流失的矛盾，逐步打破人才单位所有制的束缚，达到真正的资源共享。

最后，要树立"人才贵在我用"观念。高层次人才是界性的稀有资源，是当今科技竞争、教育竞争的焦点。人才重在引、培，贵在为我所用。学院在引进高层次人才后，要根据其能力，给予其相应的权力，为其施展才华提供条件、创造广阔空间，以事业吸引人，以感情挽留人，以政策稳定人。学院要处理好教学和科研的关系，不能盲目地以科研成果衡量人才引进的效果，也不能期望在

人才引进后短时间出成果，要建立科学的人才考核评价体系，为人才的成长创造宽松的环境。

（二）做好人才引进规划

师资队伍建设是一项长期工程，学院要实现可持续发展，就必须科学合理地制定人才引进规划。学院要结合自身的发展战略，研究自身所处的位置、差距和努力的方向，明确在学科领域和学科建设中存在的问题，找准自身的优势、特色和国家对学院培养人才的发展需求，研究现有师资的年龄、结构、职称、学历、专业等要素，充分考虑各学科、各专业人才的合理配置，着眼学院人才队伍的发展趋势，统一规划人才引进工作。在增加教师数量的同时，学院要特别注意提高素质，改善结构：提高素质，就是引进高素质、高水平的高层次人才，加大现有人员的培养力度，提高学历层次和素质；改善结构，就是人才引进要结合自身学科建设的需要，在知识结构、职称结构、学历结构和年龄结构上做好规划。要有人才引进的明确目的和针对性，引进高层人才必须与学校、学院的实际情况和学科发展相结合，以我为主，为我所用，在资金等资源条件有限的情况下，要有所为、有所不为，要有重点，在选好的学科点、看准的人才上舍得下功夫、花本钱，要敢于投入，同时要讲效率，最大限度地发挥引进人才的作用，不是为引进而引进，不是做广告、打招牌，而是实实在在地引人才、做事情、干事业。

（三）拓宽人才引进渠道

学院要结合自身实际，发挥自身优势，组织动员各方面力量，不断创新人才引进方式方法，积极利用各种方式和渠道，加大人才引进工作力度。

在人才引进的渠道上，学院要通过各种媒介，加大对人才引进类型、政策等的宣传力度；要利用兄弟院校、科研机构、驻外机构组织、专业网站、知名猎头公司、海外人才洽谈推荐会等多种渠道，进一步强化国内外人才信息对接，拓宽人才引进渠道；要加快人才信息库建设，实现人才的动态管理和资源共享。

在人才引进的方式上，学院在做好刚性引进的同时，要打破人才的时空界限，重视柔性引才；加紧建立适合高校的以智力交流为特征的"柔性流动"机制，大胆地以特聘、兼职、项目合作等方式进行"哑铃型人才"（工作两边跨、户口两边跨、居住地两边跨、成果两边跨）的引进；强调人才落脚不必落户，引智不必引人，实现不为我所有、但为我所用的目标。

在人才引进的方法上，学院要进一步开拓创新，采取灵活多样的引进方法。

学院可以依托国家重点创新项目、海外留学人员归国基金等科研项目吸引人才；借助各类人才项目，更多地引进具有国际一流水平的海外学术领军人物；与国外高校、科研院所、企业搭建科研教学合作平台，通过科研合作、指导研究生、开展学科建设引进一批优秀人才。

（四）完善人才评价体系

学院要根据自身实际，针对人才引进的目标，探索并建立与时代发展需要相符合的科学的教师评价体系。

对于拟引进人才，学院要按照不同层次、学科、领域分别制定出相应的评价指标和评价方式，实行分级分类评价；通过建立多维度、多层次的评价体系，确保对人才的全面评价，避免评价过于片面和功利化[①]。学院可以组织国内外有关专家对思想道德、学历、专业技能、工作实绩等进行全方位考查评价，不仅要考查其学术声誉和领导力等，更要考查其发展潜力等，要注重实际能力和职业道德素质的考查，努力引进真正需要的优秀人才。

对于已经引进的人才，学院要加强中期评价和任期评价。客观、公正的评价不仅能使引进人才正确地认识自己研究成果的价值和不足，还会给予其勇攀科学高峰的压力和动力。学院要探索与创新有助于教学质量和科研能力提高的评价机制，对不同层次的人才，设置不同的评价内容。例如，学院对年轻人才，从自身成长成才出发，从学科建设、申报博士学位授权点、重点学科、重点实验室等需要考虑，要着重考核其学术论文、科研项目、获奖情况等；对引进的高层次人才，要定性考核与定量考核相结合，考核重点要突出，避免他们陷入一般性的教学和科研工作之中，重点发挥他们的学术策划和领导作用；同时，要给他们一定的时间，使其能够从事长期的、有可能取得突破性创新的研究。在人才评价方面，学院要树立以人为本的观念，坚持公平、公正、公开，确保评价内容的客观性、评价办法的科学性、评价程序的合理性、评价结果的导向性。

（五）加强人才环境建设

人才环境分为硬环境和软环境，硬环境是指教学设施、实验室设施设备、教职工工作、生活条件等，软环境是指良好的学术氛围、人际关系、高品位的校园文化以及相关政策、制度等。发达国家的高校主要依靠其工作薪酬、工作环境和

① 王敏超. 对高校高层次人才引进机制的几点思考. 沈阳干部学刊，2024（3）：52-53.

学术环境来吸引人才。我国目前仍然是发展中国家，薪酬、工作环境等硬环境方面还难以与其相比，这就需要学院更加重视软环境的建设，创造良好的科研环境、政策环境和生活环境，营造靠政策、靠感情、靠制度留住人和用好人的良好氛围。

一是加强科研环境的建设。学院要多方争取科研经费，创建国家、省级重点实验室，为人才的科研工作创造良好科研条件，同时，积极营造宽松的学术氛围和工作环境。学院要充分尊重其学术自由，强调学者研究的学术价值，给予其一定的科研自主权，使其主持或参与重大科研和工程项目，并营造宽松、包容、宽厚的科研环境。

二是加强政策环境建设。学院要大力推动管理机制创新，积极探索建立与国际接轨、符合国情的国外优秀人才行政管理机制和激励机制，在日常考勤管理、职称评聘、职务晋升、科研项目申报等方面，给予海外人才相应的倾斜政策。学院应建立动态的、开放式的人才管理模式，给予他们一定科研自主权、人事管理权和经费支配权。学院要建立科学的科研绩效评价体系，建立健全绩效优化、鼓励创新、协调发展、创新增值的科技资源分配机制和科技评价机制；完善有利于人才发展的激励机制。在继续加大对重大项目、高水平研究成果、高水平学术论文、专利等奖励的基础上，学院要加大分配制度改革力度，激励有潜力、有创新、有发展的人才脱颖而出，逐步培养出学术大师级的人才；实行分类考核与评价，对不同学科人才采取不同的考核评价方法，实施不同的评估体系。

三是加强生活环境建设。学院要积极为引进人才提供特定的生活待遇和良好的薪酬待遇，帮助其解决医疗、保险、税收等方面的困难；为引进的外籍人才办理永久居留证，妥善解决其居留和出入境方面的问题；解决人才生活上的后顾之忧，对于有配偶子女的人才，要依据国家和学校政策，帮助解决住房待遇、配偶工作和子女上学的问题，使其全身心地投入工作中①。

第三节　学院青年教师培养

一、青年教师培养的重要性

（一）重视和加强青年教师培养是实施国家战略的客观要求

党的二十大报告提出，教育、科技、人才是全面建设社会主义现代化国家的

---

① 屈郑嘉. 人才强国战略下高校人才引进与培养. 大学（研究与管理），2024（9）：4-7.

基础性、战略性支撑。因此，学院必须坚持科技是第一生产力、人才是第一资源、创新是第一动力，深入实施科教兴国战略、人才强国战略、创新驱动发展战略，开辟发展新领域新赛道，不断塑造发展新动能、新优势。

学院要坚持教育优先发展、科技自立自强、人才引领驱动，加快建设教育强国、科技强国、人才强国，坚持为党育人、为国育才，全面提高人才自主培养质量，着力造就拔尖创新人才，聚天下英才而用之。

教育是国之大计、党之大计。培养什么人、怎样培养人、为谁培养人是教育的根本问题。育人的根本在于立德。全面贯彻党的教育方针，落实立德树人根本任务，培养德智体美劳全面发展的社会主义建设者和接班人。

人才培养在教育，培养高层次人才要靠高等教育。高校作为培养高层次人才的摇篮与知识创新的重要基地，在国家经济建设和社会发展过程中，发挥着不可忽视的重要作用。学院要做好人才培养工作，关键在于拥有一支高素质、专业化的教师队伍，青年教师队伍的整体素质在很大程度上决定着人才培养的质量和水平，影响着高等教育的发展水平。这就要求学院必须把青年教师培养工作作为一项重要战略任务，切实抓紧、抓好。

（二）重视和加强青年教师培养是提高高等教育质量的必然措施

1999 年，我国高校全面扩招，高等教育规模迅速扩张。2000 年全国普通高校在校学生人数为 556.1 万人；2005 年已达到 1561.8 万人；2013 年达到 2144.7 万人，为 2000 年的 3.86 倍；2023 年达到 4430 万人，为 2000 年的 7.97 倍[①]。伴随着我国高等教育的快速发展，高校青年教师队伍也在迅速膨胀，其所占比重愈来愈大。2000 年，全国普通高校专任教师为 46.3 万人，其中 35 岁及以下青年教师为 22 万人，占 47.5%；2005 年，全国普通高校专任教师为 96.58 万人，其中 35 岁及以下的青年教师为 46.4 万人，占 48.0%；2010 年，全国普通高校共有专任教师 134.31 万人，其中 35 岁及以下青年教师为 62.07 万人，占 46.21%；2020 年，全国普通高校共有专任教师 183.29 万人，其中 34 岁及以下青年教师为 52.31 万人，35—39 岁青年教师为 38.30 万人[②]。可见，青年教师已成为高校师资队伍的主力军，在高等教育发展中的作用十分显著。青年教师是高校的未来和希望，青年教师的整体素质关系到高校未来的学科建设水平和人才培养质量，其素质与水平的高低直接影响到高校办学水平与人才培养的质量。因此，重视和加强对青

① 根据教育部网站历年全国教育事业发展统计公报整理而来。
② 根据教育部网站历年高等教育专任教师年龄情况整理而来。

年教师的培养，是高等教育提升质量，促进高等教育改革和发展的必然措施。

（三）重视和加强青年教师培养是青年教师成长成才的必由之路

学院青年教师普遍拥有高文凭，富有探索和创新意识，有着丰富的专业知识储备，对待新事物、新知识学习能力较强。他们具有活跃的教学思维，由于和学生年龄相近，与学生沟通起来比较容易，容易构建融洽的课堂气氛，建立和谐的师生关系，有利于教学工作合理的展开。同时，他们刚刚踏入工作岗位，经济收入有限，还要面对购房、结婚、生子、职称晋升、教学评估、赡养老人、科研经费短缺等一系列问题。这些生活压力与教学压力往往让部分青年教师疲于奔命，无法将足够的精力放在教学事业中，出现对待教学、科研态度不端正和教学效果不理想等问题，直接影响着教学质量和学生素质的提高。

怎样培养青年教师，值得全社会共同关注，需要学术界共同研究。我国要从高等教育大国转变成高等教育强国，就必须从规模扩张转变到内涵式发展，就要着力提高高等学校教师的整体素质，切实提高高校的教育教学质量。教育部原副部长周远清说："一个具有硕士或博士学位的毕业生，即使他们的专业业务水平相当高，也不可能自然而然地成为一个高水平的教师，甚至不一定是一个合格的教师。"[①]周远清部长的话道出了高校青年教师培养的重要性。因此，学院必须重视和加强青年教师的培养，积极实施青年教师培养工程，全方位地提高青年教师素质和教学科研水平，促进青年教师成长成才。

青年教师的素质包括思想政治素质、文化素质、业务素质和身心素质。这四个素质既相互区别，又有各自的作用。思想政治素质是根本，文化素质是基础，业务素质是关键，身心素质是保证。这四个素质又是紧密相联系的，高业务素质要求有高的思想政治素质，它们又都要求有高的文化素质作为基础，同时，高的文化素质又为身心的高素质提供了强大支撑。

二、青年教师思想政治素质培养

（一）思想政治素质培养的重要性

"德乃师之魂"。青年教师是高校教师的主体和中坚力量。高校青年教师的思想政治素质直接关乎高等教育人才培养的质量[②]，关系到整个高等教育的质量。

---

①　周远清. 高等教育应在教师教育中担负更大的责任. 中国高等教育，2004（15.16）：22-23.

②　王晓. 论高校青年教师政治素质的培养和提升. 学校党建与思想教育，2022（7）：86-89.

"青年教师是推动高等教育事业科学发展、办好人民满意高等教育的重要力量。各地各高校党组织要高度重视青年教师思想政治工作，充分认识新形势下加强和改进青年教师思想政治建设的重要性，切实把青年教师思想政治工作摆到更加突出的位置，促进广大青年教师坚定理想信念、练就过硬本领、勇于创新创造、矢志艰苦奋斗、锤炼高尚品格，全面提高思想政治素质和业务能力。"①由此可见，学院青年教师的思想政治素质日益受到党和国家的高度重视，它在建设社会主义高等学校中的重要地位日益凸显。高校青年教师只有在思想政治素质上过硬，才具备从事教师这一职业的前提条件，才能对学生进行正确的教育和积极的影响，才能承担起为建设有中国特色的社会主义培养高素质人才的历史使命。

（二）思想政治素质的内涵

学院青年教师的思想政治素质包括青年教师的政治素质、思想素质、道德素质，具体体现在青年教师的政治理想、政治态度、政治立场，青年教师的世界观、人生观、价值观，青年教师的教育思想、师德师风等方面②。

（1）政治素质：指青年教师对国家、民族、阶级、政党、社会制度等方面的态度和观点，包括坚定的政治立场、正确的政治方向、端正的政治态度、正确的政治行为。习近平在北京师范大学讲话中指出，"做好老师，要有理想信念。好老师心中要有国家和民族，要明确意识到肩负的国家使命和社会责任"③。育人的根本在于立德。学院必须全面贯彻党的教育方针，坚持社会主义办学方向，落实立德树人根本任务，这就要求青年教师必须具备较高的政治素质，并在日常的教育教学活动中，用正确的政治立场和政治态度去影响学生，培养学生正确的政治观点和理想信念。

（2）思想素质：指青年教师所具备的思想品质、思想意识和思想方法，包括正确的教育思想、正确的世界观、人生观和价值观。教育思想是青年教师从事教育教学活动的前提条件，它为青年教师顺利的开展教育教学活动指明了方向，提供了动力。只有在正确的、科学的教育思想指导下，坚持现代化的教育理念，树立创新的教育观念，才能为创新型人才的培养提供坚强的方法保障。

---

① 加强和改进高校青年教师思想政治工作 16 条意见出台.（2013-05-02）. http://cpc.people.com.cn/n/2013/0528/c164113-21645326.html.

② 王爽. 高校青年教师思想政治素质培养问题研究. 长春理工大学硕士学位论文，2015.

③ 习近平北师大讲话：做党和人民满意的好老师.（2014-09-10）. http://news.gmw.cn/2014-09/10/content_13126495_2.htm.

（3）道德素质：指青年教师在道德认识、道德情操、道德品质和道德行为等方面所应具备的最基本的素养，主要体现为师德师风，具体包括热爱教育事业、关心帮助学生、为人师表、团结协作、认真学习教育理论、提高专业水平等。孔子曰："德之不修，学之不讲，闻义不能徙，不善不能改，是吾忧也。"（《论语·述而》）其意思就是说，如果教师不具有崇高的职业道德，就不能给学生树立较好的、值得效仿的榜样，也不能较好地执行教书育人的神圣使命。因此，良好的师德师风是青年教师事业成功的重要保证。

学院青年教师的政治素质、思想素质和道德素质是一个紧密联系、互为支撑又相互交融的整体。政治素质是道德素质和思想素质的灵魂，它包含着意识范畴的内容，例如政治立场、态度、信念，还包含实践范畴的内容，例如政治行为、活动，在形式上体现为主观与客观的统一；思想素质规定了道德素质的方向，是系统的、意识范畴中的内容，在形式上是主观的；道德素质是思想素质和政治素质的基础，在形式上也体现为主观与客观的统一。

（三）思想政治素质培养的途径

（1）科学理论武装头脑。培养和提升青年教师思想政治素质，最有效的途径是用习近平新时代中国特色社会主义思想武装头脑，打牢青年教师的理论基础，提高青年教师的理论认同，引领青年教师的思想发展方向，使其树立坚定的理想信念。一要有计划开展思想理论学习，积极思考能够加强政治理论教育的方式，让青年教师有主动学习的意识[①]。比如，学院通过举办时事政策讲座、理论报告会、搭建网络信息化平台等方式，详细、全面地向青年教师透彻分析和讲解习近平新时代中国特色社会主义思想，引导青年教师读原文、学理论、悟道理。二要结合实际学习理论。学院应结合青年教师的日常工作和生活进行理论学习教育，将中国特色社会主义理论指导社会主义建设所取得的伟大成就渗透进理论学习的过程当中，增强青年教师对构建和谐社会、实现中国梦的持久认同。三要在学习中确定正确的政治立场。学院要开展教育，使青年教师、学生在学习和工作中坚持正确的政治方向，确立坚定的政治立场，青年教师不但要认同中国特色社会主义的理论和制度，还要贯彻和执行党和国家的教育方针政策，保证高校的办学特色和方向，培养全面发展的社会主义接班人。

（2）加强师德师风教育。2013 年 5 月，中共中央组织部、中共中央宣传

---

① 王振兴，高伟. 高校青年教师政治素质培养研究. 大学，2022（S1）：188-190.

部、中共教育部党组印发《关于加强和改进高校青年教师思想政治工作的若干意见》，明确提出"把学习师德规范纳入青年教师培训计划，作为新教师岗前培训和在职培训的重要内容"，切实加强青年教师思想教育引导，强化政治理论学习，开展形势政策教育，丰富政治理论学习方式。《高等学校教师职业道德规范》强调，"高校教师应做到爱国守法、敬业爱生、教书育人、严谨治学、服务社会和为人师表"①。一要严格把好入口关。在青年教师引进、选拔聘用时，不能只看青年教师的学历、业务水平，还要重点考查其是否具有较强的思想政治素质，把真正热爱教师岗位、具有较好师德风范的青年教师选拔进来。二要建立完善的师德培训机制。其包括师德岗前培训和诚勉谈话。岗前培训就是不但要加强青年教师对理论知识的学习，更要安排师德教育环节，培养青年教师的师德素养，使青年教师快速熟悉新的工作环境，并及时融入其中，使他们能够迅速地从受教者转变成施教者，顺利完成从学生向教师的角色转换。诚勉谈话就是与个别青年教师进行谈话，对其存在的道德失范行为及时地进行批评、提醒，把那些不良的、引起道德失范的语言和行为消除在萌芽阶段。通过诚勉谈话，使青年教师重建自省自律意识，以充足的自信积极主动地进行自我教育，从思想根源上坚决抵制各种不良思想意识的侵蚀，使青年教师的道德自律意识不断提升。三要加强师德师风考评。要把师德的考核纳入整体的考评体系中，全方位、多角度地评价青年教师的师德表现，并且把师德作为青年教师聘任、评奖、绩效考评、干部任用等方面的标尺。

（3）先进典型示范引领。先进典型作为精神文明的集中体现，已成为青年教师成长过程中的目标导向，先进典型的示范引领，逐渐成为培养青年教师思想政治素质的重要方法，并且经过实践的反复验证，这一方法是行之有效的。学院一要加大先进典型的培养和选树，真正把优秀的教师挖掘出来，用身边的人和事去教育人、感染人、鼓舞人；二要注重典型教育的方式。要通过举行报告会、观看影像资料、参观先进事迹展览、访问典型人物等方式，用先进典型的事迹去感化、教育青年教师，引导青年教师进行思想和行为的反思、纠正，完成自我教育；三要加强对青年教师的引导。要教育青年教师重视吸取先进典型的先进经验，而不要简单地学习模仿，最重要的是要践行到现实的工作和生活当中。

---

① 高等学校教师职业道德规范. （2011-12-02）. http://www.moe.gov.cn/srcsite/A04/s7051/201112/t20111223_180798.html.

三、青年教师人文素质培养

（一）加强青年教师人文素质培养的重要性

（1）加强青年教师人文素质培养是青年教师成长的客观要求。青年教师是高校教师的主体，青年教师的素养是全面实施素质教育的重要条件，高素质的师资队伍是高校实施素质教育的基本保证。学院教师的素质包括思想政治素质、人文素质、业务素质、身心素质等，是综合性、整体性的，其切入点是人文素质。教师的人文素质是指教师自身所拥有的人文社会科学的基本知识素养以及其在整个精神世界所折射出来的兴趣、爱好、品格、修养等。一名称职的大学教师，必须拥有较高的人文素质，这样才能做到为人师表，无愧于"人类灵魂工程师"这一称号，才有资格和能力去指导、帮助学生，培养学生的综合素质。所以，青年教师要成长为合格乃至优秀教师，就必须加强自身人文素质的培养和提高，切实增强时代紧迫感和责任感。

（2）加强青年教师人文素质培养是实施素质教育的重要保障。素质教育是有中国特色的教育思想、教育理念。从 1995 年起，我国高校改变了以往注重知识教育不太重视育人的片面性做法，实施素质教育。1999 年，《中共中央　国务院关于深化教育改革全面推进素质教育的决定》颁布实施，提出"实施素质教育应贯穿于幼儿教育、中小学教育、职业教育、成人教育、高等教育等各级各类教育"，"高等教育要重视培养大学生的创新能力、实践能力和创业精神，普遍提高大学生的人文素养和科学素质"。2010 年颁布的《国家中长期教育改革和发展规划纲要（2010—2020 年）》提出，"坚持以人为本，全面实施素质教育是教育改革发展的战略主题，是贯彻党的教育方针的时代要求，其核心是解决好培养什么人、怎么培养人的重大问题，重点是面向全体学生、促进学生全面发展，着力提高学术服务国家服务人民的社会责任感、勇于探索的创新精神和善于解决问题的实践能力"。该纲要要求，坚持德育为先，坚持能力为重，坚持全面发展。

在教育实践中，发现部分学生社会责任感明显缺乏，道德水平下降，人生目标庸俗化，人生观、价值观模糊不清，这一现象令人担忧。出现这一问题的根源在于高等教育对人文素质教育的轻视。学生人文素质的提高离不开学生自身的努力，同时也迫切需要具有良好人文素质的教师教育、指导和言传身教。人文素质教育具有潜移默化的特性，教师以"润物细无声"方式影响学生[①]。因此，高素

---

① 黄耀樟. 高校教师培养体系中人文素质培养的必要性分析. 品位·经典，2020（5）：94-95.

质教师是培养综合素质优秀，包括人文素质优秀的学生的重要保障，是实施素质教育的重要保障。

（3）加强青年教师人文素质教育是落实终身教育的重要途径。1970年，法国著名教育学家朗格朗在《终身教育引论》一书提出，教育是通过人的一生来完成的，教育不能停止在儿童期和青年期，只要人还活着，就应该是继续的，人在前一阶段所获得的知识和能力可以在后一个阶段一劳永逸地享受的观点已经过时，教育的过程必须持续地贯穿在人的一生之中。①

每一位大学教师，不论年龄大小或职称高低，都存在继续教育和终身教育的问题。不仅专业素质需要终身教育，人文素质更需要终身教育，专业素质和人文素质的提高都永无止境。呼吁提高大学教师的人文素养不能理解为对教师文化水平的低估，而应从积极意义上阐述继续教育和终身教育的道理，并力求找到正确的渠道使这方面的道理能够落实的途径。从事人文社会学科专业的教师，在人文学科的研究领域相对精专，但也不敢说人文素养就已经全面完善。对于从事其他学科的教师来说，其对带有普遍性、基础性的人文素质的很多内容（如文、史、哲等基础学科的知识、艺术修养、我国传统文化及世界文化精髓）的了解就更为薄弱，迫切需要通过继续教育和终身教育来提高人文素质。因此，加强青年教师人文素质教育是落实终身教育、提高自身人文素质的重要途径。

（二）青年教师人文素质的内涵

1. 人文素质的概念

一般认为，人文素质包含两个层次：一是人文知识，指掌握语言、文学、历史、哲学、艺术等人文社会学科基础知识的程度；二是人文精神，指依靠这些社会学科的基础知识，在处理人与自身、人与他人、人与社会和人与自然的关系中所形成的正确的价值观以及建立在这种价值观基础上的行为规范等。

相对于人文知识而言，人文精神属于精神层面，是人文素质的核心所在，也是人文知识内化于主体的精神成果。"人文精神"之所以是一个较难把握的概念，就在于它深藏于人的内心，但又并非无迹可寻，主体的人文精神境界总是会通过自身的行为动作及其结果展现出来。"人文精神"这一概念是新文化运动时期从西方传入的。中国传统文化核心的儒学中的人本精神、乐道精神、忧患意识等就是人文精神的最好体现。人文精神是指对人的生命存在和人的尊严、价值、

---

① 蒋春春. 保尔·朗格朗终身教育思想述评. 云南开放大学学报，2022（3）：17-21.

意义的理解和把握，以及对价值理想或终极理想的执着追求的总和①。新时代，人文精神有了新内涵和新精神，昆明大学张立新概括为，人文精神在当今应当是整个人类文化所体现的最根本的精神，是人类文化生活的内在灵魂。它以追求真、善、美等崇高的价值理想为核心，以人的自由和全面发展为终极目的②。

2. 大学教师的人文素质

大学教师的人文素质，各个学者表述不一。概括起来，应包括人文知识、人文精神和人文方法三个层次③，从情感、态度、行为与举止三个方面体现④。

（1）人文素质的三个层次。①人文知识：是大学教师人文素质的基础要素，包括政治学、经济学、历史、哲学、文学、法学、美学等；②人文精神：是大学教师人文素质的核心要素，包括具有强烈的教育使命感和责任心、对教育的理想不断追求、以学生生存和发展为本、以宽容之心善待学生等；③人文方法：是教师的人文知识、人文精神得以实现的手段，包括直觉、体验、内省等。

（2）人文素质的三个方面。①情感：主要指敬业精神，具体表现为教学严谨认真、教法得当、授课风趣幽默、尊重学生、关爱学生等；②态度：主要指高度的工作责任感，具体表现为治学严谨、宽严有度、有奉献精神等，对学生关心体贴、平等相待、宽容大度等；③行为与举止：是人文素质的外在表现，具体表现在仪表端庄、品行高尚、作风正派、严于律己、宽以待人、以身作则、诚实守信等。

（三）青年教师人文素质提高的途径

1. 在学习中提高

在人文素质中，人文知识是基础要素，人文精神作为人文素质的核心部分，则是人文知识内化于个体而形成的。因此，要培养和提高青年教师的人文素质，首先必须从人文知识学习开始。学习哲学、历史、文学、艺术、法律等方面的人文知识，不仅可以拓展青年教师的知识领域，培养人文素养的本体价值，而且对个人的专业发展具有良好的促进作用。我们熟知的科学家、学者都是集极高的科学素养和良好的人文素质于一身，这两者完美的结合促使他们在科学研究的道路上不断前进，成果显著。例如，"爱因斯坦既是一位科学家，又是一位哲学家，

①　范格劼. 论现代大学教师人文素养的提升与人文精神的构建. 河南财政税务高等专科学校学报，2006（2）：55-57.

②　张立新. 论高校教师人文精神培养. 云南师范大学学报（教育科学版），2002（5）：50-55.

③　李国华. 高校教师的人文素养与大学生成长. 中华女子学院山东分院学报，2007（4）：68-71.

④　米新英. 高校教师人文素养培养的探索. 科技创新导报，2008（4）：238.

他最基本的哲学思想就是关于世界统一性的思想。这一思想作为一种思想方式，贯穿于他毕生的科学实践之中，引导他登上一座又一座科学高峰，做出一个又一个伟大的科学发现"[1]。

首先，要加强中华优秀传统文化经典书籍的阅读。上下五千年，孕育了丰富多彩、博大精深、取之不尽、用之不竭的中华优秀传统文化。通过阅读这些人文经典，领悟哲人对世界、对人生的思索，对真善美等生命基本价值的颂扬。阅读不仅可以涤荡青年教师的心灵，而且可以给予青年教师无限的启示和巨大的创新动力。复旦大学张汝伦教授说过："没有深厚文化底蕴的人，是谈不上真正的有价值的创新，而拒绝经典的人是根本谈不上什么文化底蕴的。"[2]因此，阅读经典是青年教师提高人文素质的最佳途径。

其次，要多读一些人文和科学完美结合的佳作名篇。清华大学张岂之教授在评论杨振宁教授的《美与物理学》一文时说："这是科学与人文有机结合的范文。与其说它是对物理学的歌颂，毋宁说是对物理学家精神世界的赞美，给人以探求真理的力量。"[3]青年教师除了阅读人文经典书籍，还要从细处入手，从各自的专业着眼，阅读一些由著名学者和科学家写成的人文和科学完美结合的好文章好作品，在学习中不断进行自我思考和人文反思，学习著名科学家是如何在专业中修炼人文素养，提升自身的人文感悟，体味对科学与人文结合之美的憧憬和陶醉，使之成为自己良好的引导和启迪。

2. 在实践中丰富

教学和科研是教师的主要职责，也是教师的主要实践活动。教师的首要任务是教学，是培养全面发展的人才。一个优秀的教师，具有丰厚的人文素养，文化底蕴深厚，善于引导、感染和熏陶学生，用自己的人格魅力去引导学生，用自己的人文知识去启发学生，用自己的人文精神去熏陶学生。教师在教学过程中，要尊重思想自由，重视教会学生独立思考、独立探索，促进创新精神的形成。在教学内容的组织上，要注重专业知识与人文素养的结合，善于从一个概念、原理、规律或研究方法入手，挖掘其背后的知识和背景，使学生从内心深处感受到隐藏在科学知识中的感人至深的科学精神，从而引导学生尊重知识、激发学习动力、培养兴趣、完善心态，促进学生人文精神的养成。在教学方法上，青年教师要善

① 齐震海. 未竟的浪潮. 北京：北京师范大学出版社，1996：157.

② 刘胜花，米新英，李亚婕，等. 加强高校教师人文素养的探究. 北华航天工业学院学报，2008（2）：39-42+57.

③ 张岂之. 应当着力提高大学教师的人文素养. 中国高等教育，2000（4）：26-28.

于应用讨论式教学，让学生有更多的时间提出疑问、发表观点、勇敢辩论，在讨论中使学生发自内心地感受到并学习到坚持真理的重要性，同时能够不畏修正错误、实事求是，在讨论中培养人文素养。

科学研究是新时代大学教师的重要使命。在科学研究中，青年教师要善于引导学生建立高尚的科学道德，包括真实客观的科学态度和面对科技成果的严谨务实；要重视应用好的榜样来教育鼓舞学生，激励学生自信，点燃投身科学的激情，勇敢追求真理，不惜为追求真理而奋斗终身，引导和促进学生养成高尚的科学道德；发现学生有学术不妥之处，要制止于初期，严厉并及时地予以纠正，进而树立学术上的正风、正气。

青年教师要注重自我反省，在教学和科研的实践中不断进行反思和总结，让个人的人文素质在实践中不断改进、提高和丰富。

3. 在服务中完善

服务学生成长成才是大学教师的重要职责。教师作为学生眼中的权威，其言谈举止对学生品格的塑造至关重要，知识渊博、品德高尚的教师能够影响学生的一生，使学生明确自己的努力方向，并感染更多身边的人。名师、大师，无不是通过自身的人格魅力水滴石穿般感染、改变着自己的学生。教师的自尊、自信、自爱、自强的宝贵品格，始终坚持真理的科学态度、关注时代发展的创新品质、乐于助人的善良天性、渊博的人文知识、有效的沟通模式等，对学生的教育引导远远超过教学内容本身的影响作用[1]。因此，学院教师，特别是青年教师，要不断学习、终身学习，养成独立健康的人格，具备较高的人文素质，在服务学生成长成才的同时，从细节深处不断完善自己的人文素质。

四、青年教师教学素质培养

青年教师的教学素质主要体现在教学能力上，不同学者对教师教学能力的概念、培养中存在的问题和培养途径进行了大量研究。

（一）教学能力的内涵

1. 国内外教学能力内涵的研究

20 世纪四五十年代，国外主要通过研究教师性格的特征来说明教师的教学

---

① 赵玉萍. 当代高校大学生人文精神培养研究. 辽宁大学博士学位论文，2017.

能力。20 世纪七八十年代，国外研究者开始研究教师教学能力的构成。1983 年，伦费克曼尼（RenfrocManning）等开始对教师进行评价研究，在 1988 年制订完成的教师评价系统中提出教师的教学能力包括制定教学计划的能力、教学活动能力、课堂管理能力、知识传授能力等。米勒等提出教学能力或技能有六项：思考和计划能力、导入能力、质疑能力、探究能力、鼓励能力、学习能力[1]。

我国学者从不同角度研究和定义了教师教学能力，较典型的观点有三个[2]。

一是针对教学活动方面。有学者认为，教师的教学能力包括教师对教学活动的顺利实施和教学任务的具体落实两个方面[3]。有学者认为，教学能力包括教师言语的具体表达能力；对学生课堂参与程度的调动；带动课堂、帮助学生打开眼界、调动学生自主思考的能力；跟学生交流、激发他们勇于提问的能力[4]。还有学者认为，教学能力是教师对教材重新组织、教案撰写、教法设计与运用、教场调控、演讲素质、教学效果、教学总结的能力等[5]。持此类观点的学者认为，教学目标要包括授课前的准备工作和授课时的整体把控以及课后的追踪总结[6]。此类观点主要瞄准教学目标的完成、教学活动的进行以及教育方法的利用，因此，认为教师教学能力主要包括教师安排教学步骤的能力、运用流程能力和科研能力。

二是基于心理学。有学者认为，教学能力是指从事教学活动过程中的心理特征，实施教学活动中需要具备的各项能力的求和[7]。有学者认为，教学能力可以划分为心理学所研究的领域，即教师完成教学目标时所表现出来的心理特征，包含了教师个人的智商和情商，以及在该项工作中需要的各项能力及素质[8]。还有学者认为，教学能力由职业理想、知识水平、教学效能感、教学监控能力和教学行为能力所构成[9]。此类观点侧重从心理层面来探讨教学能力的形成，因此，教学能力应主要包括教学认知能力、教学操作能力和教学监控能力。

---

① Miller D R，et al. Educational Psychology：An Introduction.Wm.C.Brown Company Publisher，1982：512-519.

② 刘爽. 省属高校青年教师教学能力提升策略研究. 哈尔滨师范大学硕士学位论文，2020.

③ 罗树华，李华珍. 教师能力学. 济南：山东教育出版社，2000：157.

④ 林金辉，潘赛. 研究型大学青年教师教学能力结构的实证研究. 江苏高教，2010（6）：82-84.

⑤ 胡新荣，姚运红. 基于核心授课胜任力的高校青年教师课堂教学能力的评价. 高教学刊，2015（14）：155-156.

⑥ 金利. 地方本科高校教师教学能力发展研究. 西南大学硕士学位论文，2014.

⑦ 林永柏. 浅谈高校教师教学能力的构成及其养成. 教育与职业，2008（9）：121-122

⑧ 林崇德. 对教师教学能力的思考. 思想政治课教学，1996（5）：21-22.

⑨ 刘娟. 地方高校教师教学能力发展机制研究. 黑龙江高教研究，2017（1）：68-70.

三是前两类研究观点的结合。既强调教学能力的教学活动性，又强调其心理特征的属性。有学者认为，教师教学能力包括教学设计、教学实施、教学反思的能力，以及认知能力、监控能力和实践能力①。有学者认为，教师能力包括对课堂授课的安排，对流程的把控、检查评价的能力、把学习作为一生的目标、反思教育能力、能够有效利用现有资源展开教学的能力、对学生进行积极引导的能力②。还有学者认为，教学能力主要体现在对教学目标、教学内容、课堂授课的整体处理和把控能力，教学模式和教学策略设计的能力、学习心态的积极维持策略的能力、教学内容的传输加工策略的能力③。此类观点认为教师的教学能力不是一成不变的，而是与整个社会的进步息息相关的，整体表现为教师的沟通能力、终身学习能力、心理辅导能力、信息化能力。

2. 教学能力的含义

教师教学能力在教学工作中属于根源和基础的地位，具有多样性、强塑造性以及可延伸的特点。《教育大辞典》的解释是，教学能力是指为了达到某种教学目的或者完成教学工作任务的过程中需要的全面胜任能力④。

综合国内外学者的研究，从实际操作层面考虑，笔者认为，教师教学能力主要包括以下四个方面。

（1）教学认知能力。教学认知能力主要是指教师对教学各要素的理解与判断能力，与教师的知识结构相符合，主要表现在对所教授课程及相邻学科的理解与掌握、所具备的心理学与教育学理论基础知识以及学生学习的准备情况和学生的个性特点、判断能力等⑤。教学认知能力决定了教学计划制定的质量高低，影响着教学活动的顺利开展。

（2）教学设计能力。教学设计能力是指教师在对学生学习状况和所教内容的理解的基础上，去主动设计教学目标、教学过程、教学方法的能力。教学设计能力最能体现高校教师的教学能力，决定了教学水平和教学质量。

（3）教学实施能力。教学实施能力是指教师在教学准备就绪的情况下，在课堂上合理展开教学，向学生传授知识，调动学生学习的主动性，控制课堂教学，提升学生学习效率的能力。

① 周川. 简明高等教育学. 南京：河海大学出版社，2007：189.
② 王璐瑶. 高校青年教师教学能力研究. 黑龙江大学硕士学位论文，2016.
③ 顾明远. 教育大词典. 上海：上海出版社，1998：180.
④ 宋现山. 关于高职院校教师教学能力的调查研究. 苏州大学硕士学位论文，2010.
⑤ 胡谊. 教师心理学. 北京：中国轻工业出版社，2009：68.

（4）教学研究能力。教学研究能力是指教师在教学实践的过程中，对自己的教学活动进行反思，发现自己存在问题，并进行研究、分析、改进的能力。

（二）青年教师教学能力培养中存在的问题

（1）学识结构不合理，从教能力不足。青年教师自身的知识储备和教学理论知识是教师进行教学工作的必备条件及重要基础。对普通高校来说，青年教师来自师范院校的比例较小，他们在学校系统学习了学科专业知识，但对教育学、心理学等知识学习往往较少，一些青年教师平时很少关注教学方面的文献，不主动去了解和把握大学教学的规律、高校教学的性质与特点、大学生及其学习的特点等，对教学法知识和教学实践经验普遍欠缺，表现出教学理论基础薄弱的缺点。其次，表现为"知识结构"不合理。随着高校教学改革的不断深化，对教师教学能力的要求不断增多，青年教师的学识结构已突破"学科知识+教育学知识"的传统模式，还要具有科学与人文的知识、工具性学科的扎实基础和熟练运用的技能技巧。高校青年教师的人文素质普遍不够深厚，部分青年教师缺乏熟练的教学方法，"知识结构"不合理，导致其从教能力明显不足，严重影响了在课堂教学中自身优势的发挥，教学难以达到预期的效果，进而影响了教学能力的提升。

（2）重科研轻教学，教学投入不够。科研与教学是高校教师的两项重要工作，虽然性质不同，但是相互统一、相互促进的。科研促进教学，只有将前沿科研成果不断融入教学中，才能培养学生的探索精神，才能培养出更优秀的人才。同时，教学又可以促进教师系统化已有知识，促使教师在教学中发现科研新问题，不断创新和产出新的科研成果。然而在学院管理中，部分学院在职称评审、评先评优、业绩考核中更看重科研，对教学业绩重视不够。评价与考核机制使不少教师将主要精力投入到科研工作中。一些教师上课积极性不高，上课无教案、备课不充分、授课内容枯燥、照本宣科，缺乏用科研引导教学、促进教学的意识。尽管教育主管部门或学校都要求知名教授要给本科生开课，然而给本科生上课的教师更多的是年轻教师或学术水平一般的教师，学术水平较高的教师更多地给研究生上课。学生见一次这些名师已经很不容易，更难有机会同他们进行深入交流。

（3）教学反思不够，教学研究能力缺乏。教学反思是指教师在教学活动之后，回忆整个教学过程，对教学进程和自我目标的完成度进行回顾，发现教学过程中的长处和不足，然后进行经验总结，不断提高教学能力。青年教师普遍存在教学反思意识薄弱，对反思提高教学能力的认识不足，反思少或者反思教学活动不具体，影响了教学能力的提升。教学反思才能发现自身存在的问题，才能有针对性地加强教学研究，不断提高教学能力。

（4）师资培训重形式，培训效果不理想。我国高校新任教师培训的相关规章制度主要是从 1996 年开始颁布的，但培训体系的改革滞后于高等教育教学改革发展的要求，滞后于高校青年教师培训工作改革发展的要求，普遍存在培训领导机构不明确、培训经费不到位、培训模式和内容单一等问题。多年来，一些学院培训模式形式趋同、结构单一，注重讲究培训规模和效益，忽视了培训模式多样化的发展，不能满足青年教师多样化、个性化的需要；在培训内容上，忽视了教师终身学习、在职学习的需求特点，培训内容不能体现不同类型学校、不同学科、不同职务教师的差异性，重视对专业知识的培训，忽视了教育理念和职业道德的培训；强调知识的系统性培训，忽视了教学能力的培养，造成培训内容陈旧，培训效果不理想。在培训方法上，重视理论知识的培训，对课堂实践和对外交流及深入生产基地学习等培训方式应用不够，重理论不重实践，脱离现实教学实际。因此，学院要充分认识青年教师入职后培养的重要性，认真考虑青年教师教学能力的短板和不足，科学制定青年教师的专项培训体系，加大专项资金投入力度，有针对性地对不同专业、不同教龄的青年教师进行培训，不断提高其教学能力和教学水平。

（5）评教机制不健全，促进教学效果不大。学院评教主要包括学生评教、教师同行评教和领导评教三种方式，其目的在于促进教师教学工作的改进、教学能力的提升。一些学院在组织评教活动时，往往只注重形式，对于来自不同方面的评价结果并没有给予关注和重视，也很少反馈给教师本人，没有很好利用评教结果，评教活动流于形式。一些参与评教的学生、老师和领导在评教时往往根据自己的主观认识，缺少应有的诊断和分析，很少提出改进和发展的建议，评教结果难以发挥应有作用。一些学院在评教时，缺乏对青年教师的教学评教标准，导致管理严格的教师评价分数偏低，挫伤了青年教师提高教学能力的主动性和积极性。一些学院在处理评教结果时，往往片面地依照学生的评教结果对青年教师进行评价，甚至把评价结果作为人事考核的参考指标，跟业绩评估和绩效挂钩，完全忽视了不同学科的教师在实际教学中的教学优劣和教学效益，造成部分青年教师在教学上不敢尝试新的教学方法，不敢严格要求、评价学生，影响了学生培养和教师教学能力提高。

（三）青年教师教学能力培养的途径

1. 加强青年教师培训

学院应建立完善的培训与指导体系，为青年教师提供全方位、个性化的培训和指导服务，帮助他们不断提升教学科研能力①。培训包括岗前培训、师德师风培训和业务培训。岗前培训采取自学、面授、观摩教学、模拟教学等方式，组织青年教师认真学习《高等教育学》《高等教育心理学》《高等学校教师职业道德修养》《高等教育法规概论》等，并开展教学模拟和实践教学活动，帮助青年教师提高教学设计能力，积累教学方法、教学技能方面的经验。对岗前培训不合格的教师不能发给合格证，不允许走上讲台。

师德师风培训就是要使青年教师忠诚党的教育事业，树立高尚的道德情操和崇高的精神境界，塑造高尚的人格。教书育人，为人师表是教师职业道德的基本原则，是教师职业的不懈追求。学院应通过培训和自我修炼，使青年教师以真诚、自信、坦率、独立、勤奋等优秀且纯洁的品格，投身于培养人的教育工作中，以高尚的人格潜移默化地感染和熏陶学生。

业务培训主要指业务进修。学院应鼓励青年教师脱产攻读博士学位，到国内外知名大学、科研院所读博士后或进行合作研究，参加国内外学术会议进行业务交流，开阔眼界，不断提高青年教师的教学科研水平和能力。

2. 丰富自身知识结构

青年教师必须注重自身素质和能力的全面提高。首先要加强自身专业知识的学习。青年教师要注意研究跟踪学科前沿，了解学科发展的动态，掌握学科前沿理论与技术，并注意将新的理论和技术融入教学内容中，不断提高学科专业能力和水平。其次要加强人文知识学习。青年教师要认真学习中华优秀传统文化等人文社科类知识和教育学、教育心理学等，不断充实自己，丰富自身的知识结构，不断提高人文修养和人格魅力。再次要加强教学研究。青年教师要积极参加名师示范教学课、教学观摩、教学论坛及教学方法研讨等活动，不断提高教学能力和教学水平；注重教学方法改革，要善于应用多媒体课件及实物案例，使课堂教学生动有趣，以激发学生学习兴趣，增强学生学习的主动性；要积极利用网络、翻转课堂、慕课等多种教学方式，做到线上线下相结合，增加课堂教学的信息量，提高人才培养质量。最后要严谨对待教学，用自己的人格魅力去感染和带动学生，在巧妙的教学设计和渊博知识的引领下，激发学生的学习兴趣和创新意识，促进学生创新意识、创新能力的形成和发展。

3. 提高教学设计能力

教学是一门艺术，课堂教学设计很重要，教学设计不合适，就不能很好地激

---

① 彭琼. "双一流"背景下高校青年教师教学科研能力提升路径研究. 科教导刊，2024（25）：62-64.

发学生学习兴趣，就无法很好地达到教学的目标和要求。首先要加强教学内容的设计。青年教师要认真研究教材，研究教学内容，根据难易程度合理安排教学内容，做到从易到难、重点和难点突出；要认真制作课件，做到图文并茂、动静结合、简易美观。其次要改进教学方法。青年教师要善于将知识点转化为实际问题，通过讨论式、互动式等教学，使学生入脑入心，将知识转化为解决问题的能力；要加强教学案例教学，激发学生学习热情，充分发挥学生学习的能动性，将知识与生产实际紧密结合，提高学生灵活应用知识分析及解决问题的能力。再次要改革考试考核方式。学院要实现评价主体多元化：教师评价、学生互评、学生自评；实现评价内容多样化：对学生的学习态度、学习过程、学习能力、学习效果进行评价；实现评价方法多元化：采用课堂提问、课堂讨论、课后作业、学习报告、项目实测、单元任务实践、期末测试等多种考察形式。最后要不断进行教学反思。反思是教师以自己的教学活动为思考对象，对自己所作出的行为、决策以及由此所产生的结果进行审视和分析的过程，是一种通过提高参与者的自我考察水平来促进能力发展的途径。青年教师的反思包括很多方面，最为重要的是教育教学技能的反思，可通过写反思日记、观摩教学、讨论教学、教学研究等方式，对自己的教学思想、教学实践进行评价、总结与调节，不断改进，提高教学能力和水平。

4. 注重名师传授指导

中老年教学名师具有丰富的教学经验和实践经验，是高校的宝贵财富。充分发挥他们的传、帮、带作用，是提高青年教师教学能力的重要途径。对青年教师要实行导师制，根据各自的实际情况，制定切实可行、可操作性强的培养计划，明确培养目标和培养方向，在导师的指导下通过教学实践，熟悉教学过程及各个教学环节，掌握教学要点、难点和重点，不断改进教学方法，提高教学能力。

5. 开展课程教学比赛

开展青年教师讲课比赛是青年教师相互观摩、相互学习、提高教学能力的重要方法。学院应定期检查教案讲稿，举行示范教学，开展讲课竞赛和教师教学质量检查评估，营造以教学为中心的氛围，奖励优胜者，帮助落后者。对于达到规定成绩的教师，下一年不再参加教学竞赛；达不到要求的青年教师，要继续参加教学竞赛。这会在学院内形成一种非把教学搞好不可的氛围，让青年教师变压力为动力，认真做好备、教、辅、改、查，促进教师比、学、赶、帮、超，切实提高青年教师的教学能力和水平。

6. 优化考核评价机制

学院要加大教学在考核、评价中的比重，正确引导青年教师合理分配教学、科研的时间和精力，改变青年教师重科研轻教学的现象。在职称评审、评先评优中，学院要实行教学工作"一票否决制"，要将教学型、科研型和教学科研型教师的职称评审条件分别制定、分别评审，鼓励一部分青年教师专注于教学、倾心于教学，作金师、经师。在绩效分配中，学院要将教学占有一定的比重，要像科研一样加大教学成绩突出教师的奖励力度。同时，学院要改革教师评价方式方法，关注教师专业的全面、未来的发展。教师评价要进行分类评价，不能一视同仁，如新老教师应有不同的评价标准；评价要尽量采用质性研讨，减少主观的定量评价；评估过程要关注教师的不足，要提出合理的建议；要利用好评价结果，根据评价结果对教师进行奖励和激励，以鼓励青年教师在教学中大胆尝试新方法、新手段，改进教学，在提高教学质量的同时提高其教学能力。

五、青年教师科研素质培养

（一）青年教师科研能力的内涵

青年教师的科研能力主要是指青年教师的科研意识和科学素质，包括发现和提出问题的能力、实验研究能力以及研究成果的科学、规范表达能力等。

科研是知识创新的源泉，科研能力强的教师往往能够站在学科的前沿和高度从事教学，教学效果和水平就高。教师通过教学及学术活动，积极地将新的科学理论、方法、技术引入教学，培养学生的创新思维和实践能力。所以，青年教师只有不断提高自己的科研能力，才能获得更多的信息和技能，更好地开展教学工作，促进教学水平和科研水平的提高，进而成为好教师。

（二）青年教师科研存在的问题

（1）科研能力不够强。青年教师在攻读硕士、博士学位期间虽然在导师指导下开展过科研工作，发表了一定数量和质量的学术论文，但科研训练仅限于文献阅读、试验测试、论文写作等方面，科研的全方位训练还很不够，普遍缺乏独立开展科研工作的经验和能力。青年教师对国家、地方政府科技工作的方针、政策和战略重点缺乏了解，对当前和未来经济、社会发展中的科技需求了解不够，对各种科技计划的特点和要求知之不多，往往造成科研定位模糊，影响了科研选题、项目申报和组织实施，独立科研能力亟待提高。

（2）科研条件不够好。首先是科研项目少、资金不足。当前，科研项目申报竞争激烈、资助率较低，重点课题主要集中在重点院校和知名学者，青年教师申报的项目难以获得资助，即使承担一些课题，往往层次偏低、覆盖面较窄，严重影响了青年教师科研的主动性和科研能力的提高。其次是没有好的试验平台。学院实验室紧张，青年教师往往没有足够的实验场所，同时由于资金不足，造成实验药品和仪器设备购买困难，影响了科学研究的开展。

（3）没有融入科研团队。部分青年教师缺乏团队合作意识，过分关注自己能否主持科研项目，对参与的科研项目积极性不高，喜欢依靠个人力量单兵作战搞科研，长期游离在团队之外。这种单打独斗、散兵游勇的科研组织形式不利于承担大项目、产出大成果、服务大产业，同时也不利于青年教师科研能力的提高。

（4）科研教学兼顾不够。随着高校办学规模的迅速扩大，有的学校的师生比早已超过教育部规定的1∶18的红线，教学任务明显增加。青年教师由于没有教学经验，他们需要花更多的时间和精力去熟悉、掌握教学工作，既要当助教、做课件、改作业，又要向教学经验丰富的老师学习和请教，使部分青年教师难以在教学和科研工作之间找到平衡点，难以两者兼顾，进而影响了他们对科研工作的时间和精力投入。此外，青年教师通常面临结婚、生子、再深造等压力，也对其在科研上的投入度有一定程度的影响。

（5）管理制度不够完善。制度是高校科研工作的导向和指挥棒。部分地方高校的职称评定和科研考核、绩效分配都是以科研产出数量为指标，注重发表了多少篇SCI论文、拿到多少项专利、获批多少个项目等，忽视了对科研质量的要求。这样的管理制度虽然可以激发青年教师的科研热情，但会助长青年教师急功近利的心理，使得部分青年教师只注重短平快的科研产出，不能潜心搞科研，无法产出高质量和高水准的科研成果。同时，科研考核、绩效分配重奖励轻处罚，对没有任何科研产出的教师缺乏约束。对于那些既不搞科研又不常来学校的青年教师来说，一些学院的最终处理结果是不评职称、不拿奖励和课酬，对其他工资收入基本没影响，长此以往最差的结果就是转岗，不再担任专职教师。

（三）青年教师提高科研能力的途径

（1）严格把握青年教师引进。青年教师引进是学院确保教师队伍质量的首要环节，引进人才的优劣关系到高校教学、科研和学科建设的未来。受知名度、地域、影响力等的影响，地方院校引进人才的选择余地比重点院校相对要小，所以地方院校在引进青年教师时更需独具慧眼，严把科研成果质量关，把那些真正踏实肯干、科研能力强、科研道德高的青年人才选进来，同时还要适当注意把控引进教师的性别比例，宁缺毋滥，为地方院校教学、科研和学科可持续发展打下坚实的基础。

（2）培养青年教师科研能力。一是要树立青年教师再培养理念，鼓励和选派青年教师到国内外重点院校攻读博士后、进行访学，让他们多接触、多了解国际前沿科学发展动态，掌握最先进的科研方法和知识，广泛开展国际科研合作和交流，拓宽国际视野，激发科研潜能，同时密切与重点院校和著名专家的联系和合作，促进学院科研多样化、高端化和国际化，提高学院的影响力和竞争力。二是要实施科研导师制。根据具体情况，采取"导师-门生""一对一""多对多""一导师多微型小组"等模式，为青年教师指派合适的科研导师，帮助青年教师尽快提高科研创新能力。三是青年教师要树立终身学习的观念，坚持读一些理论书籍或刊物，学习科研方法，深入了解学科前沿信息以及国际交流动态。四是青年教师要积极主动地参加课题研究。课题研究不仅有助于提高教师的科研能力，还有利于教师融入科研团队，形成长期稳定的研究方向。在课题研究时，青年教师要确立主攻方向，锲而不舍，长期坚持，积累知识，争取在某一方面有所创新、有所突破。

（3）凝聚学科科研团队。科研人才的脱颖而出需要良好的团队支持和合理梯队的配合。学院要根据学科特色凝练学科方向，在学科方向上汇聚学科队伍。努力培养具有国际视野、富有进取精神的学科带头人，重视中年教师的作用，发挥他们科研中坚力量的作用，充实补充青年人才，形成合理的学术梯队，使青年教师在团队的科研攻关中得到锻炼，科研能力不断提高。

（4）加强科研条件建设。学院要打破论资排辈的机制限制，使重点科研项目向优秀青年教师倾斜。教授主持的重大科研项目要积极吸收青年教师参加，发挥"传帮带"的作用，使青年教师尽早自我定位，确定研究领域和课题方向。同时，在课题研究中要有针对性地培养他们发现问题、解决问题的能力、动手能力和创新能力，努力提高其科研能力。学院要加强试验平台建设，为青年教师提供较为宽敞的实验空间、充足先进的实验仪器设备。

（5）创造良好学术环境。淡泊明志，宁静致远，静下心来搞科研才能出大成果，一颗浮躁的心是不适合搞科研的。因此，学院要为青年教师提供宁静、温馨、祥和的学术研究场所。此外，学院还要想方设法为青年教师解决住房和子女入托、入学等后顾之忧，要简化行政审批手续，实行"一站式"服务，尽量减少教师的琐碎行政事务，让其有精力、有时间全身心投入到科研工作中。

（6）制定合理管理制度。学院要破"五唯"重构管理制度，建立多元化评价体系①；要修订科研评价制度，加大科研质量的权重，将考核标准逐渐向科研质量倾斜，引导青年教师把高质量的科研成果作为对自己科研事业的终极追求；要改革职称评审制度，加大代表性论文外审力度，以科研成果质量为标准，引导科研导向，适应时代发展要求；要改革人事管理制度，制定教师教学科研基本条件，不仅要重奖科研成绩突出人员，对于无任何产出的教师要给予惩罚，要扣除部分绩效，直至将那些得过且过、安于现状、滥竽充数、出工不出力的人调整出教师队伍；要合理设置评价周期，克服评价考核过于频繁的倾向，克服急功近利、急于求成的思想，突出中长期目标导向，鼓励青年教师耐得住寂寞、坐得住冷板凳，鼓励青年教师持续研究和长期积累，尽可能为青年教师提供既公正、平等、包容又充满竞争的制度环境。

六、青年教师身心素质培养

身心素质即健康素质，健康素质是指"人在躯体、心理、社会方面的素质，即表现在人的身体、心理和社会方面的本来具有或后天形成的综合的相对稳定的品质或特征"②。教师健康素质涵盖的范围较广，更充分地体现了对健康的理解。教师健康素质既体现了先天生理基础对个体的作用，又有外界环境和教育对教师健康状态的作用，以及教师对健康信息的读写能力、利用信息作出有利于健康选择的能力等，是教师个体某时期内相对稳定的状态。

第一，要提高青年教师的身心素质，内因在于青年教师。首先，青年教师要养成良好的生活习惯，平时注意身体锻炼，保持健康的饮食习惯，合理安排工作与作息时间，养成强健的体魄。其次，青年教师要学会自我调节，保持积极乐观的心态，合理应对工作中的挑战。青年教师要客观地认识自我，只有对自己有了深刻的认识，才能帮助自己有效地解除工作压力、生活挫折及内心冲突所带来的困扰。最后，要认清高校改革的迫切性，了解学校和学院改革的基本思路和措施，客观分析自己，正确定位，以适应变化的客观环境。

第二，要提高青年教师的身心素质，外因在于学院。首先，学院要为青年教

---

① 郑玲，王馨，崔文秀. "双一流"背景下高校青年教师教学科研协同发展机制研究. 产业与科技论坛，2023（24）：228-230.

② 董新光，戴俭慧，柏扣兰. 健康素质概念的辨析：兼谈体质、身体素质与健康素质 3 个概念的混用与统一. 体育科学，2005（11）：72-75.

师创造宽松的内、外部环境。创造宽松的外部环境，需要各方面的努力，社会大环境的改变是长期的。但学校和学院要努力营造内部的小环境，创造积极、和谐的公共氛围以解除青年教师压力。学院要强化服务意识，做好青年教师思想政治教育工作，尊重知识、尊重青年教师的创造性劳动，努力提高其经济待遇和社会地位，切实解决其实际困难，使他们能够全身心地投入到教学和科研工作中。其次，学院要改革奖惩制度，建立物质激励和精神激励"双轮"驱动的激励机制，为青年教师提供良好的职业发展机会，帮助他们提高和不断完善自身素质，并充分体验到教师职业的成就感和责任感。最后，学院要加强对青年教师心理健康的关注，提供必要的心理支持和帮助。学院可以将青年教师心理健康纳入长效关怀机制，通过建立"阳光心理驿站"提供一对一咨询和团体辅导活动，定期举办压力管理沙龙及职业心理培训，同时完善"心理委员—院系领导—校医院"三级预警网络，在职称评审、科研考核等关键节点加强人文关怀，通过工会、学术共同体等组织营造包容互助的校园文化生态，让青年教师在成长路上既能获得专业支持，也能拥有心灵港湾。

第四节　学院青年教师使用

青年教师是学院发展的主力军，是学院发展的未来。对学院来说，青年教师的引进是基础，培养是关键，使用是核心。青年教师的使用是否合理有效，事关青年教师职业的发展、成长成才，事关学院教学科研成效，事关学院发展的前途和命运。

一、加强党对新时代青年教师工作的全面领导

从三尺讲台到科研前沿，党始终是教师思政工作的领航舵手。新时代赋予青年教师新要求、新使命、新担当，要切实加强党对新时代青年教师工作的全面领导。

（一）坚持初心使命

为中国人民谋幸福，为中华民族谋复兴，是我们党的初心和使命。党的初心使命是党的性质宗旨、理想信念、奋斗目标的集中体现，激励着我们党永远坚守，砥砺着我们党坚毅前行。学院要坚持用党的初心使命教育青年教师、感召青

年教师，使其永远保持中国共产党人的奋斗精神，永远保持对人民的赤子之心，始终践行党的初心使命，牢记党的性质和宗旨，坚定理想信念，强化党的纪律和规矩意识，发挥党员先锋模范作用，紧密团结在党中央周围，为实现中华民族伟大复兴的中国梦而努力奋斗。

（二）弘扬科学家精神

2020年9月11日，习近平总书记在北京主持召开科学家座谈会并发表重要讲话，他强调"科学成就离不开精神支撑。科学家精神是科技工作者在长期科学实践中积累的宝贵精神财富"[①]。科学家精神是胸怀祖国、服务人民的爱国精神，勇攀高峰、敢为人先的创新精神，追求真理、严谨治学的求实精神，淡泊名利、潜心研究的奉献精神，集智攻关、团结协作的协同精神，甘为人梯、奖掖后学的育人精神。学院要激励和引导青年教师大力弘扬科学家精神，继承和发扬老一代科学家科技报国的优秀品质，鼓舞和激励广大青年教师争做重大科研成果的创造者、建设科技强国的奉献者、崇高思想品格的践行者、良好社会风尚的引领者，不断向科学技术广度和深度进军。

（三）坚定敢为人先

青年教师要坚持"四个面向"（即面向世界科技前沿、面向经济主战场、面向国家重大需求、面向人民生命健康），树立敢为人先的创新自信，坚守科研诚信、科技伦理、学术规范，敢于担当、奋发作为、求实创新、潜心教学科研，在实现高水平科技自立自强和建设科技强国、教育强国实践中建功立业，在以中国式现代化全面推进中华民族伟大复兴进程中奉献青春和智慧。

二、"培赛一体"加快青年教师站稳讲台

（一）实现青年教师"双导师制"

学校要成立教师发展中心，以服务全校教师全面发展为目标，主要负责教师培训、教学改革、研究交流、咨询服务、资源支持等工作。要聘请校内外专家设立教师发展促进委员会，为新教师提供教学科研培训、咨询、指导及教学诊断等帮助和服务，满足全体教师尤其是青年教师学习成长的需要。学校教师发展促进

---

① 习近平. 在科学家座谈会上的讲话. （2020-09-11）. http://www/xinhuanet.com/politics/lerders/2020-09/11/c1126483997.htm.

委员会导师实行小组与团队化指导，从教学理念、教学方法、教学科研能力等方面进行专业化指导；学院配备的导师从学科发展、学术研究、社会服务等方面进行学术性指导，通过导师和团队，将新教师培养融入一流课程、学科专业、科研团队和学科平台等建设之中，以团队方式实现老带新、传帮带，在实践锻炼中增强职业发展归属感和获得感。由此形成学校、学院、教学系（教学科研团队）三级联动的指导模式，兼顾教学、科研和服务实践并重，满足青年教师共性和个性化学习需求。

（二）加强青年教师培训工作

基于青年教师成长和学院事业发展需要，尊重青年人才及教育发展规律，学院可围绕"思想政治与师德师风、校史校情、教学理念与技能、教学实践诊断与考核、职业生涯发展"等内容认真开展培训工作，使青年教师系统接受新时代教师行为准则、师德师风、学院发展历史、教学理念、教学设计、课程评价、信息化教学工具、智慧教学平台、在线资源建设以及混合式教学模式等全方位的培训，全面夯实教学的基本功、专业功和过程功，实现青年教师思想观念、专业技能、职业素养、科研水平、职业认知的质的飞跃，帮助新入职教师尽快完成从青年博士到青年教师的身份转变。

（三）打造"培赛一体"教学竞赛模式

学院应倡导以培促学，以赛促教，培训、研讨、观摩、考核和磨课结合，促使新教师在教学竞赛中"比学赶超"，练好教学基本功，尽快站稳讲台。教学竞赛有利于青年教师在竞赛中相互学习、相互磋商，共同提高。在教学竞赛中要加强培训指导，依靠专家团队，在选拔、初赛、复赛和决赛全过程培训指导教师参加教学竞赛，对参赛教师进行教育教学理念、政策解读、信息化技术、精细化磨课和研讨、模拟实战、文档撰写、视频制作等全方位周密培训和服务，形成"培赛一体"的教学竞赛模式，助力青年教师实现理念与实践的完美结合，提升自己的教学技能和竞赛能力。

三、支持青年教师在科技工作中大显身手

（一）支持青年教师在重大科技任务中"挑大梁""当主角"

中共中央办公厅、国务院办公厅印发的《关于进一步加强青年科技人才培养

和使用的若干措施》明确指出，国家重大科技任务、关键核心技术攻关和应急科技攻关大胆使用青年科技人才，40 岁以下青年科技人才担任项目（课题）负责人和骨干的比例原则上不低于 50%。鼓励青年科技人才跨学科、跨领域组建团队承担颠覆性技术创新任务，不纳入申请和承担国家科技计划项目的限项统计范围。稳步提高国家自然科学基金对青年科技人才的资助规模，将资助项目数占比保持在 45% 以上，支持青年科技人才开展原创、前沿、交叉科学问题研究。地方科技任务实施加大对青年科技人才的支持力度。深入实施国家重点研发计划青年科学家项目，负责人申报年龄可放宽到 40 岁，不设职称、学历限制，探索实行滚动支持机制，经费使用可实行包干制。

学院要实施人才支持计划，重点资助一批优秀人才主持国家、省重大科技攻关项目，促进优秀人才脱颖而出，为解决重大科技难题和"卡脖子"技术做出贡献，为国家科技自强自立增光添彩。

（二）支持青年教师在国家创新基地担任重要科研岗

《关于进一步加强青年科技人才培养和使用的若干措施》要求，国家科技创新基地要大力培养使用青年科技人才。国家科技创新基地要积极推进科研项目负责人及科研骨干队伍年轻化，推动重要科研岗位更多由青年科技人才担任。鼓励各类国家科技创新基地面向青年科技人才自主设立科研项目，由 40 岁以下青年科技人才领衔承担的比例原则上不低于 60%。青年科技人才的结构比例、领衔承担科研任务、取得重大原创成果等培养使用情况纳入国家科技创新基地绩效评估指标，加强绩效评估结果的应用。

学院要选拔优秀青年教师作为创新基地、科研平台的主要负责人，给他们压担子、定任务、提要求，促使青年教师在实践中增长领导才能和科研创新能力。要选拔优秀青年教师担任学科方向学术带头人，引导青年教师聚焦国家战略需求，开展前沿科学问题研究。鼓励高校通过基本科研业务费等多种方式加大经费投入，加强对职业早期青年教师的经费支持。

四、支持青年教师服务区域经济和高质量发展

（一）支持青年教师深入经济社会主战场

学院要制定政策，鼓励青年教师深入经济社会主战场，结合实际需求凝练科学问题，开展原始创新、技术攻关、成果转化，把论文写在祖国大地上。学院应

落实事业单位科研人员创新创业等相关政策，支持和鼓励科研能力强、拥有创新成果的青年教师，通过博士服务团、兼职创新、长期派驻、短期合作等方式，到基层和企业开展科技咨询、产品开发、成果转化、科学普及等服务，将服务成效作为职称评审、职务晋升、绩效分配等的重要参考。

（二）充分发挥青年教师的决策咨询作用

高层次科技战略咨询机制、各级各类学会组织应根据需要设立青年专业委员会，推动理事会、专家委员会等打破职称、年龄限制，支持青年教师多层次参与学会组织治理运营。高校和学院要积极推荐活跃在科研一线、负责任讲信誉的高水平青年教师进入国家、省级科技评审专家库，支持青年教师参与国家科技计划（专项、基金等）项目指南编制、科技计划项目、人才计划、科技奖励等评审和科技创新基地等绩效评估等工作，充分发挥青年教师的智慧和智囊作用。

五、建立和完善青年教师评价机制

人才评价作为重要的人才管理工具，在青年教师的遴选、培养、使用、激励等方面发挥着重要指挥棒作用。建立科学的人才评价机制，对树立正确用人导向、激励引导青年教师职业发展、调动青年教师创新创业积极性、加快建设世界强国具有重要作用。

《关于进一步加强青年科技人才培养和使用的若干措施》要求，高等学校、科研院所、国有企业等要根据职责使命，遵循科研活动规律和人才成长规律，建立和完善青年科技人才评价机制，创新评价方式，科学设置评价考核周期，减少考核频次，开展分类评价，完善并落实优秀青年科技人才职称职务破格晋升机制。高等学校、科研院所、国有企业主管部门要坚决破除"五唯"和数"帽子"倾向，正确看待和运用论文指标，形成既发挥高质量论文价值，又坚决反对单纯以论文数量论英雄的氛围。合理设置评价标准，不把论文数量和人才称号作为评价指标，避免层层分解为青年科技人才的考核评价指标。

学院要加快青年教师评价机制的探索和改革，以定量定性相结合评价方法为抓手，构建多元化的人才评价方式，兼顾人才的共性化与个性化发展。在评价内容上，学院要重点关注对"事"和"人"的评价，而不是对"量"的评价；在专家选择上，尽可能保障多样性与均衡性，在条件具备的情况下，体现"国际声音"和"青年声音"；在高级别项目和成果评价中，学院要尽量做到"大同行"与"小同行"相结合、国内专家与国外学者相结合，避免学术权威"一锤定音"；在评价方式上，探索常规通道和快速通道并存模式，既为渐进式发展的青年科技人才提供畅通的稳步上升通道，也为做出重大突破与贡献的青年科技人才提供快速上升通道[①]。

六、减负增效改善青年教师工作生活条件

（一）持续推进青年教师减负行动

学院要建立和完善科研助理制度，切实落实科研项目和经费管理相关规定，避免在表格填报、科研经费报销等方面层层加码，不断提升信息化服务水平，提高办事效率。学院要减少教师个人科研业务之外的事务性工作，杜绝不必要的应酬活动，保证青年教师每周80%以上的工作时间用于教学科研活动。落实行政部门和国有企事业单位原则上不得借调一线科研人员从事非科研工作的有关规定。

（二）不断改善青年教师生活条件

学院要制定政策，以适当方式提高职业早期青年教师的薪酬待遇，绩效工资和科技成果转化收益等要向做出突出贡献的优秀青年教师倾斜。学院要关心关爱青年教师的成长和发展，定期组织医疗体检、心理咨询等活动，保证青年教师的身心健康；要重视并创造条件帮助青年教师解决子女入托入学、住房等方面的困难，切实解决他们的后顾之忧，以使他们静下心来、安下心来从事教学科研工作。

第五节　学院教师队伍建设的实践案例

一、农学院师资队伍建设情况

农学院自2002年成立以来，通过大力引进博士、博士后，鼓励在职教师攻读博士学位，博士到国内外知名高校、科研院所攻读博士后、作访问学者等，师资队伍的数量、质量和结构都发生了显著的变化（表9-1）。

---

① 徐芳. 完善科技人才评价机制. 科技日报, 2023-09-04.

表 9-1 2002—2022 年农学院师资变化情况

年份	总人数/人	专任教师人数/人	教授/人	副教授/人	硕士/人	博士/人	副高及以上职称占专任教师比例/%	博士学位占专任教师比例/%
2002	56	42	6	12	13	0	42.9	0
2003	58	43	8	10	14	1	41.9	2.3
2004	71	56	7	11	26	4	32.1	7.1
2005	84	67	8	13	34	9	31.3	13.4
2006	89	74	8	16	34	19	32.4	25.7
2007	100	85	10	19	36	32	34.1	37.7
2008	99	84	11	22	39	37	39.3	44.1
2009	94	81	12	26	36	40	46.9	49.4
2010	97	80	11	35	32	44	57.5	55.0
2011	101	82	11	42	27	52	64.6	63.4
2012	104	96	11	39	30	56	52.1	58.3
2013	105	97	12	43	27	60	56.7	61.9
2014	109	100	13	43	25	66	56.0	66.0
2015	113	103	14	43	23	71	55.3	68.9
2016	115	99	12	45	19	72	57.6	72.7
2017	118	103	12	45	16	79	55.3	76.7
2018	120	101	12	46	15	80	57.4	79.2
2019	123	104	12	47	11	86	56.7	82.7
2020	125	104	12	49	11	91	58.7	87.5
2021	126	113	19	55	13	100	65.5	88.5
2022	128	118	26	52	13	105	66.1	89.0

（一）2002 年农学院成立时的师资队伍情况

2002 年农学院成立时，学院有教职工 56 人，专任教师 42 人，其中教授 6 人，占专任教师总数的 14.3%；副教授 12 人，占专任教师总数的 28.6%；中级以下职务 24 人，占专任教师总数的 57.1%。专任教师中，具有硕士学位的有 13 人，占专任教师总数的 31.0%，大学本科及以下学历的 29 人，占专任教师总数的 69.0%，没有博士学位的教师。

从学院发展的角度看，当时学院的师资结构存在许多不足，比较突出的问题包括以下几个方面。

（1）师资队伍的数量不足。学院成立时仅有一个农学本科专业，每年招生 60 人，还有一定数量的专科生，没有硕士招生。从完成教学任务的角度看，学院教师人数还算可以，但从学院长远发展考虑，学院教师人数明显不足。

（2）师资队伍整体质量不高。从学历层次来看，学院没有博士学位的老师，具有硕士学位的老师仅占31.0%，本专科学历教师所占比例过大，高达69.0%。从职称角度来看，副高及以上职称的教师仅占42.9%，高级职称教师比例不高，职称结构不合理。

（3）学科领军人物缺乏。学院成立时还没有硕士学位授权点，仅有几位硕士生导师与河南农业大学等联合招收培养研究生，缺乏学科领军人物和学术带头人，学科建设十分薄弱。

（4）各专业师资不均衡。学院成立时，农学院属于大学院，涵盖农学、生物、资源环境科学等学科门类。学院教师主要集中在农学专业，生物、资源环境科学专业教师缺编严重，在教学科研上缺少承上启下的中青年骨干教师，学术梯队尚未真正形成。

（二）2022年农学院师资队伍情况

2022年，农学院成立20周年，学院有教职工128人，专任教师118人，其中教授26人，占专任教师总数的22.0%；副教授52人，占专任教师总数的44.1%；具有高级职称的教师占专任教师总数的66.1%。专任教师中具有博士学位的有105人，占专任教师总数的89.0%；具有硕士学位的有13人，占专任教师总数的14.4%；在10名管理人员中有硕士学位4人，占管理人员总数的40.0%。具有海外留学经历的有31人，占专任教师总数的26.3%。

学院成立20年来，师资队伍发生了显著变化。

（1）师资队伍规模迅速扩大。建院20年来，通过引进优秀博士，学院教师数量大幅度增加。学院教职工人数由建院初期的56人增加到2022年的128人，教职工人数净增加72人，增长1.3倍；专任教师从2002年的42人增加到2022年的118人，净增加76人，增长1.8倍。

（2）师资队伍结构得到优化。建院20年来，通过博士人才引进，实施"硕士博士化、博士国际化"过程，优化了师资队伍结构，大大提高了师资队伍的整体水平。

从学历结构来看，专任教师中具有博士学位的教师比例由2002年的空白，提高到2022年的105人，其中引进博士57人，占博士总人数的54.3%，送出培养博士44人，占博士总人数的41.9%。学院专任教师的硕博士转化率达到100%。

从职称结构来看，专任教师中教授职称由2002年的6人增加到2022年的26人，净增加20人，增加3.3倍；副教授由2002年的12人增加到2022年的

52 人，净增加 40 人，增加 3.3 倍。

从年龄结构来看，40 岁以下的青年教师从 2002 年的 29 人增加到 2022 年的 41 人，增加 12 人，增加 41.4%。2022 年青年教师的人数占学院专任教师总数的比例达到 34.7%，师资队伍充满朝气和活力。

从学缘结构来看，2022 年，来自中国科学院、中国农业科学院等科研院所的 14 人，占专任教师总数的 11.9%；来自"双一流"大学的 78 人，占专任教师总数的 66.1%；来自地方高校的 26 人，占专任教师总数的 22.0%。专任教师来源广泛，学缘结构合理。

（3）专业之间师资平衡发展。建院 20 年来，学院已从农学单一学科发展到以农学为主体，生物科学、资源环境科学为两翼协调发展的局面。目前，学院有农学、种子科学与工程、生物科学、生物技术、资源环境科学 5 个系、1 个实验中心。农学系有专任教师 26 人，占专任教师总数的 22.0%；种子科学与工程系有专任教师 20 人，占专任教师总数的 16.9%；生物科学系有专任教师 25 人，占专任教师总数的 21.2%；生物技术系有专任教师 20 人，占专任教师总数的 16.9%；资源环境科学系有专任教师 18 人，占专任教师总数的 15.3%。5 个专业专任教师人数较为平衡，学科专业呈现协调快速发展的局面。

（4）学科带头人取得重要进展。学院聘任中国工程院院士、原北京林业大学校长尹伟伦教授担任农科战略科学家，引领指导学院学科建设和发展。目前，学院有外籍特聘教授 1 人，国务院特贴专家 2 人，国家模范教师 2 人，全国创新争先奖 1 人，中原学者 1 人。有河南省杰出专业技术人才、河南省优秀专家、河南省跨世纪学术技术带头人、河南省高校科技创新人才等 20 余人。有博士生导师 21 人，硕士生导师 61 人。

二、农学院师资队伍建设成效

农学院建院 20 年来，利用河南科技大学综合性大学的优势，抓住了合并建校的历史机遇，以强烈的紧迫感和高度的责任心，通过大量引进优秀人才，实施"硕士博士化、博士国际化"工程，打造了一支治学严谨、学术水平较高的师资队伍，为推动农学院的跨越式快速发展作出了重要贡献。

（一）同步提升了学院师资队伍的量和质

学院采取"引进来、派出去"的人才政策，强力推进学院师资队伍建设，增加了学院教师队伍数量，同时，也提高了学院师资队伍的整体质量，大大优化了学院师资队伍结构。一方面，学院加大了人才引进力度。通过"软引进"，聘任中国工程院院士、北京林业大学原校长尹伟伦教授担任学校农科战略科学家，聘任中国工程院院士、河南省农业科学院院长张新友研究员担任学院博士生导师，聘任华中农业大学张献龙教授（现中国工程院院士）、中国农业科学院徐明岗研究员（现中国工程院院士）、何中虎研究员、夏先春研究员、中国农业大学王璞教授、王志敏教授、国际小麦玉米改良中心张学才研究员等为学校特聘教授，他们在学院教育教学改革、学科建设、科学研究、人才引进等方面发挥了重要的作用。同时下功夫大量引进优秀博士，建院 20 年来，引进博士 57 人，占学院博士总人数的 54.3%。另一方面，学院加强了在职人员的培训力度，包括对学院本科、硕士人员，支持他们在职攻读博士学位，也包括学院新引进的博士，鼓励他们到国内外知名大学、科研院所读博士后、作访问学者，大力实施了"硕士博士化、博士国际化"工程。建院 20 年来，共有 44 人在职获得博士学位，占学院博士总人数的 40.7%。有 31 人做博士后和海外访问学者，占博士总人数的 29.5%。引进和培养并重，提高了学院师资队伍的数量和整体质量。

（二）大大提高了学院专业建设水平

建院初期，学院仅有 1 个农学本科专业。通过 20 年的不懈努力，现已发展到有农学、种子科学与工程、生物科学、生物技术、资源环境科学、智慧农业 6 个本科专业。其中，农学为国家一流本科专业建设点、河南省 B 类本科专业，入选教育部、农业农村部、林业和草原局首批"卓越农林人才教育培养计划"，生物科学、生物技术 2 个专业为河南省一流本科专业建设点。

（三）快速提高了学院学科建设层次

2002 年，学院农学专业开始本科招生。2007 年，作物学、生物学、生态学开始招收硕士研究生。2017 年，作物学成功获批博士学位授权一级学科建设点，当年，学校仅获批 1 个一级学科博士学位授权点，作物学是学校继 2013 年机械工程、材料科学与工程、信息科学与工程之后拿到的第 4 个一级学科博士学位授权点。农学院用 15 年时间完成了从专科授权点到本科授权点、本科授权点到硕士授权点、硕士授权点到博士授权点的华丽转变，走出了一条综合性大学农科院系快速发展的新路子。目前，学院有本科、硕士、博士三级学位授予权和博士后科研流动站，"旱地绿色智慧农业学科群"为河南省特色骨干学科建设学科

（群），农业科学、植物与动物科学 2 个学科进入 ESI 全球前 1%。

（四）稳步提高了学院人才培养质量

学院通过聘任教授、副教授、博士担任本科生导师，加强对本科生的指导，使学院人才培养质量得到稳步提高。学生的平均报到率由 2002 年的 58.6%提高到 2022 年的 92%以上；考研录取率，2006 首届本科生达 32.8%，之后提高到 40%以上；学生就业率稳定在 92%以上。此外，学院本科生"三率"（英语四级通过率、考研录取率、就业率）（表 9-2）一直位居学校 31 个教学院系前列。2020—2022 年农学院一志愿报考率、报到率变化情况如表 9-3 所示。

表 9-2 2012—2022 年农学院本科生"三率"变化情况

年度	英语四级通过率/%	考研录取率/%	就业率/%
2012	59.0		
2013	61.9		92.5
2014	52.3		99.8
2015	40.7		100
2016	39.7		100
2017	36.3		100
2018	47.1	36.8	97.3
2019	33.6	33.3	62.7
2020	54.8	40.7	94.0
2021	49.7	40.7	97.1
2022	48.0	43.0	94.6

表 9-3 2020—2022 年农学院一志愿报考率、报到率变化情况

专业（类）名称	2020 年		2021 年		2022 年	
	一志愿报考率/%	报到率/%	一志愿报考率/%	报到率/%	一志愿报考率/%	报到率/%
生物科学类	22.9	98.6	35.7	92.1	23.6	95.0
植物生产类	75.4	96.7	90.9	100	86.9	98.3
资源环境科学	2.9	92.9	2.9	94.3	0	96.3

三、农学院师资队伍建设理念

理念决定思路，思路决定行动。不同学校和学院师资队伍建设的理念大致是相同的，但不同学校和学院由于类型和所处地域不同，学校和学院师资队伍建设

的理念又会有所不同。农学院在这 20 年的师资队伍建设工作中，不断探索、实践，形成了自己独特的师资队伍建设理念。

（一）人才至上

人是学院发展的决定因素，没有人，学院发展无从谈起。所以，学院自建院起就决定要大量引进人才，扩大教师队伍的规模，以形成规模效益。人才是人之中的精英，是学院发展的灵魂和关键所在，所以，学院非常重视教师的培养，特别是博士的再培养，促使他们成为人才，成为学科带头人、学科专业领军人才。学院牢固树立"人才至上"的理念，形成了"诚心引才、精心选才、用心育才、放心用才"的良好氛围，促进了学院师资队伍不断做大、做强。

（二）抢抓机遇

机遇指有利的时机或者境遇。农学院成立之初，面临着专业少、招生人数不多，学科发展底子薄、没有人才，科研实力不足等一系列问题。同时，河南科技大学的成立又为学院发展创造了很多机遇，如综合性大学有利于招生的机遇、从专科成为本科有利于学科发展的机遇、学校出台了一系列人才引进的优惠措施给予学院不受人数限制引进人才的机遇等。学院通过更新观念，外出调研，制定了农学院"1441 振兴行动计划"。学院不等不靠，正视困难，迎接挑战，全面整合，重点突破，主动出击，不失时机地抓住合并这一历史机遇，以专业、学科建设为突破口，以人才引进培养为关键，在较短时间内成功实现了层次由低到高、影响由小到大、实力由弱到强的质的跨越，走出了一条快速健康、充满生机与活力的可持续发展兴院之路。

（三）人岗相适

综合素质高、业务能力强的优秀人才是各学校和学院都极力想得到的。作为地方综合性大学，与"双一流"大学相比，学校的影响力不占优势，作为在地市办学的大学，和在省会城市办学的大学，地域条件不占优势。所以，农学院在人才引进时，十分重视人才与学院、与学院岗位要相适应。首先，学院引进的博士要看综合素质，引进的博士要"既能跑又能干"，严格执行学院制定的"德才兼备、既能公关，又能科研"的进人标准。其次，学院引进的博士要看发展潜力。2003 年，学院从中国农业大学引进博士 1 人，实现了学院博士零的突破，之后引进博士逐年增多，到 2007 年 1 年引进博士 11 人，2008 年后，学院逐步提高了进人标准，重点引进具有海外留学经历和高水平 SCI 论文的博士。

（四）再度培养

根据河南科技大学农学院的综合影响力、地理区位以及学校人才引进政策的支持力度，客观而言，学院若要引进国内一流人才存在显著困难。就目前实际情况来看，能成功引进国内二流人才已属不易，近年新聘博士中多数处于业内三流水准区间。因此，学院十分重视对引进博士进行再培养，通过再培养使他们能够迅速成为一流人才。学院制定优惠措施，鼓励支持从大学来的博士到科研院所读博士后，鼓励从科研院所来的博士到大学读博士后，鼓励支持他们到国外做访问学者、开展学术交流。一方面，开阔了他们的视野，提高了教学科研能力和水平；另一方面，密切了学院与国内外知名大学、科研院所和院士、知名专家的联系，提高了学院的知名度。

（五）脱颖而出

人才引进是基础，人才培养是关键，人才使用是核心。用好人才既可以使人才增强干事创业的自豪感和主动性，又可以促进农学院教学科研的快速发展。学院陆续出台奖惩文件 10 个，通过一系列政策措施，支持鼓励青年教师快速成长、脱颖而出。不少博士到校 10 多年来，就迅速成为教授、硕士生和博士生导师，成为教学骨干、博士培养一级学科方向带头人，有的走上了领导岗位，成为学校、学院领导，成为学校、学院发展的中坚力量。

四、农学院师资队伍建设举措

（一）更新思想观念

思想主导行动，思路决定出路。2002 年农学院成立时，一些干部、教师对本科教育知之甚少，思想保守僵化，身子进入了本科，思想还停留在专科。为此，学院在 2004 年上半年以"整合、振兴、发展"为主题，开展了教育思想、教育观念大讨论，努力实现教育观念的现代化。

第一，学院要转变"等、靠、要"的消极等待观念和闭关自守、固守传统农科的旧观念，以良好的心态、昂扬的斗志，勇于探索，大胆改革，拓宽农学学科发展的新路子。第二，学院要转变定位方式，跳出农科办农科的思维定势。摆正位置，把农学院放在河南科技大学这所综合性大学的大背景下重新定位，而不是放在农业大学的背景下思考问题；立足现实，不追求主导学科，而要努力成为优势学科；不求做大，但求做强。第三，学院要树立以学科建设为主线的观念，积极推进学科的整合与优化。充分利用河南科技大学工科较强的优势，加强多科综合，优势互补，向交叉、边缘学科拓展。在专业设置上，要坚持"大调整""宽口径"，主动适应生命科学发展和经济全球化的新形势。第四，学院要树立"人才至上"的理念，坚持"引进与培养并举、充实与提高并重"，切实加强师资队伍建设。

教育思想、教育观念大讨论，统一了学院思想认识，更新了思想观念，为学院的改革、发展与振兴奠定了坚实的思想基础。

（二）诚心引进人才

人才是学院发展的关键、核心。2003 年，硕士学位授权点申报的失之交臂，使农学院深刻认识到高层次人才的极端重要性。在随后制定的农学院"1441振兴行动计划"中，学院就明确提出，要在学校的统筹下，以高度的责任感、使命感和历史紧迫感，做好拔尖人才的引进与培养工作。这一点现在说起来容易，但当时学院的情况是本科招生专业只有 1 个，招生人数少，报到率低，教师的教学工作量津贴和岗位津贴都非常低，对于是否引进人才，教师和干部的认识并不十分一致。学院顶住压力，利用学校的优惠条件，加大了博士的引进力度。然而，对于一个刚成立的学院来说，没有硕士、博士学科平台，加上洛阳的区位优势并不突出，引进人才谈何容易。

农学院采取"三个一"的办法，以热情、盛情动人，以诚心打动人才、引进人才。第一个一，是开一个座谈会。每位来校求职的博士到院后，学院都要开一个座谈会，介绍学校、学院的情况及人才政策，倾听博士的想法要求。第二个一，是搞一次洛阳游。学院领导亲自驾驶自家车，带博士及配偶到洛阳著名景点参观，希望以洛阳灿烂悠久的历史文化和城市的现代化建设打动他们。第三个一，是聚一次餐。学院为每一位博士及配偶安排一次洛阳特色的晚餐，希望通过共进晚餐、举杯畅饮，达成共识，进而达成共事。同时，学院在引进博士时，还十分注重"人岗相适"的人才引进理念，坚持"德才兼备、既能公关，又能科研"和有"发展潜力"的进人标准。诚心终有回报，2003 年，学院从中国农业大学引进在职教师、博士 1 人，实现了学院博士零的突破；到 2012 年学院建院10 年时，共引进博士 34 人，占学院博士总人数的 60.7%；到 2022 年，学院共引进博士 57 人，占学院博士总人数的 54.3%。

学校设立了特聘教授制度，面向海内外公开招聘有较大影响的学科带头人。学院先后聘请中国工程院院士、河南省农业科学院院长张新友研究员，华中农业大学张献龙教授（现中国工程院院士），中国农业科学院徐明岗研究员（现中国工程院院士）、何中虎研究员、夏先春研究员，中国农业大学王璞教授、王志敏教授，国际小麦玉米改良中心张学才研究员等为学校特聘教授，提升了学院整体学术水平，增强了学院的竞争能力。

学校还建立了柔性引进机制，不求所有，但求所用，聘任中国工程院院士、北京林业大学原校长尹伟伦教授担任学校农科战略科学家，是学校聘任的四大战略科学家之一。

（三）用心培养人才

实施"硕士博士化、博士国际化"工程，加强人才培养力度，是农学院师资队伍建设的重大举措之一。

学校规定，在职攻读硕士的教师取得硕士学位后，必须回到学校工作3年才能继续攻读博士学位。农学院考虑到当时教学任务并不饱满的实际情况，鼓励支持在职教师完成硕士学业后可继续攻读博士学位，使在职教师有6—8年的时间集中时间和精力进行研究工作，以迅速提高学院的整体教师学历水平，提高教师的教学科研能力和水平。到2012年，学院共送培博士26人，其中，已获博士学位19人，送培博士占学院博士总人数的35.9%。到2022年，学院共送培并获得博士学位44人，占学院博士总人数的40.7%。

学院利用前几年招生数量较少的机会，选送优秀博士到中国科学院、北京大学、清华大学等综合性研究机构和大学做博士后研究，进一步提高他们的科研水平和能力，同时加大与国家科研院所和著名综合性大学的联系。到2012年，学院送出博士后研究人员15人，占当时学院引进博士总人数的44.1%。

学院提倡和鼓励优秀博士到国外做高级访问学者，进一步开阔视野，提高能力。目前，学院有31名博士到国外作访问学者，占学院博士总人数的29.5%。

（四）放心使用人才

农学院连年不间断地开展青年教师教学竞赛，以赛带训，以赛代练，鼓励青年教师尽快脱颖而出，走向讲台，成为教学骨干；制定了优秀中青年学术带头人、优秀青年骨干教师的选拔和培养机制等文件10余个，通过考核奖励措施，激励优秀人才脱颖而出。

农学院成立 20 年来，先后培养校级领导 2 人、院长 2 人、副院长等 4 人；培养中原学者 1 人，全国创新争优奖 1 人，全国模范教师 2 人、国务院政府特殊津贴专家 2 人，河南省杰出专业技术人才、河南省优秀专家、河南省跨世纪学术技术带头人、河南省高校科技创新人才等 20 人。学院有河南省 C 类人才 6 人、D 类人才 4 人。

（五）改善工作条件

农学院在周山校区时，科研办公条件较差。学院一方面利用有限的经费，极力改善实验条件，建立开放实验室，全方位、全时段为教师和学生开放，同时加大教学实验室在没课情况下的开放力度；另一方面，全院教师不等、不靠、不抱怨，凭着高度的责任感和使命感，利用自己的经费购买设备、把自己的工作室改造为实验室等，创造条件，高标准地完成承担的省市及国家级科研项目，为持续争取高级别的项目奠定了基础。

农学院在 2016 年 11 月搬迁到开元校区后，有了农科一号楼，科研办公条件有了极大改善。不同的团队有了较大面积的科研实验室，学院利用省部共建项目、省特色骨干学科建设经费等购买了先进的仪器设备。学院在开元校区原有 40 余亩试验农场的基础上，在洛阳市汝阳县建立了条件完善的试验农场，为学院教师的教学科研提供了坚强的条件保障。

（六）健全激励机制

农学院制定和完善了学院津贴分配办法，对学校分配的科研奖励部分采取不再切块分配，鼓励教师加强科学研究；对学科建设津贴，实行领导班子集体研究，重点奖励对学科建设有功人员。学院制定和完善了学院职称评审办法，支持和鼓励教学科研优秀人员职称晋升；制定和完善了学院推优评先办法，通过个人述职、群众测评、班子研究确定优秀人员，优秀人员的集中度较高，营造了人人争先、干事创业的良好氛围和促进人才成长和发展的有利环境。

第十章　学院学风建设

第一节　学风与学风建设的内涵

一、学风的内涵

学风，从字面上来理解，学，指的是学习，风，指的是风气，学风则是学习的风气。《现代汉语词典》中对学风的解释是"学校的、学术界的或一般学习方面的风气"[①]。学风的载体可以是领导干部、学生、教师、基层工作者，不仅包括个体，也包括群体。

最早的"学风"概念是毛泽东主席提出来的。1941年，他在《改造我们的学习》中批判了主观主义的学习态度，提出了实事求是的学习方法。1942年又在《整顿党的作风》中提出，学风问题是"一个非常重要的问题，就是第一个重要的问题"，"反对主观主义，以整顿学风"。[②]学风理论的最早运用是在党的组织和队伍中，是指我们对待马克思主义根本态度的问题。

随着社会的发展以及对学校教育逐渐重视，学校学风的内涵得到了不断发展和丰富。对于教育行业来说，学风有广义与狭义之分。

广义的学风，《教育大辞典》的解释是，治学的态度和方法，特指学校师生在教学活动中表现出来的精神状态和工作方法[③]。周贤君认为，学风包括学生的学习风气、教师的治学风气、学校的学术风气及学校领导的治校作风[④]。韩延明则认为作为大学灵魂的学风，是指大学全体师生员工在长期的教育实践过程中形成的一种较为稳定的治学目的、治学精神、治学态度、治学风尚和治学方法，是

---

① 中国社会科学院语言研究所词典编辑室. 现代汉语词典. 7版. 北京：商务印书馆，2016：1488.

② 毛泽东. 毛泽东选集（第3卷）. 北京：人民出版社，1991：36.

③ 顾明远. 教育大辞典. 上海：上海教育出版社，1998：142.

④ 周贤君. 高校学风建设的制度思考与对策. 湖南农业大学学报（社会科学版），2008（3）：65-66+76.

全校师生群体心理和行为在求学治学上的具体体现①。由此可见，广义的学风包括高校学生的学风、干部人员的政风、教师队伍的教风以及后勤辅助人员的服务之风等。

狭义的学风，郝雅翰认为，主要是指学生的学习风气，是学生在学校教育、培养下养成的心理和生理品质，是学生成长状态的内在和外在的表现②。陈明丽认为，学风是指学生受一定的人生观、价值观及自我意识的支配，在学习上表现出来的学习的态度、方法和治学精神③。苗菊芳和张护玺认为，学风是指学生的学习态度与进取程度的综合表现及所形成的群体性风格，包括学习动机、学习态度、学习方法、学习能力、学习品质等④。王明繁等认为，学风主要指高校办学治校过程中培养和形成的学生相对稳定的学习习惯、学习风气与学习氛围，是学生总体学业追求、学习态度、学习面貌、学习成效、价值理念等的集中表现，是一所大学的学生群体面对学业时的心理和行为的综合表现⑤。本书对学风的定义是狭义上的学风。

二、学风的构成要素

（一）学风的具体构成要素

从狭义的学风概念出发，学风由学习动机、学习态度、学习纪律、学习策略、学习兴趣、学习效果六要素构成⑥。

（1）学习动机。学习动机是学风的核心，是学习者获取知识、形成高尚完美品格的重要因素。大学生的学习动机包括目的性学习动机、成就性学习动机和交往性学习动机。目的性学习动机就是大学生清晰地知道自己的学习活动所要达到的目标与意义，并以此推动自己的学习而形成的一种强有力的学习动机。成就性学习动机是在人的成就需要的基础上产生的，是激励大学生乐于学习并力求成功的一种内在驱动力。交往性学习动机是指大学生在学习过程中能满足自己交往的需要并获取各种物质、精神上的满足，这些满足成为大学生学习的主要动力。

---

① 韩延明. 学风建设：大学可持续发展的永恒主题. 高等教育研究，2006（3）：19-24.
② 郝雅翰. 再论校风、教风、学风建设. 黑龙江教育（高教研究与评估），2009（7）：62-63.
③ 陈明丽. 以良好的学风育人和治学. 经济与社会发展，2008（6）：174-176.
④ 苗菊芳，张护玺. 抓好学风建设提高教育质量：地方高校学风现状分析及对策研究. 中国成人教育，2008（8）：76-77.
⑤ 王明繁，万婧，李燕庄. 地方高校学风现状及建设策略研究. 大学（研究与管理），2024（1）：10-13.
⑥ 杨秀红. 大学生学风建设问题与对策研究. 长春理工大学硕士学位论文，2012.

（2）学习态度。学习态度是大学生对待学习活动的主观反应，贯穿于整个学业生涯，在大学生学习中有着重要的影响作用，学习态度直接影响到学习效果。学习态度主要体现在大学生如何看待学习的问题：是否重视学习的重要性、是否具备较明确的学习目标、是否对所学知识产生浓厚的兴趣等。

（3）学习纪律。学习纪律由学生潜在的无形的自我思想道德约束以及学校有形的规章制度两部分构成，是促使高校大学生形成良好学风的外部因素。大学生在学习过程中，要严明学习纪律，自觉保护学习环境，维持学习秩序。

（4）学习策略。大学生学习策略就是他们在学习实践中获取专业技能知识的各种计划或方法。这些学习计划和方法获取途径较为广泛，当代大学生可以通过课堂上、讲座、书本、同学以及独自领悟获得，学习策略在学习过程中起着非常重要的作用。科学的学习策略决定着学习的全部过程及其结果，是形成良好学风的关键。

（5）学习兴趣。学习兴趣是学习过程中非常重要、非常活跃、非常现实的内在心理因素，对学习效果有着决定性的作用。兴趣是最好的老师，学习者对自己感兴趣的事物会不自觉进行深入的探究，获取想要的相关知识信息。大学生在学习活动中一旦对涉及的内容产生了兴趣，就会对相关领域产生认同感，激发自己对这部分内容的认知欲，从心底想学，进而想尽办法提高学习效率，并获取相应的知识。

（6）学习效果。学习效果是判断学风好坏的终极标准，也是学风内涵的最高层次要求。学风效果与高校人才培养质量直接相连，直接决定着高校人才培养质量的高低。学习效果对学风的纠正和重塑起着反馈与调控作用。

（二）学风各构成要素之间的关系

学风各要素之间相互联系，相互制约，缺一不可，共同组成学风系统。

学习动机是大学生学习的重要的条件，但不是唯一因素。大学生有学习动机，就会自觉地分析学习任务和自身特点，采取正确的学习策略，确定有效的学习方案。学习动机与学习效果并不直接相关，而是以学习方法、学习态度、学习纪律等学习行为为中介。

三、学风建设的内涵

（一）学风建设的概念

何谓学风建设？"建设"，《现代汉语大词典》的定义是：创建新事业、增加新设施和充实新精神①。由此可见，"学风建设"就是创建新学风、增加新学风和充实新学风。具体而言，学风建设是教育者有目的地对受教育者开展活动，使受教育者在思想、知识、态度、能力、行为方式等方面产生积极变化，学风反映了学校组织特征和组织系统的总目标，学风建设就是高校建构先进学校文化、创造良好学习风气的过程，即全体师生按照先进的办学理念严谨治学的过程②。

综上，学风建设就是高校通过不断创新和发展促进大学生养成良好学习风气的过程，是由高校管理者或相关教育部门发起并负责，高校全体师生共同参与，为改善大学生的学习风气和提升人才培养质量而开展的一列校园工作的总称③。

（二）学风建设的主要内容

关于学风建设的内容，有两种代表性的观点：二元论和四元论。

1. 二元论

学风建设的内容包括教学活动和科研活动两个部分。教学活动主要针对的是不良学风的表现，科研活动则侧重关注学术不端的行为。两者的共同点是都包含多个主体、多个环节和多项焦点的特征。

学生在课程学习、考试及课外活动等方面所表现出的急功近利、浮躁浮夸、考试作弊等不良现象和行为被视为不良学风的表现。在科学研究和学术活动中出现的各种违背学术共同体惯例的行为被视为学术不端的表现。高校学风建设的着力点应是大学生学风，高校学风建设的本质是立德树人，是对高校全体师生价值观念的牵引。

2. 四元论

学风建设的内容包括领导者的领导作风、教师的教风、行政人员的政风和学生的学风四个方面，这四个方面相互影响、相互渗透、相互制约、缺一不可，构成一个有机整体。

领导作风属于最高层次，尽管它不直接对学风产生影响，但是对政风和教风起着直接的关键性作用。学风处于校风的核心，是校风最直接的体现和最终的归宿，它接受各方面的影响，但并不以各方的意志为转移。它一旦形成，就具有相

---

① 现代汉语大词典编委会. 现代汉语大词典. 上海：上海辞书出版社，2010：346

② 中共中央、国务院. 关于进一步加强和改进大学生思想政治教育的意见. 北京：中国人民大学出版社，2004.

③ 郭伟. 思想政治教育视域下大学生学风建设研究. 太原科技大学硕士学位论文，2020.

对的独立性，并反过来影响教风和政风。教风、政风是学风建设的关键，在学风和领导作风之间起连接作用。这四者并不仅是简单的单向作用，他们之间也存在一定程度的反作用，从而构成一个严密的体系。

总之，高校学风建设是一项系统工程，它包含高校的思想政治教育、教学管理、学生管理、校园环境建设、制度建设等内容，且具有长期性、反复性、发展性和多样性的特点。

（三）学风建设的主体

主体，是与客体相对应的概念，在哲学上是指有认识和实践能力的人。高校学风建设的主体是谁？学术界存在着不同的观点，总体上可以归纳为单一主体论和多重主体论。

1. 单一主体论

单一主体论又可以归纳为管理者主体论、教师主体论和学生主体论。

（1）管理者主体论。管理者主体论认为，高校管理者在高校学风建设工作中起主导作用，是学风建设的主体。高校管理者包括的范围比较宽泛，既包括教育部、省市教育厅局等与高等学校存在隶属关系的教育行政机关的领导，也包括各高校校长、管理部门和处室的负责人，还包括各院系的领导。首先，高校管理者具有信息获取的绝对优势，尤其是高层次的管理者，对国家教育政策、法规、条例的理解和实施能够起到关键作用，甚至对其政策的制定和出台都能产生一定的影响。其次，高校管理者是高校学风建设具体政策的执行者，他们在学风建设工作中自身的定位、对学风建设重要性的认识高度以及对学风建设工作的重视程度，会影响学风建设措施的出台和实施，并直接影响学风建设工作的实效。因此，高校管理者在高校学风建设工作中起着重要的导向作用，作为高校学风建设的主体是必然的。

（2）教师主体论。教师主体论认为，教师作为传道受业解惑的灵魂工程师，不仅要向学生传授知识，还要通过言传身教向学生灌输做人和做事的道理，他们的价值观念、言谈举止和治学精神在学生的成长过程中始终具有重要影响，教师在高校学风建设过程中起着极为重要的作用。

（3）学生主体论。学生主体论认为，高校学风建设的主体是学生。学风建设就是要解决"为什么学""学什么""如何学"的问题，出发点是帮助学生树立正确的价值观念，在学习的过程中做出正确的价值判断；其落脚点是通过学风建设营造良好的学习氛围和环境，有利于学生的成长成才。学风建设如果没有学生的积极而广泛的参与，就像无本之木、无水之舟，缺乏真正意义上的工作载体，进而使学风建设工作失去目标和方向。因此，学生应当在学风建设工作中占据主体地位。

2. 多重主体论

多重主体论又分为二重主体论、三重主体论和四重主体论。

（1）二重主体论。二重主体论认为，学风建设的主体应该是教师和学生。学风建设的内容包括教师的教风和学生的学风，二者相互影响、彼此促进、互动发展，共同形成大学的整体学风[①]。

（2）三重主体论。三重主体论认为，管理者、学者和社会在学风建设中起主体作用，加强学风建设，要多管齐下，才能取得良好的建设效果。教育管理者，需要改革目前的学术评价体系；学者，需要坚守学术道德，潜心教学科研，专心做学问；社会，对学术造假则不能包庇纵容，而应坚决同不良学风作斗争[②]。

（3）四重主体论。四重主体论认为，高校学风包括领导者的作风、教师的教风、行政人员的政风和学生的学风，领导者、教师、行政人员、学生在学风建设中都有着至关重要而不可互相替代的作用。具体表现为：一是领导者的导向作用，领导者通过学风建设政策的制定和实施，影响着学风建设的方向和成效；二是教师的引导作用，教师群体是主要的施教者，对学生价值观念的形成起到关键的作用；三是行政人员的辅助作用，行政人员的重要性体现在服务，对学风建设外围环境的营造十分重要；四是学生的能动作用，学生是主要的受教育群体，学风建设的措施实施需要通过学生来实现，学风的状况也主要通过学生的总体精神风貌得以体现。

四、学风建设的基本特征

学风建设是一个循序渐进的过程，是一项需要长期坚持的系统工程。学风建设体现在学生日常学习行为的方方面面，具有以下基本特征[③]。

（一）建设目标的稳定性

学风的形成是一个较长的过程，学风一旦形成，无论优劣，在一定的时期内

---

① 罗康，刘占召. 韩延明教授访谈. 北京大学研究生学志，2006（4）：10-15.
② 夏静. 学风建设亟待加强. 光明日报，2009-05-27.
③ 陈玉栋. 试论高校学风建设的概念、主体及特性. 高教探索，2014（4）：92-96.

就不会轻易地发生改变，学风建设的目标具有稳定性。

不同国家、不同地区的高校办学理念各有特色，相应的学风建设也有所不同，但优良学风的形成都需要长时间的精心谋划，认真培育，优良学风一旦形成，就会一以贯之地传播和弘扬下去，使学生获得根本性、方向性和长效性的做学问、做事、做人的精神指导与实践途径，使其受益终身。优良学风一旦形成，不会在相对较短时期内有根本性的改变，但随着时间的推移，会形成更具独特内涵的学习风气，学风建设的结构也会不断完善和系统化。学风建设目标的稳定性，使得其在培育和发展的过程中不为其他事物所左右，成为各学校的独特内涵和深厚的文化积淀。

（二）建设结构的层次性

层次是指同一事物由于大小、高低等不同而形成的区别。学风建设的结构具有层次性，主要表现在：第一，不同类型的学校，如研究型大学、教学研究型大学、教学型大学和应用型大学，由于办学层次不同，各自承担的人才培养和科研任务不同，学风建设的目标、内容与举措就会不同。第二，同一类型的高校，由于建校历史、师资状况、生源分布、社会背景、资源调配等因素不同，学风建设的侧重点也会有所不同。第三，同一所高校的教职员工，由于在学风建设中处于不同的工作岗位，发挥的作用也各有不同。第四，学风主要由价值层、功能层和行为层三个层次组成。其中，价值层发挥着学风建设的精神功能，大学师生如何看待大学精神、大学精神体现什么样的价值及师生对大学精神的认知度体现在价值层。学风建设的目标和效果也主要体现在价值层，体现着大学师生采取什么样的行为取向。价值层是功能层与行为层的思想基础，价值层思想对管理工作起到指导作用，具体指导其他两层功能自身职能的发挥程度。价值层的物化体现在功能层，表现在学校的文化制度、管理机制、行政措施，主要途径是学生的思想政治工作，目标是实现学生的知行合一。功能层决定着学风建设的成效。学风的外化即行为层[①]。

学科建设结构的层次性，要求各层级、各类型的高校在学风建设过程中所侧重的内容、采取的方式和方法、依托的载体也应有所不同，要因校制宜，开展有针对性和独具特色的学风建设。

---

① 杨秀红. 大学生学风建设问题与对策研究. 长春理工大学硕士学位论文，2012.

（三）建设内容的时效性

学风建设的时效性，是指学风建设具有时代的背景和鲜明的时代特征，学风建设的内容会随着时代的不同而被赋予新的内涵。

校训是学校的精神象征，代表着学校的核心价值观和教育理念。大部分高校校训蕴含着笃行、务实、创新、勤奋等中华民族传统美德，学生通过践行校训所蕴含的精神，可以培养积极向上的人生态度、勇于面对挑战的精神以及全面发展的能力。校训深刻影响着学生的健康成长，影响着学风的形成。随着时代的变化和科技的发展日新月异，全球的科技竞争日趋激烈，因此，学风建设的内容更多地体现在创新、创造、强国等。同时，在不同的历史时期，学风建设的载体也有所变化和创新。例如，随着新媒体的兴起，学风建设传统的宣传平台——板报等逐渐被网页、微信、博客、微博等新兴传媒替代。随着各高校学分制的实行，传统的班级概念逐步淡化，学风建设的抓手也须随着当前社会形式的变化而调整。

（四）建设群体的广泛性

学风是学校的、学术界的或一般学习方面的风气。风气是指社会上或某个集体中流行的爱好或习惯。第一，从学风的概念可知，学风建设的主体涉及学校、社会的各个群体，表现为学风建设参与群体的广泛性。第二，学风建设的多元主体论说明，领导班子、行政人员、教师、学生都对学风有重要影响，在学风建设过程中发挥着不同的作用，学风建设需要全员参与、人人有责，学风建设的群体具有广泛性。第三，学风建设最重要的主体是学生，学习氛围不仅是学生之间形成的学习环境，还存在于学院、班级、宿舍等学习群体之中。同时，学风建设还会影响课堂的教学效果和课外的实践活动如科技竞赛、学术研究、学术讲座等。学风建设存在于与学习相关的各个事物之间，覆盖面大，具有广泛性。

（五）建设过程的长期性

学风建设是一项长期的工作，学风的形成需要一个相对较长的时期，是一个不断积淀和积累的过程，通过不断规范和引导学生的学习行为，不断完善学生的学习理念与学习方式。学风建设不仅要通过宣传教育、制定制度来规范学生学习行为，更重要的是要营造良好的学习氛围，在润物细无声处使学生潜移默化地接受教育，在潜移默化之中感受到其存在的意义与价值。

学风非天然所成，其酝酿、形成和持久的影响力处处渗透着人力的作用[①]。这种建设过程具有显著的长期性特征，既需要代际传承中教学理念的沉淀，更依赖持续创新中制度体系的完善，如同百年老校的文化肌理，总是在继承传统与突破革新中完成精神品格的重塑。

（六）建设方法的系统性

学风建设不仅是一项奠基性工程，更是系统性工程，具有全域覆盖、多维联动的显著特征。其建设成效深度依赖于各职能部门履职效能的协同发挥，贯穿教学管理的全链条、全环节。从系统构成维度看，学风体系由学习动机、学习态度、学习纪律、学习策略、学习兴趣、学习效果等要素构成，各要素之间既相互联系，又相互制约，共同构成完整的学风生态。基于系统论视角，学风建设应遵循"要素解构-协同优化"的实施路径：一方面，要针对各要素实施精准干预（如强化目标牵引、规范行为约束、优化方法指导等）；另一方面，要建立要素间的动态平衡机制，通过激发学习兴趣提升学习效能，最终促成学风建设从局部改良到整体跃迁的质变。

五、学风建设的重要意义

（一）学风建设是高校校风建设的重要内容

校风是校园之魂，是校园精神的集中体现。优良的校风是学校生存发展的必要条件，是学校品位和格调的重要标志之一。学风反映的是学生的学习态度和精神面貌，是校风的一部分。

大学生学风不仅反映出高校大学生的精神风貌，还展现了高校的精神风貌。学风是校风的反映，是校风建设的基础，是学校文化长期积淀的精华，是师生员工言行举止的准绳和拼搏奋斗的精神支柱，是一种潜在的教育力量和无形的精神力量。只有具备优良的学风，才能形成优良的校风，进而才能培养出适应社会需要的合格的专门人才。因此，在校风建设中，学风建设是基础，学风建设是校风建设的重要内容。一所学院要高水平发展，首先要把学风建设搞好，把学校建设成为具有良好学习风气的大学。从某种意义上说，大学生学风好，表明校风正，校风正，必然学风好，它对学生的培养和成长起着极为重要的熏陶作用。

---

① 蔡红梅，李郴生. 高校学风建设的思考. 湖南社会科学，2004（3）：127-128.

（二）学风建设是大学生成才的必然要求

学风建设是一项长期的系统工程，是关系到教学质量和育人氛围的重要工作，影响着学生自身综合素质的提高甚至今后的成长成才和发展。学风建设是高校精神文化建设的重要组成部分，是思想政治教育工作的重要内容，同时又是学生思想政治品德形成和发展的重要环境，对学生心理情感、思想行为和价值取向等都具有熏陶感染的作用。学风建设以学生理想信念教育为核心，以思想道德建设为基础，因此，它是提高大学生思想政治素质的重要途径，学风建设的好坏关系到学生思想道德素质能否得到提高。

学风建设的核心是促使学生养成良好的学习习惯，增强学习的主动性和自觉性。学习贯穿学生日常生活的始终，占据着绝对主导地位。良好学风的形成有利于学生努力学习，切实提高自身的科学文化素质。科学文化素质既是其他各项素质的基础，也是形成良好的心理、高尚的情操、健全的人格与强烈的社会责任心的基础，还是在专业领域内更具竞争力和创造力的基础。

学风建设关系到学生思想道德素质、科学文化素质的提高，关系到学生的全面发展，关系到学生的成长成才，关系到学生的前途和命运。

（三）学风建设是提高教育教学质量的重要保障

学风是一所大学的灵魂，学风是凝聚在教与学过程中的精神动力、态度作风、方法措施等诸要素的综合体现，是学校全体成员在经年累月的实践中不断形成并固化下来的一种传统或风格[1]。学风建设是高等教育改革和发展的一个永恒主题，不仅直接体现着学院的社会地位和竞争力，并最终影响到人才培养质量，还关系到学院的生存与发展。

学风是在校大学生的学习态度、学习精神及其自身的思想道德品质的综合体现，学风既是学识之风，更是做人之风。"班风兴则学风兴，学风兴则校风兴"，学风是校风的重要组成部分，是学校和学院教育教学质量、核心竞争力的重要内容之一。学风不仅是衡量一所高校和学院的治学精神、教育质量及其办学水平好坏的重要标准，还是在校大学生的思想道德品质、学习精神及其综合素质的重要体现。学风建设的成果直接体现着学校和学院教学改革的深化程度、教育教学质量的保障程度和人才培养目标的实现程度。因此，加强和改进学风建设是深化高校和学院教育教学改革、提高教育教学质量、全面推进素质教育、充分实现教育

---

① 梅阳光，康娜，马立民. 高校高质量学风建设实践路径探究. 教育教学论坛，2024（49）：1-4.

以人为本目标的根本保障，是学院深化教育教学改革的当务之急。

第二节　学风建设的问题与成因

一、学风建设存在的问题

许多高校对学生学风进行了问卷调查，结果表明，从重点高校到普通院校学生的学风主流是好的。许多大学生胸怀远大的理想与崇高的信念，有明确的学习目的和端正的学习态度，思想积极向上，具有强烈的时代紧迫感和历史责任感。但是，也确有部分大学生进入高校后，受各种因素的影响，在学风上存在不同程度的问题。

（一）学习动机不明

学习动机是驱使人自身去学习的内部主观原因，是大学生学习活动得以发动、维持、进行，直至完成的内在动力。学习动机与学习目既有区别又有联系。学习目的则是人通过学习活动所要达到的结果，说明一个人为什么要去学习。

在中学阶段，激励学生学习的主要动机是考上大学、考上好大学，而考上大学后，部分大学生在自主学习的过程中缺乏目标感，对个人学习提升的目标方向缺乏正确认知[①]。在某高校 H 学院学生的调查中，认为学院存在的最大学风问题时，51.3%的学生表示"缺乏学习动力、厌学"[②]。一部分学生学习是为了应对考试，学习行为是在通过考试、取得成绩的动力下激发出来，因此放松对自己的要求，不思进取，缺乏力争上游和非学好不可的学习决心。有的学生的学习动机就是为了找个好工作、多赚钱。这种学习动机现实性比较明显，源于较严峻的就业形势及较大的就业压力。大学生通过自身的努力取得一定成绩，从而具备一定的本领，通过为社会贡献这种本领获取一定的生存条件，确实是一种合乎情理的学习动机。但是这种以个人功利为主的学习动机会使学生对集体、社会、国家的责任意识比较模糊，容易造成停滞不前、满足于现状的局面，所以是一种缺乏高尚境界的学习动机。有的学生的学习动机是为国家和民族做贡献，为中华民族伟大复兴而读书，这种学习动机是高尚且伟大的，需要学校和学院加以引导与鼓励。

---

① 温丽，孙建华. "三全育人"视角下的高校学风建设路径探索. 大学（研究与管理），2024（3）：39-42.
② 谢红燕. 高校学风现状调查及建设路径研究：以某高校 H 学院为例. 大学教育，2024（10）：14-17.

（二）专业意识淡薄

部分大学新生在高考填报志愿时，对专业没有什么概念，基本是听从高中教师的指导，或者由家长一手操办。一些大学对专业认知教育抓得不实，就会造成新生意识模糊、专业思想淡薄、学习主动性降低等问题。一些学生盲目跟风转专业，转不了的学生可能出现厌学情绪，对所学专业提不起兴趣，严重影响了学生学习主动性和积极性，这既影响到自己学业和将来的发展，又会给身边的同学带来不良影响。还有的学生为了考上自己心仪专业的研究生，不惜当"逃学大王"，放弃本专业的学习，把更多的时间和精力放在别的专业学习上。专业意识淡薄导致学生学风不良，教学资源严重浪费，教学质量下降。因此，加强大学新生专业认知教育，有利于提高学生对专业的认同度，有利于学生的专业知识和技能学习，有利于人才培养质量的稳步提高。

（三）自主学习不足

目前，我国各类教育还处在从应试教育向素质教育转变的关键时期，很多大学生没有很好完成学习方式的转变，还没有从高中依赖老师和家长的督促的学习方式转变到自主学习的学习方式，学习仍处在"要我学"的消极被动状态。内蒙古科技大学包头医学院计算机科学与技术学院的调查表明，参与调查问卷的238名学生中，仅有26.62%的学生能够在课后主动进行及时的巩固和复习，每天课余自学 4 小时以上的学生占比为 20.53%，自学 2—3 小时的学生占比为 37.64%[①]。有些学生不适应大学相对宽松的学习模式，不能合理地支配自己的课余时间，较少到图书馆去借阅资料和上早晚自习。有些学生在学习上采取应付老师、应付作业、应付考试，抱着轻轻松松获取大学文凭的消极态度，不能很好地利用大学学习资源，认为离开学习照样可以在考试中取得好成绩，不重视学习也不会影响就业。部分学生上课前很少进行预习，经常毫无准备地去听新课，课后也很少及时地进行复习、总结、提炼、归纳。有的学生在学习中遇到一丁点困难就产生畏难情绪，缺乏勇于探索的学习精神。

（四）学习纪律散漫

学生学习习惯懒散，学习纪律松懈，学习热情不高，不积极要求上进。有的

---

① 邢俊凤，郝广煜，范文. 基于"三全育人"理念的高校学风建设长效机制研究. 大学教育，2024（10）：18-22.

学生上课迟到、早退、自习缺席。有的学生在课堂上睡觉、看闲书、听音乐。一项调查显示，近50%的学生反馈上课时存在翻看手机、打游戏的情况，还有20%的学生存在上课睡觉的问题[①]。有的学生不能按时高质量地完成作业、实验报告等，作业、实验报告乃至毕业学位论文都存在抄袭现象；考试作弊现象时有发生，致使考试的真实性和公正性受到各方质疑，大大降低了大学生的整体素质水平。更有部分学生沉迷于网络游戏，挥霍学习时间、金钱和精力。一些学生干部片面地追求"能力至上"，热衷于社团活动、社会实践等，对文化知识学习的重要性认识不足，投入文化知识学习的时间和精力少，学业成绩不甚理想，影响了自身的全面发展。

（五）教师角色错位

"以学生为主体，以教师为主导"的教育理念在一些高校还没有很好地贯彻执行；填鸭型教学模式在一些学院仍较普遍，"一个人，一张嘴，一个屏幕，一统天下"教学方式还大量存在，采用启发式互动教学模式应用的还不够普及。有些学院不重视普通话的推广应用，有些教师上课还操着具有浓郁地方特色的口音，使学生听不懂，如坐针毡，索然无味。因此，更新教育教学理念，改进教育教学方法，尽快实现教师、学生角色转换，以教风促学风是学院深化教育教学改革的重要内容。

（六）学术氛围不浓

一些学院片面追求其硬件环境的绿化建设，忽略了软件环境的精心规划。一些学院由于受财力与人力等各方面的限制，在学习风气、学术氛围的营造上明显不足，举办的讲座、论坛、学生报告等学术活动数量太少、质量不好、层次不高，使学生受益有限，甚至让他们感到"食之无味，弃之可惜"，这些活动对学生缺乏吸引力、感召力、影响力。事实证明，学院学术环境的营造，对满足新生代日益增长的求知欲望、建设校园高品位多元文化、推进学风建设及提高人才培养质量均具有十分重要的意义，必须引起学院的高度重视。

二、学风建设问题成因分析

影响学院学风建设的因素是多方面的，主要包括个人、高校、社会和家庭的

---

① 张萌，余静，刘梦瑶，等. 新时代高校培育优良学风的方法与路径研究. 教育教学论坛，2024（47）：17-20.

影响四个方面。

（一）个人因素

学生是学院的主体，大学生自身的问题是影响学风的内部因素。

（1）理想信念不坚定。大学阶段是大学生的世界观、人生观、价值观形成的关键时期，只有引导和帮助大学生树立正确的世界观、人生观、价值观，确立崇高的理想和坚定的信念，才能使他们产生发奋学习的强大动力，才能更好地推动优良学风的建设。在当代社会变革和转型中，一些学生理想信念不坚定，缺乏远大理想和长远眼光，对自身发展的长远目标缺乏清晰的认识，注重外在的物质享受，急功近利的思想倾向严重，忽视有利于自身长远发展的可迁移能力的培养。一些学生不能把个人理想和社会理想有机结合起来，片面追求个人理想，把社会理想与之对立，并认为完成学业、考试不挂科、多拿奖学金、找一份薪酬满意的工作等目标是大学阶段的最主要目标。理想信念的不坚定，造成一部分学生缺乏奋发进取的精神和勤奋学习的斗志，读书只是为了"混混日子"，追求"六十分万岁"，满足于"混张文凭""装点门面"，热衷于谈情说爱，沉湎于网吧游戏。

（2）个人需求多元化。随着高等教育大众化的普遍实现和素质教育的推进，高校生源呈现出明显的多元化。一方面，大学生个体之间性别、年龄等自然属性和家庭环境、生源质量、心理健康等社会属性呈现多元化的特性；另一方面，在大学的不同阶段，学生的需求也呈现出多元化的不同特点。对于大一新生来说，他们的需求往往最为强烈和复杂，他们需要尽快适应大学宽松自由的学习新环境，要尽快实现中学阶段紧张被动学习到大学自由主动学习模式的转变等；大二学生需求进入平缓阶段，已经慢慢习惯了大学的学习方式，参与校园文化活动和社会实践的积极性较高；大三学生创新性和探索性的需求愿望强烈，参与校园活动的积极性降低；大四学生进入最后的毕业阶段，其最大的目标往往是找到好工作或考上研究生继续深造，毕业后自身发展的需求是其最大需求。因此，在大学不同阶段的学风建设上，学院要密切关注学生的不同需求，学风建设的侧重点应有所不同，以提高学风建设的针对性和有效性。

（3）诚信意识弱化。诚信是大学生树立理想信念的基础，是学风建设的重要保障。诚信意识弱化表现在考纪考风方面，部分学生存在侥幸心理，考试作弊，严重破坏了优良的学风；在毕业论文和毕业设计环节，部分学生还有抄袭或数据造假等现象；在求职过程中，制造虚假简历、就业材料弄虚作假，致使部分企业和用人单位对大学生失去信任。因此，加强大学生诚信教育对提升大学生自身道德修养和大学生学风建设均具有深远意义。

（二）高校因素

高校不仅是学生的管理者，还是学风建设的主导者，高校对学风建设具有十分重要的影响。

（1）人才培养方案不合理。人才培养方案是决定高等教育质量的关键因素，也是人才培养的首要环节。合理的人才培养方案不仅能够提高大学生的培养质量，还可以调动学生学习的积极性和主动性，促进优良学风的形成。进入新时代，人才竞争日趋激烈。作为高校，承担着人才培养、民族复兴的伟大重任，但是一些高校的人才培养方案跟不上时代步伐，还存在诸多不合理之处。具体表现在：学科界限过于严格，知识体系相对单一；培养目标不明确，定位不切实际；课程设置科学性不强，缺乏严谨论证；课程大纲滞后，与社会需求、学科前沿结合不够；课程内容陈旧重复，与社会脱节严重等。人才培养方案不合理在一定程度上会影响大学生的学习效果，使学生学习兴趣和学习积极性下降，甚至无法满足当前社会对人才的需求。

（2）教师教风师风不端正。教师的一言一行、一举一动无时无刻不在潜移默化着大学生的健康成长，影响着学风建设。虽然大多数教师能忠诚于党的教育事业，对教学兢兢业业、恪尽职守，但仍有部分教师教学态度不端正，教学投入不足，备课不认真，教学方法单一、课堂内容枯燥、教学效果不好，不能够充分激发大学生的学习兴趣；还有个别教师学风浮躁、学术不端，在职称晋升中出现论文等学术造假行为，产生恶劣的影响。因此，加强教风、师德师风建设是促进学风建设的重要环节。

（3）校园环境建设不到位。首先，校园硬件设施不足影响学风建设。具体表现在学生自习室、电子阅览室空间不足，图书馆人文环境差，图书资料不全，电子期刊订阅不全、内容更新慢，宿舍条件差，没有学习的条件和氛围等，这些都影响着学生的学习条件和学习的积极性。其次，校园学术氛围影响着学风建设。科研实验室向学生开放不够，学习自主学习、探索性学习空间不够。高质量的学术报告较少，学术氛围不浓厚等也在一定程度上影响了优良学风的建设。

（三）社会因素

学风建设具有一定的社会属性，学风建设的主体是学生，又与社会的发展密不可分，因此，复杂多变的社会形势在一定程度上也制约着学风建设的发展。

（1）严峻就业形势的影响。当前，我国处于高质量发展的转型时期，经济形势好转和经济下行的压力并存，大学生的就业压力巨大。国家的就业政策与每年剧增的毕业生数量之间的矛盾日益凸显，就业市场需求少，就业机制不完善，严重影响着大学生的就业数量和质量。就业问题是大学生入校后最为关心的问题，大学生毕业后的就业前景与其学习态度、学习方向、心理状态息息相关。巨大的就业压力给大学生的学习带来消极影响，使部分在校学生感到前途一片渺茫，缺乏基本的学习动力，大学生中"读书无用"的论调重新抬头，从而给学风建设带来冲击和挑战。

（2）社会不良风气的影响。社会上的种种不良风气，如拜金主义、享乐主义、功利主义、个人主义等风气以及网络上混杂的各种错误观念开始向学生中渗透，在不同程度上对大学生的世界观、人生观、价值观造成冲击。例如，社会上存在着对知识和人才不够尊重的现象、成绩不好的学生靠"关系"也能找到好的工作，以及"享乐当前，奋斗靠钱""厌学风""经商风"等对高校学风产生了较大的影响，挫伤了部分学生学习的积极性，进而对学风产生了消极影响。

（四）家庭因素

习近平总书记会见第一届全国文明家庭代表时指出："家庭是人生的第一个课堂，父母是孩子的第一任老师。"①因此，学风建设离不开家庭教育环境的影响。

家庭是学风形成的萌芽地。家庭成员对学习的态度最早影响孩子对学习的认知和判断，家庭学习氛围浓厚，家长对学业较为重视等都能在一定程度上帮助学生养成积极的学习态度，拥有明确的学习目标和科学的学习方法。孩童时代培养的学习价值观和习惯为学生进入校园学习提供最原始的惯性和动力②。一些学生家庭学习氛围不好，父母在学习方面没有起到表率作用。一些家长只关心学生的生活，只注意给予孩子物质上的关爱，无暇顾及孩子的学习情况，对孩子的思想动态了解不够。大多数家长对自己的独生子女过度溺爱，教育方式不科学，没有注重学习乐趣的培养和良好学习习惯的养成。

---

① 习近平会见第一届全国文明家庭代表.（2016-12-21）. https://jhsjk.people.cn/article/28943655.
② 王璐莎，朱蓝燕，黄勇."三全育人"背景下高校学风建设研究. 黑龙江教育（高教研究与评估），2022（10）：57-60.

第三节　学风建设的机制与策略

一、学风建设的机制构建

什么是机制？简单地说，机制＝机构＋制度＋运行。机构是有人管这个事，制度是用什么办法去管理，运行就是利用这个办法，具体如何操作，操作的步骤和流程，三者缺一不可。具体到学风建设的机制，学术界说法不一，笔者认为应构建六大工作机制。

（一）强化学风建设工作领导机制

学校要高度重视学风建设工作，成立学风建设指导委员会，由校长担任主任，主管本科教学的副校长担任常务副主任，主管研究生教学、学生工作、后勤工作的副校长（副书记）担任副主任，成员包括党（校）办、组织部、宣传部、教务处、人事处、研究生院、学生工作部（处）领导及各学院的院长。学风建设指导委员会统筹规划学校学风建设工作，保证学风建设工作稳步推进。各学院相应成立由院长任组长的学院学风建设工作小组，具体负责学院的学风建设工作。

（二）完善学风建设工作统筹协调机制

高校全体教职工要树立"教书育人、管理育人、服务育人"的立体育人理念，上下一致，齐心协力，共同参与学风建设。

（1）发挥管理干部的引领作用。学校和学院领导要高度重视学风建设工作，在学风建设中起示范引领作用，要将学风建设纳入重要议事日程，常抓不懈。学校和学院党政领导班子要定期、不定期地召开学风建设专题会议，研究讨论学风建设中发现的新问题、新情况和新特点，确定学风建设工作的中心思想、具体目标和主要举措，明确各自分工，对学风建设工作做出专项部署。

（2）明确专业教师的主导作用。教师教风对学生学风的形成具有直接的、潜移默化的影响，以教风促学风，充分发挥专业课教师的主导作用。学院各系要召开促进学风建设专题会议进行讨论，各个专业教师要牢记教学的中心地位，认真备课，加强教学方法改革，不断提高课堂质量和教学效果，同时，在课堂教学中明确自我责任，严格签到制度，严肃课堂纪律。

（3）增强学业导师的保障作用。学院要制定"学业导师管理办法"，细化学业导师工作职责，明确学业导师遴选、管理、考核、奖励办法。要挑选政治素质高、业务水平精、育人能力强的教师担任学生的学业导师，对学生学业规划、职业规划、思想政治、科研、考研、就业、心理等多方面给予指导，对学生进行个性化的教育和管理。

（三）创新学风建设工作实施机制

（1）健全教学管理制度。科学的教育教学管理制度是高校优良学风的重要保障。学院要建立健全教育教学管理、学生管理与学籍管理等规章制度，鼓励学生主动学习和全面发展。要加强规章制度的学习，在新生班级召开"学生手册"大学习主题班会，认真学习相关规章制度和评奖评优的相关细则。要抓好规章制度的贯彻执行，对学业表现较差、违反校纪校规的学生按相关处理办法严肃处理，扎实落实约束、引导管理的成效。

（2）健全学生课堂管理制度。学院应建立学生上课点名制，每节课由学习委员清点班级应到人数、实到人数、迟到人数、请假人数和旷课人数，并由任课教师签字确认。对于旷课学生，辅导员要有针对性地进行情况了解，并和家长沟通，形成"学生—班委—任课教师—辅导员—家长—学生"的良性循环反馈制度。学生的上课出勤情况列入学生课程成绩考核和学生个人、班级的平时考核。

（3）健全学生宿舍和早操管理制度。学院应通过开展宿舍评比、学习型宿舍创建等活动，为学生营造安全、舒适的学习和生活环境。对于不文明行为，严格处罚，立即整改，让制度约束学生的日常行为。建立学生早操管理制度，由学生会体育部、学习部、班级体育委员三方对出操情况进行监督。

（4）健全学风建设监督制度。成立学校和学院两级教学专家督导组，加强对课堂教学、实验、实习和毕业设计等过程的检查、督导。有关部门要密切配合，深入开展学风状况调研。学院应通过各级干部听课、问卷调查和召开师生座谈会等形式，认真查找学风建设中存在的问题，并针对发现的问题商讨解决的措施和办法，加强学风建设的针对性。

（四）夯实学风建设工作保障机制

（1）建立健全政策与经费保障机制。学院应全面落实《教育部关于切实加强和改进高等学校学风建设的实施意见》各项要求，推动上级关于学风建设的政策要求和量化指标落地。按照政策与经费并重的原则，推动建立以立德树人为根本任务、以协同育人创新发展为导向、激励与约束并重的学风建设工作体系，确保政策与经费保障落实到位。

（2）建立健全资助育人保障机制。学院应制定并实施"国家奖学金评审暂行办法""国家励志奖学金评审暂行办法""国家助学金评审暂行办法""家庭经济困难学生认定办法"等，构建横向覆盖经济资助、思想帮助、能力扶助等领域，纵向贯穿贫困生入学、求学、升学全过程的资助育人保障体系，让每一个新生顺利入学，绝不让一个在校生因经济困难而辍学。

（五）建立学风建设工作学院家庭双向互动机制

学院要充分发挥家长在学风建设中的重要作用，加强与家长的联系与沟通。每年要给家长寄一封信，在"给家长的一封信"中，通报一年来学院建设成效、学生成绩、学年鉴定等内容。学院要建设"学子在线"网络平台，让家长了解学院各方面工作，了解学生的成长实际，家长和学院共同引导和鼓励学生发奋学习，共创优良学风。

（六）建立学风建设工作评价机制

学院要根据自己的办学定位和办学目标，制定一套适合学院实际、切实可行且操作性较强的学风建设考评指标体系，考评指标要完整、权重分配合理。

（1）建立学生集体评价体系。学院应制定"本科生先进班集体、先进个人评选办法""后进班级整改试行办法""文明宿舍评选办法"等，建立学生集体评价体系，加强对学生班集体、宿舍的激励和引导，加强大学生群体的组织建设。通过开展"学风建设标兵班级""学风建设示范宿舍"等活动，提高班集体与学生宿舍的群体激励功能。对排名后10%的班级，由辅导员主持召开班风建设专题班会，交流和分析班级学风建设存在的问题，制定督促各班级对标补差。

（2）建立个人评价和奖励体系。学院要改变知识取向的质量观，牢固树立以能力为本位，建立多元化的学生个人发展性、过程性的评价体系。一方面，学院要注重对学生个人的激励引导。在学生奖励设置上，要实现立体多层、多元个性的奖项，如设立专门的科研单项奖学金、考研单科成绩最高奖学金、优秀考研宿舍单项奖学金等；通过不断改革奖学金评定、发放和表彰形式，以线上、线下相结合的方式加大评优工作的宣传力度，激励更多学生脚踏实地、苦干实干，以"学业成绩的提高、全面素质的拓展"来体现学风建设的成果。另一方面，在学风建设考评时，学院应做到"定性与定量、过程与结果、历史与现实、内部与外部、显绩与潜绩相结合"五个结合；在研究审查学生加入党组织时，要坚持"学习为要、综合评价"的原则，在首先看学生学习成绩、专业排名的前提下，综合考虑学生的全面素质和能力，切忌片面看重个别学生在社会工作方面的才能，应引导学生把精力和时间更多地放在学习上，以此促进优良学风的建设。

（3）建立信息反馈系统。学院要建立"采集—分析—反馈—整改—验证"的完整链条，既要通过多维度考评形成客观结论，更要将具体指标分析与个性化建议相结合，精准反馈至责任主体；同时要完善整改跟踪机制，通过定期复检、动态督导确保措施落地见效，形成"问题发现—整改实施—成效评估"的螺旋式提升闭环，使信息反馈真正成为优化学风建设的动态引擎。

二、学风建设的主要策略

不同学院的办学定位和人才培养目标不同，学风建设的侧重点和策略也应有所不同。笔者针对大学生学风所反映出来的普遍问题及原因分析，从高校管理者、教师、辅导员、学生和社会五个角度提出大学生学风建设的主要策略。

（一）管理者视角的学风建设

学院管理者是学院工作的组织者和决策者，是学风建设的重要保障，学风建设成效如何，在很大程度上取决于领导的重视和引导。

1. 完善行政管理职能

在学风建设中，学校的行政管理职能就是贯彻国家和地方政府及各级教育行政部门的有关学风建设的相关方针政策，并制定学校的规章制度及进行具体的行政事务管理。具体来说，主要包括以下几点。

（1）加强学风建设的领导。要切实加强学校对学风建设的领导，成立由校长任主任，负责本科生、研究生、成教生、后勤等工作的副校长（副书记）任副组长，有关职能部门领导和各学院院长任委员的学风建设领导委员会，统筹领导学校的学风建设工作。各学院应成立由院长、书记任组长的学风建设领导小组，研究、领导、落实学院的学风建设。

（2）加强思想政治教育工作。学院应加强思想政治教育工作，提高学生的思想政治觉悟，其本质是解决学生的学习目的和学习动机问题，亦即解决学生为什么学和为谁而学的问题。学院要深入学习贯彻习近平新时代中国特色社会主义思想，加强理想信念教育，帮助学生树立远大的理想；要以习近平新时代中国特色社会主义思想为指导，加强人生观教育，通过进行爱国主义和集体主义教育，引导学生以革命先烈和社会主义建设时期的先进典型为榜样，树立崇高的人生 目标，并在实践中去接受锻炼与考验；要结合当前形势、政策，加强价值观教育，使学生养成艰苦奋斗的良好习惯，自觉抵制各种不正之风，杜绝贪图享乐的现象，从而调动学生学习的积极性，建立良好的学风。

（3）建立健全规章制度。建立健全规章制度，是优良学风形成的基本保证，其目的在于形成一套完整而科学的竞争机制、激励机制和约束机制，以激发学生的学习积极性，自觉抵制各种不正之风的侵蚀。相关制度的建立和完善，能够保障大学生形成良好的精神面貌、正确的价值观、良好的学风及行为习惯。结合当下大学生学风现状以及高校发展实际，坚持"强化基础、狠抓管理、重点养成"学风建设理念，制定"大学生行为规范手册""大学生日常管理制度""大学生考试制度""学风建设优良班级及宿舍评比办法"等有关规章制度。同时，各部门、学院要将规章制度落实到实处并严格执行，注意运用批评和奖励两种方式，纠正大学生日常生活学习中的不良行为习惯，帮助大学生养成良好的行为规范，以期达到促进大学生优良学风形成的目的。

2. 完善教学管理职能

抓好教学管理是学风建设的关键环节。教学管理是指教学过程和教学环节中的管理工作，包括教育教学改革、考勤、考试考查、毕业实习、毕业设计、学位评定等。教学管理是大学生思想政治教育的管理载体，是一种与大学生日常学习生活紧密相关的教育职能。

（1）深化教育教学改革。随着时代的发展和社会经济的进步，学院的专业设置、人才培养方案、教学计划、课程体系、教学内容、教学方法等，已不能完全适应当前日新月异的形势变化和社会对人才需求的要求，并可能由此影响到学生的学习积极性。因此，加大学科专业调整力度，重构人才培养方案，改革比较陈旧的教学内容和课程体系，改变传统的教学方法和落后的教学手段，加快从知识传授到重视学生综合素质、综合能力和个性化培养不仅成为教育教学改革的重大问题，而且成为调动学生学习积极性和主动性、形成优良学风的重要内容。

（2）抓教风促学风。教师的一言一行对学生良好习惯的养成具有潜移默化的作用，因此，学院要培养一流的人才、建设一流的学风，就必须重视教师的作用，以抓教风为重点，以优良的教风促进优良学风的形成；要加强师德师风建设和理想信念教育，大力提倡和宣传爱岗敬业、严谨治学、无私奉献的精神，强化教学工作中心地位，使广大教师把时间和精力投入到教学工作中；要修订和完善职称评审、评先评优、绩效分配等制度，实行教学工作一票否决制，加大教学工作的比重，充分调动教师教书育人的积极性。

（3）抓考风带学风。考风是学生、教师和教学管理人员对待考试的态度及做法。考试风气的好坏是衡量一所大学教学质量、管理水平、办学水平和学生综合素质的重要指标之一，是一所大学学风和教风的具体体现。学院要加强考前教育，提高学生的思想认识，培养学生形成正确的竞争意识，努力营造出公平公正的成绩评比环境；加强考试过程管理，对学生抄袭和作弊行为要坚决制止，对监考人员的渎职行为予以警告批评并视情节严重程度给予行政处罚；制定严格的考试处罚制度，一经发现学生、教师或教学管理人员考试舞弊，要从严从快处理；取消补考，实行交费重修重考制度。

3. 完善日常服务职能

日常服务职能即日常生活管理职能。日常生活管理是指学校集体生活以及与集体有关的学生个人生活的管理工作，是学风建设的重要组成部分。

（1）加强校园文化建设。校园文化是学风的重要载体，对大学生具有潜在性和不可抗拒性的影响。校园文化以其特有的精神环境和文化氛围，使生活在其中的每个师生在思想观念、行为方式、价值取向等方面受到引导和教育。积极健康向上的校园文化在不知不觉中陶冶着学生的情操，"随风潜入夜，润物细无声"，促进学生自我教育、自我管理能力的提高，激发学生的学习兴趣，有利于良好学风的形成，促进大学生的成长成才。校园文化建设是加强学风建设的有效途径之一，是活跃学生思想，激发学生学习动力的重要源泉。

学院加强校园文化建设，首先要加强校园人文景观建设，通过建筑、雕像、园林等实物打造文化校园品牌，培养学生的人文精神；其次要加强学术氛围营造，通过举办人文素质报告、知识讲座、就业指导、先进人物事迹报告会及学习经验交流会等，营造学习、文化和育人环境，培植积极向上的学习精神；然后通过举办学术论坛，开展科技创新创业计划大赛、科技论文大赛等，培养学生创新精神和创业能力；最后要加大对学生社团的管理与支持力度，对健康向上、科学文明的社团活动给予积极的支持和指导，通过社团的社会实践活动，让学生认识社会，了解社会，鼓励和引导学生树立艰苦奋斗、求真务实、坚忍不拔的意志品质，增强奉献社会的责任感，从而全面提升其综合素质，保障优良学风的形成。

（2）加强公寓文化建设。随着高校后勤社会化步伐的逐步加快，学生宿舍基本实现了公寓化。学生公寓不仅是学生日常生活与学习的重要场所，而且是课外对学生进行思想政治教育的重要阵地，是高校学生思想政治教育主渠道的必然延伸。公寓文化是校园文化的一个重要组成部分，是校风学风和精神文明的重要体现，是对学生进行思想政治教育的重要依托。学院要加强公寓文化建设，大力推进书院制改革，进一步推进思想政治教育进公寓，努力为学生的成才成长创造良好的育人环境和思想氛围。

（二）教师视角的学风建设

高校教师是青年学生增长知识技能和思想进步的领导者及引路人，教师的敬业精神、治学态度、言谈举止、为人处世等对学生有着潜移默化的影响，教师的教风对学风的形成有重要意义。

（1）加强师德师风建设。教师是人类灵魂的工程师，承载着传播知识、传播思想、传播真理，塑造灵魂、塑造生命、塑造新人的时代重任。《教育部关于进一步加强和改进师德师风建设的意见》要求，从确保党的事业后继有人和社会主义事业若旺发达的高度，从全面建设小康社会和实现中华民族伟大复兴的高度，从落实科学发展观，落实科教兴国、人才强国战略的高度，充分认识新时期加强和改进师德师风建设的重要意义。《中华人民共和国教师法》突出强调，要建设具有良好思想品德修养和业务素质的教师队伍。2018 年，习近平总书记在全国教育大会上对教师提出："人民教师无上光荣，每个教师都要珍惜这份光荣，爱惜这份职业，严格要求自己，不断完善自己。"[1]2022 年，习近平总书记在中国人民大学同师生代表座谈时指出："好的学校特色各不相同，但有一个共同特点，都有一支优秀教师队伍。对教师来说，想把学生培养成什么样的人，自己首先就应该成为什么样的人。培养社会主义建设者和接班人，迫切需要我们的教师既精通专业知识、做好'经师'，又涵养德行、成为'人师'，努力做精于'传道授业解惑'的'经师'和'人师'的统一者。"[2]师德是教师立身之本，每位教师都要把涵养师德师风放在首位，自觉加强道德修养，以比正常人更高的道德标准要求自己。高校要把师德师风建设放在教师思想政治工作的首位，把教师职业道德作为教师工作考核的重要内容，培养教师爱岗敬业、甘为人梯的精神，增强教师的育人责任感。只有教师具备了良好的职业道德，才能真正做到"学高为师，

① 习近平：坚持中国特色社会主义教育发展道路 培养德智体美劳全面发展的社会主义建设者和接班人.（2018-09-10）. https://jhsjk.people.cn/article/30284598.
② 习近平在中国人民大学考察时强调 坚持党的领导传承红色基因扎根中国大地 走出一条建设中国特色世界一流大学新路.（2022-04-25）. https://jhsjk.people.cn/article/32408562.

身正为范"，才能让教师真正成为学生的良师益友。

（2）提高课程教学质量。课堂教学是教师育人的主战场，是教师教风具体体现的主阵地，教风直接关系到课堂教学质量，影响着学生世界观、人生观、价值观的形成，对学生起着巨大的示范作用。每位教师都要增强严谨治学和严谨治教的自觉性，切实树立教学中心地位，努力增加知识储备，课前要认真备课，融知识、能力、素质培养于一体，把科技前沿、社会热点等引进教学内容，通过案例教学、讨论室、探讨式、启发式等教学方式改革，创造沉浸式教学情境，实现以教师为主向学生为主的转变，增强学生学习的主动性和积极性。同时，教师对课堂纪律要严于管理，要加强课堂考勤或者指定班干部负责考勤工作，努力创造严的学习氛围。高校和学院要不断完善和落实教师教学的监督制度，规范课程大纲和细化教学要求，建立起有效的激励约束机制，以评选教学名师、先进教学奖、院系教学评估等活动，达到激励先进、鞭策后进的目的。

（3）发挥教师导学作用。学院教师要坚持教育者先受教育，努力成为先进思想文化的传播者、党执政的坚定支持者，更好地担起学生健康成长指导者和引路人的责任。教师要坚持教书与育人相结合，言传与身教相统一。学院要实施学业导师制度，充分发挥教师在学风建设中的重要作用。学业导师从学生学业生涯、科研兴趣、科创项目与毕业论文、升学等方面，实现对学生大学四年全员、全过程、全方位指导。学院要把学业导师的工作总量纳入年终津贴核算中，鼓励任课教师切实担起育人责任，发挥导学相长作用。

（三）辅导员视角的学风建设

教育部颁布的《普通高等学校辅导员队伍建设规定》明确提出：辅导员是开展大学生思想政治教育的骨干量，是高等学校学生日常思想政治教育和管理工作的组织者、实施者、指导者。辅导员与学生的接触较频繁，能够及时掌握学生的学习、思想、生活等方面的状况，辅导员既是学生日常事务的管理者、学生成长的引路人，又是学风建设的引导者、监督者。

1. 加强理想信念教育

理想是行动的指南，是人生的航标，大学生树立什么样的理想信念，直接影响到他们以后的人生道路和奋斗成就。正确的理想信念是一股巨大的精神力量，是实现人生目标进程中的强大动力，当遇到困难和挫折时，给予人鼓舞和支持，可以让大学生在日常生活中形成正确的人生观和价值观，使人一辈子受益。学院应注重学生的思想道德修养，引导学生树立正确的人生观、价值观。学院通过思政课程和课程思政贯穿教育教学全过程，弘扬爱国主义精神、加强道德习惯养成，涵养学生家国情怀；以党团建设、班级建设、社团建设为主要抓手，开展日常思想政治教育，坚持立德树人①。

当前，部分大学生不同程度地存在理想信念模糊，政治信仰迷茫、社会责任感较弱、爱心不足、缺乏艰苦奋斗精神、诚信意识淡薄、理想信念的功利性意识强等问题。因此，加强理想信念教育显得十分必要和重要。首先，辅导员自身要树立起正确的世界观、人生观、价值观，以春风化雨、润物无声的方式在与学生朝夕相处的过程中去感染学生，让理想信念教育发挥应有的作用。其次，辅导员要加强思想政治教育工作，从大一新生入学教育开始抓起，及时发现学生世界观、人生观、价值观上的偏差并给予纠正，引导大学生把社会理想和个人理想、现实理想和远大理想结合起来，树立"为中华崛起而读书"的崇高理想，增强学生的社会责任感和历史使命感，提高学生成才的学习动力。

2. 加强心理健康教育

心理健康是指旨在充分发挥个体潜能的内部心理协调与外部行为适应相统一的良好状态②。当代大学生群体心理健康问题呈现高发趋势，部分学生存在不同程度的心理困扰，对学风建设构成挑战。实践观察表明，心理健康水平对学业发展的影响力已超越生理健康维度。具有心理危机的学生常表现为社交退缩、情绪封闭、存在主义焦虑等复合型症状，严重者甚至出现自我伤害倾向或攻击性行为倾向。这种心理状态直接导致学习投入度下降，学业成效难以保障，同时其负面情绪具有传染性，可能引发群体心理共振效应，提升学风建设复杂度。

辅导员作为距离学生最近的德育工作者，应该做学生心理问题的疏导者。首先，辅导员要加强对大学生进行心理健康知识的教育和普及，认真传授心理调适的方法，让学生学会自我心理调适。其次，辅导员要经常深入到学生中，深入到宿舍中，加强与学生的沟通和交流，了解其日常生活状态，及时发现其思想问题，及时帮助学生解决各种心理问题，使其能够正确面对学习、生活中的困难和挫折。学生只有在学习、生活中拥有健康的心理状态，才能激发学习热情，减少学风建设的阻力。最后，辅导员要提高自身心理健康教育方面的知识素养，及时

---

① 张宇彤，龙雲. "三全育人"视角下本科生学风建设的评价与提升. 大学（研究与管理），2023（2）：129-132.

② 陈家麟. 学校心理健康教育原理与操作. 北京：教育科学出版社，2002：86-92.

发现重点帮扶对象，采用多种策略和方式，耐心地与学生进行沟通并对其进行心理疏导，找出学生心理问题的症结所在，有效地消除其心理困惑，使其更好地适应学习和生活环境。

学院要加强心理咨询中心建设，落实场地，配齐人员，对心理问题严重人员进行专业的心理咨询和心理治疗，并及时发现各种心理危机事件，提前进行干预，做到防患于未然。

3. 加强职业规划教育

职业规划指个人与组织相结合，在对一个人职业生涯的主客观条件进行测定、分析、总结的基础上，对自己的兴趣、爱好、能力、特点进行综合分析与权衡，结合时代的特点，根据自己的职业倾向，确定最佳的职业奋斗目标，并为实现这一目标做出行之有效的安排①。职业规划可以使学生明确发展目标和努力方向，让学生在学习过程中不再茫然，激发他们学习的内在动力。因此。加强职业规划教育是学院促进学风建设的一个重要途径。

根据教育部办公厅发布的《大学生职业发展与就业指导课程教学要求》通知，各学院要开设职业发展与就业指导相关的课程，可以涉及"现代职业的分类、预测未来职业的发展趋势、分析影响选择职业的因素、职业选择决策的方法，以及寻找理想职业的方法和技巧"②等内容。

辅导员要发挥自身的指挥棒作用，要对不同年级、不同阶段的学生进行有计划、有步骤的针对性教育，明确学生在大学各个阶段学习的重点，帮助学生做好四年学习中的职业生涯规划。对大一新生来说，由于他们对大学生活比较迷茫，容易受周围不良环境的影响，所以这一学年是最可能让学生虚度的一年。辅导员要引导新生了解本专业的特点、专业优势，明确学习目标，让学生对所学专业的公共课程、专业基础课程、选修课程、辅修课程等有清晰的认识，引导学生从所学专业的特点出发，寻找合适的学习方法，避免学生学习的盲目性；让学生初步了解将来所从事的职业，了解自己将来所要从事的行业对工作者素质的要求，进而努力提高自身素质，为将来就业打下坚实的基础。对进入专业学习阶段的大二和大三学生来说，辅导员要加强对学生学术道路的引导，鼓励学生多考些对自己专业就业有帮助的资格证书，以及计算机等级、英语四、六级等级证书等；同时，鼓励学生在课外适当从事一些与自己专业相关的工作，通过参加各项活动，

---

①　胡金波，林伟，任雷鸣. 大学生职业生涯规划. 南京：江苏教育出版社，2008：11-12.

②　章达友. 职业生涯规划与管理. 厦门：厦门大学出版社，2005：62-70.

培养和提高学生的社会适应能力及实践动手能力。大四临近毕业，学生面临考研、出国、考公务员等就业抉择，辅导员要帮助他们树立坚定的奋斗目标，对即将求职的学生，可通过各种途径为他们提供丰富的就业信息，并加强简历设计、求职技巧等方面的指导。另外，同一个专业所能从事的工作有许多类型，辅导员要引导学生锁定自己感兴趣的职业，并为具体的目标而努力，实现各自的人生价值。对于选择继续深造和报考公务员的学生，辅导员要尽量为他们提供良好的学习环境，让他们发挥出自己考试中的最佳水平。辅导员通过这些职业规划教育，让学生既有学习的压力，也有学习的激情和动力，从而对学风产生积极影响[①]。

4. 加强日常行为管理

学生日常管理工作是辅导员工作的核心之一，涉及学生的学习、生活、心理健康等多个方面。加强学生日常行为管理，对学生的成长与发展、对良好学风的形成起着至关重要的作用。

（1）建立有效沟通渠道。与学生建立良好的沟通关系是学生日常管理的基础。辅导员要定期与学生进行面对面的交流，了解他们的需求和问题。定期开展班会、个别谈话和小组讨论，了解学生的学习和生活情况，及时发现问题并提供帮助。同时，辅导员还可以利用线上平台，如邮件、微信、QQ 等，为学生提供咨询和支持的渠道。

（2）提供个性化指导。每个学生都有不同的背景、兴趣和需求，辅导员要根据学生的个体差异进行个性化指导；针对学生的学习困难、职业规划、人际关系等问题，提供相应的帮助和建议；通过与学生的交流和了解，帮助学生制定个性化的学习计划和发展规划，引导他们充分发挥潜力，实现个人目标；关注学生的学习进展，提供学术方面的指导和支持。

（3）关心学生生活。辅导员要关注学生的生活问题，如宿舍生活、饮食健康、个人卫生等；通过组织健康教育讲座、生活技能培训等活动，引导学生养成健康的生活方式；通过提供相关的生活技巧和建议，帮助学生适应大学生活并保持身心健康。心理健康是学生健康发展的重要组成部分，辅导员要关注学生的心理状态和心理需求，组织心理健康教育活动，提供心理咨询服务，引导学生学会应对压力和做好情绪管理，帮助学生建立积极的心理健康观念和应对策略。

（4）指导学生社团活动。辅导员要指导学生互助小组、学生社团的活动，为学生提供相互支持和交流的平台，促进学生之间的合作与互动，增强学生的归属

---

① 姚慧. 大学生学风建设策略研究. 江西师范大学硕士学位论文，2010.

感和自信心。通过组织学术讲座、文化展示、体育比赛等活动，帮助学生拓宽视野，培养其团队合作精神和领导能力。

（四）学生视角的学风建设

学风建设最主要的主体是学生，良好学风建设的基本要求是培养学生学习的高度自觉性。

（1）加强专职学生队伍建设。专职学生工作队伍离学生最近，与学生接触最多，在学风建设中起着极其重要且无法替代的作用。因此，学院要像重视教师队伍建设一样，重视专职学生工作队伍建设，加大学生工作队伍干部的选拔和培养力度，提高其专业化水平，培养他们在语言、心理等多方面的知识和技能，全方位提高其能力和素质；要畅通学生专职干部的选拔培养和职称晋升渠道，为学生干部安下心来搞学生工作提供政策保障；要充分发挥专职学生干部带头作用和示范效应，切实提高学生思想政治教育水平。

（2）加强学生党建工作。学院要加强学生党建工作，充分发挥学生党建工作在学风建设中的导向作用。首先，要严把学生入党关。学生入党要坚持"学习优先、综合评定"的原则，在考查学生学习成绩在专业、班级排名前 50% 的基础上，综合考虑综合能力和素质，树立党员首先学习要好的导向。其次，加强学生党组织建设，充分发挥学院党组织战斗堡垒作用和学生党员先锋模范作用，将党风建设融入学风建设中，把学风建设工作落实得掷地有声[①]。学院通过加强对广大学生党员的思想教育，帮助学生党员、入党积极分子树立正确的世界观、价值观和人生观，在正确的"三观"指导下形成科学的学习观、成才观和发展观；通过党员和党组织的模范带头作用和示范作用，引导广大学生树立为社会主义建设、为党和国家做出贡献的远大理想目标，以使他们清晰地认识学习目标，明确学习目的，增强学习动力，焕发学习热情，不断充实和提高自己，达到学以成才、学以立业、学以报国的目的，从而营造良好的学习氛围。

（3）引导学生全面发展。首先，要加强学生人格修养与学术素养教育。孔子曰："弟子入则孝，出则弟（悌），谨而信，泛爱众，而亲仁义。行有余力，则以学文。"（《论语·学而》）在儒家看来，只有做人做好了，才能学习文化知识，"做人"乃为人之根本。因此，人才培养的根本在于学生人格的塑造。大学教育在传授学术知识、培育学术素养的同时，更要十分重视学生人格修养的培养，努

---

① 张喜盈. "三全育人"背景下高校优良学风建设研究. 产业与科技论坛，2023（21）：225-227.

力使学生人格修养与学术素养达到和谐。其次，要尊重学生个性发展。学生个性的自由发展是学生全面发展的根本标志，是学生个性的充分发挥与个体素质的协调发展以及认知、情感、意志等心理因素的发展和完善。学院要通过给学生配备学业导师，帮助学生全面认识自我，要营造包容力强的校园文化，引导学生个性充分、自由、健康的发展，实现各类人才竞相发展、交融互补。最后，引导学生全面发展。学生的全面发展是教育的主要目标之一。全面发展意味着培养学生身心健康、智力发展、实践能力和综合素质等方面的能力。因此，在学生学习过程中，教师不仅要注重学科知识的传授，更要注重培养学生的综合素质和能力。学院要在加强第一课堂、深化教育教学改革的基础上，抓好第二课堂，通过创新创业训练和实践活动，提升学生的创新能力和实践能力，培养学生的创造性思维与创造性人格，全面提升学生的综合素质和能力，促进学生全面发展。

（4）加强学生自我管理。中共中央、国务院《关于进一步加强和改进大学生思想政治教育的意见》提出：坚持教育与自我教育相结合。既要充分发挥学校教师、党团组织的教育引导作用，又要充分调动发挥大学生的积极性和主动性。引导他们自我教育、自我管理、自我服务。

首先，要加强学生自我教育。学院要在学生中广泛开展学风教育活动，通过开设辩论赛、知识竞赛、"一帮一""校园是我家"等活动，宣传学风建设方案，普及学风建设思想，帮助学生明确学习目的，端正学习态度，掌握学习方法，优化育人环境，营造浓郁学习氛围，进而培养良好的学风，使广大学生在潜移默化中陶冶情操、增长知识、锻炼能力、提高素质；要强化集体观念，培养学生对集体的自豪感和责任感；要适当开展一些心理类的教程和活动，让迷失方向的学生寻回自信，引导、激发学生的求知欲，激励学生积极奋进。

其次，要加强学生自我管理。学院要通过分析学生的需求和关注的热点，引导学生处理好学习与能力提高、个性培养之间的关系，使其树立学生的自我管理意识并提高自我管理能力；加强学生干部教育引导，充分发挥学生干部在学风建设中的表率作用，注重提高学生党员素质，增强学生党员、学生干部影响，发挥他们在政治上的导向作用、思想上的引导作用、学习上的榜样作用、工作上的表率作用、生活上的模范作用，带动良好学风的形成；要发挥学生社团和学生组织的作用，开展"树立正确荣辱观，创建优良学风"等生动活泼、形式多样的主题活动，营造学风建设的氛围；实施互相监督机制，让班级间、班级内学生互相监督和勉励，让学习认真的学生监督经常旷课的学生，让学习成绩较好的学生帮助特殊学生解决实际困难，增强他们的学习自信心，以先进带后进，以先进带学风；要注意运用学风建设激励机制，评选和表彰学风建设先进集体及个人，营造良好学习氛围，以充分调动学风建设的内驱力，将学风建设活动内化为学生自觉的日常学习行动，并由个体行为逐渐形成集体风气，以良好的班风促进学风建设，进而促进整体优良学风的全面形成。

（五）社会视角的学风建设

高校是社会组织的一部分，本身具有社会性。所以，高校学风必然受到社会环境的直接或间接影响。

1. 营造尊重知识、尊重人才的社会氛围

人才是第一资源，这是中国共产党在长期领导中国人民进行革命斗争和社会主义建设的历史过程中总结出来的一条宝贵经验。抗日战争时期，毛泽东同志在《论持久战》中指出："武器是战争的重要的因素，但不是决定的因素，决定的因素是人不是物。"在党的工作重点从阶级斗争转向社会主义经济建设的关键时期，邓小平同志提出要"尊重知识，尊重人才"[①]。进入新时代，党的二十大报告中提出，"必须坚持科技是第一生产力、人才是第一资源、创新是第一动力，深入实施科教兴国战略、人才强国战略、创新驱动发展战略，开辟发展新领域新赛道，不断塑造发展新动能新优势"，强调"人才是第一资源"，并且将人才资源的重要性提高到和"科技是第一生产力""创新是第一动力"同样的战略高度。这一重要论述对全面建设社会主义现代化国家、全面推进中华民族伟大复兴意义重大。

人才是第一资源，这就要求在全社会大力倡导"尊重知识，尊重人才"的风气，为充分发挥人才这一宝贵资源的重要作用创造良好的社会氛围。唯有全社会都尊重知识、尊重人才，把人才真正当作社会的第一资源，党的二十大关于人才工作的重要部署才能真正落实；唯有全社会都尊重知识，尊重人才，我们才能吸引和动员更多的人才资源投入全面建设社会主义现代化国家、全面推进中华民族伟大复兴的伟大事业中。

人才是第一资源，要求我们始终把教育放在优先发展的战略地位，在全社会继续营造"尊师重教"的风尚。"尊师重教"与"尊重知识，尊重人才"，在根本上是密切联系的。只有全社会尊师重教，实现教育事业高质量发展，我们才能够真正掌握人才这种极其宝贵的社会资源。

① 项贤明. 尊重知识、尊重人才，发挥人才第一资源重要作用. 光明日报，2022-12-06.

人才是第一资源，要求我们始终要为人才的成长成才创造宽松的环境。宽松的环境有利于具有创新精神和创造能力的人才成长发展，充分释放其聪明才智。学院应着力为人才创造宽松的生活环境、良好的科研环境，充分尊重他们的创新创造，从而真正激活创新动力，发挥人才作用；要逐步建立人才培养、服务、使用和激励机制，做到知人善任，人尽其才。

2. 把握社会人才需求走向

随着社会进步和科学技术的迅猛发展，社会对毕业生的要求越来越高。大学毕业生不仅要掌握本学科的基础知识和学科前沿知识、理论、成果，而且要掌握其他领域的知识，还要具备较高的综合素质和能力，要有较强的创新精神、主人翁意识和与人沟通能力、实践操作能力等，这就对学院人才培养提出了更高的要求。

学院要积极主动加强与社会各方面的联系，密切关注就业市场的需求方向，通过广泛调研，把握社会发展的大趋势和人才需求的走向，并以此做出科学的决策，调整学校专业设置、人才培养方案、课程设置等。社会需要什么样的产品，学院就生产什么样的产品，这样才能培养出与社会实现良好对接的优秀人才，使学风建设具有更强的针对性。学院的领导者、管理者要根据社会对人才知识、能力、素质需求的变化，帮助在校大学生找出自身的不足，并对劣势及时进行弥补，使毕业生能更好地为社会服务。

大学生在校学习期间要以市场需求为导向，适时地转变自身能力的培养方向，在精于所学专业知识之外，还需要广泛汲取其他课外知识，要深入社会实践，联系实际，把所学的专业理论充分合理地运用到创新创业实践中，努力使自己的视野开阔起来，成为知识丰富、见解独特，具有创新精神的复合型人才；要注意考取与专业相关的资格证书，迎合社会的需要，增加就业竞争中的筹码。在求职过程中，大学生要根据就业市场的现实情况去调整自己的心态。在高等教育大众化的背景下，在激烈的就业竞争中，大学毕业生不能仍视自己为社会的"精英"，如果以这样的心态走上社会，就会出现眼高手低的情况，得不到用人单位的重用。大学生在求职过程中，要把自己的远大理想与社会需求结合起来，敢于到基层单位或环境相对恶劣、地理位置相对偏远的经济落后地区、到人才紧缺地区去就业，去寻找机遇，施展自己的专业才能，实现自己的人生价值。

综上所述，学院学风建设是一项兼具时间纵深与空间广度的复杂工程。其有效推进既需要构建持续的战略定力与长效培育机制，通过目标导向的顶层设计实现系统性优化，更依赖于构建多元主体的协同治理架构，形成涵盖社会支持系统、校本管理体系、师生共建生态的三位一体联动模式。在此框架中，管理者要强化制度供给，教师群体应创新育人范式，学生主体须提升自主学习效能，通过多维度的要素耦合与动态调适，最终形成学风建设与人才培养质量的正向螺旋效应。基于系统论视角下的持续优化，高等教育人才培养效能的提升将获得坚实的学风保障。

第四节　学院学风建设的实践案例

河南科技大学农学院自成立以来，高度重视学风建设工作，建立了"学风为魂、考研为基、创新为要、全员协同"的学风建设理念，出台了以一系列学风建设措施，产生了很好的效果。

一、农学院学风建设的理念

（一）学风为魂

魂是什么？在《新华写字字典》中，魂，本意是指"灵魂"，"灵魂"在传说或迷信中指附在人体内、可以离开肉体而独立存在的精神。又转指人的精神或情绪，"魂"字由上义引申指国家、民族的崇高精神。"魂"也指事物的人格化精神，如：诗魂、花魂、山魂[①]。

农学院是在原洛阳农业高等专科学校农学系的基础上组建的，原来是专科，基础薄弱。进入河南科技大学之后，学院怎么发展，成为学院发展亟需解决的问题。2002年，农学院招收了农学本科专业学生56人，还有大量专科学生。本科如何办？怎么在大量专科学生学习的氛围中保证本科生的人才培养质量？这些都值得学院认真研究。学院发展之路、学生培养之路、学院的魂在哪里？经过学院对浙江大学、上海交通大学、西南科技大学等高校的调研，通过学院开展教育思想、教育观念大讨论，大家一致认为，学院发展之路、学生培养之路、学院的魂在学风。学风是学院生存与发展的根本支柱，是学院的灵魂。有了优良学风这个魂，学院才能凝聚全院之力加快发展，才能在河南科技大学这所被省委、省政府、社会各界寄予厚望的综合性大学中占有一席之地，才能使招收的为数不多的

---

① 新华编书委员会. 新华写字字典. 北京：商务印书馆，2001：208.

本科学生认真学习、努力成才。实践证明，学风就是学院之魂。

（二）考研为基

基，墙始也。《释诂》《周语》《毛诗》皆曰：基，始也。基，从土，其声。居之切，一部①。如果把学风比作墙，那它的基在哪里，又始于哪里？

河南科技大学是由原机械工业部的洛阳工学院为主组建的，是具有硕士授权学科的高校，所以，农学院成立后的起点较高，并不等同于一般的新建本科高校。其招收的本科生分数较高，基础较好。学院分析认为，学院学风建设的基在于抓考研，要努力提高研究生考试的报名率和通过率。通过抓考研，引导教师加强教育教学改革，努力提高教学水平和教学质量；通过抓考研，支持和鼓励学生潜心学习，努力提高自身素质和能力，增强就业竞争力；通过抓考研，促进学院优良学风形成，进而不断提高学院知名度和学院在学校、社会的竞争力。实践证明，学风之基就是考研。

（三）创新为要

要，指重大，值得重视的：重要、要人、要领、纲要、要言不烦。那么学风建设重大的、值得重视的问题是什么呢？

学风建设的主要目的是为社会培养德智体美劳全面发展的社会主义建设者和接班人。作为高校，培养的人才有的继续读研成为高科技人才，有的走向社会成为管理者和专业技术推广人才。无论培养的是什么样的人才，在科技发展日新月异的今天，重要的是培养学生的创新精神和创新能力。创新是第一动力，创新是国运所在，创新是国力所依，创新是国运所需。学院把深化创新创业教育改革作为推动学风建设的重要抓手，将学风建设作为"要我学"到"我要学"再到"我会用"的关键一环，引导学生积极参加教师科研和社会实践活动，积极参加"挑战杯""互联网+""创青春"等大赛，不断提高学生的创新精神和创新能力，不断推动学院学风建设工作全面加强和系统优化。

（四）全员协同

学风建设是一项长期的系统工程，需要发挥学院领导、教师、辅导员、学生各自的作用，全员协同，助力学院学风建设。①发挥学院统筹作用，加强引领指

---

① 赵武宏. 新说文解字. 北京：大众文艺出版社，2010：611.

导。学院要遵循思想政治教育和学生成长成才规律，把握学生各个阶段成长特点和需求，提前统筹谋划、系统开展各年级的学风建设工作。②发挥教师主导作用，加强教风示范。要发挥学业导师的作用，对学生学习、生活给以细心指导，关心鼓励学生成长成才。发挥专业老师的示范作用，做好言传身教，深化教育教学改革，以良好的教风推动学风建设。③发挥辅导员的管理作用，强化日常管理。学院主管学生的副书记、全体专兼职辅导员要深入学生课堂看课听课、深入学生宿舍谈心谈话，掌握学生学习状态和具体情况，采取有针对性的帮扶措施。④发挥学生榜样作用，自主自觉发力。要充分发挥各个党团班级、学生组织和高年级优秀学生的积极作用，自主自觉发力，为学院良好学风的形成贡献力量。

二、农学院学风建设的成效

学院自成立就高度重视学风建设，积极探索，勇于实践，实现了从"三低一高"（即低志愿率、低录取分数、低认知度、高转专业率）到"三高一低"（即高考研率、高满意度、高认知度、低转专业率）的成功逆袭，学风建设取得了显著的成效。

（一）专业思想牢固

综合性大学办农科，最大的困难在于想转专业的学生多，学生专业思想不稳定。学院学风建设的成效，首先体现在转专业的学生少了，学生专业思想稳固了，学生对于所学专业从"避不可及"转变为"爱不释手"。如，2000级本科生大一转专业人数为10人，与1999级的30人相比减少66.7%；2020级新生生物科学类、植物生产类、资源环境科学的第一志愿率报考率分别为22.9%、75.4%和2.9%，经过一个学期的专业思想相关教育，调查统计发现，学生对专业的认可度高达98%。81%的学生表示他们喜欢或十分喜欢所学专业，并想将来继续深造；75%的学生认为专业前景很好。学院2022届本科毕业生对专业的满意度达到了84%，位居河南科技大学各学院前列。

（二）育人成效显著

2012—2022年，学院学生英语四级通过率为33.6%—61.9%，平均通过率为52.3%；学生考研率2002级首届本科生达到32.8%，录取人数占考研人数的比例高达69%。2018—2022年，学院考研录取率为33.3%—42.9%，平均为38.9%，考研录取率一直位居学校各学院前列,"学霸宿舍""学霸班级""学霸年级"不断出现,引起了家长、学生、社会的高度关注,取得良好反响。2012—2022年,学生就业率为92.5%—100%,学院平均就业率为96.1%,位居学校学院前列,学生因"基础牢、素质高、能力强、肯吃苦"而深受用人单位欢迎。

(三)创新能力增强

据统计,2018—2021年,农学院在各级各类创新创业大赛中,学生参与人数占学院学生总人数85%以上,参与人数和作品数量大幅度提升。在中国"互联网+"大学生创新创业大赛总决赛中获得国赛银奖1项、铜奖4项(表10-1),河南省"互联网+"大学生创新创业大赛一等奖9项、二等奖9项、三等奖2项(表10-2)。

表 10-1　中国"互联网+"大学生创新创业大赛全国总决赛获奖项目名单

届别	参赛项目	获奖级别	获奖学生	指导教师
第四届 2018 年	薯道香	铜奖	袁国亮、林钰、肖梦雅、刘南蝶、胡皓月、侯萌、张晨洁、王文杰	李友军、侯文邦、陈祥涛
第五届 2019 年	荣世农友:牡丹推广的扶贫智能先锋	铜奖	王依、胡思源、王鑫、李岩、冯光辉、白治清、陈亚龙、李晓阳、安紫嫣、翁志福	史国安、刘晨晨、张琳
第五届 2019 年	小康薯光:发展特色红薯产业,助力精准扶贫小康	铜奖	袁国亮、林钰、宋若若、宗慧慧、高文康、管子璇、杨龙龙、张贝贝、包全发、韩雨、张艺楠、李锦龙、赵鑫怡、赵志明	李友军、侯文邦、陈祥涛、李法卿
第七届 2021 年	薯香兴:开启现代农业新未来	铜奖	鸿博、盛德慧、江亚红、董金金、王茜茹、赵志明、韩舒雅、吕世腾、陈晓凡、于威威、褚玉麟、王英男、侯青青、宋茗茗	李友军、侯文邦、宋鹏、许军、赵哲
第七届 2021 年	小康薯光:让小红薯成为农民致富的金疙瘩	银奖	赵志明、韩舒雅、于威威、盛德慧、王姗姗、邓怡欣、吴恩召、杜康、裴鸿博、吕世腾、王英男、陈晓凡、赵凯男、张振旺、侯园泉	侯文邦、李友军、曹高洋、雷峭峭、张姗姗

表 10-2　河南省"互联网+"大学生创新创业大赛一等奖获奖项目名单

年份	参赛项目	获奖学生	指导教师
2018	薯道香	袁国亮、林钰、肖梦雅、刘南蝶、胡皓月、侯萌、张晨洁、王文杰	李友军、侯文邦、陈祥涛
2019	小康"薯"光	袁国亮、林钰、宋若若、宗慧慧、高文康、管子璇、杨龙龙、张贝贝、包全发、韩雨、张艺楠、李锦龙	李友军、侯文邦、陈祥涛

续表

年份	参赛项目	获奖学生	指导教师
2020	云栖薯园：做认领种植云服务平台的领航者	巴苏艳、丁豪哲、王鹏辉、姚康康、侯园泉、赵志明、李锦龙	侯文邦、李友军
2020	硒薯霸王：打造红薯美食品牌、助力全民科学补硒	董勇、赵志明、李锦龙、王梦情、柳松雨、丁豪哲	李友军、侯文邦
2020	丹华初心：牡丹科技助农先锋队	王占超、史帅营、赵明君、王一鸣、段美瑜、文焱彬	史国安、许军、张琳
2020	薯乡兴：小甘薯带动产业兴旺、大融合实现乡村振兴	赵志明、王婉、刘宇、陈文帅、余顺和、赵凯男等	李友军、侯文邦
2021	小康薯光：铸就特色甘薯全产业链践行把论文写在大地上	赵志明、赵凯男、吴姗薇、董金金、刘清华、侯园泉、韩舒雅、吕世腾、陈晓凡、于威威、李迎辉、王英男、李浩聪、盛德慧、裴鸿博	侯文邦、李友军、曹高洋
2021	云栖薯园：基于云服务的交互式种植体验	裴鸿博、盛德慧、吴恩召、邓怡欣、王毅、冯一鸣、王姗姗、杜康、赵志明、韩舒雅、吕世腾等	李友军、侯文邦、宋鹏、张静

2023 年，农学院学生在第八届全国大学生生命科学竞赛中获得国家一等奖 2 项、二等奖 10 项、三等奖 27 项。2022 年，"小康曙光"荣获河南青年志愿服务项目大赛金奖，并获第六届中国青年志愿服务项目大赛国家级银奖；"'中原薯光'：特色甘薯产业、赋能乡村振兴"项目入选全国文化科技卫生"三下乡"活动示范项目，受到中宣部表彰，被《人民日报》宣传报道。赵鹏宇获中国大学生"自强之星"和河南省大学生"创新之星"荣誉称号，赵志明获"出彩河南人第五届最美大学生"称号。

（四）行业认知度提高

经过持续不懈的努力，农学院的行业知名度不断提高，毕业生受到业界和用人单位的高度好评。2017 年，学院作物学一级学科博士学科授权点获批，2023 年顺利通过核查验收，并入选软科 2023 中国最好学科排名；2023 年，作物学博士后科研流动站获批，学院形成了从本科、硕士、博士到博士后的完整人才培养体系。农学专业入选国家一流本科专业建设点，农业科学、植物与动物科学 2 个学科入选全球 ESI 1%学科，并不断进位。

知名大学和科研单位对农学院考入的研究生普遍看好，认为学生基础理论扎实，实践动手能力强，综合素质高，吃苦耐劳精神强，有较好的培养前途。河南科技大学 2022 届就业质量报告显示，用人单位对 2022 届所招聘毕业生满意度较高，达 99.45%。其中，表示"很满意"的，占 44.08%；表示"满意"的，占

47.38%，表示"基本满意"的，占 7.99%，仅有 0.55%表示"不满意"①。

三、农学院学风建设的举措

（一）加强组织领导，增强学风建设领导力

农学院高度重视学风建设工作，成立了以院长、书记为组长，副书记、副院长为副组长，系主任、院学生办主任、团委书记、优秀教师代表为成员的学风建设领导小组，统筹规划领导学院学风工作，保障学院学风建设工作稳步推进。2003 年，由院领导带队、学风建设领导小组骨干成员参加，分赴浙江大学、上海交通大学、西南科技大学等综合性大学进行了学习考察，理清了学院发展的思路，科学制定了农学院三年发展规划——"1441 振兴行动计划"。2004 年，农学院在全校率先启动了学风建设工作，召开了学院学风建设动员大会，出台了《农学院关于加强学风建设的实施意见》，修订了农学院"学生一日生活制度"等管理制度，从制度、体制机制上加强和规范了学院学风建设工作。组织机构的建立对学院学风建设起到了坚强的领导和保障作用，增强了学院学风建设的领导力。

（二）强化思想引领，提高学风建设号召力

在学风建设中，院领导重视固然重要，形成全院教职工生的共识、凝聚全院之力更为重要。为此，2003 年下半年，学院以"整合、振兴、发展"为主题，在全院开展了教育思想、教育观念大讨论，统一了思想，形成了共识，"学风为魂、考研为基、创新为要、全员协同"的学风建设理念开始形成。学院组织各学生党团支部和班级召开"学风建设"主题班会、主题党日、团日活动，营造学风建设的浓厚氛围。全院教职工生深刻认识到，学风是学院灵魂，事关学院的发展振兴，事关人才培养质量，全院必须高度重视，从学院生存、发展、振兴的高度认识学风建设的重要性和迫切性。全院教职工生纷纷表示，要从思想上高度重视，在行动上认真落实学院出台的学风建设的措施，以教风带学风、以考研促学风、以创新助学风，为学院形成良好的学风做出自己应有的贡献。思想的统一、行动的一致，增强了学院学风建设的号召力。

---

① 河南省教育评估中心. 河南科技大学 2022 届毕业生就业质量年度报告，2022：112.

（三）因人因材施教，提高学风建设驱动力

学院成立初期，仅有一个农学专业，招生数量较少，为学院因人因材施教提供了可能，为学生个性发展提供了条件。第一，在全院实施了导师制。制定了《农学院导师制管理办法》等文件，从 2002 级首届本科生起实行了全程导师制度，262 名学生"双向选择"了 54 名具有硕士学位或讲师以上学历（职称）的专业课或专业基础课教师为导师，增强了教师责任感，定期对学生针对性实施指导，充分发挥导师对学生"政治上关心、学习上指导、生活上帮助"的重要作用，增强了全员育人的合力。适时召开了本科生导师制研讨会，不断改进导师制工作。第二，重视入学教育。学院坚持新生入学教育实行模块管理，即专业思想教育模块，职业生涯设计模块，政治思想、安全文明修身模块，认真开展"扬起理想风帆""职业生涯设计""学农、爱农、干农，前途无限光明"等系列讲座制度，不断探索提高入学教育的针对性和实效性。通过入学教育，提高学生对本专业的了解，帮助学生稳定专业思想，提高他们学习的积极性和主动性。第三，针对不同年级的特点开展内容充实、形式多样的活动。在大学一年级，学院组织学生参加农创成果展、就业创业论坛、创客贴等活动，帮助学生树立正确学习目标，养成良好学习习惯，掌握科学学习方法，培养广泛学习兴趣，使学生了解在"双创时代"，学习农学类专业必将有所作为、大有可为；在大学二年级，积极动员学生参与创新创业讲座、科技竞赛、暑期社会实践、就业创业沙龙等活动，重点抓学生基本技能训练和基础理论学习；在大学三年级，组织学生积极参加各级各类创新创业大赛、大赛项目评审会、大赛经验交流会等活动，重点抓学生科研能力、实践能力、创新创业能力培养；在大学四年级，鼓励毕业设计指导老师指导学生将毕业设计成果转化为创业创意，并举办朋辈辅导团经验交流会、座谈会和毕业生职业生涯规划等活动，重点抓学生就业指导、创新创业。

学院因人制导，进行个性设计，有针对性地进行培养，增强了学生学习的目的性和主动性，提高了学风建设的内驱力。

（四）深化教学改革，提高学风建设促进力

教风是学风的重要组成部分，教风对学风具有重要的促进作用，有了好的教风就会有好的学风。因此，抓教风促学风是学风建设的重要举措之一。

第一，抓好师资队伍建设。好的师资队伍是好的教风的基础。学院针对建院初期教师人数少、学历职称低的突出问题，以时不我待的高度责任感，一方面，

加大优秀青年教师的引进，努力提高教师的博士化率；另一方面，加强教师的培养工作，努力使在职教师硕士博士化、博士国际化。经过20年的努力，学院师资队伍建设取得了量和质的突破，为学院的发展、教风建设打下了坚实的基础。第二，创新人才培养模式。学院采取统一要求与多样化和个性化教育相结合的办法，鼓励学生成为国家各行各业的栋梁之材。从2002级学生入学起，按照个人自愿报名、学院考试，将本科生重新分为科学研究型、技术推广型、管理服务型和创新创业4个类型班级、实行动态管理方式；制订和完善人才培养计划、教学大纲和实验大纲，优化课程结构体系，推动教学内容和教学方法改革，因材施教，分类指导，不断提高课程目标的达成度，取得了明显的培养成效。第三，提高教育教学技能。连续举行青年教师教学大赛，邀请校外专家担任评委，比赛成绩达到90分以上的优秀青年教师下年不再参加比赛，达不到优秀的继续参加比赛，连续不断坚持，持续提高青年教师的教育教学技能，不断优化讲课效果。第四，举办学术报告会。学院举办"双周双人"博士硕士学术报告会，坚持博士生每学年至少为本科生作一次专题讲座或学术报告，不仅开阔了学生的视野，更重要的是用身边的博士硕士教育学生决心考研、立志成才。第五，加强教学督导。切实落实院领导"五周一轮"听课督导制度、系主任和教师听课制度，加强对理论教学、实验、实习、考试等各个教学环节及教材选用等的督导检查，并及时将督导结果反馈给教师，保障教学秩序稳定和教学质量的稳步提高。

（五）推动创新创业，提高学风建设带动力

具有较强的创新创业能力是新时代对青年学生提出的基本要求。第一，成立三个辅导团队。一是成立以企业家为主的"创业辅导师团"，聘请了学校优秀校友、中国青年创业奖、全国五一劳动奖章获得者、洛阳市新大农业科技有限公司创始人吴迪，全国创新争先奖获得者、河南科技大学甘薯产业研究院院长侯文邦教授（CCTV-10科教频道《人物·故事》栏目以"把论文写在大地上·侯文邦"为题报道了他多年来专注于红薯产业研究的事迹），北京长松文化传播有限责任公司董事长贾长松担任"创业辅导师"；二是成立以校内外知名专家教授为主的"创业导师团"；三是以学生社团"创客协会"成员组成大学生创客"创业朋辈团"。第二，搭建三个实践平台。一是充分利用学院实验教学中心、洛阳市新大农业科技有限公司与农学院共建的"农创书院"实践基地，搭建了实践教学平台；二是依托现有的"互联网+""挑战杯"、创青春、全国生命科学联赛等科技竞赛，搭建了科技创新平台；三是以社会实践和志愿服务为载体，搭建实践育人平台，在深植于田野乡村的生动实践中，打通人才培养与"三农"发展之间的"最后一公里"。第三，加强对学生创新创业的指导。2018—2021 年，学生在中国"互联网+"大学生创新创业大赛总决赛中获得国赛银奖 1 项、铜奖 4 项，获河南省一等奖 9 项、二等奖 9 项、三等奖 2 项。创新创业大赛取得的好成绩带动了学院学生创新创业的热潮，提高了学生创新创业的参与度和参与面，对学风建设起到了巨大的带动作用。

（六）加强日常管理，增强学风建设约束力

日常管理是学生行为养成的重要一环，重点是课余管理、课堂管理和宿舍管理。第一，坚持实行学生早读和夜自习制度。学院坚持周内每早、每晚集中开展自习，做好日常考勤，年级辅导员每周至少进行两次巡视或督查，引导学生提升自主学习能力，有效利用课外空余时间，提升学习效率、规范学习行为、养成学习习惯。第二，抓好课堂教学主渠道。上课教师进行点名签到，学生干部严格考勤，领导干部、辅导员深入课堂针对课堂状况开展学风督促。第三，加强宿舍管理。学院将宿舍作为学风建设的重要阵地，营造"文明、整洁、安全、和谐"的氛围。定期开展"合格宿舍""文明宿舍""标兵宿舍"评选，主要将宿舍学风状况作为重要的考察指标，在"文明宿舍"基础上评选出的标兵宿舍，除了进行挂牌，颁发证书外，并提供一定数额的资金奖励。学院通过加强日常管理，增强了学生的自我约束力，全院学生考研、过级、考证的热度大大提高，自发成才已成为广大同学的主流意识。

（七）营造浓厚氛围，提高学风建设影响力

农学院加大学院实验室开放力度和开放时间，不断改善学生学习环境，营造学院良好学习氛围、满足学生个性学习需求。学院设有国家奖学金、长松奖学金等多种奖学金，坚持"公平、公正、公开"的原则，实行"个人申报、两级答辩，学生参与、差额评选，结果公示、隆重表彰"的评优制度；通过层层选拔，全面展示优秀学生的良好形象，充分发挥榜样的引领作用；积极开展优良班风、学风的创建活动，按照"全员动员、提前申报、重在建设"的思路，在全院掀起学先进、争先进、创先进的高潮。学院依托自己的官网、官微等媒体进行立体宣传，开设"农苑学子风采"等专题板块宣传学风榜样，推介经验做法，营造比学赶超学习氛围。

附 录

附录一 河南科技大学章程

序言

河南科技大学的前身是创建于 1952 年的北京拖拉机工业学校；1956 年迁至洛阳，1958 年更名为洛阳工学院，隶属于国家机械工业部；1998 年，由国家机械工业部划转至河南省，实行中央与地方共建。2002 年，河南省委、省政府为优化高等教育布局，报经教育部批准，由洛阳工学院、洛阳医学高等专科学校、洛阳农业高等专科学校合并组建河南科技大学。

学校是国家国防科技工业局与河南省人民政府共建高校，是河南省重点建设的三所综合性大学之一，是一所工科优势突出、理工农医文等多学科协调发展的综合性大学。

第一章　总则

第一条　为保障学校依法办学和自主管理，建立中国特色现代大学制度，根据《中华人民共和国教育法》《中华人民共和国高等教育法》《中华人民共和国教师法》《高等学校章程制定暂行办法》等法律、法规，制定本章程。

第二条　学校中文名称为河南科技大学，简称河科大；英文全称为 Henan University of Science and Technology，简称 HAUST。

第三条　学校法定注册地为河南省洛阳市洛龙区开元大道 263 号。学校的网址为 http://www.haust.edu.cn。

第四条　学校为非营利性事业单位，具有独立法人资格，依法享有和履行相应的权利义务，独立承担法律责任。校长为学校的法定代表人。

第五条　学校实行中国共产党河南科技大学委员会领导下的校长负责制。

第六条　学校以马克思列宁主义、毛泽东思想、邓小平理论、"三个代表"重要思想、科学发展观、习近平新时代中国特色社会主义思想为指导，坚持党的全面领导，全面贯彻党的教育方针，坚持社会主义办学方向，全面履行人才培养、科学研究、社会服务、文化传承创新、国际交流合作的职能，努力创建具有自身特色的高水平综合性大学。

第七条　学校秉承"育人为本，学术至上"的办学理念，坚持"自强不息，追求卓越"的大学精神，深化教育教学改革，着力培养创新型高级专门人才。

第八条　学校主要教育形式是全日制学历教育，包括本科生教育和研究生（硕士、博士）教育。学校适当开展非全日制学历教育和非学历教育。

第九条　学校依法颁发学业证书，授予学士、硕士及博士学位。学校可向为促进社会发展或为推动本校事业发展做出突出贡献的杰出人士授予名誉称号。

第二章　学校与举办者

第十条　学校由河南省人民政府举办，由河南省教育厅主管。举办者按照国家规定确定学校管理体制，指导学校办学方向，核准学校章程，监督和规范办学行为，任命学校主要负责人，监督、考核和评估学校办学水平和办学质量，依法对学校的经费使用进行监督。

第十一条　举办者支持学校依法自主办学，保护学校办学自主权不受任何组织和个人的非法干预。

第十二条　举办者提供必备办学条件，保障学校办学经费，支持学校多渠道募集办学资金并自主管理使用。

第十三条　学校的权利：

（一）制定并实施学校事业发展规划。

（二）依据核定的办学规模，自主设置和调整学科、专业。

（三）自主确定内部组织机构的设置和人员配备。

（四）按照国家有关规定，招聘、管理教职工，调整津贴及工资分配。

（五）自主开展教育教学、科学研究、行政管理、社会服务和国际交流合作等活动。

（六）依法自主管理和使用国家提供的财产、财政性资助、受捐赠财产。

（七）法律法规规定的其他权利。

第十四条　学校的义务：

（一）遵守国家法律法规，执行国家教育政策。

（二）建立监督机制，实行民主管理，接受举办者的指导、监督和考核，接受社会监督和评议。

（三）保障学术民主和学术自由，维护师生员工的合法权益。

（四）履行人才培养、科学研究、社会服务、文化传承创新、国际交流合作等各项基本职能。

（五）规范使用办学经费，提高资金使用效益。

（六）法律、法规规定的其他义务。

第三章　治理结构

第一节　领导体制与决策机制

第十五条　中国共产党河南科技大学委员会（以下简称校党委）是学校的领导核心，对学校工作实行全面领导，履行管党治党、办学治校的主体责任，发挥把方向、管大局、作决策、抓班子、带队伍、保落实的领导作用，履行党章等规定的各项职责，支持校长依法独立行使职权。

校党委由中国共产党河南科技大学党员代表大会选举产生，对党员代表大会负责并报告工作。校党委常务委员会由校党委全体会议选举产生，对校党委负责并报告工作。校党委全体会议闭会期间，校党委常务委员会主持党委经常工作。

第十六条　校党委履行以下职责：

（一）全面贯彻党的路线方针政策，贯彻执行党的教育方针，坚持社会主义办学方向，坚持立德树人，依法治校，依靠全校师生员工推动学校科学发展，培养德智体美劳全面发展的社会主义建设者和接班人。

（二）坚持马克思主义指导地位，组织党员认真学习马克思列宁主义、毛泽东思想、邓小平理论、"三个代表"重要思想、科学发展观、习近平新时代中国特色社会主义思想，学习党的路线方针政策和决议，学习党的基本知识，学习业务知识和科学、历史、文化、法律等各方面知识。

（三）审议和确定学校发展战略及规划、学校基本管理制度，讨论决定学校改革发展稳定以及教学、科研、行政管理中的重大事项。

（四）讨论决定学校内部组织机构的设置及其负责人的人选。按照干部管理权限，负责干部的教育、培训、选拔、考核和监督。加强领导班子建设、干部队伍建设和人才队伍建设。

（五）按照党要管党、全面从严治党的方针，加强学校各级党组织的政治建设、思想建设、组织建设、作风建设、纪律建设，把制度建设贯穿其中，深入推进反腐败斗争，落实党建工作责任制，发挥学校基层党组织的战斗堡垒作用和党员的先锋模范作用。

（六）坚持党管人才原则，讨论决定学校人才工作规划和重大人才政策，统筹推进学校各类人才队伍建设。

（七）履行学校党风廉政建设主体责任，领导学校党的纪律检查工作，支持学校内设纪检组织履行监督执纪问责职责，接受同级纪检组织和上级纪委监委及其派驻机构的监督。

（八）领导学校的思想政治工作和德育工作，落实意识形态工作责任制，维护学校安全稳定，促进和谐校园建设。

（九）领导学校群团组织、学术组织和教代会。

（十）做好统一战线工作。对学校民主党派的基层组织实行政治领导，支持他们依照各自的章程开展活动。

（十一）讨论决定其他事关师生员工切身利益的重大事项。

第十七条　校党委实行民主集中制，健全集体领导和个人分工负责相结合的制度。凡属重大问题都应当按照集体领导、民主集中、个别酝酿、会议决定的原则，由党委集体讨论，作出决定；党委成员应当根据集体的决定和分工，切实履行职责。

校党委会和党委常委会具体议事规则另行制定。

第十八条　中国共产党河南科技大学纪律检查委员会由中国共产党河南科技大学党员代表大会选举产生。学校纪委设立专门工作机构，配备必要的工作人员，在校党委和上级纪委的领导下开展工作，履行监督执纪问责、监督调查处置职责，协助校党委推进全面从严治党、加强党风建设和组织协调反腐败工作，为学校事业高质量发展提供坚强纪律保障。

第十九条　校长是学校行政主要负责人，在校党委的领导下，贯彻党的教育方针，组织实施校党委有关决议，行使高等教育法等规定的各项职权，全面负责学校的教学、科研和其他行政管理工作。副校长协助校长管理学校各项行政工作。

校长的主要职权：

（一）拟定学校发展规划，制定具体规章制度和年度工作计划并组织实施。

（二）组织开展人才培养、科学研究、学科建设、队伍建设、国际合作、社会服务、校园建设、管理运行等各项活动。

（三）拟定内部行政机构的设置方案，推荐副校长人选，按照校党委决定任免内部行政机构的负责人。

（四）聘任与解聘教师以及内部其他工作人员，对学生进行学籍管理，对教职工和学生实施奖励或者处分。

（五）拟定和执行年度经费预算方案，保护和管理学校资产，积极筹措办学经费，维护学校的合法权益。

（六）组织开展学校对外交流合作，依法代表学校与各级政府、社会各界和境外机构等签署合作协议，接受社会捐赠。

（七）向校党委报告重大决议执行情况，向教代会报告工作，组织处理教代会、学生代表大会、工会会员代表大会等有关行政工作的提案。支持学校各级党组织、民主党派基层组织、群众组织和学术组织开展工作。

（八）法律、法规和规章规定的其他职权。

第二十条　校长主持校长办公会，决策、协调、处理学校行政工作中的重要事项。校长办公会议由校长、副校长、分管行政工作的其他校领导、监察专员等人员组成。校长办公室负责人列席。研究事项涉及教职工切身利益时，校工会负责人参加；涉及经济议题时，财务处和审计处负责人列席。

校长办公会议事规则另行制定。

第二十一条　学校设立校务委员会。校务委员会是学校咨询机构，对学校的事业发展规划、重大改革措施、学科专业建设、师资队伍建设、校园建设等重大事项，提出咨询意见和建议。校务委员会成员由学校的教授代表、领导班子成员、离退休校领导代表、基层单位负责人代表、民主党派和无党派人士代表、教师和学生代表等组成。主任委员由校党委书记兼任。校务委员会依据其章程组建并履行职责。

第二节　学术组织

第二十二条　学校依法设立学术委员会、学位评定委员会、教学指导委员会等学术组织。学校依法保障各学术组织管理和协调学校学术事务、行使学术权力，维护学术活动的独立性。

第二十三条　学术委员会是学校最高学术机构，其主要职责是：依照有关法律、规章，负责学术事务审议、决策，学术水平评价，学术咨询，学术不端行为调查和学术纠纷裁决等。

学术委员会人数应当与学校的学科、专业设置相匹配，并为不低于15人的单数。其中，担任学校及职能部门党政领导职务的委员，不超过委员总人数的 1/4；不担任党政领导职务及学院主要负责人的专任教授，不少于委员总人数的 1/2。

第二十四条　学位评定委员会是学校学位工作的评定与管理机构，其主要职责是：学位的授予或撤销；学位点的设置、评估及调整；新增研究生导师的审核；研究生教学工作咨询、审议、决策等。

学位评定委员会设主席 1 人，由校长担任；设副主席若干名，一般由负责相关工作的校领导等担任。

第二十五条　教学指导委员会是学校教学工作的指导、评估、审议和咨询机构。其主要职责是：指导学校师资队伍、专业、教材及基地建设，评估教育、教学质量，审议重要教学事务，对学校有关教学的重大决策提供咨询等。

教学指导委员会根据工作需要设置相应分支机构，开展专项工作。

第二十六条　学术委员会、学位评定委员会、教学指导委员会依照上述要求，分别制定各自章程并依照章程开展工作。

第三节　民主管理

第二十七条　学校通过以教师为主体的教代会等组织形式，依法保障教职工参与民主管理和监督，维护教职工合法权益。教代会每学年至少召开一次。

教代会代表以教师为主体，凡与学校签订聘任聘用合同、具有聘任聘用关系的教职工，均可当选为教职工代表大会代表。

教代会的职权是：

（一）听取学校章程的制定和修订情况报告，提出修改意见和建议。

（二）听取学校发展规划、教职工队伍建设、教育教学改革、校园建设以及其他重大改革和重大问题解决方案的报告，提出意见和建议。

（三）听取学校年度工作、财务工作、工会工作报告以及其他专项工作报告，提出意见和建议。

（四）讨论通过学校提出的与教职工利益直接相关的福利、校内分配实施方案以及相应的教职工聘任、考核、奖惩办法。

（五）审议学校上一届（次）教代会提案的办理情况报告。

（六）按照有关工作规定和安排，评议学校领导干部。

（七）通过多种方式对学校工作提出意见和建议，监督学校章程、规章制度和决策的落实，提出整改意见和建议。

（八）讨论法律法规规章规定的以及学校与学校工会商定的其他事项。

教代会的意见和建议，以会议决议的方式做出。

学校工会为教代会的工作机构，在校党委的领导下开展工作。

学校教代会闭会期间，由教代会代表团团长联席会议履行其职责，参与学校民主管理和监督。

学校建立二级教代会制度，保障教职工参与本单位民主管理和民主监督。

第二十八条　学校共青团在校党委和上级团委的领导下，按照《中国共产主义青年团章程》开展工作，发挥思想政治教育、校园文化建设，维护青年学生合法权益、提高青年学生综合素质等方面的组织与引导作用。

第二十九条　学生代表大会（研究生代表大会）是广大同学依法依规行使民主权利、参与学校治理的机构。

学生代表大会（研究生代表大会）的职权是：

（一）制定或修订学生会（研究生会）组织章程，监督章程实施。

（二）听取、审议上一届学生代表大会（研究生代表大会）常设机构、学生会（研究生会）组织执行机构的工作报告。

（三）选举产生新一届学生会（研究生会）组织主席团成员。

（四）选举产生新一届学生代表大会（研究生代表大会）常设机构。

（五）选举产生出席上级学联代表大会的代表。

（六）征求广大同学对学校工作的意见和建议，合理有序表达和维护同学正当权益。

（七）讨论和决定应由学生代表大会（研究生代表大会）决定的其他重大事项。

学生代表大会（研究生代表大会）的常设机构，在大会闭会期间代表全体同学帮助和监督学生会（研究生会）工作，不得代替学生会（研究生会）组织执行机构行使日常执行功能。

第三十条　校内各民主党派和其他群众组织依照各自章程开展活动，参与学校民主管理。

第三十一条　学校实行党务公开、校务公开和信息公开，接受举办者、教育行政主管部门、其他有关部门、师生员工和社会公众的监督。

第四章　教学科研机构

第三十二条　学校根据人才培养和学科建设的需要设置若干学院、实验室

（中心）等教学科研机构。学院可根据发展需要下设若干系、室、所、中心等机构。

第三十三条　学校教学科研机构的设立、变更或撤销须经充分论证，校学术委员会评估后，校长办公会审议，校党委常委会研究决定。

第三十四条　学院是学校组织实施教学、科研活动和社会服务的基本单位，接受学校的领导、管理和考核。其主要职责是：

（一）组织制订实施本单位发展规划、年度工作计划。

（二）组织本单位人才培养、科学研究、社会服务、国际国内交流合作。

（三）组织制订本单位内部组织机构的设置方案。

（四）负责本单位教职工和学生管理工作。

（五）组织制订实施本单位年度经费预算方案，筹措经费，保护和管理由本单位使用的校产，维护学校的合法权益。

（六）尊重和维护本单位学术委员会、学位评定分委员会、教学指导委员会、教代会的地位，支持其履行职责，保障其决议的执行。

（七）行使学校赋予的其他职权。

第三十五条　学院根据工作需要和党员人数，经校党委批准，设立学院党的委员会或总支部委员会。学院党委（总支）应当强化政治功能，履行政治责任，保证教学科研管理等各项任务完成，支持本单位行政领导班子和负责人开展工作，健全集体领导、党政分工合作、协调运行的工作机制。

学院党委（总支）的主要职责是：

（一）贯彻、执行党的路线方针政策及学校各项决定，发挥保证监督作用。

（二）通过党政联席会议，讨论和决定本单位重要事项。召开党组织会议研究决定干部任用、党员队伍建设等党的建设工作。涉及办学方向、教师队伍建设、师生员工切身利益等事项的，应当经党组织研究讨论后，再提交党政联席会议决定。

（三）加强党组织自身建设，建立健全党支部书记工作例会等制度，具体指导党支部开展工作。

（四）领导本单位的思想政治工作，加强师德师风建设，落实意识形态工作责任制。把好教师引进、课程建设、教材选用、学术活动等重要工作的政治关。

（五）做好本单位党员干部的教育和管理工作，做好人才的教育引导和联系服务工作。

（六）领导本单位群团组织、学术组织和教代会。做好统一战线工作。

第三十六条　院长是学院行政主要负责人，受校长委托全面负责学院的教学、科研和其他行政管理工作。院长定期向校长和学院教代会报告工作。学院设副院长若干人，在院长领导下履行职责。

第三十七条　学院党政联席会议是学院重要事项决策机构，坚持民主集中制，按照集体领导、民主集中、个别酝酿、会议决定的原则，集体讨论决定重大问题，建立健全集体领导、党政分工合作、协调运行的工作机制。党政联席会议议事规则另行制定。

第三十八条　学院设立学术委员会，在校学术委员会指导下开展工作，对学院学术事务行使决策、审议、评定和咨询等职权，是学院重要学术事项的决策机构。学院设立学位评定分委员会，根据学校学位评定委员会授权组织相关学科的学位论文审查及答辩工作。学院设立教学指导委员会，接受校教学指导委员会的业务指导。

第三十九条　为促进有组织的重大科研和交叉学科研究，学校设立若干独立建制的研究中心（院、所）、工程中心和重点实验室等科研机构。学校根据科研机构的性质，对其实行分类管理、评估和考核。独立建制的科研机构根据有关规定和学校授权设立相应的管理及学术机构，承担相应的人才培养、科学研究、社会服务等任务。

第五章　管理与服务机构

第四十条　学校根据工作需要，按照精简高效的原则，设立党政职能部门，确定其职责。在校领导分管下，党政职能部门做好职责范围内的管理服务工作。

第四十一条　学校根据工作需要设立必要的直属机构，根据学校授权和相关规章制度，为师生员工提供相应业务服务，并履行相应的业务管理职能，保障教学、科研、管理等各项活动的开展。

第四十二条　附属医院集医疗、教学、科研、预防保健于一体，为学校医学人才培养、学科建设提供支撑，为社会提供医疗服务，依法承担民事责任。附属医院在履行学校授予的职责方面接受学校的管理和监督，具体事项按照学校另外制定的管理办法执行。

第四十三条　管理与服务机构的负责人由校党委及其组织部门按照干部管理权限选拔任用，实行任期制。

第六章　教职工

第四十四条　学校教职工由教师、其他系列专业技术人员、管理人员和工勤人员等组成。学校对教职工实行岗位管理和合同聘任（用）制度。

第四十五条　学校制定人事管理制度，定期对教职工进行年度和聘期考核评价，其结果作为教职工聘用、调整和奖惩的依据。

第四十六条　学校建立各类激励和约束制度，对表现优异的教职工，予以表彰奖励；对违反法律法规、学校规章制度或聘约的教职工，予以相应处理、处分或解聘。

第四十七条　学校建立健全各类进修、培训制度，为教职工提供事业发展的平台。

第四十八条　学校保护教职工的合法权益，有计划地开展教职工培训，鼓励和支持教师开展学术交流与合作。对工作及生活遇到困难的教职工给予必要帮助。学校教职工依法公平享有下列基本权利：

（一）按工作职责和需要使用学校的公共资源。

（二）依照法律、法规、规章、学校制度规定和聘用合同约定，享受薪酬、医疗、休假、保险等待遇。

（三）获得自身发展所需的相应工作和学习机会。

（四）在德、能、勤、绩、廉、学等方面获得公正评价。

（五）获得各级各类奖励及各种荣誉称号。

（六）知悉学校改革、建设及发展等重大事项，参与民主管理和监督，对学校工作提出意见和建议。

（七）对职称、福利待遇、评优评奖、纪律处分等涉及其切身利益的相关决定表达异议，提出申诉。

（八）法律、法规及学校规章制度和聘约规定的其他权利。

第四十九条　学校教职工应当履行下列基本义务：

（一）珍惜和维护学校名誉，维护学校利益，遵守学校各项规章制度。

（二）为人师表，诚实守信，爱岗敬业，尽职尽责。

（三）教书育人，管理育人，服务育人，尊重学生，爱护学生，维护学生权益，促进学生全面发展。

（四）遵守学术规范，恪守职业道德，不断提高思想政治觉悟和业务水平。

（五）珍惜和维护学校声誉，维护学校利益。

（六）法律、法规及学校规章制度和聘约规定的其他义务。

第五十条　学校按照国家和学校有关规定对离退休人员给予关心、提供服务和进行管理。

第七章　学生

第五十一条　学生是指被学校依法录取、取得入学资格，通过学校注册获得学校学籍的受教育者。

第五十二条　学生依法公平享有下列权利：

（一）接受学校教育，参加学校教育教学计划安排的各项活动，平等使用学校提供的公共教育资源。

（二）获得在国内外学习深造和参加学术文化交流活动的机会。

（三）获得在思想品德、综合素质、学业成绩等方面的评价，达到学校规定学业标准时获得相应的学历证书、学位证书。

（四）按照国家及学校规定的标准和程序申请奖学金、助学金及助学贷款。

（五）在校内组织、参加学生社团及文化体育等活动，参加素质拓展、社会服务、勤工助学等活动。

（六）知悉涉及个人切身利益的事项，参与学校民主管理，对学校工作提出意见和建议。

（七）对学校给予的处分或者处理进行陈述、申辩，向学校或者教育行政主管部门提出申诉；对学校、教职工侵犯其人身、财产等合法权益的行为，依法申请复议或提起诉讼。

（八）法律、法规及学校规章制度规定的其他权利。

第五十三条　学生应履行下列义务：

（一）珍惜学校名誉，维护学校利益，遵守学生行为规范和学校的各项管理制度。

（二）努力学习、诚实守信、尊敬师长、团结同学，培养良好的道德品质和综合素质。

（三）遵守学术规范，恪守学术道德。

（四）遵守学校考试制度和获得学历学位的相应规定。

（五）按规定交纳学费及有关费用，申请助学贷款的学生应履行规定的义务。

（六）爱护并合理使用教育设备和生活设施。

（七）法律、法规及学校规章制度规定的其他义务。

第五十四条　学校建立和完善学生权利保护制度，维护学生合法权益。引导学生养成良好的思想品德和行为习惯，为学生提供心理健康教育和文化体育设施及相关服务。鼓励和支持学生参加有益于身心健康、全面发展的社会实践、社会服务、勤工助学和创新创业活动。

第五十五条　学校设立奖、助、贷、补、缓、免等形式的助学项目，对在学习和生活中遇到困难的学生提供必要的指导和帮助。

第五十六条　学校对取得突出成绩和为学校争得荣誉的学生集体或个人进行表彰奖励；对违纪学生给予相应的纪律处分。

第五十七条　学校的国际学生的权利和义务按照国家法律法规和学校有关规定执行。

第五十八条　在学校接受培训的无学籍受教育者，为学校学员，其权利义务由学校另行规定。

第八章　资产、经费、后勤

第五十九条　学校资产是指属于学校所有和使用的流动资产、固定资产、在建工程、无形资产和对外投资以及依法认定为学校所有的其他权益。

学校负责对占有、使用的国有资产实施具体管理，依法采购、配置、使用和处置资产，实现资产保值增值；建立资产共享制度，提高资产使用效益。

学校实行"统一领导，分级管理，集中核算"的财务管理体制，规范财务决策程序，建立健全财务预算、内部控制、经济责任、财务信息披露等管理和监督制度，防范财务风险，保证资金运行安全。

学校保护并合理利用校名、学校声誉和学校所有的有形和无形资产。

第六十条　学校的经费来源主要包括财政拨款、事业收入和其他收入。

学校积极拓展办学经费来源，多渠道筹措事业发展资金，鼓励和支持校内各单位面向社会筹措教学、科研经费及各类奖助基金。

学校坚持勤俭办学，依法依规使用经费，提高资金使用效益，建设节约型校园。

第六十一条　学校不断完善后勤管理和服务体系，加强基础设施建设，为学校发展提供切实保障，为学生和教职工提供优质服务。

学校建立和完善校园安全及突发事件应急处理机制，维护校园和谐稳定。

第九章　外部关系

第六十二条　推进校企、校地合作和协同创新，搭建政产学研用的合作平台，通过人才联合培养、协同科研、合作办学等多种形式，服务国家以及地方和区域发展，推动教育质量提升、文化繁荣、科技创新、经济发展和社会进步。

第六十三条　学校设立理事会。理事会是学校办学的咨询议事与监督机构。其职责是加强社会合作，争取办学资源，参与民主决策。理事会由关心、支持学校发展的海内外各界人士组成，包括学校的举办者、政府主管部门和共建单位代表，学校相关负责人、学术组织负责人和师生代表，资助学校办学的理事单位代表，杰出校友、社会知名人士、专家或企业家代表等。

理事会是学校扩大决策民主、加强社会合作、争取办学资源、接受社会监督的平台。理事会依据其章程开展工作。学校依法公开在办学活动和社会公共服务过程中产生、制作、获取的信息，主动接受社会监督。

第六十四条　依法设立河南省河南科技大学教育发展基金会，负责为学校筹集办学资金、改善办学条件，加强学校与国（境）内外的联系和合作，以及从事与教育相关的公益活动。基金会依照相关法律法规及其章程从事相关活动。

第六十五条　学校校友是指在学校工作或学习过的人员。

第六十六条　学校以多种方式联系和服务校友，为校友的事业发展和继续教育提供便利和条件。

学校鼓励校友参与学校建设与发展，对做出突出贡献的校友授予荣誉称号。

第六十七条　学校设立校友会。校友会由学校和校友发起设立、经河南省民政厅登记注册，为具有独立法人资格的联合性、非营利性组织。其宗旨是加强母校同校友之间的联系，开展教育、科研、文化交流活动，鼓励校友在各自的事业中开拓创新，共同为母校的建设与发展贡献力量。

学校鼓励和支持校友成立具有行业、地域特点的校友分会，各校友分会在学校校友会的支持和指导下开展工作。

校友会依照有关法律法规及其章程开展活动，接受河南省教育厅和民政厅的业务指导和监督管理。

第十章　学校标识

第六十八条　学校的校训为"明德、博学、日新、笃行"。

第六十九条　学校的校徽为圆形，外环上方是"HENAN UNIVERSITY OF SCIENCE AND TECHNOLOGY"，下方是"河南科技大学"，中间是"西周兽面纹方鼎"图案（俗称"洛阳鼎"）。

第七十条　学校的校歌为《河南科技大学校歌》，集体作词，晓声作曲。

第七十一条　学校校旗为长方形旗帜，长宽比例为3∶2，红底白字，中央为学校中文校名，左上方配以学校徽志。

第七十二条　学校的校庆日为公历 10 月 9 日。

第十一章　附则

第七十三条　本章程是学校依法自主办学、实施管理和履行公共职能的基本准则和基本规范，学校其他规章不得与本章程相抵触。

第七十四条　本章程由学校教代会讨论，校长办公会议审议通过，校党委会审定，报河南省教育厅核准，并报教育部备案。

第七十五条　本章程因国家政策、法律法规和学校发展等情况变化需要修订时，应由校长或学术委员会或教代会正式提议，经校长办公会审议、校党委会同意后，启动本章程修订程序。章程修订案的审核程序依据第七十四条的规定执行。

第七十六条　本章程由校党委常委会负责解释。

第七十七条　本章程经核准后，自发布之日起施行。

附录二　河南科技大学学院制度

一、河南科技大学学院党委会议制度

为更好地贯彻落实民主集中制原则，促进学院党委会议的制度化规范化，根据《中国共产党章程》《中国共产党普通高等学校基层组织工作条例》《中共中央组织部　中共教育部党组〈高校党建工作重点任务〉》《中共中央组织部〈关于修订高校院（系）党组织会议和党政联席会议议事规则有关问题的答复口径〉》等文件精神，结合学校工作实际，特制定本制度。

第一章　会议原则

第一条　学院党委会议是学院党委实现集体领导的基本形式。凡属学院党的建设方面的重大问题，要按照"集体领导、民主集中、个别酝酿、会议决定"的原则，由学院党委会议集体讨论，作出决定。

第二条　涉及学院办学方向、教师队伍建设、师生员工切身利益等重大事项，以及在教师引进、课程建设、教材选用、学术活动等重大问题上把好政治关，都应先由学院党委会议研究后再提交党政联席会议决定。

第三条　学院党委会议参加人员为学院全体党委委员，且具有表决权。根据会议需要，可邀请相关人员列席，列席人员不具有表决权。

第二章　会议内容

第四条　学院党委会议的内容，包括：

（一）学习贯彻党的路线方针政策和学校党委的决议决定，研究制定相关贯彻落实方案。

（二）研究部署学院思想政治建设、精神文明建设和意识形态工作。

（三）研究制定学院党委年度工作计划，审议年度工作总结。

（四）讨论研究涉及学院办学方向、教师队伍建设、师生员工切身利益等重大事项。主要包括：

（1）讨论研究学院发展规划、改革方案。讨论研究学院内部管理制度建设。

（2）研究学院进人计划、专业技术职务评聘办法、教职工考核与奖惩办法、选派进修人员以及教职工的教育管理等方面的重要事项。

（3）研究招生就业、学生教育管理、学风建设等方面的重要事项。

（4）讨论研究学院收入分配办法，学院年度经费预算方案，以及预算内和预算外大额资金支出。

（5）讨论研究学院教学、科研、实验、办公用房等重要资源的分配办法。

（6）研究在教师引进、课程建设、教材选用、学术活动开展等重大问题方面把好政治关的相关事项。

（五）研究制定基层党支部的设置、换届和调整方案。

（六）研究制定"三会一课"、组织生活会、民主评议党员、主题党日活动等实施方案。

（七）研究决定党员队伍建设工作。

（八）研究推荐上级党组织表彰的优秀共产党员、优秀党务工作者和先进基层党组织的候选对象，决定学院表彰的优秀共产党员、优秀党务工作者和先进党支部。

（九）研究决定学院权限内的机构设置以及内设各职能部门和所属各研究所、科研中心等二级单位负责人的任免调整工作；研究确定学院的干部教育、管理、监督和考核等事宜。

（十）研究决定学院领导班子自身建设、党风廉政建设以及维护稳定等方面的重要事项。

（十一）研究决定学院分工会、共青团、学生会等群众组织有关重要事项。

（十二）研究其他需要集体讨论决策的重要事项。

第三章　会议组织

第五条　学院党委会议一般每月召开 1 次，也可以根据工作需要随时召开。

第六条　会议召开前，学院党委书记要和其他党委委员开展谈心谈话，对研究事项进行充分的沟通酝酿，交换意见。

第七条　会议召开前，书记要和学院行政领导班子成员进行沟通。涉及干部的事项，书记和院长要充分地协商沟通，形成共识后再提交会议研究。

第八条　出席会议的委员超过应到会委员的三分之二时，会议方可召开。因故不能出席会议的委员，须向学院党委书记请假，对会议研究事项如有意见和建议，可在会前以书面形式提出。凡涉及参加会议委员本人及其亲属的问题时，本人应回避。

第九条　会议由学院党委书记主持，必要时也可以委托副书记主持。主持人要简要说明所议事项的建议方案或意见，相关人员可以对有关情况作补充说明。

第十条　会议研究的重要事项，实行一事一议，在充分发扬民主、集中大家意见的基础上，根据大多数党委委员意见，作出结论；或经出席会议的党委委员表决作出决定，以超过应到会委员半数同意为通过。主持人要遵循末位表态的原则。

第十一条　有关会议的通知、相关材料的准备、记录等会务工作，由学院党委指定专人负责。应翔实、准确做好会议记录，重要事项要形成会议纪要。会议记录和会议纪要，应经主持人审阅签字后存档备查。

第十二条　对因故未能出席会议的党委委员，会后由会议主持人向其通报本次会议的有关情况及决定，或由有关人员送阅会议纪要。

第四章　执行与落实

第十三条　对学院党委会议决定的事项，学院党委委员要按照工作职责，切实做到分工明确、责任到人，确保落实，并将落实情况及时向学院党委书记汇报。

第十四条　学院党委委员在执行会议决定或决议的过程中，均不得擅自改变决定或决议的精神和要求。学院党委书记负责检查、督促，对随意拖延或不执行会议决定或决议的，要予以批评并责令其改正。一般应当在下次党委会议上，由分工负责的委员对上次会议决定或决议的执行情况作出汇报。

第十五条　学院党委会议决策产生的失误，由参加党委会议的委员集体承担责任，会议主持人负主要领导责任；执行中的失误，由分管工作的党委委员负直接责任。问责形式有批评教育、诫勉谈话、通报批评，对给学校声誉造成重大影响或造成重大经济损失的，由学校党委研究给予相应党纪政纪处分。

第十六条　学院党委会议要求保密的事项，须严格保密，违者要追究相关责任。

第五章　附则

第十七条　此前有关规章制度与此文件有冲突的内容，以此文件为准。

第十八条　未尽事宜，按上级有关规定执行。

第十九条　本制度由党委组织部负责解释。

第二十条　本制度自下发之日起实施。

二、河南科技大学学院党政联席会议制度

第一章　总则

第一条　根据《中国共产党普通高等学校基层组织工作条例》《中共中央组织部 中共教育部党组〈高校党建工作重点任务〉》《中共中央组织部<关于修订高校院（系）党组织会议和党政联席会议议事规则有关问题的答复口径>》等有关规定，结合学校工作实际，特制定本制度。

第二条　学院党政联席会议是学院实现集体领导的基本形式。凡属学院工作中的重要事项，都必须按照民主集中制原则，遵循"集体领导、民主集中、个别酝酿、会议决定"的要求，通过学院党政联席会议集体讨论、研究和决定。

第三条　学院领导班子要根据工作职责进行明确的工作分工，各司其职，相互支持，相互配合，共同负责做好学院工作，保证党的指导思想、基本路线和教育方针以及学校党委和行政的重要决议、决定在学院的贯彻落实，努力推进学院事业发展。

第二章　议事范围

第四条　研究决定学院党委会议提交的"涉及学院办学方向、教师队伍建设、师生员工切身利益"等重大事项，包括：

（一）学习贯彻党的路线、方针、政策和学校党委、行政的决议、决定，研究制定学院实施意见。

（二）研究学院改革、发展中的重大事项，制定学院发展规划、改革方案、年度及学期工作计划。研究制定和修订学院内部管理制度。

（三）研究制定学院进人计划、专业技术职务评聘办法、教职工考核与奖惩办法、选派进修人员以及教职工的教育管理等方面的重要事项。

（四）研究决定招生就业、学生教育管理、学风建设等方面的重要事项。

（五）制定学院收入分配办法，制定学院年度经费预算方案。研究决定预算内和预算外大额资金支出。

（六）研究制定学院教学、科研、实验、办公用房等重要资源的分配办法。

（七）研究决定在教师引进、课程建设、教材选用、学术活动等重大问题方面把好政治关的相关事项。

第五条　研究决定其他需要集体讨论决策的重要事项。

第三章　确定议题

第六条　学院党政联席会议的议题一般由书记、院长或其他副职领导按照各自的分工提出，也可以对不属于自己分管的工作向分管领导提出有关议题的建议。

第七条　会议议题最终由书记、院长在充分协商沟通，形成共识的基础上确定。一般情况下，议题及有关材料应提前通知并送达会议成员。

第八条　对拟列入学院党政联席会议研究的重大决策事项，应广泛深入调查研究并听取学院相关专门委员会的意见；涉及教职工切身利益的重要事项，必须以适当方式征求广大教职工意见。

第四章　会议组织

第九条　学院党政联席会议，一般每月召开一次；也可根据工作需要随时召开。

第十条　学院党政主要负责人会前要充分沟通酝酿，交换意见，根据议题内容和分工，商定由书记或院长主持。如遇特殊情况必须召开会议，且书记、院长不能主持时，书记、院长商议后，可委托学院党政领导班子成员中的一名副职主持。

第十一条　参加党政联席会议并具有表决权的成员包括：学院党委正副书记、学院正副院长。学院党委秘书或办公室主任列席会议并负责会议记录，其他列席会议人员根据会议内容和议题需要由书记和院长商定。列席会议人员不具有表决权。

第十二条　出席会议的成员超过应到会人员的三分之二时，会议方可召开。因故不能出席会议的成员，须向会议主持人请假。不能出席会议的成员，对会议议题如有意见和建议，可在会前以书面形式提出。

第十三条　党政联席会议议事时，凡涉及参加会议成员本人及其亲属的问题时，本人应回避。

第十四条　党政联席会议的通知、相关材料的准备、记录等会务工作，由学院党委秘书或办公室主任负责。应翔实、准确做好会议记录，重要事项要形成会议纪要。会议记录和会议纪要，应经会议主持人审阅签字后存档备查，并确定专人负责保管。

第五章　议事规则

第十五条　党政联席会议研究决定的重要事项，实行一事一议，在充分发扬民主、集中大家意见的基础上，按少数服从多数的原则做出决议。

第十六条　先由提出议题的成员简要说明所议事项的建议方案或意见。列席会议人员可以对议题的有关情况作补充说明。

第十七条　参加会议成员围绕中心议题，充分发表意见，表明态度，认真展开讨论。

第十八条　会议主持人可以在充分讨论的基础上，根据大多数出席会议成员意见，做出结论；或经出席会议成员表决做出决定，以超过应到会成员半数同意为通过。

第十九条　如对讨论的议题意见分歧较大，或者有重大问题不清楚的，应当暂缓表决。会后应当及时调研、论证，充分协商后，适时再议，避免久拖不决。

第二十条　党政联席会议作出的决议，由会议主持人签发或学院党政主要负责人会签后印发或上报。重要决议向上报告时，如有个别参加会议成员持与会议决议不同的保留意见，须注明保留意见。

第二十一条　对因故未能出席会议的成员，会后由会议主持人向其通报本次会议的有关情况及决定，或由有关人员送阅会议纪要。

第二十二条　遇紧急情况来不及召开党政联席会议讨论，但又必须做出临时决断的事项，党政主要负责人或分管领导应及时、恰当予以处理，事后要向党政联席会议报告。

第二十三条　党政联席会议要求保密的事项，须严格保密，违者要追究责任。

第六章　执行与落实

第二十四条　对党政联席会议决定的事项，学院党政领导班子成员要按照工作职责，切实做到分工明确、责任到人，确保落实，并将落实情况及时向学院党政联席会议或党政主要负责人汇报。

第二十五条　学院领导班子成员在执行党政联席会议的决定或决议的过程中，均不得擅自改变决定或决议的精神和要求。学院党政主要领导负责检查、督促，对随意拖延或不执行党政联席会议决定或决议的，要予以批评并责令其改正。一般应当在下次党政联席会议上，由分工负责的成员对上次会议决定或决议的执行情况作出汇报。

第二十六条　对党政联席会议的决定或决议持有不同意见时，可以保留或向上级组织反映，但在本级组织或上级组织未作出改变之前，必须无条件执行。在执行过程中，如遇新情况、新问题，难以贯彻落实的，分管领导应及时向主要领导汇报，或建议提起复议。

第七章　附则

第二十七条　准确把握学院党政联席会议议事范围，正确处理学院党政联席会议与学院党委会议、学院行政会议、学院教代会及学院各专门委员会会议的关系。属于学院党委会议、学院行政会议、学院教代会及学院各专门委员会会议决策范围的事项，由上述会议讨论决定。

第二十八条　正确处理党政领导之间的工作关系。学院党委书记和院长之间是分工合作的平等关系，要相互尊重，经常沟通情况，交换意见，统一思想，步调一致。学院党委副书记协助党委书记做好分管工作。学院副院长协助院长做好分管工作。副书记和副院长是分工协作关系，要相互支持、相互帮助。

第二十九条　学校党委对学院执行党政联席会议制度的情况进行检查、考核和问责，并将其作为对学院领导班子和成员特别是党政主要领导年度考核以及任期届满干部考察的重要内容。

第三十条　党政联席会议决策产生的失误，由党政联席会议成员集体承担责任，会议主持人负主要领导责任；执行中的失误，分管领导负直接责任，书记和院长按分工负领导责任。问责形式有批评教育、诚勉谈话、通报批评，对给学校声誉造成重大影响或造成重大经济损失的，由学校研究给予相应党纪政纪处分。

第三十一条　本制度未尽事宜，按上级有关规定执行。

第三十二条 各学院可结合实际，遵照本制度有关规定，制定实施细则。

第三十三条 本制度由学校党委组织部负责解释。

第三十四条 本制度自公布之日起施行。

三、河南科技大学农学院月例会制度

月例会制度主要是听取分管院领导本月工作情况汇报，安排部署下月学院行政工作，研究处理教学、科研、行政管理等重大事项的制度设计。通过月例会，作到年度工作明确化、月份工作具体化、重点工作责任化、各系所工作明晰化，以促进学院各项改革的顺利推进。

（一）月例会会议的组织

1. 会议在每月的月末最后一天召开。

2. 会议由院长召集并主持。会议参加人员为学院党政领导班子成员。

3. 会议必须有半数以上成员到会方能召开。

4. 院党政办公室主任列席会议。根据会议内容而列席会议的其他人员实行候会制，只参加讨论有关问题。

5. 会议由院党政办公室负责组织，包括议题征集、会议通知、会议服务等。

（二）月例会议事范围

1. 听取分管院领导对本月各自分管工作情况和下月工作计划汇报。包括工作进展、存在问题、解决措施、工作打算。

2. 安排部署下月工作。院长根据分管院领导的工作建议，具体安排部署下月工作。

3. 研究学院教学、科研、学科建设、人事、学生等行政管理方面的重要事项。

（三）月例会议事规则

1. 会议要贯彻民主集中制原则。院长应在广泛听取与会人员意见基础上，对讨论研究的事项作出决定。

2. 会议召开之前，重要议题要与院党委书记沟通。

（四）月例会会议决定的落实

1. 院党政办公室主任根据会议研究决定，形成会议纪要，并经院长审定，印发各系、所、中心。

2. 月初召开院中层干部例会，总结上月完成的工作和存在的问题，安排部署本月工作。

3. 会议决议或决定，各系、所、中心必须认真执行，院党政办公室对会议决议、决定的贯彻落实要做好督查督办工作。

（五）本制度自发文之日起执行。

四、河南科技大学农学院学术委员会章程

第一章　总则

第一条　为发扬学术民主，活跃学术氛围，加强学术管理，规范学术工作制度，保证教学、科学研究决策的科学化、民主化，依据《中华人民共和国高等教育法》及学校规定，结合我院具体情况，特制定本章程。

第二条　学院学术委员会是学院学科建设、学术评议、项目审议的最高机构，是学院学术审议、决策、咨询的最高学术组织。体现学院"学术至上、教授治院、学者治学"的精神，充分发挥教授等学术带头人在学科建设中的作用，保障我院学术持续、科学、健康的发展。

第三条　学院学术委员会在院党委、行政的领导下工作，在学术问题上具有相对独立的地位。院学术委员会坚持公平、公正、公开的原则，维护学院学术声誉，倡导学术自由，鼓励学术创新。

第二章　学术委员会构成

第四条　学院学术委员会设主任1名，副主任1名，秘书1人。主任经委员会成员选举投票产生。副主任和秘书人选由主任提名并经委员会同意产生。

第五条　学院学术委员会实行换届制，委员会委员任期五年。

第六条　学院学术委员会由学院教授及具有较高学术水平的副教授组成，委员专业面须涵盖全院所有学科，人数定为全院教师数的10%-15%。学术委员会委员由全院教师民主投票并经其本人同意产生，报学校学术委员会批准。兼有行政职务副院长及以上的成员，不再担任学术委员会主任。

第三章　学术委员会职责

第七条　学院学术委员会具有以下职责

（一）审议学院学科与专业设置、教学与科研计划、学科建设规划、科研发展规划，审定教学和科研改革的重大策略与措施。

（二）评审、推荐各类科研项目的申报。

（三）评审、推荐各类教学、科研成果的奖励。

（四）审核学院职称晋升、评定、岗位设置、规划和评聘工作。

（五）指导和审定人才引进、师资队伍建设工作和相关计划。把握人才引进质量与数量。推荐攻读硕士、博士学位的人员和培养方向。

（六）推荐各种学术荣誉人选，负责学院重点学科带头人、学术带头人及中青年学术骨干教师的评选、考核。

（七）对学院研究所（院）和重点学科建设进行督导、评估。

（八）对科技成果的转让、新技术项目的开发和引进等进行论证。

（九）指导学院学风和学术道德规范教育，调查和评议学术纠纷与学术失范行为。

（十）受院长委托对涉及重要学术问题及其他事项进行论证和咨询。

第四章　学术委员会委员的条件、权利与义务

第八条　学术委员会委员应具备的条件：

（一）政治思想好，为人正直，办事公正。有强烈的事业心和学术献身精神，治学严谨，具有较强的教学、科研和组织协调能力，具有良好的科学道德。

（二）具有较深的学术造诣，近五年主持有省级以上科研项目或科研奖励，或在著名以上学术期刊上发表学术论文5篇以上或出版有学术专著。

（三）原则上具有教授职称或是副教授、具有博士学位。重点学科带头人、学术带头人、中青年学术骨干可优先考虑。

第九条　学术委员会委员的权利与义务

（一）委员有就学术委员会的职责行使表决的权力。

（二）委员有向学院领导就学院教学、科研等提出意见和建议的权利和义务。

（三）委员有向学院师生进行教学研究、科学研究进展进行学术交流的义务，有进行科学普及的义务。

第五章　学术委员会会议组织

第十条　学院学术委员会实行不定期会议制度，会议由学术委员会主任主持召开。

第十一条　2/3以上（含2/3）的学术委员会委员到会方能开会。

第十二条　学术委员会实行回避制度。讨论事项涉及委员本人或讨论的当事人与委员有配偶或亲属关系时，该委员在委员会讨论表决中须回避，但仍可对其

它事项参加表决。

第十三条　会议采用无记名投票方式进行表决，同意票达到参与委员 2/3 以上（含 2/3）方可通过。

第十四条　学术委员会委员因某种原因不能完成相关事务或不能出席会议时，应及时向学术委员会主任委员请假，不能委托其他委员或人员代理相关事务。

第十五条　学术委员会做出的决定，如果委员提出复议，必须征得半数以上委员同意，方可召开全体会议复议；经复议未通过的决定不再复议。

第十六条　学术委员会委员不遵守道德规范，或违背学术委员会有关规定，情节严重的，免去其学术委员会委员职务。学术委员会委员有下列情形之一的，不再担任委员：①本人书面申请辞去委员职务的；②因各种原因不便于继续担任此项工作的；③无正当理由，不完成相关事务或不出席委员会会议达到学年总量 1/3 的；④不履行委员会工作职责的。委员出现缺额，由学术委员会讨论补聘。

第六章　附则

第十七条　本章程由学院学术委员会负责解释。

第十八条　本章程自通过之日起生效。

五、河南科技大学农学院教职工代表大会实施办法（试行）

第一章　总则

第一条　为认真贯彻落实教育部《学校教职工代表大会规定》，依法保障学院教职工参与民主管理和民主监督的权利，促进依法依规治院，依据《河南科技大学教代会实施办法》，结合学院实际，制定本办法。

第二条　学院教代会是学院管理体制的有机组成部分，是教职工行使民主权利、参与民主管理、进行民主监督的基本制度和基本形式。

第三条　学院教代会必须贯彻执行党和国家的路线、方针、政策，遵守国家的法律和法规，遵守学校规章制度，正确处理国家、学校、教职工三者的利益关系，保障和发挥教职工在参与学院重大决策、维护教职工合法权益、支持与监督学院工作等方面的权利和作用。

第四条　学院教代会接受校工会和校教代会的指导和检查。

第二章 职权

第五条 学院教代会行使下列职权：

（一）审议建议权。听取学院发展规划、队伍建设、人才培养、科学研究等改革和重大问题解决方案及有关"三重一大"情况的报告，听取学院年度工作、工会工作以及其他专项工作报告，提出意见和建议。

（二）审议通过权。审议通过学院有关重要管理规定的制定或修改；审议通过与教职工利益直接相关的福利、绩效分配实施方案以及相应的教职工聘任、考核、奖惩等办法。

（三）评议监督权。按照学校有关规定参加评议学院领导干部；通过院务公开等多种方式对学院工作提出意见和建议，监督学院规章制度的执行和落实，提出整改意见和建议。

（四）听取和讨论学院党政和工会商定的其他重要事项。

第六条 建立健全沟通机制。院长每年至少向教代会报告一次工作，听取意见和建议，尊重和支持教代会行使民主管理和监督的职权；教代会应当尊重和支持院长依法依规行使行政管理的职权，教育教职工严格遵守各项规章制度，以主人翁的责任感努力完成各项工作任务，为学院发展献计出力。

第三章 代表

第七条 学院教代会代表实行任期制，每届任期五年，到期改选，可连选连任。代表在学院内调动工作，仍保留代表资格；代表调离学院、退休、或因其他原因不能履行代表职责的，其代表资格自行终止。缺额经学院教代会同意后由原系、所、中心等按程序补选。

第八条 凡与学校签订聘任聘用合同、具有聘任聘用关系的学院教职工，均可当选为学院教代会代表。学院教代会代表数占学院正式教职工总数的比例，原则为20%左右。

学院各二级单位在党支部领导和工会组织下，根据代表条件和分配名额酝酿代表候选人名单，召开选举会议，采取无记名投票方式选举产生教代会代表。选举会议应有2/3以上教职工参加方能进行选举，被选代表获全体教职工半数以上赞成票方可当选。

代表的构成应具有广泛的代表性，其中，直接从事教学、科研的教师代表不得低于代表总数的80%，青年教职工、女教职工以及民主党派等在代表中应占适当比例。学院产生的学校教代会代表为学院教代会当然代表，学院党政工团主要负责人作为代表候选人推荐到有关单位选举。

第九条　学院教代会代表应具备下列条件：政治坚定，作风端正，办事公道，具有较强的民主意识和参与民主管理和监督能力，能密切联系教职工，在教职工中具有一定的威信。

第十条　学院教代会代表享有下列权利：

（一）有选举权、被选举权和表决权；

（二）有权充分发表意见和建议；

（三）有权对学院教代会决议进行询问；

（四）有权通过学院教代会就学院工作向学院领导反映教职工的意见和要求；

（五）因履行职责受到压制、阻挠或者打击报复时，有权向学校工会和学校教代会提出申诉。

第十一条　学院教代会代表履行下列义务：

（一）努力学习并认真执行党的路线方针政策、国家的法律法规和校纪校规，不断提高思想政治素质和参与民主管理的能力；

（二）积极参加学院教代会的活动，认真宣传、贯彻学院教代会决议，完成学院教代会交给的任务；

（三）办事公正，密切联系群众，如实反映教职工的意见和要求；

（四）及时向学院教职工通报参加教代会活动和履行职责的情况，自觉接受教职工的评议和监督；

（五）自觉遵守学院的规章制度和职业道德，提高业务水平，做好本职工作。

第十二条　学院教代会可根据需要，邀请非教代会代表的学院党政领导、系、所、中心等主要负责人、学生、离退休人员和其他人员作为特邀代表和列席代表参加大会。特邀或列席代表在教代会上不具有选举权、被选举权和表决权。

第四章　组织规则

第十三条　学院教代会五年为一届，期满应当进行换届选举。

第十四条　每年至少召开一次全体代表会议。每次教代会须有 2/3 以上代表出席方能召开。

学院教代会闭会期间，遇有教代会职权范围内必须处理的重大事项，经学院党政和工会领导或者 1/3 以上代表提议，可以临时召开学院教代会全体代表会议，或通过邮件征集全体代表意见，经半数以上代表同意方为有效，并向当年度代表大会报告。选举和表决须经全体代表总数半数以上通过方为有效。

第十五条　学院教代会的议题，根据学院中心工作和教职工普遍需求由学院工会提出建议，提交学院党政联席会议同意后确定。对于提请教代会表决的议题，可根据议题情况采取举手表决或投票表决方式进行。

第十六条　学院召开教代会，须事先就会议的组织形式、日程安排、中心议题等事项，向学校工会提交书面报告备案。

第十七条　每届教代会第一次会议，应成立由学院党委负责人任组长，有关行政、工会、团委负责人参加的学院教代会筹备工作小组。筹备工作小组根据工作需要可下设若干专门工作机构。

第五章　工作机构

第十八条　教代会工作委员会作为闭会期间履行教代会职权的工作机构，负责教代会日常工作：

（一）处理教代会闭会期间的相关工作；

（二）负责大会的筹备工作和会务工作，组织选举代表，征集意见，提出开会的方案；

（三）组织宣传贯彻大会精神，督促检查大会决议的落实和提案办理情况；

（四）组织教代会代表的培训，接受和处理代表的建议和申诉；

（五）处理教代会交办的其他任务。

第十九条　教代会及日常工作所需经费在学院行政经费中列支。

第六章　附则

第二十条　本《实施办法》经学院党政联席会议讨论、教代会审议通过。报学校工会核准后，由学院党委发布施行。

第二十一条　本《实施办法》由学院工会负责解释。

六、河南科技大学农学院学生代表大会制度

第一章　总则

第一条　根据《普通高等学校学生管理规定》（教育部令第 41 号）、全国学联《中华全国学生联合会章程》《学联学生会组织改革方案》《河南科技大学学生会章程》等文件精神，为使学院学生代表大会（以下简称院学代会）工作制度

化、规范化、程序化，结合学院具体情况，制定本制度。

第二条　院学代会是在院党委领导、院团委指导下依法依规行使民主权利、参与学院治理的机构，是学生参与学院民主管理的基本形式，是拓宽学院和学生联系的重要渠道。

第三条　院学代会的基本任务

（一）全面贯彻党的基本路线和教育方针，团结和引导全院同学刻苦学习科学文化知识，带领广大同学积极投身社会实践，自觉的成为德、智、体、美、劳全面发展的社会主义建设者和接班人，为实现中华民族伟大复兴的中国梦贡献青春力量。

（二）发挥联系学院和广大同学的桥梁纽带作用，参与学院有关学生事务的民主管理，维护广大同学的正当利益，反映同学的意见和要求，协助学院解决同学在学习和生活中遇到的实际问题。

（三）倡导和组织广大同学自我服务、自我管理、自我教育，培养学生民主意识、责任意识和主人翁意识，创造良好的教学秩序和学习、生活环境。

（四）指导学生组织开展健康有益、丰富多彩的校园文化活动，营造富有特色的校园文化氛围，促进学生的全面发展和健康成长。

第四条　院学代会实行民主集中制原则。院学代会的代表由民主选举产生。

第五条　院学代会的一切活动以遵守国家宪法、法律法规和校院规章制度为最高准则，在法律的允许范围内开展。

第二章　职权

第六条　院学代会行使如下职权

（一）听取并审议院学生会工作报告，并决定院学生会的工作方针和工作任务；

（二）审议并通过院学代会章程和院学生会章程；

（三）配合学院工作，收集、反映同学对学院规章制度的意见和建议，并将其学院的答复反馈给代表；

（四）选举产生院学生会主席团成员；

（五）选举产生院学生代表大会常设机构；

（六）选举产生出席校学生代表大会的代表；

（七）讨论和决定应当由院学代会决定的其他重大事项。

第三章　院学代会代表

第七条　院学代会代表的条件

（一）拥护中国共产党领导，具有坚定的共产主义理想信念，坚决执行党的路线、方针、政策，在重大问题上旗帜鲜明、立场坚定；

（二）具有学院正式学籍的全日制在校生；

（三）遵守宪法和法律法规，遵守学校章程和校、院规章制度；

（四）具有较高的思想政治素质、良好的道德品质，积极上进，作风务实，乐于奉献；

（五）具有良好的群众基础，能够真实充分反映同学诉求，积极热心表达同学意愿，具备一定履职能力。

第八条　院学代会代表由班级团支部选举产生，任期一年或两年，代表名额由院学代会筹备委员会确定。

第九条　院学代会代表的权利

（一）有选举权、被选举权和表决权；

（二）有对院学代会和学生会所做的工作报告进行质询并提出建议、批评和实行监督的权利；

（三）有向学院有关部门反映同学意见的权利；

（四）有就院学代会职权范围提出议案和充分发表意见的权利。

第十条　院学代会代表的义务

（一）严格遵守国家的法律法规和校、院的规章制度，加强政治理论学习，不断提高理论水平、个人素质和民主管理的能力；

（二）密切联系广大同学，代表同学利益，维护同学权益，反映同学诉求，做好同学工作，接受同学监督；

（三）切实发挥模范带头作用，为优良校风、院风和学风建设和校园精神文明建设做出积极贡献；

（四）维护院学代会声誉，积极参加院学代会活动、执行大会决议，协助院学代会常委会做好日常工作。

第十一条　院学代会代表如出现违法乱纪或选举单位认为不称职、不尽代表义务的，经过选举单位讨论获全体学生半数同意，可申报撤销或免去其代表资格。院学代会代表出现缺额，需要增补的，申报后，经院学代会常委会 1/2 以上委员同意，由缺额单位按照程序进行补选。

第十二条　院学代会活动根据需要可设列席代表和特邀代表。列席代表一般是未被选为正式代表的院学生会部门主要负责人或各班级主要负责人。特邀代表一般是相关学生组织代表。

第四章　组织制度

第十三条　院学代会每一年举行一次，院学代会召开期间，须接受校学代会的监督和指导。

第十四条　院学代会应当有 2/3 以上当选代表参加才能召开。决议应得到与会正式代表的半数以上同意始得通过。

第十五条　院学代会的决议应认真贯彻，大会的意见和建议应及时处理，并及时向代表及学生通报处理情况。院学代会的工作情况应向学生公布，接受学生监督。

第十六条　院学代会闭会期间，由常委会行使学代会职权。院常委会委员原则上每个班级 1 名，由学院学生工作领导小组推荐，经院团委审查合格后，交院学代会确认组成。

第十七条　院常委会委员出现缺额，需要增补的，由缺额班级推荐，经常委会同意，并报学院批准。

第五章　执行机构

第一节　院学生会

第十八条　院学生会是对外代表学院全体学生的唯一学生组织，是校学生会下属的学生组织，在学院党团组织和校学生会的双重领导下开展工作。

第十九条　院学生会围绕校学生会的工作重点和学院的具体情况，独立自主的开展工作，行使以下职权：

（一）执行校学代会、院学代会的决定和决议，积极全面的配合校学生会的全校性工作，加强院学生会之间的联络和交流；

（二）根据学院特点积极开展工作，活跃学院学生的课余文化生活；

（三）定期向校学生会汇报工作，并接受工作考核；

（四）对校学生会的工作有建议权；

（五）收集同学的意见、建议和要求，及时向校学生会反映；

（六）指导学院各班委会的工作。

第二十条　院学生会主席由院学代会民主选举产生，并报学院党团组织和校学生会审核批准。院学生会主席进行改选或补选需上报学院党团组织和校学生会批准后方可举行。

第二十一条　院学生会实行主席团集体负责制。主席团由院学生会主席、副主席共同组成。

第二十二条　特殊情况下，院学生会的活动违反法律法规规定、国家政策、方针或者严重影响学院或学校正常教学、管理秩序时，学院党委可建议院学代会召开临时代表大会，依照相关罢免程序解除学院学生会主席职务。

第二十三条　院学生会、班委会的活动经费一般由院学生会、班委会提出预算，报学院党团组织批准拨给。

第二节　班委会

第二十四条　班委会是院学生会的基层组织，是落实院学代会制度所规定任务的基本单位，受学院党团组织的领导和院学生会的指导。

第二十五条　班委会由班级大会直接选举产生，选举结果须报院学生会备案，班委会对全部同学负责。

第二十六条　班委会工作职责

（一）组织安排各项班级内活动；

（二）协助上级学生会完成各项工作，定期向院学生会汇报工作；

（三）班长有权代表全班参加院学生会的有关会议，对院学生会工作有建议权；

（四）收集同学的意见、建议和要求，并及时向院学生会反映；

（五）协助校、院学生会解决同学的学习和生活中遇到的实际问题，切实维护同学的正当权益。

第六章　附则

第二十七条　本制度的解释权属于学院学生代表大会，学院学生代表大会闭会期间属于学院学生代表大会常务委员会。

第二十八条　本制度自通过之日起开始执行。